재활평가

이상진 저

ASSESSMENT AND PLANNING IN
REHABILITATION COUNSELING

학지사

머리말

사회가 성숙됨에 따라 장애인들의 욕구는 일상생활이나 소득보장 이외에 직업, 문화, 여가 등으로 다양화되고 있다. 특히 직업생활은 가치 있는 구성원으로 사회활동에 적극적으로 참여하여, 완전한 전인격적 존재이며 독특한 존재라는 인간으로서의 존엄성을 존중받고 가치를 실현하며, 만족스러운 삶을 영위하게 해 준다. 이러한 직업생활은 직업재활을 통해 이루어지며, 장애 청소년 · 성인들은 자신의 가치실현을 위해 직업재활서비스에 참여한다. 이 과정에서 장애인의 욕구와 특성, 환경을 전문적으로 평가하는 직업평가서비스는 직업재활의 성공을 결정짓는다.

우리나라는 1981년 「심신장애자복지법」 시행을 시작으로 지난 35년간 장애인에 대한 의학적 기준 중심의 장애등급제도를 실시해 왔다. 그러나 장애인의 개별 욕구나 실제적인 필요에 맞추어 지원하지 못하고 등급에 따라 일률적으로 서비스를 제공하는 데 그치고 말아 서비스 이용자의 신체적 · 정신적 · 직업적 · 사회적 · 경제적 가용능력을 최대한 회복시켜 가치 있는 구성원으로 사회활동에 참여하게 하는 데 기여하지 못하였다는 비판을 받아 왔다. 이에 3차에 걸친 시범사업을 거쳐 2017년 하반기부터 개인의 욕구 및 사회 · 환경적 요인을 고려한 장애판정기준을 마련, 맞춤형 서비스를 제공하는 장애종합판정체계를 실시하고 있다. 이러한 새로운 판정체계에서도 가장 중요한 요인은 장애인의 욕구와 사회 · 환경 요인을 정확하게 평가할 수 있는 평가도구와 평가방법이라 할 수 있다.

직업평가는 법제도적인 측면에서도 실시를 명문화하고 있어 「장애인복지법」 제21조에서는 국가와 지방자치단체는 장애인이 적성과 능력에 맞는 직업에 종사할 수 있도록 직업능력 평가를 실시하고, 제10조에서도 장애인이 그 능력에 맞는 직업에 취업할 수 있도록 하기 위하여, 직업적성 검사 및 직업능력 평가 등을 실시하도록 하고 적합한 직종 개발에 힘쓰도록 정하고 있다. 또한 제11조에서도 장애인이 자신의 희망 · 적성 · 능력 등에 맞는 직업생활을 할 수 있도록 해야 한다고 규정하여 직업평가가 장애인 직업재활과 고용에 필수요인임을 알 수 있다.

우리나라는 현재 한국장애인고용공단, 장애인복지관, 직업평가센터, 특수학교 전공과, 거점학교, 학교기업, 직업재활시설 등 여러 기관에서 직업평가를 널리 실시하고 있다. 또한 보건복지부와 한국장애인개발원의 직업재활시설 평가, 직업재활수행기관 평가 지표에도 직업평가 실시 여부, 직업평가 영역과 도구에 대한 항목이 제시되어 있어 직업평가는 직업재활에 있어 필수적인 요소로 자리잡고 있다.

특히 평생교육에 대한 욕구와 다양한 재활서비스에 대한 욕구가 높아지고 있는 요즘, 직업평가의 범위는 취업을 눈앞에 둔 고등학교 고학년 청소년뿐 아니라 문화, 여가를 포함한 다양한 진로를 탐색하고 진로 단계에 맞춰 발달과업을 완수해 나가야 하는 중학교 이하 청소년의 진로과정 개발을 위해서도 필수적인 요소다. 또한 산재장애를 입고 직업복귀를 희망하는 산재장애인들의 원직복귀나 다른 직종으로의 전환을 제안할 때에도 직업평가는 매우 중요한 역할을 한다.

직업평가는 단순히 평가도구를 사용하는 것을 의미하지 않는다. 장애인에게 적합한 평가도구 선택과 평가 과정에서 나타나는 다양한 행동과 반응들을 민감하게 관찰하고, 그 의미를 규명하여 장애인에게 최적의 직업과 진로목표와 서비스를 제시해야 하기 때문에 직업평가사는 직업재활과 장애에 대한 전문지식을 필수적으로 갖추어야만 한다. 직업평가 결과는 장애인의 전인적인 재활이라는 인식을 갖고 장애인 당사자와 가족 그리고 환경적인 측면 모두를 포함하는 해석을 해야만 장애인의 인간으로서의 가치실현과 삶의 질 향상이라는 재활의 궁극적인 목표를 성취할 수 있기 때문이다.

현대사회의 산업세계는 매우 빠른 속도로 변화하고 있다. 우리나라도 이미 정보화사회로 진입하여 지적 활동에 의해 창출되는 브랜드, 디자인, 기술 등의 무형 자산이 기업의 가치로 각광을 받고 있고, 직업시장의 세계화를 불러일으키고 있다. 직업시장의 세계화는 전 세계가 하나의 시장으로 인식되고 경제활동이 이루어지며 보다 광범위한 시장이 형성되는 것이다. 또한 천연자원 고갈로 인해 친환경 산업을 중요시하는 녹색성장이 중요한 산업 분야를 차지하게 될 것이다. 이렇게 빠르고 다양하게 변화하는 직업세계에서는 취업 준비에서부터 은퇴에 이르기까지의 경력을 체계적으로 계획하고 관리하는 적극적 경력개발의 중요성이 더욱 강조되며, 장애인도 이와 다르지 않다.

그러므로 변화하는 세계에 탄력적으로 대응할 수 있는 지식을 갖춘 직업평가사 양성과 직업평가도구 개발은 직업재활 분야에서 매우 중요한 요소이며, 이러한 요구에 부응하고자 『재활평가』를 저술하게 되었다. 이 책에는 직업평가의 정의와 역사, 평가활동과 평가도구 소개와 현장에서 활용방법까지 담아 직업평가 이론뿐 아니라 현장에 적용할 수 있는 역량을 갖춘 직업평가사를 양성하고 직업평가를 체계적으로 실행하는 데 도움이 되고자 하였다.

앞으로 이 책이 장애인 직업평가 분야가 한걸음 더 성장하는 데 도움이 되기를 바란다. 발간되기까지 많은 도움을 주신 학지사 김진환 사장님과 한승희 부장님, 정성을 다해 다듬어 주신 편집부 이세희 선생님께 감사드린다. 그리고 참스승의 모습으로 삶의 이정표가 되어 주시는 든봄 강위영 교수님과 언제나 묵묵히 응원해 주고 기다려 주는 사랑하는 가족들, 염려를 다 맡기고 앞으로 걸어 나갈 수 있게 지켜 주신 하나님 아버지께도 감사드린다.

2018년 5월

저자 이상진

차례

제2장 » 직업평가 전문요원 41

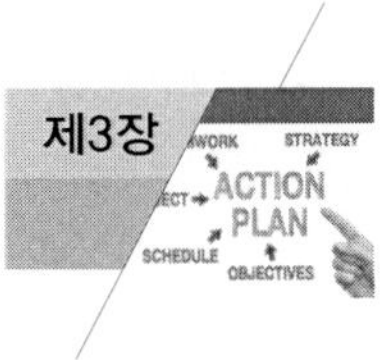

제3장 » 직업평가계획 65

제4장

제5장

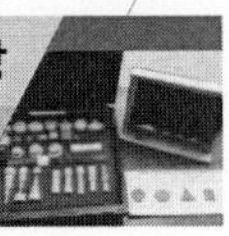

제10장

» 직업평가 결과 해석 299

제11장

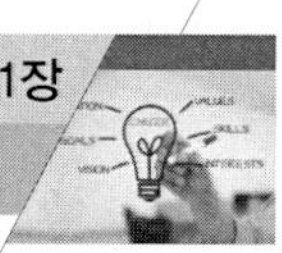

» 직업평가보고서 343

제12장 직업평가와 컴퓨터 공학 361

제 1 장 » 직업평가의 역사

재활평가
Assessment and Planning in Rehabilitation Counseling

1. 직업평가의 역사
2. 직업평가의 정의
3. 직업평가의 목적과 목표
4. 직업평가의 대상과 과정

1. 직업평가의 역사

1) 탄생기

직업평가는 심리학, 직업교육, 산업교육, 작업치료, 의학과 같은 여러 분야의 학문에 기초하여 장애인이 동등하게 평가받을 수 있는 도구와 기술을 개발하려는 직업재활 분야의 노력의 결과로 발전되어 왔다.

초기 일반심리학 분야의 실험실 내에서 이루어졌던 심리평가와 비네(Alfred Binet)의 평가규준은 통계적 방법을 사용하는 현재의 표준화검사와 작업표본 개념을 확립시켰으며, 파슨스(Frank Parsons)의 직업 정보를 이용한 직업지도(vocational guidance)의 개념은 직업재활 과정에 직업사전(Dictionary of Occupational Titles: DOT)과 직무분석이 필수적으로 사용되게 하였다. 또한 산업심리학은 직업평가 분야에 행동수정 기법, 행동관찰 척도, 직무분석, 상황평가, 현장평가와 작업표본평가가 도입되도록 하였다.

2) 1950~1960년대

1950년과 1960년대의 직업평가는 재활시설운동을 통해 눈부신 발전을 이루었고, 이러한 운동의 결과로 많은 재활 관련 법령들이 제정되었다. 1954년의 「직업재활법 개정안(Vocational Rehabilitation Act, PL 565)」은 직업재활 프로그램에 대한 보다 많은 연방정부의 지원, 즉 연구 분야에 대한 재정적 지원과 재활시설의 설립과 확충, 지적장애인과 정신장애인에 대한 서비스 제공 등을 규정함으로써 직업적응과 관련한 직업평가의 중요성을 부각시켰다.

이러한 연방정부의 재정 지원의 증가는 중증장애인의 독립생활 운동의 계기를 마련하였다. 1960년대 초반 재활협회(National Rehabilitation Association)는 이전까지 경증장애인만을 대상으로 취업을 위한 직업재활서비스를 제공하던 것을 확대하여 중증장애인을 위해 독립생활서비스를 제공할 것을 재활법령 개정안에 명시되도록 하였다. 또한 1965년의 「직업재활법 개정안(Vocational Rehabilitation Act Amendments, PL 333)」은 중증장애인의 재활가능성 판정을 위한 6~18개월의 확대평가서비스 제공, 행동장애인과 이민자, 빈민과 같은 소외계층에 대한 직업평가와 직업적응서비스 제공을 규정했으며, 이 법령이 제정된 이후부터 작업표본이 직업평가에서 널리 사용되기 시작하였다.

이러한 법률상의 변화는 직업평가 도구 및 방법론을 발전시켰다. 장애인연구소(Institute for the Crippled and Disabled, 현재의 International Center for Disability)가 1937년 최초의 작업표본인 TOWER(Testing, Orientation and Work Evaluation in Rehabilitation) System을 개발한 이래 작업표본은 많은 직업평가 현장에서 사용되기 시작하였다. 샌프란시스코 모리슨센터(May T. Morrison Center of San Francisco)는 작업표본에 산업공학의 원리를 최초로 도입했고, 클리블랜드의 직업지도 및 재활서비스 연구소(Vocational Guidance and Rehabilitation Service of Cleveland)는 작업표본의 표준화와 규준을 확립했으며, 시카고의 유태인 재활서비스 연구소(Jewish Vocational Service of Chicago)는 장애인 취업 가능성척도(Scale of Employability for Handicapped Persons)를 개발하였다.

이러한 직업평가 도구 및 방법론이 발전함에 따라 직업평가전문가가 필요하게 되었고, 대학 이상의 교육기관에서 전문가를 양성하기 시작하였다. 이와 함께 양질의 직업평가서비스 제공을 위해 직업평가 전문가 자격증 제도도 실시되었다. 1966년의 직업평가 및 직업적응협회(Vocational Evaluation and Work Adjustment Association: VEWAA)는 공인 직업평가사(Certified Vocational Evaluator: CVE)와 공인 직업적응전문가(Certified Work Adjustment Specialist: CWA)의 자격과 윤리기준을 확립하였고, 1967년 직업평가 및 진로사정 전문가위원회(Vocational Evaluation and Career Assessment Professionals: VECAP)는 처음으로 대학에 직업평가 교육과정을 설치하였다. 1981년에는 직업적응 및 직업평가사 인가위원회(Commission on Certification of Work Adjustment and Vocational Evaluation Specialists: CCWAVES)가 설립되어 1982년부터 CVE 자격증을 발급하였다.

[CCWAVES(직업평가 및 직업적응협회) 로고]

[VEWAA(직업평가사 인가위원회) 로고]

3) 1970년대

1970년대는 장애인 권리운동이 직업재활 분야의 발전에 많은 영향을 주었다. 장애인들은 장애인 기관을 통해 그들의 시민권 획득을 보장하는 법률을 입법화하도록 의회에 건의했으며, 이렇게 제정된 재활법 개정안들을 통해 여러 유형의 장애인이 직업재활서비스를 받게 되고, 다양한 내담자의 욕구에 알맞은 직업평가도구가 개발되었다. 직업재활의 대상도 초기의 신체장애인 중심에서 발달장애인, 정서 · 정신장애인, 행동장애인, 사회적 소외계층으로 범위가 확대되었고, 사립 재활시설의 발달로 산업재해 장애인들이 직업재활 대상에 포함되었다.

1970년대부터의 철학, 의료, 법률, 기술, 방법론의 발전, 장애인에 대한 사회인식의 변화, 장애아동 부모의 권리신장, 경제적 변화 등 다양한 요인에 의해 직업재활과 직업평가는 많은 발전을 이루었다. 1970년대 이후의 사회는 2차 산업인 제조업 중심에서 3차 산업인 서비스업과 컴퓨터를 이용한 커뮤니케이션 중심의 시대로 변화되기 시작하였고 직업재활의 경향도 3차 산업 중심으로 변화되기 시작하였다.

1970년의 「직업건강과 안전법(Occupational Health and Safety Act)」은 산업재해 장애인도 직업평가서비스를 받을 수 있도록 대상의 범위를 확대하였으며, "가능한 한 빠른 시간 내에 동일한 고용주의 동일한 직무로의 복귀"라는 기존의 공적 부조에서의 재활 목표와는 달리 "내담자가 잠재력을 최대한 발휘하도록 지원"하는 사립 재활기관의 직업철학을 정립시켰다(Marini, 1991).

제10회 재활서비스 심포지엄(Tenth Institute on Rehabilitation Services)은 1972년 직업재활과 직업적응 분야에 대한 문서인 "직업재활에서의 직업평가 및 직업적응서비스"(Vocational Evaluation and Work Adjustment Services in Vocational Rehabilitation)를 발표했고, 1973년 「재활법(Rehabilitation Act, PL 93-112)」은 중증장애인에게 재활서비스를 최우선으로 제공하고, 개별재활계획서(Individualized Written Rehabilitation Plan: IWRP)를 통한 내담자의 재활 과정에의 참여, 재활서비스 효율성 평가를 위한 프로그램 평가 실시, 연구, 훈련, 재활공학센터에 대한 재정 지원, 접근권과 연방기구의 고용평등을 명시하였다. 또한 이 법은 장애인의 권리보장을 규정한 1990년의 미국 「장애인법(Americans with Disabilities Act: ADA)」의 기초가 되었다.

1975년 「전장애아교육법(Education for All Handicapped Children Act, PL 94-142)」은 통합(integration) 개념을 실현하여 모든 장애아동이 일반아동과 함께 최대한의 적합한 교육을 받을 권리와 개별화교육계획서(Individualized Education Plan: IEP)에 기초한 교육을 받을 권리를 규정하였다. 이 법은 1990년 장애인교육법(Individuals with Disabilities Education

Act: IDEA, PL 101-476)으로 개정되고, 16세 이상의 장애아동에게 아동기에서 성인기로의 전환교육(transition services)과 직업평가서비스를 교육 프로그램으로 제공할 것을 명시하였다(Johnson III, 1993).

「전장애아교육법」 제정 1년 뒤인 1976년에 발달장애인의 재활을 지원하기 위해 제정된 발달장애인 지원 및 권리에 관한 법(Developmental Disabilities Assistance and Bill of Rights Act, PL 94-103)은 발달장애인이 잠재력을 최대한으로 발휘할 수 있도록 연방정부가 주정부에 대해 재정 지원을 영구적으로 할 것을 규정하였다.

1970년대의 또 다른 중요한 법안인 1978년 「재활법 개정안(Rehabilitation Act Amendments, PL 95-602)」은 직무수행능력이 낮아 직업재활 가능성은 적으나 독립생활은 가능한 중증장애인에게 독립생활에 필요한 서비스를 제공할 것을 명시하였다. 독립생활서비스는 독립생활센터(Independent Living Center) 설립, 직업재활 프로그램 기간 연장, 지체장애인과 정신장애인에게 보다 많은 취업기회 제공, 발달장애인의 재활서비스 적격성 재검토 등을 담고 있다. 또한 실업자의 직업기술과 직업 잠재성 계발을 지원하는 프로그램을 규정하여 장애인의 취업과 훈련을 강조하였다. 이 밖에 1986년 「재활법 개정안(Rehabiliation Act Amendments, PL 99-506)」에 명시된 중증장애인을 위한 지원고용 프로그램과 특수교육 및 재활국(Office of Special Education and Rehabilitation Services)의 학교에서 직업세계로의 전환교육은 현재까지도 많은 관심의 대상이다.

4) 1980년대

1980년대는 연방정부의 재정 지원 감소로 직업평가 기간이 축소되는 부정적 측면도 대두되었으나 직업평가 장면에 컴퓨터를 이용하여 비용을 절감하는 긍정적인 측면도 있었다(예: MESA: 컴퓨터 작업표본; OASIS: 컴퓨터 직업정보 시스템). 1981년 8월 31일에는 직업평가 관련 자격증을 담당하는 기관인 직업적응 및 직업평가사 인가위원회(Commission on Certification of Work Adjustment and Vocational Evaluation Specialists)가 설립되었으며, 1986년 재활법 개정안은 내담자의 재활서비스 적격성 판정과 재활계획 수립을 위한 심도 있는 진단연구와 지역사회에 기초한 직업배치를 제공할 것을 규정하였다.

또한 미국 장애 및 재활연구소(National Institute on Disability and Rehabilitation Research: NIDRR)는 장애인의 취업 가능성 확대를 위한 문서인 제안요청서(Request for Proposals)에

서 두 가지 제안점을 제시하였다(Farley, Bolton, & Little, 1990). 첫 번째 제안점은 내담자가 재활계획을 수립하고, 직업목표를 설정하고, 자신의 능력에 알맞은 직업기회를 탐색하는 과정에 적극적으로 참여할 수 있도록 내담자의 능력을 향상시키기 위한 연구와 훈련 모델을 개발하는 것이었다. 두 번째 제안점은 내담자가 최적의 직업 선택을 하는 데 필요한 신뢰할 만하고 타당한 평가도구를 개발하기 위한 연구와 훈련 모델을 개발하는 것이었다.

장애학생의 직업교육을 명시하고 있는 「Carl D. Perkins 직업교육법(Carl D. Perkins Vocational Education Act, PL 98-524, 1984)」은 장애학생에 대한 직업교육에 있어, 첫째, 모집, 등록, 배치에 있어 균등한 기회 제공, 둘째, 모든 학생이 적절한 직업교육에 동등하게 접근할 수 있는 기회 제공, 셋째, 성공적인 직업교육을 위해 아동의 관심, 능력, 요구를 측정하는 직업평가 실시, 넷째, 학생의 개별 욕구에 알맞은 교육과정 적용, 지도 및 기구 준비, 다섯째, 전문 상담사를 통한 지도, 상담서비스 제공, 여섯째, 전환교육과 취업에 있어 학교에서 상담서비스를 제공할 것을 규정하였다.

5) 1990년대

1990년대는 전환교육과 직업교육에 대한 관심이 증대되고 질이 향상되는 시기였다. 「Carl D. Perkins 직업 및 기술교육법(Carl D. Perkins Vocational and Applied Technology Education Act, PL 101-392, 1990)」은 1984년의 「Carl D. Perkins 직업교육법」을 개정한 것으로 통합환경에서 특수아동의 직업교육 성취 가능성을 평가하며, 직업교육 프로그램에 참여하고 있는 장애학생에게 교육적인 지원과 전환서비스를 제공하기 위한 기초로 평가자료를 사용할 것을 명시하였다. 또한 「고등학교 경쟁노동력법(High Schools' Competitive Workforce Act, 1991)」은 고등학교 졸업 후 진학, 훈련, 취업 등을 원하는 많은 장애학생들에게 school-to-work 프로그램, 평가, 기술적 지원 및 직업과 관련된 자격증 획득을 위한 전환교육을 제공하도록 규정하였다. 1975년의 「전장애아교육법」을 개정하여 전환교육의 주요 개념을 명시한 「장애인교육법(Individuals with Disabilities Education Act: IDEA, PL 101-476, 1990)」은 14세 이상 적어도 16세 이전까지 학생 개개인의 욕구와 선호도, 흥미도를 평가하여 개별전환교육계획서(Individualized Transition Plan: ITP)를 수립하여 개별화교육계획서(Individualized Education Plan: IEP)에 포함되도록 하였다. 직업평가는 직업평가를 담당하는 직업평가사, 전환계획에 있어 직업배치와 사례관리를 담당하는 전환교육 전문가, 여러 가지 평가 정보를 기초로 직업 담당 전문가들과 특수교사가 주된 전환교육 팀의 구성원이 되어 평가 과정을 설계하고, 계획하고, 실행하여 ITP를 작성하도록 하였다. 1997년 장애인교육법 개정안은 전환교육 대상의 연령을 적어도 14세 이전으로 낮추고 학습장애 학생을 포함시켰으며, 직업 및 일상생활기능에 대한 교육 이외에 기타 내담자가 원하는 서비스를 추가하였다.

또한 1992년 「재활법 개정안(Rehabilitation Act Amendments, PL 102-569)」은 「장애인교육법」의 전환교육에 대한 정의를 수용하여 성공적인 전환을 위하여 학교 관계자와 재활상담사가 협력하여 학생의 욕구, 흥미, 선호도에 기초한 다양한 활동을 제공할 것을 명시하여 직업평가의 중요성을 강조하였다. 이 법에서는 '장애'는 인간이 경험할 수 있는 자연스러운 부분이며, 어떠한 상황에서도 다음과 같은 권리를 박탈당할 수 없다고 하였다. ① 독립생활, ② 자기의사결정, ③ 선택, ④ 사회에의 공헌, ⑤ 의미 있는 직업의 추구, ⑥ 미국 주류사회의 경제 · 정치 · 사회 · 문화 · 교육에 있어 통합.

1994년에 제정된 「학교에서 직업세계로의 기회법(School-to-Work Opportunities Act, PL 103-239)」은 「전장애아교육법」, 「장애인교육법」 등의 실시로 장애아동을 포함한 전체 아동에 대하여 교육의 기회가 제공되면서 교육의 의미가 학교 내 학문중심교육에서 미래의 진로를 준비하기 위한 기술을 학습하는 평생학습의 의미로 바뀌고 이를 지원하기 위해 제정되었다. 이 법은 전환기의 중요한 요소인 학생의 수행능력을 평가하고 피드백을 제공할 것을 기본 개념으로 하고 있으며, 모든 아동이 장래 진로와 평생교육에 보다 적합하고 유용한 교육을 받아야 함을 목적으로 하고 있다. 장애학생이 중등교육과정에서 이와 같은 수행중심 교육과 훈련을 받는다면 직업에 대한 준비를 보다 더 잘할 수 있을 것이며, 고용주와 기업체를 협력 파트너로 하여 양질의 직업경험을 실제 작업현장에서 학습할 수 있도록 한다는 것이 이 법의 제정 의미다. 수행중심 교육과 훈련 내용은 다음과 같다.

① 실제적인 작업환경에서의 학습
② 교실교육과 실제 직업과의 연계
③ 교육활동을 관련 프로그램, 서비스와 연계
④ 학생 및 가족이 필요한 지역사회 자원과 지원을 받을 수 있도록 연계

6) 2000년대

2004년에는 「장애인교육법」을 개정하여 「장애인교육향상법(Individuals with Disabilities Education Improvement Act of 2004: IDEIA, PL 108-446)」을 제정하였다. 이 법은 장애아동의 교육권 보장 및 보호자의 권리를 한층 강화함으로써 특수교육 전반에 중요한 변화를 가져왔다(Yell, Shriner, & Katsiyannis, 2006). 특별히 이 법의 주된 내용은 1965년 초 · 중등교육법을 개정한 「아동낙오방지법(No Child Left Behind Act: NCLB, 2001)」의 목표와 연계하여 장애학생을 포함한 모든 학생에 대한 높은 책무성을 강조하고, 장애학생에 대한 높은 학업성취 기대와 함께 일반교육 접근 보장, 전문적 특수교육교사 양성, 과학적으로 검증된 연구에 기반한 교수방법 개발, 지방자치단체의 유연성 강조, 장애아동 부모의 참여 및 선택권 확대, 조기중재서비스 지원, 개별화교육계획서 개발 지원, 학습장애 적격성 기준, 장애아동 교육권 및 장애아동 부모의 권리에 대한 절차적 보호 등을 포함하고 있다.

특히 특정학습장애 적격성 여부 판정과정에서 대상아동이 자신의 나이에 적절한 학습경험이 제공되었음에도 불구하고 말하기, 듣고 이해하기, 쓰기, 기본적 읽기 기술, 읽기 유창성 기술, 읽기 이해, 수학 계산, 수학 문제 해결 중에서 한 영역 혹은 그 이상의 영역에서 자신의 나이에 비하여 성취하지 못하거나, 과학적 연구에 기반한 중재에 대한 반응 평가 시 대상아동이 위에 제시한 한 영역 혹은 그 이상의 영역에서 주(state)에서 인정한 기준을 충족시킬 만한 학업 성과를 이루지 못했거나, 진단위원회에서 적절한 평가도구를 사용하여 평가를 실시한 결과 대상아동이 지적 발달 수준에 비해 수행이나 학업 혹은 두 영역 모두에서 강점과 약점을 보이는 경우에는 특정학습장애 적격성 유무를 결정할 수 있도록 하였다.

또 14세 혹은 16세 학생의 개별화교육계획서에 훈련, 교육, 고용, 독립생활 기술 등 전환기술에 대한 평가에 기초하여 설정된 중등 이후 목표와, 학생이 목표에 도달하는 데 필요한 전환서비스(교육과정 포함)를 반드시 포함하도록 규정하고 있다. 또한 특수교육에 대한 책무성을 강화하기 위하여 각 주에서 약 20개의 지표들을 관리하도록 하고 있으며, 그 가운데 [지표 13]은 개별화교육계획서에 중등교육 이후 성취하고자 하는 목표 진술과 그 목표에 도달하기 위한 전환서비스 및 교육목표를 포함하고 있는지에 관한 것이다. 또한 [지표 14]에서는 학생의 실제 중등 이후 성과에 중점을 두어, 개별화교육프로그램에 의해 교육받았던 청소년이 고등학교를 떠난 이후 고용이나 고등교육 재학 등의 상태가 어떠한지에 대한 자료를 수집하도록 하고 있다.

그러나 직업평가사 자격제도는 후퇴가 있었는데, 현장평가가 대중화되자 직업평가사의 필요성이 감소되어 2008년 CCWAVES가 해체되고 더 이상 CVE 자격증을 신규로 발급하지 않게 되었다. CVE의 자격유지와 갱신은 2009년부터 CRCC에서 관리하고 있다(Commission on Rehabilitation Counselor Certification, 2018).

앞에서 살펴본 직업재활 관련 법안들은 다음과 같은 직업재활 역사의 흐름을 반영하고 있다.

① 탈시설화와 지역사회 내 통합 프로그램
② 개별화를 통한 내담자 욕구 반영과 내담자를 보호하고 지원하는 서비스
③ 발달된 기술을 이용한 보조 프로그램과 중증장애인을 재활서비스에 포함시킴
④ 의학 발달에 의한 장애인 수의 증가와 내담자의 기능 향상
⑤ 기관 간 협력을 통한 직업평가 정보 개발과 교환을 필요로 하는 전환교육
⑥ 직업평가의 질적 향상을 위한 직업평가사 자격증 제도화

2. 직업평가의 정의

1960년대와 1970년대 초반 직업평가와 직업적응의 개념 사이에는 많은 혼돈이 있었다(Pruitt, 1986). 이는 한 명의 평가사가 두 분야 모두를 담당하고 직업평가의 종료 시점과 직업적응의 시작점이 분명하지 않았기 때문이다. 그러나 이 문제는 제10회 재활서비스 심포지엄(1972)이 직업평가의 정의를 다음과 같이 제시함으로써 해결되었다.

> 직업평가는 평가와 직업탐색에 초점을 두고 개인의 직업 개발을 돕기 위한 목적으로 현직과업이나 모의과업을 사용하는 체계적이고 종합적인 과정이다. 직업평가의 목적은 의학, 심리학, 사회, 직업, 교육, 문화, 경제적 자료를 종합하여 설정된다(Tenth Institute on Rehabilitation Services, 1972).

이후 여러 재활 세미나에서 직업평가에 대해 정의를 내렸다.

VEWAA Project에서는 "실제 작업환경의 특성과 유사한 환경에서 실제과업이나 모의과업과 활동을 이용한 특별한 기술과 환경, 일정기간 이상의 면밀한 관찰과 판단을 요구하는 특별한 형태의 임상평가"라 하였다(Vocational Evaluation and Work Adjustment Association, 1976).

VEWAA Glossary에서는 "교육자에게 프로그램 계획수립의 기초를 제공하고 자신의 직업 잠재력에 대한 통찰력을 제공하는 내담자의 개인 특성, 교육, 훈련, 직업배치 욕구 판별을 위한 다학문적 팀에 의해 일정기간 이루어지는 종합적 과정"이라 하였다(Vocational Evaluation and Work Adjustment Association, 1983).

CARF는 "개인의 직업목표를 판별하기 위한 체계적이고 조직적인 기초를 제공해 주는 프로그램 혹은 서비스로 내담자의 장점, 제한점, 작업환경 내 행동을 나타내며, 재활프로그램 수립에 요구되는 특별한 조언"이라 하였다(Commission on Accreditation of Rehabilitation Facilities: CARF, 1987).

직업평가는 장애인의 직업적 흥미, 적성, 강점, 제한점 및 잠재능력을 파악 · 분석하기 위해 신체능력평가, 심리평가, 작업표본평가, 상황평가, 현장평가 등을 실시하는 직업재활서비스로서, 장애인에게 적합한 직업재활 방향을 설정하고 효과적으로 직업을 선택할 수 있도록 지원하는 것이다(한국장애인개발원, 2015).

고용노동부장관과 보건복지부장관은 장애인이 그 능력에 맞는 직업에 취업할 수 있도록 하기 위하여 장애인에 대한 직업상담, 직업적성 검사 및 직업능력 평가 등을 실시하고, 고용정보를 제공하는 등 직업지도를 하여야 한다(「장애인 고용촉진 및 직업재활법」 제10조 제1항, 법제처, 2018c).

장애인의 직업 잠재력을 파악하여 합리적 직업 선택을 돕기 위한 과정으로 개인의 직업능력과 관련된 신체적 · 심리적 · 사회적 · 직업적 측면을 체계적으로 평가하여 현재 직업능력과 개인의 다양한 잠재력을 파악함으로써 적합한 직업재활서비스를 권고하기 위한 과정이다(서울장애인종합복지관, 2010).

이들 정의를 종합해 볼 때 직업평가의 정의는 "작업을 주된 평가요소로 하여 개인의 직업 잠재성을 측정하는 하는 개별화된 과정"이라고 할 수 있다.

이 시기에는 또한 직업평가의 어휘에 대한 논쟁이 있었는데(Pruitt, 1986), 직업평가가 직업평가(vocational evaluation) 혹은 작업평가(work evaluation)로 혼돈되어 사용되고 있었다. 현재에는 작업평가는 직업평가보다 협의의 개념으로 내담자의 작업능력과 적합한 직업형태를 제시하는 개념으로 사용되며, 직업평가는 내담자의 최대한의 잠재성 판별과 같은 보다 장기적인 목표와 진로계획에 중점을 두는 개념으로 사용되기 때문에 직업평가라는 용어를 사용한다.

3. 직업평가의 목적과 목표

1) 직업평가의 목적

직업평가는 장애인의 직업적 흥미, 적성 및 잠재능력을 파악하여 직업재활서비스 대상자 결정이나 직업재활계획 수립을 위한 정보를 제공하고 장애인으로 하여금 자신의 능력과 직업에 대한 인식수준을 높여 적합한 직업을 선택할 수 있도록 지원한다(한국장애인개발원, 2010).

직업평가는 내담자의 일반적인 고용 가능성 혹은 직업태도, 직업행동, 가치관 등의 직업인성 요인을 측정하고, 직업기능, 능력, 적성과 같은 직업 기술을 결정하며(Gellman, 1968) 개인의 능력과 인내력에 대한 종합적인 정보를 제공한다(Klein, Wheaton, & Wilson, 1997). 직업재활의 성공은 직업재활 과정을 촉진시키는 변인들을 적합하고, 신뢰롭고, 타당성 있게 평가할 수 있는 능력에 의해 결정되며, 이러한 평가는 모든 전문적 활동의 기초가 된다(Frey, 1984).

직업평가의 초점은 고용 가능성과 배치 가능성을 포함하는 내담자의 직업에 대한 준비도 측정에 있으며, 평가 결과를 통해 내담자는 직업배치와 유지에 필요한 조건들을 인식하게 된다(Power, 2013).

강위영과 이상진(1999)은 인지적 · 신체적 · 정서적 성격요소와 관련된 여덟 가지 하위

척도로 구성된 '초기 진단 질문지(Preliminary Diagnostic Questionnaire)'를 사용하여 고용 가능성을 평가하며, 일반적으로 다음의 영역을 평가한다고 하였다.

① 직업 전 기술
② 구직 기술
③ 면접 기술
④ 직업 관련 기술
⑤ 직업수행 기술
⑥ 직장에서의 사회성 기술, 동료와의 관계
⑦ 재정관리 기술
⑧ 기본적 학업 기술

고용 가능성에 대한 진단적 프로파일은 다음의 두 가지 변인에 대한 평가 결과를 반영한다.

① 안정된 특성: 직업과 관련된 능력, 흥미, 개인적 특성, 장기간에 걸친 사회화를 통해 발달된 것이며 생산적 행동으로 나타나는 것(Gellman, 1968)
② 수정 가능한 특성: 직업을 탐색하고 보유하는 데 요구되는 중요한 행동

직업평가의 목적은 내담자의 직업 선택과 고용 가능성에 대한 정보를 수집하는 것이다. 직업평가에서 얻은 정보는 ① 내담자의 직업재활서비스 적격성 판정, ② 내담자의 취업 지원에 요구되는 서비스 혹은 활동에 대한 개별재활 계획 수립, ③ 내담자의 자신의 능력과 직업에 대한 통찰력 증대와 적합한 직업 선택에 도움이 된다.

재활계획 수립에 요구되는 직업평가 정보에 대한 연구에서 재활상담사는 직업평가에 대해 매우 긍정적으로 인식하고 있었고, 대부분의 주립 재활기관에서 직업평가서비스를 제공하고 있었으며, 가장 필요로 하는 직업평가 정보는 내담자의 직업 인성, 신체적 · 인지적 능력, 직업 선택, 공식적인 교육과 훈련 경험이었다(Lee, Taylor, & Rubin, 1995). 재활상담사는 또한 직업평가 정보 중 내담자의 능력, 동기, 직업습관, 직업태도, 직업목표, 직업적성, 직업흥미, 직업기능과 능력, 취업 기술, 직업기능의 전이를 중요하다고 보았다

(Wesolek & McFarlane, 1991; Lee, Taylor, & Rubin, 1994).

직업에 대한 의사결정 과정에서 직업평가사는 직업능력, 직업흥미, 사회성 기술, 독립생활 기술 등을 평가하여 내담자의 장점과 제한점을 판별하고, 내담자가 효율적인 의사결정을 하도록 돕고, 내담자의 직업 성숙도를 향상시켜 스스로 의사결정을 내리도록 지원한다(Roessler & Greenwood, 1987; McDaniel & McClanahan, 1993).

1986년 재활법 개정안은 적격성 판정에서 내담자의 신체적 장애 혹은 정신적 장애가 직업재활 결과에 미치는 영향, 내담자가 직업재활서비스로 얻는 이익과 확대평가 여부를 결정하는 사전 진단연구를 필수로 규정하고 있다. 내담자는 직업평가 과정에 적극적으로 참여함으로써 직업탐색의 기회를 얻고, 자신의 직업능력에 대해 이해하며, 합리적인 진로를 선택하게 된다. Gwilliam(1970)은 내담자가 직업평가의 목적을 보다 잘 이해할수록 자신의 능력, 기능, 잠재력을 보다 잘 인식하게 되며, 결국 현실적인 직업 이상을 가진다고 하였다.

직업평가의 목적은 평가 환경과 장애유형, 정도에 따라 변화한다. VEWAA Project(1976)는 직업평가의 목적과 목표를 다음과 같이 말하였다.

> 첫 번째 목적은 내담자 개개인에 적합한 결과를 판별하는 것이며 이 결과는 경쟁고용에서부터 완전한 타인의존까지를 포함한다. 두 번째 목적은 내담자의 기능적 능력과 장애를 판별하는 것으로 직업평가는 종합적이고 이차적인 서비스까지 포함한다. 세 번째 목적은 최적의 결과 획득에 장애가 되는 기능적 장애를 극복하는 데 필요한 서비스를 판별하는 것이다. 네 번째 목적은 내담자의 기능적 장애를 최소화하는 것으로 이는 직업평가의 치료적 기능이며, 내담자의 태도, 행동, 수행에 긍정적인 변화를 유발한다.

Lofquist와 Dawis(1969)는 이러한 긍정적이고 현실적인 태도는 직업에서의 성공 가능성과 높은 상관관계가 있다고 하였으며, Pierson과 Crimando(1988)는 직업평가가 내담자의 직업인성을 치료하는 '치료적 계획'의 기초가 된다고 하였다.

이러한 내담자에 대한 긍정적 측면 이외에 직업평가는 재활상담사와 직업평가사가 직업평가를 통해 얻은 객관적이고 현실적인 내담자의 직업 정보를 기초로 적격성을 판정하고, 보다 적절한 개별재활계획서를 개발하고, 비용과 시간을 절감하여 경제성을 높이며, 내담자의 고용 가능성을 향상시키게 하는 긍정적인 면을 갖는다고 하였다.

2) 직업평가의 목표

- 일반고용, 지원고용, 보호고용, 창업 등 향후 직업방향을 탐색하기 위하여 장애인의 직무능력, 홍미, 적성, 강점과 제한점, 잠재능력 등을 파악한다.
- 장애인의 욕구 및 능력을 기반으로 한 직업목표를 설정하고 지원서비스를 계획하는 데 필요한 정보를 제공한다.
- 직업재활서비스 제공 중 과정평가를 통하여 개인의 향상 정도에 따른 서비스가 지원될 수 있도록 한다.
- 직업을 탐색하고 선택하는 데 있어 장애인의 직업인식과 통찰력을 증대시키고, 작업수행 및 태도 등에 있어 긍정적인 변화를 유도할 수 있게 한다(한국장애인개발원, 2015).

다음의 〈표 1-1〉에 제시된 직업기능 모델은 직업평가에서 평가해야 할 내담자 특성과 각 특성에 속하는 직업기능에 대한 설명이다.

〈표 1-1〉 **직업기능 모델**

내담자	직업기능	직업과업 및 독립생활과업
신체적 특성	외모	• 직업에 적합한 수준 • 취업면접에 적합한 수준
	체력	• 직업인내력 –종일제 근무 –시간제 근무 –가벼운 육체적 활동 –좌업 • 작업 속도
	건강상태	• 작업 환경 –작업 환경에 대한 반응 정도(뜨거움, 차가움, 습함, 시끄러움, 위험함, 기타 환경)
	운동협응력 • 눈/손/발의 협응력 • 손가락 기민성 • 이동성	• 직업에서의 요구사항 –교통수단 –작업장 내 이동성 –신변처리
	위생	• 직업에 적합한 수준
	신체적 제한성	• 직업에서의 요구사항에 부합되는 능력 • 직업 수정의 필요성

지적 특성	일반적인 지식수준	• 직업에서 요구하는 사항에 대한 지식 • 취업에 요구되는 사항에 대한 지식
	교육수준	• 훈련수준 • 언어수준 • 수학능력 • 이해력
	적성 • 언어 • 수 • 공간지각력 • 형태지각력 • 개념이해력	• 의사소통능력 • 입사지원서 작성능력 • 취업면접 응시능력 • 추상적 사고능력 및 계산력 • 측정능력
	직업력 • 가사노동 • 여가활동 • 취미활동	• 현재 기술과 능력 • 안전의식 • 장애 이전 직업에의 복귀능력 • 다른 직업으로 전이 가능한 능력과 기술
	의사결정능력	• 직업에 대한 진취성 • 취업기회와 직업개발의 기회탐색
	기억력	• 강의 내용 기억능력 • 훈련능력
	주의집중력	• 작업지시에 따르는 능력 • 훈련능력
	직업습관	• 출석률 • 신속함 • 생산 속도 • 시간배분능력
	흥미	• 선호하는 직업 유형 • 선호하는 직업활동 유형
	가치관	• 일상생활로서의 직업에 대한 인식 • 직업습관 • 직업에서의 자신에 대한 기대감
	장애와 관련된 지식	• 직업과 관련된 장점과 제한점에 대한 이해

	기분/기질 • 무관심 • 냉담함 • 협동심 • 의욕 • 확신감 • 흥미	• 상급자 및 동료와의 관계 • 좌절감 인내력 • 직업 스트레스에 대한 적응
정서적 특성	욕구 • 책임감 • 안정감 • 사회적 지위 • 다양성 • 관리/권위 • 인식력 • 창의성 • 독립성 • 성취감 • 좋은 작업환경 • 승진 • 자율성	• 변화를 추구하는 경향 • 적응력 • 위험을 감수하는 능력 • 대안을 수용하는 개방성
	태도 • 자신에 대한 태도 • 타인에 대한 태도	• 책임감 • 작업을 성공적으로 수행할 능력 • 대인관계 • 직업에 대한 확신감
	동기화	• 직업재활 목표 설정 • 직업에 대한 열의 • 성취수준
	장애에 대한 적응	• 근로자로서 자신에 대한 확신감 • 제한점의 수용 • 독립적 혹은 의존적 역할
환경적 요인	가족	• 내담자의 직업재활에 지원적인 가족 분위기 • 내담자의 직업 선택을 수용하는 가족 분위기 • 내담자의 능력에 대한 가족들의 인식
	재정 지원 • 산업재해보상보험 • 사회보장보험 • 장애연금	• 내담자의 욕구를 충족시킬 수 있는 재정수준 • 내담자의 욕구를 충족시킬 수 있는 직업수준

기타 고려점	약물	• 직무에 대한 주의집중, 체력, 안전성
	지원체제	• 교통수단 • 자가운전 • 공공 교통수단 이용 가능성 • 지원을 필요로 하는 이동성
	자격증/노조가입 여부	• 직업배치 기회
	주의점	• 직무의 유연성 • 직무수정
	사회성 기술	• 직업에서 요구하는 사회성 기술 • 대인관계

4. 직업평가의 대상과 과정

직업평가의 대상을 결정하는 것은 초기면접 단계에서부터 시작된다. 내담자의 정보를 수집하면서 직업평가의 필요성을 파악하고, 사례회의를 통해 직업평가에의 의뢰가 적절한지를 결정하며, 적합한 평가 유형을 결정해야 한다(한국장애인개발원, 2015).

1) 직업평가의 대상

구직, 직업 유지, 진로 개발, 기타 직업재활서비스 이용 등을 위해 자신의 흥미, 적성, 강점과 제한점 등에 대한 평가를 필요로 하는 장애인이다.

- 직업경력이 전혀 없는 학교에 재학 중인 학생인 경우, 자신의 흥미, 적성, 기질, 능력, 강점과 제한점 등 자신의 특성에 대해 탐색하기 위해 전반적인 영역에 대한 평가를 실시한다.
- 직업경력이 있는 내담자의 경우, 자신이 이전에 종사했던 직무영역에 복귀하기를 원한다면 재취업 가능성을 평가하는 것이 타당하며, 전직을 원한다면 이전 직업경력을 활용하여 취업할 수 있는 직무영역에 대한 배치가능성을 평가하는 것이 타당하다.

• 직업경력이 있는 경우에도 이전과 전혀 다른 직업에 종사하기를 원하거나 중도 장애로 인해 이전 직업에의 배치가 어렵다면 전반적인 특성 영역에 대한 평가가 요구된다.

2) 직업평가의 과정

직업평가는 초기 적격성 결정을 위한 직업평가뿐만 아니라 직업적응훈련, 취업알선, 취업 후 적응지원 등 직업재활서비스의 전반적인 과정에서 실시되며, 직업평가계획 수립, 직업평가 실시, 직업평가보고서 작성, 직업평가보고서 관리의 순서로 이루어진다(한국장애인개발원, 2015).

(1) 직업평가계획 수립

직업상담 결과를 바탕으로 직업평가의 목적, 내용, 방법 등에 대한 계획을 수립하고 직업평가계획서를 작성한다. 직업평가계획서는 직업재활계획서, 세부 프로그램 계획서에 직업평가계획이 세부적으로 수립되어 있다면 이를 대체할 수 있다.

(2) 직업평가 실시

직업평가계획에 따라 평가 실시 전 해당 장애인에게 참여에 필요한 사항을 안내하고 신체능력평가, 심리평가, 작업표본평가, 상황평가 및 현장평가 등을 실시한다. 직업평가는 직무수행 능력, 흥미, 적성, 강점과 제한점 등을 파악하여 적격성 결정, 직업재활방향 설정의 근거를 제공한다. 또한 직업재활계획에 제시된 목표를 달성하였는지 여부를 파악하여 효과적으로 직업을 선택할 수 있도록 지원한다.

(3) 직업평가보고서 작성

직업평가 실시 결과를 토대로 직업평가보고서를 작성한다. 직업평가보고서는 직업평가 목적에 알맞게 내용을 구성할 필요가 있으며, 평가 결과를 명확하고 구체적으로 기술해야 한다.

(4) 직업재활 과정에서 직업평가

직업재활 과정은 취업을 위한 의료적 회복, 훈련, 상담, 지도, 배치 등의 서비스를 제공하는 것이다. 이 과정은 ① 직업, 의료, 심리평가, ② 상담과 지도, ③ 보장구, ④ 직업훈련 및 적응훈련, ⑤ 의료 · 정신과 치료, ⑥ 일상생활과 교통수단, ⑦ 평가도구와 자격증, ⑧ 직업배치 지원과 취업유지를 위한 사후지도 등의 서비스로 구성되며, 내담자가 60일 이상 취업을 유지하였을 때 성공적인 재활사례로 종결한다(Adelman, Spitznagel, & Saxon, 1997). 즉, 직업평가는 재활상담사, 내담자, 재활전문가 혹은 부모가 취업 관련 정보를 활용할 수 있도록 지원하는 전문적인 서비스다.

Hallenbeck과 Campbell(1975)은 직업평가를 통해 예측된 직업수행능력과 직업재활 성공 사이에 70.5%의 상관율이 있다고 하였으며, Rosenberg와 Usdane(1963)은 평가사들이 예측한 내담자의 수행능력과 직업재활 성공도 간의 상관 정도는 85%라고 하였다. Brown, McDaniel과 King(1995)은 직업재활서비스를 받은 내담자의 경우 취업 유지율이 향상되었다고 했으며, Peters, Scalia와 Fried(1993)는 직업평가 결과에 기초한 평가사의 조언이 성공적 재활 사례 비율과 높은 상관관계를 보였을 뿐 아니라 경쟁고용에 취업된 확률이 매우 높았다고 보고하였다.

[그림 1-1]은 미국에서 사용하는 평가위계 단계로 초기면접에서 직업평가 단계로 갈수록 비용이 증가하는 모습을 보여 준다. 초기면접(Intake Interview)은 내담자의 배경 정보 등 사회적 정보를 수집하는 '사회적 평가'로 시간이나 도구 측면에서 비용이 거의 들지 않는다. 그러나 다음 단계로 진행할수록 많은 시간이 들고 도구 구입과 관리 비용이 많이 들어 점점 비용이 증가하게 된다. 미국의 경우 그간의 의료 정보와 초기면접 결과를 토대로 일반적인 의료평가를 실시하여 내담자의 의료적 상태를 판별하고, 만약 심도 있는 의료평가가 필요하다는 소견이 있을 경우 전문적인 의료평가를 실시한다. 추가적인 의료평가가 요구되지 않고 심리평가나 직업평가가 필요성이 제시될 때에는 심리평가나 직업평가에 의뢰한다.

우리나라에서는 일반적으로 초기면접에서 직업평가의 필요성과 실시할 직업평가 유형(신체능력평가, 심리평가, 작업표본평가, 상황평가, 현장평가)에 대해 파악하여 직업평가를 실시하고 있다.

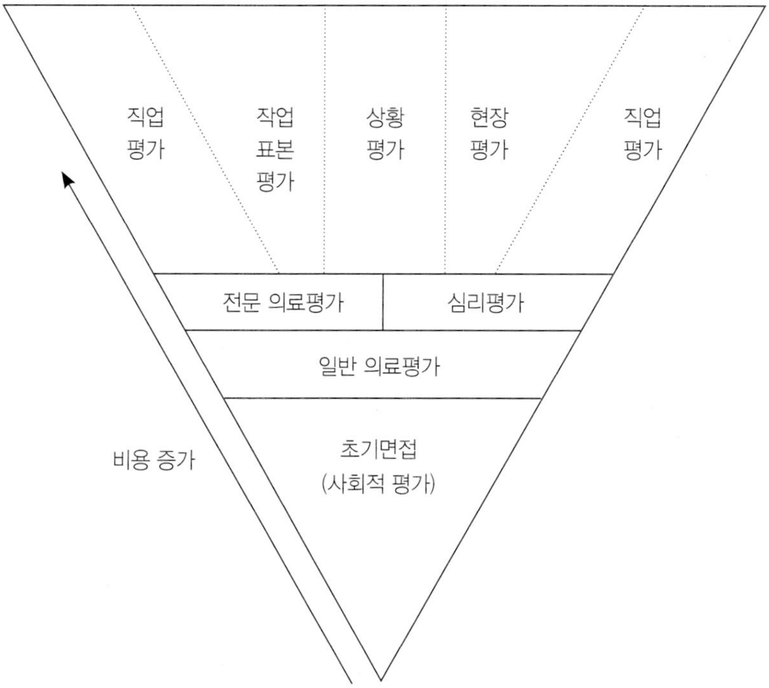

[그림 1-1] 평가 위계 단계

(5) 직업사정과 직업평가

내담자의 직업 측면을 평가하는 방법에는 직업사정과 직업평가가 있다. 직업사정은 직업평가 이외에 심리평가, 사회적 평가, 교육적 평가, 의료적 평가 등 다양한 영역을 평가하는 방법으로 직업평가보다 넓은 개념이다. 직업사정은 직업지도(vocational guidance)의 한 영역으로 내담자를 훈련하거나 직업배치하는 데 필요한 제언을 제시한다. 즉, 직업사정은 내담자의 직업적 장점, 욕구, 잠재력을 판별하기 위해 흥미, 능력, 적성, 기술 등을 평가하는 과정이며, 다음과 같은 표준화검사나 비표준화검사(면접, 관찰 등) 등 다양한 방법을 사용한다.

- 배경정보, 다른 전문가의 보고나 내담자를 알고 있는 개인이 제공한 정보
- 내담자, 가족, 교사, 고용주, 동료근로자 등에 대한 면접
- 체크리스트
- 재활과정의 목적을 명확하게 하기 위한 직업탐색과 상담

- 심리학자가 실행하는 다양한 표준화 심리검사를 포함하는 지필검사들
- 작업표본검사
- 상황평가
- 시범직무(Job-tryouts)

직업사정은 내담자가 속한 나라의 문화나 사회체계에 따라 실행 목적이 달라지는데, 이는 직업잠재력이나 직업훈련 프로그램 내용, 고용 가능성을 결정하는 것뿐만 아니라 개별 내담자의 독특한 작업환경에의 적응력을 판별하기 때문이다.

직업사정은 내담자가 자신의 흥미, 적성, 능력, 고용시장 현실에 비추어 현실적인 직업훈련 내용을 결정하고 직업에 대한 의사결정을 할 수 있게 도와준다. 그러므로 직업사정을 통해 재활상담사를 비롯한 재활전문가들은 내담자의 욕구를 파악하여 이를 중심으로 보다 효율적으로 지원할 수 있게 되며, 고용주들은 보다 좋은 근로자를 선발할 수 있게 된다. 직업뿐 아니라 교육과 심리 영역에서 평가할 때도 직업사정이 사용된다. 장애로 인해 평가 과정이나 방법에 조정이 필요할 때에는 조정을 해야 하고, 특별히 고안된 사정 방법이나 전략이 개발되어야 할 때도 있다.

직업사정팀은 재활, 작업치료, 재활의학, 정신의학, 심리학, 사회복지, 직업지도, 교육 등 다양한 분야의 전문가로 구성되며, 고용주가 팀에 포함되기도 하며, 공학 등 특별한 분야에 대한 사정이 필요한 경우에는 그 분야의 전문가가 포함되기도 한다. 직업사정 전문가는 내담자에게 현실적인 제언을 하기 위해 노동시장과 직업훈련기회 등에 대한 정보를 잘 알아야 한다.

직업사정은 직업에서 성공하는 데 영향을 미치는 모든 요인을 평가하는 전인적인 평가가 되어야 한다. 의료나 심리평가를 먼저 실행하였다면, 다음과 같은 직업사정이 시행된다.

- 내담자 발달사, 배경정보, 교육, 고용 등의 영역
- 심리사회적 강점과 제한점
- 독립생활 기술
- 문해력
- 직업세계에 대한 이해(직업탐색능력)

- 직업능력/적성
- 직무 기술
- 직업행동(사회성기술, 의사소통기술 등)
- 구직 기술
- 직업준비도
- 특별한 욕구

독립생활 기술 평가에는 다음의 내용들이 평가된다.

- 자기관리 기술
- 몸단장 기술
- 시간알기, 시간관리 기술
- 재정관리 기술
- 교통수단 이용 기술
- 가정관리 기술

문해력 평가에는 일반적으로 수학, 읽기/언어능력이 평가되며, 필요하다면 컴퓨터나 외국어 능력이 평가된다.

직업탐색능력 평가는 장애인들에게 매우 중요하다. 장애인들은 직업세계에 대한 경험이 적어 직업에 대한 정보가 적고 직업의사결정을 잘하지 못하는 경우가 많기 때문이다. 직업탐색능력 평가에는 직업에 대한 지식을 측정하는 면접, 체크리스트 등을 이용하기도 하고, 상황평가, 시범직무, 관심 있는 직업에 종사하는 근로자와 면담, 직업훈련기관이나 사업체 견학 등의 방법을 사용하기도 한다. 자신이 원하는 직무에 대해 직무체험(job shadowing)하는 것도 좋은 방법이다.

구직 기술은 직업정보자원 판별 방법, 구인정보 탐색 기술, 입사지원서 작성 방법, 취업면접 기술 등을 의미하는데, 면접, 지필검사, 관찰, 롤 플레이 등의 모의 구직활동과 실제 구직활동을 통해 평가할 수 있다.

한편, 직업준비도는 다음과 같은 능력을 실제로 갖추고 있는지 면접, 상황평가, 관찰, 시범직무 등을 이용하여 측정하여 알 수 있다.

- 직업목표가 현실적인지
- 이동수단이 있는지
- 금전관리능력이 있는지
- 좋은 작업습관과 기술을 갖추고 있는지
- 직업세계에 대한 이해가 있는지

[그림 1-2]는 직업재활 과정, 직업사정(vocational assessment), 직업평가 사이의 관계를 나타낸 것이다.

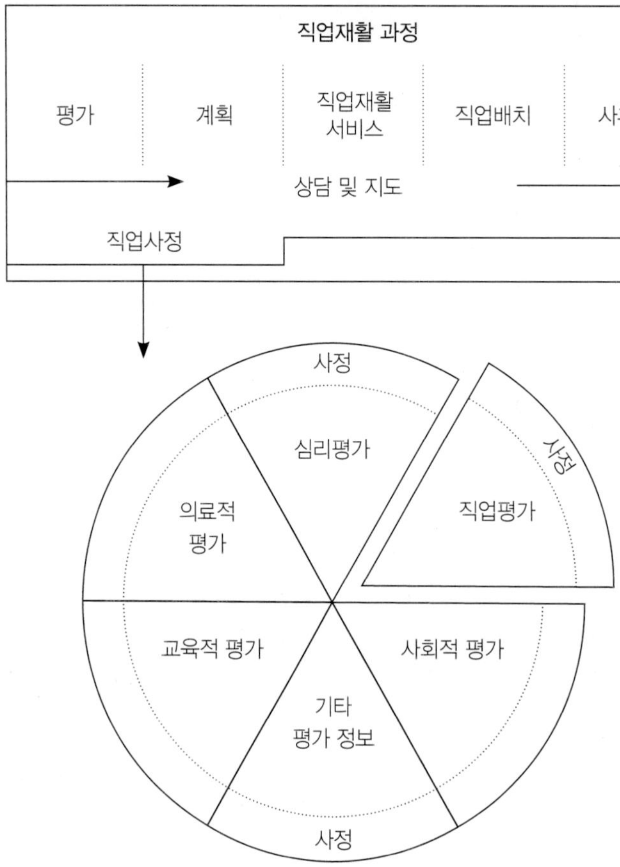

[그림 1-2] 직업재활 과정 및 직업사정

출처: Corthell, D. W., & Griswold, P. P. (1987). *The Use of Vocational Evaluation In VR*(p. 17). Menomonie, WI: Research and Training Center, University of Wisconsin-Stout.

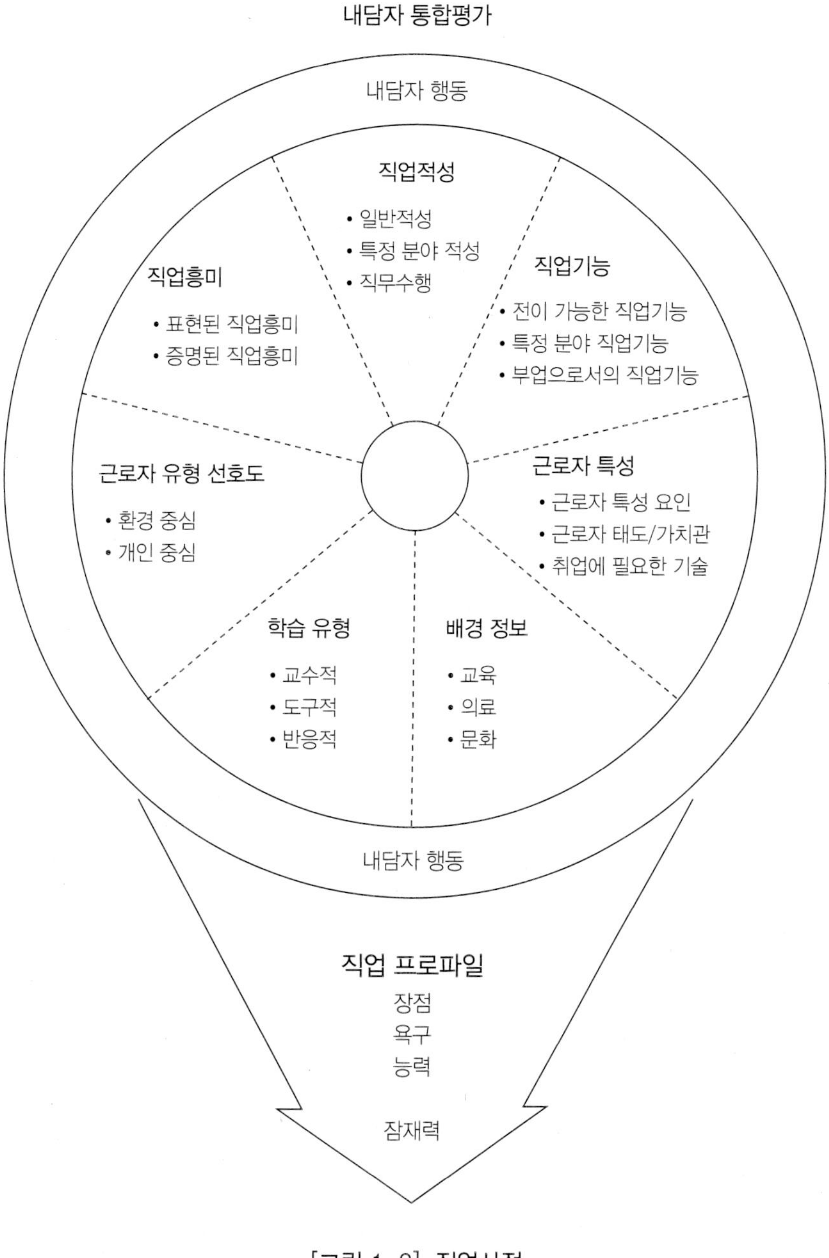

[그림 1-3] 직업사정

출처: Corthell, D. W., & Griswold, P. P. (1987). *The Use of Vocational Evaluation In VR*(p. 41). Menomonie, WI: Research and Training Center, University of Wisconsin-Stout.

〈표 1-2〉 **직업사정 및 직업평가**

	직업사정	직업평가
담당자	• 재활상담사(재활기관) • 특수교사(특수학교)	• 직업평가사
실행자	• 재활상담사 • 교사 • 상담사 • 부모 • 직업교사 • 직무지도원/취업전문가 • 직업개발전문가 • 직업적응전문가 • 직업평가사	• 직업평가사
환경	• 자연적인 환경 –가정 –직업훈련 프로그램 –작업장 –지역사회 –여가활동 장소	• 모의 혹은 실제 작업장
평가도구	• 비공식적인 평가도구를 주로 사용	• 공식적인 평가 도구 · 방법을 주로 사용
대상	• 일반적인 계획 수립에 요구되는 정보를 필요로 하는 사람	• 직업계획 수립 전 보다 구체적인 정보를 필요로 하는 사람
기간	• 계속적, 주기적, 집중적	• 시간제한적, 1~2회, 집중적
직업 프로파일	• 일반적인 직업 프로파일 개발	• 종합적이고 심도 있는 직업 프로파일 개발
과정	• 체계적, 비공식적	• 체계적, 공식적
범위	• 다양한 정보원과 학문을 통한 제안점 제시	• 취업 가능성에 초점을 맞춘 특정한 평가
결과	• 개별화된 계획, 프로그램, 배치에 대한 제안점 제시 • 일반적인 계획과 프로그램에 관한 문제 해결 • 일상생활과 직업에 관한 정보 제공	• 개별화된 계획, 배치, 프로그램에 대한 제안점 제시 • 특정 의뢰문제 해결 • 일차적으로 직업기능에 관한 정보 제공 • 이차적으로 일상생활기능에 관한 정보 제공

제 2 장 》 직업평가 전문요원

1. 재활상담사
2. 직업평가사
3. 작업치료사
4. 교사
5. 직무지도원/직무지도인

재활전문가는 양질의 재활서비스를 내담자에게 제공하여 장애인의 고용과 삶의 질을 개선하고 만족도를 높이는 역할을 한다. 재활전문가의 전문성은 내담자가 재활전문가에 대해 신뢰하도록 하고, 전문요원의 자아개념을 향상시켜 내담자가 명료하게 문제해결할 수 있게 지원하며, 성공적인 재활로 이끈다(이상진, 1997).

직업재활의 과정은 재활전문가로 구성된 다학문 팀에 의해 진행되며, 팀 회의를 통해 직업재활 각 과정에서 획득한 정보를 교환한다. 이러한 다학문적 접근은 다음과 같은 긍정적 측면을 갖는다(Pruitt, 1986).

① 내담자에게 효율적이고 효과적이며 전문적인 서비스 제공
② 평가 결과에 기초한 재활 과정상의 의문점에 대한 해답 제시
③ 내담자의 직업과 관련한 문제에 대한 부가정보 제공과 의뢰한 상담사가 인지하지 못한 배경 정보 제공
④ 내담자가 직업목표를 달성하는 데 요구되는 장단기 서비스 제공
⑤ 내담자의 욕구와 관련된 문제 분석, 해결과 추가서비스 제공
⑥ 다른 전문가들이 필요로 하는 원조의 인식
⑦ 평가 결과에 기초한 정확한 제언
⑧ 모든 재활서비스 관련 전문가의 동의
⑨ 서비스 기간과 활동의 결정

직업평가사는 내담자의 직업능력과 관련된 적성, 인성, 흥미, 태도, 심리, 신체적 장점과 제한점을 평가하며, 재활상담사 혹은 교사는 재활서비스를 시작하기 이전에 내담자의 종합적인 장점과 제한점을 판별하여 최적의 서비스와 서비스 환경을 선택한다. 그러나 직업재활에서 전문가보다 중요한 사람은 내담자로, 전체 직업재활 과정에 참여하고 평가 결과에 제시된 여러 직업 중 한 가지를 선택하는 것은 내담자 자신이다.

1. 재활상담사

재활상담 측면에서 재활의 정의를 살펴보면, 장애인의 고용가능성, 독립성, 통합, 직업과 지역사회에의 참여를 극대화하기 위해 소비자와 재활상담사(rehabilitation counselor)가 함께 계획한 종합적인 서비스(Jenkins, Patterson, & Szymanski, 1992, p. 28)를 의미하기 때문에, '재활상담'이란 장애인이 환경에 적응하고 통합하는 것을 극대화하기 위해 지원하고, 장애인의 욕구에 적합한 환경을 조성하며, 특히 직업 등의 사회의 모든 분야에 참여할 수 있도록 지원하는 전문적인 서비스라 정의할 수 있다.

즉, 재활상담이란 내담자의 적성, 기능수준, 흥미 등을 객관적 자료를 사용하여 평가하고, 내담자가 장애를 입기 이전 직업이나 새롭게 원하는 직업에서 요구하는 조건을 평가하여, 가장 적절한 직업훈련이나 직업배치를 제공하기 위한 현실적이고 합리적인 계획을 세우는 것이다. 재활상담사는 이러한 전체 직업재활 과정을 관리하는 사례관리자(case manager)이며 각 내담자를 상담하는 상담사다.

우리나라에서는 한국직업재활학회가 1991년 12월 10일 장애인의 직업재활에 관한 연구를 촉진하고, 직업적 자립과 적응, 발전에 기여함을 목적으로 창립되면서 직업재활상담사 자격을 발급하게 되어 직업재활전문가 양성이 최초로 시작되었다. 직업재활상담사 자격은 2000년까지 발급되었고, 2001년부터 직업재활사로 명칭을 개정하여 발급하였으며, 2001년부터 1급 직업재활사 자격 제도를 도입하였다. 2011년부터는 직업재활사 자격증을 한국직업재활학회와 한국직업재활사협회가 공동으로 발급하기 시작했고 2013년부터 한국직업재활사협회에 자격 연수와 자격증 교부 모두를 이관하였다.

민간자격으로 발급되던 직업재활사 자격은 「장애인복지법」을 2016년 개정하여 '장애인재활상담사'로 명칭을 개정하고 국가자격제도를 도입하였다. 장애인재활상담사 국가자격제도는 재활 관련 서비스를 제공하는 인력에 대한 전문성을 강화하고 그 서비스의 질을 향상시키는 데 목적을 두고 있다. 「장애인복지법」 등에 제시되어 있는 장애인재활상담사 자격 조항은 〈표 2-1〉과 같다(법제처, 2016, 2017).

〈표 2-1〉 **장애인재활상담사 자격 조항**

장애인복지법

제71조(장애인복지 전문인력 양성 등) ① 국가와 지방자치단체 그 밖의 공공단체는 의지·보조기 기사, 언어재활사, 장애인재활상담사, 한국수어 통역사, 점역(點譯)·교정사 등 장애인복지 전문인력, 그 밖에 장애인복지에 관한 업무에 종사하는 자를 양성·훈련하는 데에 노력해야 한다. 〈개정 2011. 8. 4., 2015. 12. 29., 2016. 2. 3.〉
② 제1항에 따른 장애인복지전문인력의 범위 등에 관한 사항은 보건복지부령으로 정한다.

장애인복지법 시행규칙

제71조(장애인복지 전문인력 양성 등) ① 국가와 지방자치단체 그 밖의 공공단체는 의지·보조기 기사, 언어재활사, 장애인재활상담사, 한국수어 통역사, 점역(點譯)·교정사 등 장애인복지 전문인력, 그 밖에 장애인복지에 관한 업무에 종사하는 자를 양성·훈련하는 데에 노력해야 한다. 〈개정 2011. 8. 4., 2015. 12. 29., 2016. 2. 3.〉
② 제1항에 따른 장애인복지전문인력의 범위 등에 관한 사항은 보건복지부령으로 정한다. 〈개정 2008. 2. 29., 2010. 1. 18.〉
③ 국가와 지방자치단체는 제1항에 따른 장애인복지전문인력의 양성업무를 관계 전문기관 등에 위탁할 수 있다.
④ 국가와 지방자치단체는 제1항에 따른 장애인복지전문인력의 양성에 소요되는 비용을 예산의 범위 안에서 보조할 수 있다.

제72조의 3(장애인재활상담사 자격증 교부 등) ① 보건복지부장관은 장애인의 직업재활 등을 지원하기 위하여 제2항에 따른 자격요건을 갖춘 사람으로서 제73조에 따른 국가시험에 합격한 사람(이하 '장애인재활상담사'라 한다)에게 장애인재활상담사 자격증을 내주어야 한다.
② 장애인재활상담사의 종류 및 국가시험 응시자격 요건은 다음 각 호의 구분과 같다. 이 경우 외국의 대학원·대학·전문대학에서 장애인재활 분야의 학위를 취득한 사람으로서 등급별 자격기준과 동등한 학력이 있다고 보건복지부장관이 인정하는 경우에는 해당 등급의 응시자격을 갖춘 것으로 본다.
1. 1급 장애인재활상담사: 다음 각 목의 어느 하나에 해당하는 사람
가. 「고등교육법」에 따른 대학원에서 장애인재활 분야의 박사학위를 취득한 사람
나. 2급 장애인재활상담사 자격증을 가진 사람으로서 「고등교육법」에 따른 대학원에서 장애인재활 분야의 석사학위를 취득한 사람
다. 2급 장애인재활상담사 자격증을 가진 사람으로서 장애인재활 관련 기관에서 3년 이상 재직한 사람
라. 사회복지사 2급 자격증을 가진 사람으로서 장애인재활 관련 기관에서 5년 이상 재직한 사람
2. 2급 장애인재활상담사: 다음 각 목의 어느 하나에 해당하는 사람
가. 「고등교육법」에 따른 대학에서 보건복지부령으로 정하는 장애인재활 관련 교과목을 이수한 사람

나. 3급 장애인재활상담사 자격증을 가진 사람으로서 장애인재활 관련 기관에서 2년 이상 재직한 사람
다. 사회복지사 2급 자격증을 가진 사람으로서 장애인재활 관련 기관에서 3년 이상 재직한 사람

3. 3급 장애인재활상담사: 「고등교육법」에 따른 전문대학에서 보건복지부령으로 정하는 장애인재활 관련 교과목을 이수한 사람

제73조(국가시험의 실시 등) ① 의지・보조기 기사, 언어재활사 및 장애인재활상담사(이하 '의지・보조기 기사 등'이라 한다)의 국가시험은 보건복지부장관이 실시하되, 실시시기・실시방법・시험과목, 그 밖에 시험 실시에 관하여 필요한 사항은 대통령령으로 정한다. 〈개정 2008. 2. 29., 2010. 1. 18., 2011. 8. 4., 2015. 12. 29.〉
② 보건복지부장관은 제1항에 따른 국가시험의 실시에 관한 업무를 대통령령으로 정하는 바에 따라 「한국보건의료인국가시험원법」에 따른 한국보건의료인국가시험원에 위탁할 수 있다. 〈개정 2008. 2. 29., 2010. 1. 18., 2015. 6. 22.〉
[제목개정 2011. 8. 4.]

한편 미국에서의 재활상담사 자격은 재활상담사 자격인가위원회(Commission on Rehabilitation Counselor Certification: CRCC)의 기준에 따르며, CRCC에서 인가 받은 대학의 석사학위 이상, 600시간 이상의 인턴십을 거친 경력자가 연 3회 실시되는 자격시험을 통과하면 공인 재활상담사(Certified Rehabilitation Counselor: CRC) 자격을 취득한다. CRC 자격은 5년간 유효하며, 갱신을 위해서는 CRCC의 규정에 의해 환산된 100점 이상의 평생교육과 전공교육학점이 요구된다. 만일 기간 내 갱신하지 못하면 CRC 시험에 다시 응시해야 한다(Commission on Rehabilitation Counselor Certification, 2018).

재활상담사는 내담자의 재활계획을 관리하고 법령에 명시된 진단검사를 개별재활계획서를 기초로 실시하여 내담자의 재활 잠재성을 평가하고 서비스 적격성을 결정한다. 또한 전체 재활 과정이 종료될 때까지 사례를 관리하는 사례관리자의 역할도 동시에 수행한다.

직업재활 과정에 있어 재활상담사의 첫 번째 역할은 내담자 적격성 판정으로 내담자의 장애가 고용에 현저한 장애(handicap)를 유발할 때 재활서비스의 대상이 된다. 적격성 판정을 위해 각 내담자의 기능과 능력을 측정하며, 필요한 진단검사를 결정한다. 사전평가를 내담자에게 실시할 경우 상담사는 평가 이전에 내담자에게 오리엔테이션을 실시하

여, 사전평가의 당위성과 내용을 설명하고, 교통, 통역과 같은 보조자, 탁아와 같은 부수적인 서비스의 필요성을 검토한다. 상담가는 사전평가에 공식적으로 의뢰할 때 평가 목적, 기대되는 결과, 질문사항들을 명시해야 하며, 내담자의 의료, 심리평가, 상담자료를 첨부한다.

평가 과정 동안 상담사는 평가현장에 적어도 한 번 이상 방문하여 진행상태를 파악하고, 평가사나 내담자의 질문에 답하며, 추가로 요구되는 서비스를 제공하고, 팀 회의를 주선하여 문제가 발견되었을 때 즉각적인 수정을 가하는 준비성을 갖추어야 한다. 평가가 종료되면 상담사는 평가 결과와 제언들을 내담자와 함께 검토하고 적격성 여부를 판정한다.

재활 과정이 시작되면 내담자와 상담사는 서로의 동의하에 개별고용계획서[Individual Plan for Employment: IPE; 개별재활계획서(IWRP) 개정본]를 작성하며, 계획서에는 다음의 내용을 담아야 한다.

① 장기 재활 목표
② 단기 재활 목표
③ 직업재활서비스
④ 서비스 제공기간(시작/종료일)
⑤ IPE 평가 계획
⑥ 내담자의 책임과 의무

재활상담사는 사전평가 과정과 마찬가지로 직업평가 과정을 관찰하고, 내담자의 진행상황을 살펴보고, 평가사와 내담자에 대한 지원과 문제 해결을 위한 재활전문요원 회의를 소집한다. 평가와 훈련이 종료된 후 내담자가 고용에 대해 준비가 되면 상담사는 직업배치를 하고 사후지도를 실시한다. 사후지도는 고용주와 내담자 모두의 욕구를 반영하여 지원하여야 하고, 직업배치 초기에 집중적으로 실시하며, 이후에는 내담자가 독립적으로 직업생활을 수행할 수 있을 때까지 계속 지원한다. 60일 이상 고용이 유지되었을 때 성공적인 사례 종결이라 하고, 그 이전에 고용상태가 종료되면 재취업을 위한 직업재활 과정에 내담자를 배치한다. 성공적인 사례 종결 이후에도 사후지도는 계속된다.

2. 직업평가사

1) 직업평가사의 역할

직업평가는 일회성 예측이 아닌 계속적이며 상호적인 과정이다. 직업평가사(vocational evaluator)는 직업평가 과정을 계획하고, 평가를 실시하며, 사후관리를 제공하는 지속적인 관리 책임자다. 직업평가사의 주된 역할은 내담자의 직업 잠재력을 평가하고, 재활서비스의 내용을 결정하며, 내담자의 선호도와 평가 결과로 나타난 기능적 장단점에 기초하여 내담자가 적합한 직업 선택을 하도록 돕는 것이다.

즉, 직업평가사는 ① 인간행동을 관찰하고 분석하는 능력과 면접기술, 직업평가 자료를 실행하고 분석하는 능력이 뛰어나고, ② 내담자의 특성에 알맞은 서비스 형태와 수준을 제시하며, ③ 훈련과 경험을 통한 전문성을 가지고 재활상담사, 직업교사 등 관련 재활 전문가에게 직업재활의 방향에 대해 조언한다. 직업평가사는 대부분의 시간을 현재와 미래에 직업평가를 의뢰할 가능성이 있는 기관(학교, 정신건강증진센터, 직업재활시설 등)과의 접촉에 할애한다. 평가사는 의뢰기관에 서비스에 관한 정보를 제공하고, 평가가 종료되면 내담자, 고용주, 특수교사, 직업훈련교사, 정신보건요원, 부모 등에게 평가 결과에 대해 정확한 해석과 설명을 제공하며, 개별재활계획서의 목적에 부응하는 실제적인 조언을 한다.

직업평가도구는 내담자의 장애유형, 정도 그리고 욕구에 알맞도록 직업평가사에 의해 수정, 보완될 수 있기 때문에 직업평가사의 전문성에 따라 평가 결과의 수준이 결정되고, 평가 결과의 효율성을 향상시킴으로써 직업평가와 전체 재활 과정의 성패가 결정된다(Walk, 1985). 그러므로 직업평가 계획을 수립하기에 앞서 직업평가사는 내담자가 직업목표를 성취하는 데 가장 실제적이고 신뢰로운 평가도구를 선정하기 위해 직업평가도구를 면밀히 고찰해야 한다. 직업평가사가 내담자의 직업 획득과 보유를 위해 효과적인 평가도구를 선정하여 사용한다면 내담자의 불안감이 감소될 것이고, 내담자에게 적합한 작업환경이나 직무에 대해 잘 알지 못하는 관련 전문가들에게 유용한 정보를 제공하고, 중증장애인들의 직업복귀와 관련된 문제 해결에도 도움이 될 것이다(Mason, 1983).

2) 직업평가사의 기능

Pruitt(1986)는 직업평가사 직무분석 결과 67가지 직무를 일곱 가지 직무군으로 분류하였다.

① 평가(작업표본평가, 심리평가, 상황평가)
② 상담과 면접
③ 훈련
④ 행정
⑤ 직무분석
⑥ 의사소통과 협동
⑦ 연구와 개발

Egerman과 Gilbert(1969)는 또한 직업평가사 기능에 대한 연구를 통해 다음과 같은 직업평가사의 기능과 기능수행에 소요하는 비율을 제시했다.

① 정기적인 직원회의 참석 및 내담자에 대한 논의(73%)
② 작업을 수행하는 내담자 관찰(70%)
③ 내담자의 직업적응 지원(68%)
④ 내담자의 진행 상황에 대한 정기적인 보고서 작성(66%)
⑤ 작업표본 혹은 기타 측정도구 실행(61%)
⑥ 검사 결과에 기초한 훈련 및 배치에 대한 제안점 제시(61%)

Egerman과 Gilbert(1969)는 또한 직업평가사가 갖추어야 할 최소한의 세 가지 지식 분야를 제안했다.

① 평가 결과 해석능력
② 평가도구 선택능력
③ 평가도구 실행능력

그러나 직업평가사의 역할과 기능은 재활기관의 규정과 자신의 성격, 타인의 기대수준에 따라 달라진다. 직업평가사는 직무과업의 내용, 내담자의 과업수행 수준, 사회성 기술 수준, 작업환경 등에 관한 실제적인 정보를 분석 · 제공하고, 이러한 정보를 이용하여 직무수행과 관련된 특정 문제를 제시하고 해결함으로써 궁극적으로 내담자가 직업적 · 사회적으로 적응할 수 있도록 도와준다(Mason, 1983).

그러므로 직업평가사는 다음의 요인들을 평가하는 책임을 진다(Rosenberg, 1973).

① 내담자의 직업적성
② 손가락 기민성과 도구와 기계를 다루는 능력
③ 서기, 앉기, 스트레스 수준과 관련된 작업 인내도
④ 직업습관(단정함, 근면성, 감독자, 동료와의 관계, 출근과 시간 지키기 등)
⑤ 서면과 구두지시의 이해도
⑥ 일과 장애에 대한 태도 및 작업환경에 대한 반응
⑦ 외모 가꾸기, 옷 입기, 머리 손질하기
⑧ 직업훈련과 직업배치 가능성
⑨ 독립적인 일상생활 기술
⑩ 의학적 · 심리적 · 직업적 문제 해결서비스

한편 Taylor, Bordieri, Crimando와 Janikowski(1993)는 '플로리다 주의 직업평가사 기능분석 연구'를 실시하여 다음의 여섯 가지 직업기능 요인을 제시하였다.

① 직업사정
② 직업 적합성 분석(job matching)
③ 직업상담 및 보고서 작성
④ 상황평가(situational assessment)
⑤ 직업준비도 평가
⑥ 컴퓨터 사용 및 실행

Taylor와 Bordieri(1993)는 이후 '직업평가사 기능분석 연구'를 전국의 직업평가사를 대상으로 확대하여, ① 직업상담, ② 행동관찰, ③ 직업 개발, ④ 표준화검사 실행, ⑤ 전문성, ⑥ 사례관리의 여섯 가지 기능 영역을 직업평가사의 기능으로 제안하였다.

1998년 재활법 개정안과 1998년의 인력투자법(Workforce Investment Act, 이후 2002년 Ticket to Work & Work Incentives Improvement Act로 개정됨)의 제정, 노동시장의 변화, 서비스 전달체계의 변화, 내담자 특성의 변화 등으로 직업평가사의 기능에 대한 인식에도 변화가 있었으며 이러한 변화는 CCWAVES의 자격 기준에 영향을 주었다. 1998년 재활법 개정안과 1998년의 인력투자법(Workforce Investment Act) 5조(Title IV)는 직업평가를 One-stop Career Center의 핵심 서비스로 규정하였는데, 기능수준, 적성, 능력, 지원서비스에 대한 욕구에 대해 초기평가를 실시하고 고용통계를 작성하도록 하였다. 고용통계는 지역과 전국의 노동시장에 대한 정보, 구인정보에 적합한 직업기능 정보, 지역의 구인을 원하는 회사에 대한 정보와 임금수준 등을 포함하도록 하였다.

이러한 변화에 부응하기 위해 Hamilton(2003)은 기존의 직업평가사 지식과 기능영역에 새로운 분야가 추가되어야 하며 '보조공학', '협동능력', '기본적인 협상과 조정', '다중지능과 정서지능', '다문화' '웹기반 자료' '정신적 · 심리사회적 문제', '정신약물 및 약물남용', '연금제도' 등에 대한 지식이 필요하다고 하였다.

〈표 2-2〉 **직업평가사의 역할과 기능**

역할	기능
직업평가 임상전문가 • 내담자의 최대한 이익을 위해 내담자와 함께 전문적인 판단과 결정을 내리는 역할 • 일반적으로 임상심리사들이 단순히 심리검사를 실행하고 평가를 하는 것과 반대의 개념	• 평가 전략을 선택하고 활용하기 • 의뢰 정보와 경력자료를 종합, 분석, 해석하기 • 행동을 관찰하고 기록하기 • 기능적인 장점, 욕구, 목표를 평가하기 • 내담자를 직업적 관점과 다양한 생태학적 관점에서 전체적으로 평가하기 • 평가 결과 해석하기 • 결과를 다양한 목적으로 사용하기 위해 종합하고, 다른 사람과 논의하기
직업 및 진로전문가 • 직업과 진로정보, 직업과 진로에서 요구하는 조건, 능력, 문화에 대해 최신 정보를 가지고 있고,	• 지역사회의 취업 가능한 직업을 판별하고 분류하기 • 직업과 관련 있는 평가도구, 기술, 전략을 고안하고 사용하기 • 다양한 직업분류체계와 자료를 해석하고 사용하기 • 내담자 특성에 알맞은 직업 · 교육 진로 제언하기

• 산업규준에 따라 모의작업을 만들어 낼 수 있으며, • 재활상담사와 정보를 논의하고 공유하는 역할	• 진로목표(career ladder)에 알맞은 교육, 능력, 직업조건 적용하기 • 내담자의 직업적 잠재력과 기능에 대해 증언하기 • 프로그램(작업표본평가, 상황평가 등)을 계획하고 개발하기 위해 노동시장 경향을 이해하고 해석하기
장애전문가 • 다양한 장애유형에 적용 가능한 직업과 진로에 대한 지식이 있고, • 직업훈련과 직업에 대해 정당한 편의(accommodation)를 제언할 수 있으며, • 직업에 필요한 기능적 장단점을 찾아낼 수 있고, • 재활상담사와 함께 혹은 재활상담사로부터 정보를 공유하고 탐색하는 기능 수행	• 직업과 직무과제 분석하기 • 특정 직업, 과제, 조건을 장애유형과 기능, 욕구에 적용하기 • 다양한 약물이 직업에 미치는 영향에 대해 설명하기 • 개별직업평가계획서 개발하기 • 중요한 사회적 · 문화적 · 경제적 상황이 고용과 진로에 미치는 영향에 대해 민감성을 가지며, 적합한 계획 수립하기 • 직업적 잠재력, 제한점, 실업급여에 대해 증언하기 • 장애와 관련된 정책, 법, 규정 등에 대한 지식 갖추기
교육자 • 모든 가능한 의뢰 자원과 일반대중에게 직업평가사가 제공하는 서비스에 대해 알릴 책임이 있음	• 일반대중, 의뢰 자원, 다양한 소비자 집단에게 오리엔테이션을 제공하고 서비스 판매하기 • 평가 결과 해석 방법에 대해 의뢰기관에게 훈련 제공하기 • 정책입안자들에게 계획 수립의 기초가 되는 중요한 평가 정보를 가지고 의사소통하기 • 효과적인 협력관계를 만들고 유지하기 위해 새로운 평가사나 경력이 많은 평가사와 재활상담사를 훈련하는 프로그램 실행하기 • 지역의 정책이나 기관의 정책을 알리기 위해 다른 직업평가사, 상담사, 기타 다른 사람들과 함께 일하기 • 서비스 제공 기준을 제공하는 정책소개집과 정책지침서(position paper) 만들기 • 다른 전문가(직업평가위원회와 같은)들과 협력하여 정책과 서비스 실행에 대한 합의 이끌어 내기 • 재활상담사와 함께 직업평가의 가치와 이익에 대해 알리기
협력자 및 코디네이터 • 내담자, 재활상담사, 보조공학전문가, 고용전문가, 기타 재활전문가, 가족, 재활서비스 이외 전문가, 때때로 고용주 등과 협력하여 의뢰 시 문제가 해결되었는지 확인하고 내담자가 양질의 직업평가를 받았는지 확인하며, 직업평가 결과에 따른 제언을 제공하는지 확인하기	• 내담자의 생활, 학습, 근로능력에 적합한 교육을 연결 • 고용주와 의사소통하고 협력하기 • 보조공학 전문가, 자원과 협력하기 • 내담자의 기능, 진단, 계획을 고려하여 의료 · 심리 · 직업 전문가에게 컨설팅하기 • 다른 재활서비스 제공자와 협력하여 시기적절하고 협력적인 서비스 제공하기 • 내담자의 욕구, 가치, 흥미, 능력 등과 관련된 평가 정보 해석하기 • 내담자가 재활서비스에 계속 참여할 수 있도록 동기부여하기

지원공학 전문가/연계자 • 내담자를 공평하고 동등하게 평가하는 데 도움을 주는 자원, 도구, 기구, 전문적인 지식을 제공 • 내담자의 기능을 향상시키기 위해 직무과업에 대한 상황평가 적용	• 작업표본에 보완기능(adaptive technique) 활용 • 보조공학자원에의 접근 • 작업장의 물리적인 배치 수정(직무수정) • low tech 도구 제작 • 강의와 평가의 디지털화(음성을 텍스트로 변환하기, 텍스트를 음성으로 변화하기 등) • 보조공학 자원, 도구, 기구, 재정 지원에 대한 연구 및 조언
옹호자 • 자원, 프로그램, 배치에 관해 재활상담사와 내담자에게 조언 • 내담자의 자기 의사결정에 대해 지원하고 모델링 • 확보하고 있지 않은 정보를 제공하고 내담자의 교육 목표, 직업준비, 진로발달을 촉진하는 프로그램, 인적자원, 배치서비스와 연결	• 내담자가 직업기회를 가질 수 있도록 옹호 • 내담자 평가 과정과 미래에 서비스를 실행하는 과정에서 욕구를 부여하고 동등한 파트로서 내담자가 자신을 이해할 수 있게 촉진하고 모델링 • 다양한 서비스(직업교육 프로그램 등)에 접근할 수 있도록 지원 • 내담자의 고용 가능성과 재활 가능성에 대해 전문가로서 증언하기 • 다양한 제도와 관료들과의 협상 지원 • 직업평가 결과와 제언을 최적의 목표를 얻을 수 있도록 사용할 수 있도록 모델링 • 노동시장 정보를 제공하고 가능한 훈련과 고용기회를 연결할 수 있도록 지원 • 직업평가 결과를 다양한 사람들(가족, 미래의 훈련전문가, 교육자, 고용전문가 등)에게 해석하기 • 공청회와 법정에서 내담자를 대신해서 증언하기

출처: Thomas, S. W. (1996). Position paper supporting the continued funding of vocational evaluation training by the Rehabilitation Services Administration. *Vocational Evaluation and Work Adjustment Bulletin, 29*(1), 4-8.

〈표 2-3〉은 직업평가사의 일반적인 책무를 직접 서비스, 간접 서비스, 행정 및 지원 서비스의 3개 영역으로 나누어 정리한 것이다.

〈표 2-3〉 직업평가사의 일반적인 책무

직접적인 내담자 서비스	간접적인 내담자 서비스	행정 및 지원 서비스
• 오리엔테이션과 면접 실행	• 평가 스케줄을 잡고 의뢰기관과 의사소통하고 접촉하기	• 작업과업과 작업표본 개발하기 • 작업장과 산업체 기준에 맞게 작업과업과 작업표본 수정 · 보완하기
• 내담자 및 재활상담사와 라포 형성하기	• 평가 전 면접, 평가 후 스태프 회의(부모, 보호자 등 포함)를 계획, 실행하기	• 고용주 혹은 직업훈련 전문가, 교사와 협력하여 지역사회기반 평가 장소 발견하기

• 부모, 지원자, 종종 재활상담사와 함께 평가 전 면접, 평가 후 스태프 회의 실행	• 특정 장애에 대해 연구하고 장애와 직업과의 관계에 대한 지식 갖기	• 평생교육과 전문적인 학회활동에 참여하기
• 개별직업평가계획서를 내담자, 재활상담사와 함께 개발하고 수정 · 보완하기	• 기관 방문을 포함한 지역사회 자원에 대해 연구하기	• 웹기반 평가 등 최신 동향에 대해 연구하기
• 개별 내담자에게 적합한 평가 선택하기	• 훈련과 직무분석을 시행하고 유니버설 디자인 수업 등을 개발하기 위한 과제분석 실시	• 미래에 의뢰할 가능성이 있는 의뢰기관을 개발하고 관계 유지하기(고용주, 지역사회서비스 기관, 직업훈련교사 등)
• 표준화검사, 작업표본, 상황평가 혹은 다른 지역사회기반 평가를 실시하고 채점하기	• 웹, 인쇄자료, 전화, 면접, 기관 방문을 통한 노동시장 조사와 연구 실시	• 평가도구와 자료를 주문하고 업그레이드하기
• 내담자, 재활상담사와 함께 평가 결과 보고서 혹은 제언에 대해 협력하기	• 보조공학을 선택하고 구비하고 만들어 내거나 검사, 조사, 작업표본, 교수(instruction)를 수정하기	• 평가 결과에 대해 효율적인 제언을 제공하고, 효과적인 서비스를 제공할 수 있도록 사후지도 실시
• 행동을 관찰하고 기록하기	• 최종 회의를 실시하고 재활상담사와 함께 내담자에 대한 피드백 제공	• 내담자 파일을 검토하고 배경 정보 획득하기
• 행정가와 재정지원기관에게 보고할 보고서 작성하기	• 내담자와 함께 직업과 진로에 대한 정보를 탐색하거나 재활상담사에게 제언하기	• 팀원, 고용주, 교사, 가족들과 함께 정보 검증하기
• 행정가, 프로그램 슈퍼바이저와 매년 만나서 내담자 정보와 새롭게 발견한 점에 대해 의사소통하기	• 내담자의 학습 유형, 흥미, 목표, 능력, 적성, 기질, 가치관, 진로발달수준, 진로성숙수준, 진로에 대한 태도, 기타 다른 특성을 판별하기	• 의뢰기관, 교사, 상담사, 강의를 지원하는 전문가와 함께 적합한 교육, 훈련, 재활서비스를 내담자에게 제공하기 위한 협력자 역할하기
• 서비스에 대해 의뢰기관, 지역사회 자원, 내담자를 교육하고 진로 구축하기 • 필요한 의뢰 정보에 대해 가이드하고 서비스를 통해 이익을 얻는 사람과 그렇지 못한 사람이 누구인지에 대해 설명하기	• 진로 정보를 개발하고 내용에 적합한 즉각적인 상담을 제공하고 재활상담사와 심도 있는 상담을 할 수 있도록 정보 공유하기	• 개별 내담자에게 줄 수 있는 가능한 조언에 대한 연구(적합한 교육, 훈련, 배치 조건 등)

• 직업평가서비스를 고안, 실행, 훈련받기	• 자료, 도구를 내담자에게 적합하게 수정하고 보조공학에 적용하기(재활상담사는 보조공학 적용 시 함께 참여)	• 평가 결과를 분석, 해석, 종합하기
• 의뢰기관 등에 어떻게 직업평가 후 제안점을 도출해 내는가에 대해 안내하기	• 내담자, 의뢰기관, 팀 구성원, 부모 등에게 직업평가 결과에 대해 피드백을 제공하고 해석하기	• 직업평가보고서에 직업평가 결과에 대해 이해가 쉬운 용어와 기능적인 용어를 사용해서 설명식의 보고문을 작성하거나 직업 프로파일을 작성하기
• 재활서비스에 영향을 주는 최근 법령, 정책에 대해 이해하기	• 내담자 특성을 내담자의 생태학적 욕구, 선호도와 매칭하기	• 팀 회의 등에서 직업평가 결과에 대해 설명하고 제언점 도출을 위해 팀 구성원들과 협력하기
• 협력관계를 구축, 유지하기 위해 기관 내/기관 간 협력관계 구축하기	• 특정 장애가 직업에 주는 영향과 약물 정보에 대해 연구하기	• 서비스에 대해 평가를 실시하고 프로그램 과정, 방법, 단계 등을 수정하기
• 내담자가 스스로 통찰할 수 있도록 지원하고 스스로 결정을 내리고 자신을 옹호할 수 있도록 촉진하기	• 청각장애인이나 한국어가 주언어가 아닌 장애인들을 위해 통역서비스 제공하기	• 직업평가가 필요한 내담자에 대한 IPE, IEP 개발 회의에 참석하기
• 평가에서 발견된 점들에 대해 확인하고 내담자와 함께 논의하기	• 재활상담사와 함께 지역사회기반 평가 계획하기	• 새로운 평가 과정을 만들고 통합하기(예: 디지털 포트폴리오)
• 내담자와 비공식적으로 의사소통하고 평가 결과에 대해 즉각적인 피드백 제공하기		

Thomas(1996)는 오늘날의 직업평가사는 직업/진로전문가, 장애전문가, 교육자의 세 가지 역할을 해야 한다고 하였는데 여기에는 기관 간 연계, 내담자의 옹호자, 전문성을 지닌 직업평가전문가를 포함하였다. 시대가 변하면서 직업평가사에게 요구되는 역할도 다양화되고 있지만 변하지 않는 역할은 내담자의 독특한 욕구와 목표에 맞추어 내담자, 관련 전문가, 고용주, 가족 등과 협력하고 의사소통하는 것이다. CCWAVES의 직업평가사 자격규준 수립을 위한 연구에서 Hamilton(2003)은 직업평가기초, 표준화검사, 직업 정보, 장애에의 적용, 의사소통, 전문적인 연계 및 협조를 주된 직업평가사의 지식 영역으로 제시하였다. 또한 박희찬, 이상진, 이은정, 박은영(2010)은 평가 자료를 분석하고 종합하는 임상적 기술, 행동관찰과 평가기법, 사례관리, 직무분석 및 정보, 직업상담, 전문성 및 지식의 여섯 가지로 직업평가사의 전문능력을 제시하였다.

3) 직업평가사의 자격

CCWAVES(1980)는 직업평가사와 직업적응전문가의 자격에 대한 기준을 제시하였는데, 이 기준은 ① 요구되는 지식과 기술의 습득, ② 윤리성, ③ 만족할 만한 적절한 경험의 소유로 규정하였다. 자격증은 CCWAVES에서 일정 수준의 교육정도와 시험에 합격한 개인에게 5년의 공인 직업평가사(Certified Vocational Evaluator: CVE) 자격을 부여하며, 자격을 갱신하려면 이 기간 동안 대학에서 6학점 이상 관련 학문의 학점 이수나 8학점 이상의 훈련을 포함하는 총 80시간의 평생교육학점을 이수하여야 하며, 갱신되는 자격기간 또한 5년으로 규정하였다. 현장평가가 대중화되자 직업평가사의 필요성이 감소되어 2008년 CCWAVES가 해체되고 더 이상 CVE 자격증을 신규로 발급하지 않게 되었다. CVE의 자격유지와 갱신은 CRCC에서 2009년부터 관리하고 있으며, 자격유지와 갱신을 위한 규정은 이전과 동일하다(Commission on Rehabilitation Counselor Certification, 2018). 이들 CVE는 장애인 재활 분야 이외에도 보험회사, 일반학교, 병원 등에 종사하며, 이들 기관에서는 CVE를 우선적으로 채용한다(강위영, 이상진, 1999).

〈표 2-4〉 CVE 규준과 과정 매뉴얼에 규정된 지식과 수행 영역

① 직무분석(Job Analysis) 직무분석은 근로자들의 직무수행에 관한 정보를 수집하는 하나의 체계적인 과정이다. 이 과정은 훈련, 기질, 적성, 신체적 요구조건과 같은 직업과업, 특성, 환경적 조건을 발견하고 분류하는 것이다. 이 과정은 또한 직업에서 성공하는 데 필요한 기능을 결정하기 위해 직업훈련 영역을 분석한다. 이러한 기능은 면접, 관찰, 기록 등을 포함한다.
② 직업 정보(Occupational Information) 직업 정보의 유형은 직업사전(Dictionary of Occupational Titles: DOT)과 직업탐색사전(Guide for Occupational Exploration: GOE), 직업전망서(Occupational Outlook Handbook: OOH)와 같은 자료들 속에 있는 직업코드, 정의, 산업 분류, 근로자 기능, 근로자 특성, 신체적 요구조건, 작업환경을 포함한다. 관련 직업 정보의 자원은 근로자, 직업 경향, 훈련, 진로, 직장이 위치한 지역, 산업 영역과 일반적인 임금수준에 대한 수요를 다룬다.
③ 장애의 기능적 측면들(Functional Aspects of Disability) 장애의 기능적 측면들은 각종 장애 및 장애로 인한 제한점들에 대한 지식과 장애가 직업과 관련된 기능에 주는 영향을 의미한다.

④ 직업면접(Vocational Interviewing)

직업면접은 일차적으로 직업탐색과 직업평가계획을 위해 내담자의 직업적 · 교육적 · 사회적 배경에 대한 정보를 획득하고 제공하는 방법이다. 또한 이러한 영역과 관련된 내담자의 태도, 가치 및 흥미에 대한 정보도 획득되어야 한다. 직업평가사는 면접과정과 기술에 대한 지식, 인성과 인간 발달에 관한 지식을 갖추어야 한다.

⑤ 개별직업평가계획(Individualized Vocational Planning)

개별화된 직업평가계획은 직업평가를 구조화하기 위한 계획을 개발하고 성문화시키는 과정으로 직업평가사의 전반적인 직업평가 과정에 대한 지식을 전제로 한다. 이 과정에서 요구되는 구체적인 기술들은 내담자, 의뢰기관, 관련 자료에서 획득한 정보들을 통합하는 것과 계획을 수립하고 성문화하는 능력이다.

⑥ 심리평가(Psychometric Testing)

직업평가사는 개인의 인지적 · 정신역동적 · 정의적 특성들에 대한 양적 평가를 제공하는 지필검사 및 성취도검사와 같은 표준화된 평가도구에 대한 일반적인 지식을 갖추어야 한다. 일반적인 지식은 검사도구의 선별, 실행, 수정, 채점, 해석들을 포함한다.

⑦ 작업표본평가(Work Sample Evaluation)

직업평가에서 사용되는 작업표본에 대한 이론, 실제적 적용에 관한 지식을 의미한다. 이러한 지식들은 작업표본을 개발하고, 확립된 규준자료를 이용하고, 적절한 도구를 선별하고, 실행하고, 해석하고, 규준을 개발하는 능력을 포함한다.

⑧ 상황평가(Situational Assessment)

상황평가는 내담자의 직업 관련 행동과 직업적 성취를 관찰 · 기록 · 해석하는 체계적 과정이며, 다양한 관찰과 기록 기술들, 자료 해석에 영향을 미칠 수 있는 오류의 원천 및 성취기준에 대한 지식을 포함한다. 이러한 기술들은 다양한 직업평가 장소에서 내담자의 직업 관련 행동들과 성취수준을 관찰하고, 기록하고, 해석하는 능력을 의미한다.

⑨ 학습형태평가(Learning Style Assessment)

직업평가사는 내담자가 가장 효과적으로 학습할 수 있는 방법들과 학습형태 평가 기술 및 학습이론에 대한 지식을 갖추어야 한다.

⑩ 기능수준평가(Functional Living Skills)

직업재활의 전 단계로서 의료재활의 궁극적 목적을 개인의 전반적 기능의 개발, 형성, 유지라고 볼 때, 일상생활활동(activities of daily living: ADL) 기술과 같은 기능적 능력을 평가하는 일은 매우 중요하다. 기능적 기술은 개인이 다양한 상황에서 독립적으로 기능하는 능력을 평가하는 것이다. 기능수준은 일상생활 수행, 금전관리, 지역사회 내 이동성과 지역사회 자원을 이용하는 능력을 포함한다.

⑪ 평가보고서 개발 및 의사교류(Report Development and Communication)

보고서 작성요령 및 형식을 포함하여 직업평가보고서를 개발하는 과정에 대한 지식을 필요로 한다. 이 단계에서 요구되는 기술들은 평가자료와 기타 관련 자료를 종합하는 능력과 내담자와 의뢰기관에 유용한 권고들을 제공하는 능력이다. 직업평가사는 전문가회의를 통해 적절한 평가 자료들을 효과적으로 해석하고 내담자를 상담하는 능력이 요구된다.

⑫ 직무조정 및 직업훈련(Adaptation of Jobs and Vocational Training)
이 단계에서 직업평가사는 내담자의 기능능력들과 제한점들에 대한 구체적 지식을 바탕으로 내담자의 직업훈련 교과과정과 건축물의 장벽들을 해소하고 직업을 연결하며, 재활기법 및 기술에 대한 지식과 접근 방법을 발견한다. 직무개조는 환경적응, 환경개조, 적응장비 및 기구, 직무과정의 개조를 통해 환경 및 직무 자체를 개인의 욕구에 맞도록 변화시키는 것이다. 반면 직무조정은 개인의 구조를 환경적인 상황에 맞추어 변형시키는 과정이다. 즉, 이전의 사고와 행동방식을 수정하거나 또는 새로운 대상에 적응하는 새로운 방법을 배우는 것이다.

VEWAA는 1970년 직업평가사 윤리강령(Ethical Code for Vocational Evaluators)을 제정하여 직업평가사의 임무수행에 있어 전문가로서의 책무성, 능력, 비밀화, 대인관계, 출판과 상담에 관한 윤리적 기준을 제시하였다. 윤리강령은 전문가가 딜레마적인 상황에서 합리적인 의사결정을 할 수 있는 기준을 제시한다(Early, 1987; Parker & Szymanski, 1992).

1990년 CCWAVES는 VEWAA 윤리강령을 도입하여 직업평가와 직업적응에 관한 자격증을 소지한 전문가에 대한 전문가 윤리강령(Code of Professional Ethics)을 제정하였다(Taylor & Lee, 1995).

2008년 CRCC는 윤리강령을 수정하여 직업평가사, 직업적응전문가, 진로사정준전문가 윤리강령을 제정하였다. 직업평가사, 직업적응전문가, 진로사정준전문가 윤리강령(Ethical Code for Vocational Evaluators)은 〈부록 A〉에 제시하였다.

4) 직업평가사 근무지 유형

미국의 경우 직업평가사는 민간 직업평가 클리닉이 주된 근무지다. 주로 주정부의 사례관리자인 재활상담사가 내담자에게 직업평가가 필요하다고 결정하는 경우 직업평가 바우처를 지급하고, 내담자는 자신에게 최적의 직업평가를 제공할 수 있는 직업평가 클리닉을 찾아 평가서비스를 구입하고 이용한다.

우리나라는 현재 한국장애인고용공단, 장애인복지관, 직업평가센터, 직업재활시설 등 여러 기관에서 직업평가가 실시되고 있다. 한국장애인고용공단은 5개 직업능력개발원, 4개 훈련센터, 18개 지사에서 직업평가를 실시하고 있다. 직업평가센터는 2000년부터 시

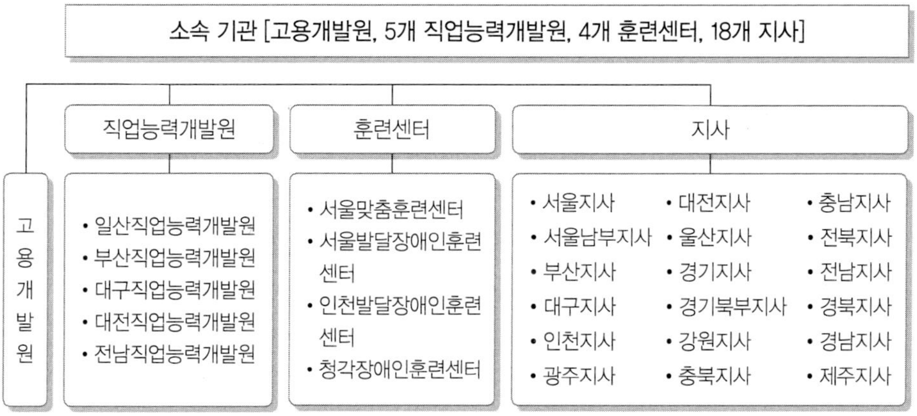

[그림 2-1] 한국장애인고용공단 조직도

출처: 한국장애인고용공단 홈페이지. https://www.kead.or.kr/view/agency/agency08_01.jsp

작되어 장애인의 직업적성, 흥미, 인지, 작업기능, 감각, 운동기능, 직업탐색능력, 직업적응력 등 직업능력과 독립생활 기술, 직업인성, 의사소통, 동료관계, 통합-대응, 작업태도 등의 사회성 기술과 심리적 영역을 평가하여 장애인 고용을 활성화할 수 있도록 하고 있다(박희찬, 이상진, 이은정, 박은영, 2010). 장애인복지관 224개소 중 직업평가센터가 있는 6개소를 제외한 218개소의 장애인복지관 직업재활팀에서 직업평가를 실시하고 있으며, 근로사업장이나 보호작업장 등 직업재활시설 559개소에서 직간접적으로 직업평가를 실시하고 있다.

5) 직업평가사와 재활상담사의 기능

직업평가사와 재활상담사와의 역할 구분은 미국에서도 상당기간 논의된 바 있으며, Sink와 Porter(1978) 등 선행연구들은 몇 가지 영역에서 두 전문 분야의 역할 구분이 명확해진다고 하였다(Sink & Porter, 1978; Sink, Porter, Rubin, & Painter, 1979; Gannaway & Sink, 1979; Sigmon, Couch, & Halpin, 1987). 예를 들어, Leahy, Shapson과 Wright(1987)는 1,149명의 직업재활전문가를 대상으로 한 연구에서 '평가 계획 수립 및 평가실행' 기능이 직업평가사가 재활상담사와 구분되는 가장 차별성 있는 기능이라고 했으며, 이후 연구에서 직업평가사는 다음 여섯 가지 영역에 대한 지식을 갖추어야 한다고 하였다(Noble & McCarthy, 1988).

① 평가 계획 수립 및 해석
② 직업상담
③ 평가실행
④ 직무분석
⑤ 사례관리
⑥ 심리적응 및 상담

〈표 2-5〉는 직업평가사와 재활상담사의 주요 기능을 비교한 것이다. 재활상담사는 사례관리자로서 직업재활 전체 과정을 관리하는 반면, 직업평가사는 직업평가에 초점을 맞춰 평가과정을 관리하고, 평가도구와 기법에 관련된 일과 직업배치를 위한 직무분석, 직무재구조화 등의 기능을 수행한다.

〈표 2-5〉 **직업평가사와 재활상담사의 기능**

직업평가사	재활상담사
① 개별직업평가계획서(IWEP) 개발	① 사례 발견
② 평가기법들의 선택과 이용	② 적격성 판정
③ 평가도구의 개발	③ 지역사회 자원 개발
④ 직업 관련 행동의 관찰 및 해석	④ 개별재활계획서 개발과 내담자 사정
⑤ 개인적 · 사회적 행동측정	⑤ 서비스의 연속성 유지
⑥ 심리측정검사들의 시행 및 해석	⑥ 필요한 진단적 활동
⑦ 직무분석	⑦ 내담자 자료분석
⑧ 직무재구조화와 재활공학	⑧ 재활에 필요한 재정 확보
⑨ 평가기법들의 사정	⑨ 상담관계의 개발 및 유지
	⑩ 내담자 직업배치

출처: Sink, J. M., & Porter, T. L. (1978). Convergence and divergence in rehabilitation counseling and vocational evaluation. *The Journal of Applied Rehabilitation Counseling, 9*(1), pp. 9-10.

3. 작업치료사

작업치료사(occupational therapist)의 정의는 신체적 · 정신적 · 사회적 장애를 가진 모든 연령대의 사람에게 일상생활동작, 일, 여가 활동 등 일상적인 생활을 수행할 수 있고, 기능 및 발달 수준을 유지, 발전시킬 수 있도록 의미 있고 목적 있는 활동을 통하여 치료 프로그램을 계획하고 수행하는 것이다(대한작업치료사협회, 2018). 작업치료사의 직무내용은 환자의 병력 등을 근거로 악력기, 인지 · 지각 프로그램, 도구 등을 사용하여 운동능력, 손기능 능력, 감각능력, 인지 · 지각능력, 구강운동기능 능력, 정신 · 사회기술 능력, 일상생활동작 능력, 환경, 직업, 놀이여가 등을 평가하여 치료계획을 수립하고, 환자의 신체적 능력, 지적 능력, 흥미에 맞는 일상생활동작훈련, 인지 · 지각능력향상훈련, 감각기능훈련, 손기능, 운동기능증진훈련, 구강운동기능촉진훈련, 정신사회기술능력향상훈련, 직업적응능력향상훈련, 사회적응능력 향상훈련 등을 실시하는 것이다(한국고용정보원, 2012). 작업치료사는 이외에도 작업현장 개조, 보조공학도구 개발 등의 역할도 수행한다. 이러한 치료는 내담자의 자신에 대한 통찰력 증진, 적합한 진단과 재활계획 수립에 필수 요소다.

작업치료사 자격은 해당 대학에서 작업치료(학과)를 전공한 후 보건의료인국가시험원에서 실시하는 국가시험에 합격하여 취득한다. 대학 전공에서 이수하는 과목은 작업치료학, 해부학, 생리학, 운동치료학, 일상생활동작, 인간공학 등 신체 기능에 관한 과목이 주를 이루며, 일반적으로 의료기관에 70% 이상 근무하고 있고, 그 외에 재활병원, 장애인복지관, 보건기관, 공무원, 특수학교, 발달아동센터 및 연구소, 장애인 관련 기관 및 시설 등에서 종사하고 있다(대한작업치료사협회, 2018).

4. 교사

장애아동의 학교에서 성인세계로의 전환교육(transition service)은 1980년대에 이르러 특수교육, 직업재활, 직업교육 분야의 주된 관심사였다(Wehman, 1992). 전환교육 프로그램은 1940년대 지적장애아동이 지역사회에서 생산적인 역할을 수행하도록 보조하는 프로그램으로 시작되었고, 1970년대 초반 직업평가가 공립학교와 특수학교에서 의무적으로 실시되기 시작하였으며, 1984년의 퍼킨스 직업교육법(Carl Perkins Vocational Education Act)은 직업교육에 참여하고 있는 장애아동이 전환교육을 받을 것을 규정하였다. 1986년 재활법 개정안 311조는 장애청소년을 위한 전환교육의 토대가 되었고 1990년의 장애인교육법은 전환교육을 IEP에 포함시킬 것을 법적으로 규정하였다(이상진, 1997).

한편 우리나라에서는 현재 전환교육이란 용어는 법적으로 사용되는 용어가 아니며, 진로 및 직업교육이란 용어가 법에서 정하고 있는 용어다. 전환교육과 관련된 법 조항은 다음과 같다.

「장애인 등에 대한 특수교육법」 제2조 제9항은 '진로 및 직업교육이란 특수교육대상자의 학교에서 사회 등으로의 원활한 이동을 위하여 관련 기관의 협력을 통하여 직업재활훈련 · 자립생활훈련 등을 실시하는 것을 말한다.'고 명시하고 있으며, 제5조 제9항에서는 특수교육대상자에 대한 진로 및 직업교육 방안을 강구하도록 하고 있다. 또한 제23조에서는 '① 중학교 과정 이상의 각급학교의 장은 특수교육대상자의 특성 및 요구에 따른 진로 및 직업교육을 지원하기 위하여 직업평가 · 직업교육 · 고용지원 · 사후관리 등의 직업재활훈련 및 일상생활적응훈련 · 사회적응훈련 등의 자립생활훈련을 실시하고, 대통령령으로 정하는 자격이 있는 진로 및 직업교육을 담당하는 전문인력을 두어야 한다. ② 중학교 과정 이상의 각급학교의 장은 대통령령으로 정하는 기준에 따라 진로 및 직업교육의 실시에 필요한 시설 · 설비를 마련하여야 한다. ③ 특수교육지원센터는 특수교육대상자에게 효과적인 진로 및 직업교육을 지원하기 위하여 대통령령으로 정하는 바에 따라 관련 기관과의 협의체를 구성하여야 한다'라는 '진로 및 직업교육에 대한 지원' 규정을 명시하고 있다(법제처, 2018).

「장애인 등에 대한 특수교육법 시행령」 제4조 제2항은 '교육감은 특수교육대상자의 교육을 위탁한 사립 특수교육기관에 대하여 국립 또는 공립 특수교육기관과 같은 수준의 교육을 할 수 있도록 진로 및 직업교육비 등을 지급하여야 한다'고 규정하고 있고, 제17조에 진로 및 직업교육을 담당하는 전문인력의 기준을 밝히고 있다. 제18조에는 진로 및 직업교육을 위한 시설 등의 면적과 개수를 지정하였다.

또한 「장애인 등에 대한 특수교육법 시행규칙」 제3조 제2항에서는 특수교육대상자의 진로 및 직업에 관한 교과를 두도록 명시하고 있다.

전환교육에서 실시되는 직업교육은 장애학생의 직업기능, 적성, 흥미를 평가하여 적합한 직업교육과 훈련 프로그램을 개발하고 알맞은 직업에 배치하고자 하는 목적을 가지며, 장애학생들은 평가 결과를 통해 현실적인 직업관을 갖게 된다. 즉, 평가 결과는 장애학생의 직업 전 기술과 일상생활기술 수준을 판별하여 적합한 교육과 훈련 프로그램을 수립하고, 장점과 제한점을 파악하며, 지원서비스를 제안하고, 직업교육 과정에 있어 수정되어야 할 사항을 판별하며, 진로에 관한 의사를 결정하는 데 요구된다(Kimmel, 1988).

Sarkees와 Scott(1985)은 학교현장 내에서 실시되는 직업평가의 의의를 다음과 같이 말하였다.

① 학생들의 직업세계에 대한 인식도를 높인다.

② 교실 내에서 불안감 없이 모의직무를 실시해 볼 수 있다.

③ 직업평가를 통해 전통적인 교실 내 교육을 보완할 수 있다.

④ 일반 학습자료를 직업과 관련된 활동에 활용함으로써 학습동기를 유발할 수 있다.

⑤ 개인의 학습능력을 직무조건과 비교할 수 있다.

⑥ 직업활동을 통해 개인의 직업습관과 사회성 기술을 개발할 수 있다.

⑦ 실제 직업과 관련된 학습자료를 사용함으로써 개인은 직업교육의 의의를 인식할 수 있다.

⑧ 직업평가 결과를 통해 개인의 직업적 장점과 제한점을 판별할 수 있다.

⑨ 개인은 직업과 관련된 활동을 통해 자신감을 키울 수 있다.

⑩ 직업평가를 통해 교육과정, 도구, 교수에 있어 수정, 보완해야 할 부분에 대한 정보를 획득할 수 있다.

전환교육은 특수교사, 직업교사, 직업재활 전문가, 직업평가사, 학교상담가, 심리학자, 학교사회사업가, 물리치료사, 작업치료사 등의 전문가 팀에 의해 제공된다. 전문가 팀은 내담자의 취업을 위한 직업교육 프로그램과 직업목표 성취를 위한 직업재활서비스를 제공한다. 교사는 학생의 취업 혹은 훈련에 대한 준비도 평가에 있어 직접 관찰이 가능하며, 이를 통해 학생의 직업습관, 주의집중 정도, 출석률, 이해도, 사회성을 파악하여 전문가 팀에게 조언하고, 장애학생이 스스로 직업의사결정을 하도록 지원한다.

교사는 교과과정 중심 직업사정(Curriculum-Based Vocational Assessment: CBVA)을 실시하기도 한다. CBVA는 직업평가 정보와 교수에 대한 의사결정을 연결시켜 주는 것이며(Stodden, Meehan, Bisconer, & Hodell, 1990), 학생의 수행능력에 대한 의문점을 직접 관찰하고, 직업교육에서의 기대수준과 비교해 보고 문제를 해결하는 과정이다(Cobb, 1986). 또한 Stodden과 Ianacone(1986)은 'CBVA는 학생의 진로 발달과 직업교육 욕구를 교육과정에서의 수행 정도에 기초하여 평가하는 과정으로, 사정에 요구되는 정보는 직업 관련 행동, 직업에 관한 일반적 기술과 특정 기술 분야에 관한 것이다'라고 정의하였다.

Albright와 Cobb(1988)은 CBVA의 특징을 ① 비공식적 · 직접적 · 비표준화된 과정, ② 격리된 직업교육기관이 아닌 학생과 직접 관련된 교육현장에서 실시, ③ CBVA의 결과와 밀접히 관련된 전문가에 의한 실시, ④ 단기간 동안 빈번히 시행되는 것, ⑤ 다양한 현장에서 용이하게 사용 가능한 것이라 하였다. CBVA는 현재 직업훈련 프로그램을 준비하거나 참여하고 있는 장애청소년에게 사용되며, 그 수는 증가하고 있다.

우리나라 중등학교에서의 직업교육은 진로발달, 직업탐구, 직업훈련계획으로 구성되며 직업훈련은 외식, 바리스타 등 서비스업, 제과제빵, 조립, 포장, 사서보조, 우체국 보조, 급식도우미, 행정도우미, 요양보호사 보조, 농업, 방역, 청소, 세차, 의료 분야 등 다양한 분야에서 이루어진다. 학생들은 훈련을 통해 다양한 진로를 탐구하고 직업을 경험하며 이후의 진로와 평생직업에 대해 준비하게 된다(교육부, 2015).

5. 직무지도원/직무지도인

1973년 재활법이 중증장애인 직업재활서비스를 명시함으로써 중증장애인 직업에 대한 관심이 향상되었다. 1986년 재활법 개정안에 '지원고용'이 법적으로 규정되면서 중증장애인 지원고용이 시작되었으며, 지원고용을 도와주는 직무지도원의 역할이 중요하게 되었다. 지원고용은 장기간의 집중적이고 계속적인 지원 없이는 취업하거나 직업생활을 영위하기 어려운 중증장애인에게 적합한 직업재활 프로그램이므로 직무지도원에 의한 개별화된 직업지도와 감독이 전체 재활 과정에서 이루어진다. 직무지도원은 중증장애인 채용을 망설이는 고용주와 취업하고자 하는 내담자의 욕구를 파악하여 직업을 개발하고, 지원고용 현장에서 직접 평가를 실시한다.

지원고용에서의 직업평가는 일반 직업평가의 주요 요소와는 달리 직업 개발, 직업적합성 분석(job matching), 교통, 가족지원서비스가 주된 강조점이 된다. Wehman 모델(Wehman, 1992)에 의하면 지원고용에서는 표준화된 작업표본이나 심리평가도구를 사용하는 대신 직무능력, 직무수행 속도, 직무의 질, 출석률, 수행할 수 있는 직무의 다양성, 직무인내도를 측정하는 현장평가가 이루어진다. 또한 교통수단 이용능력, 사회성, 이동성, 자기관리, 읽기 · 쓰기 능력과 같은 독립생활 요인의 평가도 수행된다.

제 3 장 ≫ 직업평가계획

TEAMWORK
STRATEGY
PROJECT
ACTION
PLAN
SCHEDULE
OBJECTIVES

1. 직업평가계획

직업재활과 특수교육 내담자의 평가는 내담자의 개인차를 기초로 한다. 내담자의 욕구, 장점과 제한점에 기초하여 수립된 개별화된 계획은 서비스 결과의 효율성을 높이고, 평가기간을 단축하여 비용을 절감하며, 평가 과정을 보다 효과적이고 신뢰롭게 한다. 직업평가계획은 평가 과정의 방향과 중심을 결정하고 각 개인에 따라 달리 나타나는 특정 문제를 제시한다. 의뢰 시의 자료와 초기면접에서 얻어진 정보는 평가 계획 수립의 척도가 되며 평가 과정 이외에 평가도구도 평가 계획에 포함된다. 직업평가를 통해 내담자는 현실적인 경험을 하고, 평가사는 내담자의 욕구, 장점, 제한점에 기초하여 계획을 수립하게 된다(Pruitt, 1986).

직업평가는 장애 유형과 정도, 장애인의 욕구, 직업상담 및 직업재활서비스 과정에 따라 다양한 목적으로 실시되므로 그에 알맞게 평가 계획이 수립되어야 한다. 직업평가사는 직업평가계획을 수립하기 위해서 평가도구, 평가 실시 방법 등에 관한 내용을 숙지하는 것이 필수적이며, 필요시 해당 장애인에 대한 확대평가를 계획할 수 있다.

직업평가계획 수립에서 가장 중요한 단계는 직업평가를 실시하는 목적(의뢰사유)을 구체화하며, 왜 직업평가에 참여하고, 직업평가를 통해 얻고자 하는 기대사항이 무엇인지를 확인하여야 한다. 직업평가 목적은 구체화하여야 하는데, 직업 목적은 직업평가 목표 달성 여부를 파악하는 기준이 되며, 직업평가 결과를 도출할 때 직업평가 목적에 기반하여 전체적인 재활 방향을 제시하여야 한다.

1) 직업평가계획 수립 근거

위스콘신 스타우트 대학교의 직업개발센터(University of Wisconsin-Stout Vocational Development Center)는 직업평가계획을 수립해야 하는 근거를 다음과 같이 들고 있다(Vocational Evaluation Project Final Report, 1976).

① 신뢰성

- 평가기간의 단축

- 비용절감
- 평가 장면에서의 통제력 증가로 인한 효율성 증대

② 내담자 동기화

- 개별화계획을 통한 내담자의 인식증대와 태도 변화
- 내담자의 직업 분야와 직무 선택 기회부여

③ 의뢰기관과의 관계

- 의뢰 시의 의문점 해결을 위한 계획 수립
- 의뢰기관 내담자 특성에 따른 다양한 평가기간

④ 평가사의 직무

- 평가 내용 선택을 용이하게 함
- 의사결정 과정의 단순화
- 논리적이고 문제에 대한 해결방법이 제시된 보고서 작성

평가가 진행되지 못하고 실패하는 것은 ① 평가될 직무가 너무 쉽거나 어려울 때, 혹은 내담자의 직업목표와 맞지 않을 때, ② 개별화가 아닌 모든 내담자에게 같은 평가직무가 주어질 때, ③ 체계적이지 못한 평가 계획에 의해 평가될 때다.

2) 직업평가계획 수립 지침

① 직업탐색에 있어 하나의 직업군 내에서 단순한 작업에서부터 보다 복잡한 작업의 순서로 진행할 것(예: 사회복지 및 종교 관련직 → 사회복지 및 상담전문가 → 직업재활사)
② 내담자를 평가 계획 수립과 모든 의사결정과정에 참여시킬 것
③ 평가 계획의 목적과 순서를 정할 때 내담자 자신이 흥미를 가지고 있다고 느끼는 분야 혹은 검사를 통해 나타난 흥미 분야를 반영할 것
④ 모든 의뢰 시의 의문점들이 구체적이고 상세하게 해결될 수 있도록 평가 계획을 수립할 것

⑤ 평가 결과가 미래에 배치될 직업의 특성과 직접적으로 관련될 수 있도록 평가 계획을 수립할 것
⑥ 내담자의 장점과 제한점에 대한 의문점과 가설을 수립하는 데 직업사전(DOT)과 같은 직업정보 자료를 사용할 것
⑦ 내담자의 장점과 제한점에 대한 정보 획득에 의뢰 자료와 초기면접을 사용할 것
⑧ 경제적 측면에서 평가 계획의 초기 단계에 흥미도, 성취도, 체력검사를 실시할 것
⑨ 내담자가 평가 과정을 직업과 잘 연결시킬 수 있도록 심리평가를 다른 직업평가도구와 함께 적절히 사용할 것
⑩ 내담자의 개인차를 존중하고 개별화된 직업평가계획을 수립할 것
⑪ 직업평가계획은 과정이 진행됨에 따라 수정이 가능할 것

재활시설인가위원회(CARF, 1987)는 직업평가 기준을 제시하였는데, 대부분의 재활시설들이 이 기준을 따르고 있다.

① 직업평가서비스의 범위와 영역은 내담자에 대한 정보수집 또는 평가를 위해 종합적이어야 한다.
② 내담자의 신체적 · 정서적 장애가 표준화검사의 결과 해석에 영향을 미칠 경우 내담자에게 가장 적절한 평가도구와 방법을 제시해야 한다.
③ 내담자에게 제공되는 평가시간은 내담자의 평가 목표 수립에 충분해야 한다.
④ 평가자료는 상담과 행동관찰에 의해 보충되어야 한다.
⑤ 직업평가에서 다루는 직무 영역은 내담자가 쉽게 접근할 수 있는 지역사회의 노동시장과 내담자의 흥미, 능력, 기회에 기초하여야 한다.
⑥ 직업평가에서 사용되는 작업장과 직무는 내담자의 욕구를 충족시킬 수 있을 만큼 충분해야 한다.
⑦ 평가 계획은 의뢰 시의 정보, 초기면접, 평가 목적에 기초하여 내담자의 참여하에 구체적으로 수립되어야 한다.
⑧ 평가서비스의 목적은 전문용어를 사용하여 지역사회 내의 직업이나 직업군에의 취업 가능성에 대한 기술로 명시되어야 한다.
⑨ 직업평가 영역은 수행하기에 적절하게 고안되어야 하고 충분한 공간이 제공되어야

한다.

⑩ 직업평가에서 사용되는 도구는 지역사회 내의 같은 직종의 업체에서 실제로 사용하고 있는 도구와 유사해야 한다.

⑪ 직업평가서비스는 직업평가사 또는 재활전문가의 감독하에 제공되어야 한다.

⑫ 직업평가 내담자에 대한 문서화된 평가보고서를 작성하고, 사례회의를 통해 내담자에게 평가 결과를 설명하여야 하며 내담자는 결과 내용을 이해하여야 한다. 또한 직업평가사는 프로그램 담당자 혹은 사례관리자에게 평가 결과에 대한 제언을 제시하여야 한다.

Power(2013)는 직업평가계획 수립에 다음과 같은 요소를 고려해야 한다고 하였다.

① 장애 발생 연령
② 신체적 · 정서적 제한점
③ 복용하고 있는 약물
④ 내담자의 경력에 적합한 평가도구의 타당성
⑤ 교육 정도
⑥ 신체적 인내력
⑦ 신체적 제한점을 보상하기 위한 재활 과정의 범위

2. 직업평가 과정

1) 직업평가 과정의 개념

직업평가의 과정은 모든 참여 대상이 평가 과정의 목적, 시기, 방법에 대해 명확히 인지함으로써 평가 결과에 대해 책임을 지고, 자신의 역할을 명확히 알고, 직업평가 결과에 따라 재활 과정을 수행할 때 성공할 수 있다.

직업평가 과정은 개별성, 유연성, 역동성, 결과지향성의 특성을 지닌다(Ahlers et al., 2003). 지능검사, 적성검사, 흥미검사 등 전통적인 심리평가도구는 개인의 욕구를 이해하기 위한 것이 아닌 현재와 미래의 능력 유무를 분류하기 위한 목적을 가진다. 이러한 이유에서 심리평가 결과가 장애인 내담자의 적격성 판정에 사용될 때에는 조심스럽고 세심하게 검사 결과 활용 여부를 고려해야 한다.

장애인을 대상으로 하는 직업평가는 전통적 심리평가보다 개인차를 인정하며, 장애인에게 차별적이지 않고, 개인의 욕구가 반영되는 개별화 과정이다. 또한 내담자의 신체적 · 심리적 제한점을 발견하기 위한 과정이 아닌 기능성과 잠재성에 대한 예측이 목적이 된다.

직업평가의 두 번째 특징인 유동성은 내담자에게 영향을 주는 모든 요인을 평가사가 인지하고 상황에 맞추어 융통성 있게 계획을 수립 · 실행하는 것이다. 내담자의 가족과 친지, 지역사회, 경제 상황, 직업기술, 직업윤리, 작업환경, 자아개념, 사회성, 장애지원수단 등의 심리적 · 물리적 환경은 장애인 내담자가 비장애인과는 다른 특징을 갖게 한다.

직업평가에 내담자를 의뢰하는 목적은 다음과 같다.

① 측정: 적성, 흥미, 장점, 욕구, 적응능력, 신체능력, 기능성 측정
② 예측: 특정 환경이나 직업에의 배치 가능성 예측
③ 처방: 배치, 수정, 특별 서비스, 개별화된 재활계획 등 각 내담자의 재활 과정에서 요구되는 필수조건
④ 탐색: 진로 개발 정도, 진로, 능력, 흥미의 연결, 성인기 직업훈련, 사회성, 직업조건의 이해
⑤ 중재: 성공적인 직업탐색을 통한 행동 변화와 동기화
⑥ 지원: 종합적인 직업 프로파일을 개발하여, 내담자, 가족, 친지가 현실적인 정보를 가지고 지원함(Ahlers et al., 2003).

2) 직업평가 과정 모델

직업평가 과정의 단계를 나타내는 직업평가 과정 모델에는 VEWAA 직업평가 모델, 위스콘신 대학교 UW-Stout 모델(University of Wisconsin Stout Model), 나돌스키 모델(Nadolsky Triangle)이 있다.

(1) VEWAA 직업평가 모델

VEWAA 직업평가 모델(1971)은 선별심사(부가적인 서비스를 제공하기 위한 계획된 초기 단계 평가), 임상평가(심리평가, 직업상담 등의 중간 단계 평가), 직업평가(모의 혹은 실제적인 과업을 수행함으로써 직업 발달을 촉진하는 종합적인 평가)의 세 가지 수준의 평가 과정으로 구성되어 있고, 직업평가 모델 중 가장 일반적인 모델이다(강위영, 이상진, 1999).

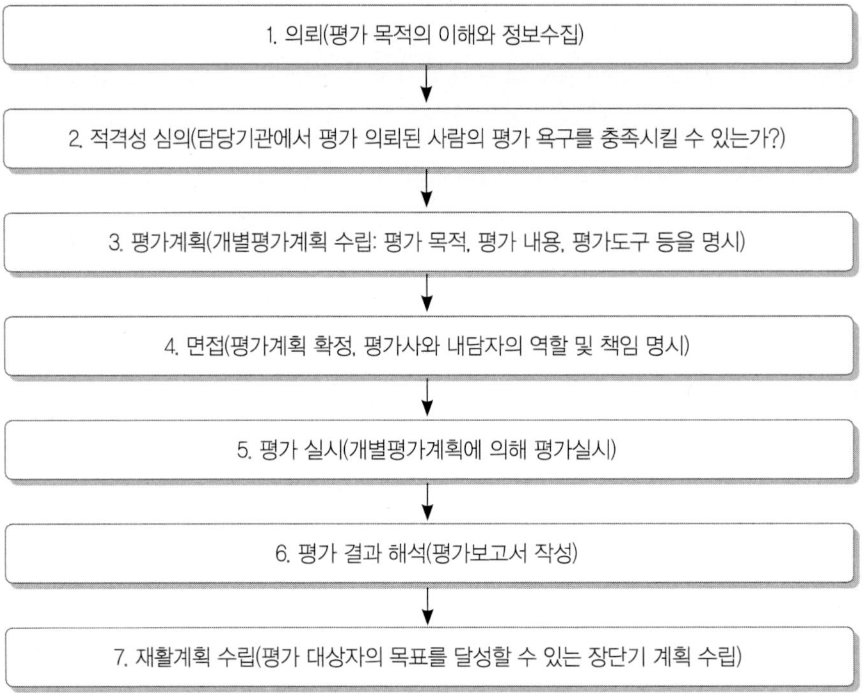

[그림 3-1] VEWAA 직업평가 모델

(2) 위스콘신 대학교 UW-Stout 모델(University of Wisconsin Stout Model)

위스콘신 대학교 UW-Stout 모델은 11가지 단계를 제시하고 있다.

1. 의뢰 및 접수
2. 오리엔테이션
3. 초기면접(초기면접지 작성)
4. 예비검사(내담자 선별)
5. 평가계획 수립
6. 직업평가
7. 직업탐색 및 경험
8. 피드백(출구 면접조사, 추천 사항 검토)
9. 평가팀 구성
10. 최종 보고(평가 결과에 대한 보고서 작성)
11. 사후지도

[그림 3-2] 위스콘신 대학교 스타우트 모델

(3) 나돌스키 모델

Nadolsky(1984)는 재활전문가들이 현장에서 사용하고 있는 다양한 직업평가 방법들의 장점을 반영하고 단점을 보완해서 나돌스키 모델(Nadolsky Triangle)을 제시하였는데, 이 모델은 직업 선택의 범위를 서서히 좁혀 나가는 방법이다(강위영, 이상진, 1999).

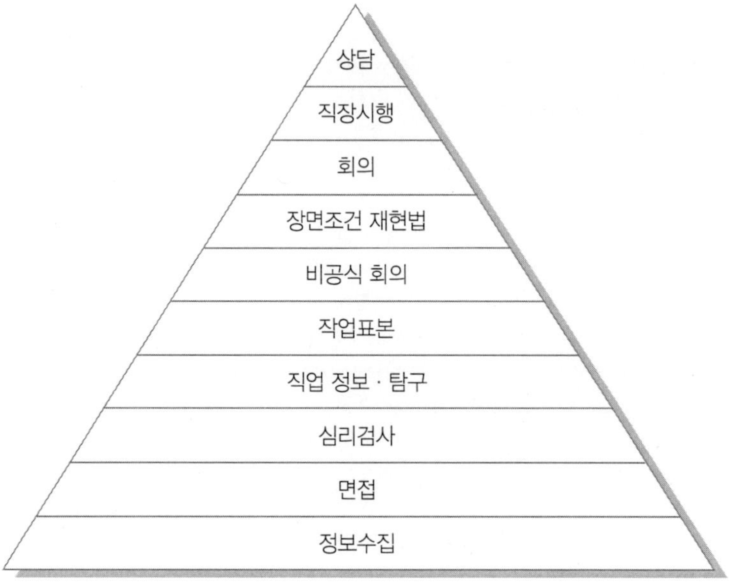

[그림 3-3] 나돌스키 모델

3) 직업재활 과정에서의 직업평가

다음의 직업평가 과정은 장애인 내담자가 직업재활 과정에서 가장 바람직한 직업평가 결과를 얻기 위한 활동들을 의미한다.

(1) 개인의 욕구 판별

평가 대상이 되는 내담자의 판별은 일반적으로 재활상담사에 의해 이루어지나 전체 직업재활 과정에서 내담자에 대한 자료를 필요로 하는 모든 재활관계자들이 참여하여 수행한다. 내담자는 직업평가를 통해 직업에 대한 의사결정을 하게 되지만, 자신의 욕구에 대한 이해도가 낮거나 의사결정이 어려운 중증장애인 내담자의 직업에 대한 욕구를 평가하는 것은 어렵다.

잠재적이거나 실제적인 훈련, 고용 혹은 지역사회 통합의 문제 등은 재활상담가에 의해 재활 과정이 시작되기 전에 내담자, 부모, 교사 혹은 기타 관련 서비스 기관을 통해 인지될 수 있다. 재활 과정에서 내담자 스스로가 서비스의 필요성을 인식하는 것은 매우 중요하고, 내담자의 현재 혹은 미래의 문제를 미리 판별하는 것은 재활 과정의 성패에 중요한 역할을 한다. 내담자에게 재활 과정에 대해 충분한 설명을 함으로써 평가와 의사결정에 적극적으로 참여하고자 하는 동기를 유발할 수 있다. 재활공학적인 측면이 고려될 때에는 직업평가 프로그램의 선정과 의뢰 이전에 재활공학전문가에 의해 평가되어야 한다.

(2) 직업평가 프로그램 선정

모든 재활의 과정은 내담자의 참여를 통해 내담자의 욕구를 최대한 반영하는 과정으로 직업평가서비스 필요성에 대한 결정도 내담자와 함께 이루어진다. 직업평가 프로그램은 내담자의 최대한 이익을 위해 종합적인 직업평가가 필요할 때 내담자 특성에 대한 정보를 얻기 위해 시행을 결정한다. 필요성이 결정되면 재활상담사는 공식적으로 내담자를 직업평가에 의뢰한다.

직업평가서비스 실시 여부에 관한 결정과 의뢰과정은 공식적인 과정으로 내담자의 기능평가 자료 수집으로 시작된다. 이러한 사전평가 과정은 내담자의 기능 수준에 대한 정보를 바탕으로 재활 과정에 의뢰하기 이전에 선행되어야만 하는 다른 서비스나 치료의 기초가 된다. 예를 들어, 내담자의 신체적 · 심리적 회복의 정도가 충분하지 않거나 직업에 대한 자아개념이 낮을 경우 재활서비스에 대한 준비가 되어 있지 않다고 판단할 수 있다. 이러한 자료는 또한 재활전문가들의 재활 프로그램 수립에 도움이 된다.

내담자의 욕구와 선정된 프로그램 사이의 일치도는 직업평가 프로그램의 성패를 결정하기 때문에 내담자를 의뢰함에 있어 재활상담사는 직업평가서비스에 대한 지식을 갖추어야 하며, 평가기관을 방문하거나 협조관계를 유지하여야 하고, 이는 또한 내담자와의 라포(rapport) 형성에 중요한 요소가 된다.

재활상담사는 내담자가 직업평가를 받기를 원한다고 추측하여 직업평가 서비스를 실시해서는 안 되며, 내담자가 자신의 의사와 욕구를 표현하는 데 최대한의 자유를 부여해야 한다. 내담자에게 특정 프로그램에 참여하기를 거부할 수 있는 융통성이 주어지지 않으면, 내담자는 서비스에 대한 불만 혹은 동기상실을 표현하기 위해 부적합한 행동을 하게 되고, 이로 인해 전체 재활 과정이 직업배치로 연결되지 못한 채 종결될 수 있다. 이러한 프로그램에 대한 거부나 비협조는 때로 내담자가 서비스의 내용을 이해하지 못해서 갖게 된 불안감에 기인한다. 이 경우 직업평가사는 평가 프로그램의 목적과 내용에 대한 재교육을 실시하여 내담자의 이해를 증진시키고, 내담자가 과정에 협조하고 참여하도록 유도하여야 한다. 내담자에게 알맞은 평가서비스를 선정하고 내담자의 프로그램에 대한 욕구를 판별하는 데에는 많은 시간과 노력이 요구된다.

직업평가서비스 선정은 세 가지 과정으로 나뉜다.

- 효과적이고 선택 가능한 프로그램 자료 조사
- 적합한 평가 프로그램과 내담자 연결
- 내담자가 프로그램에 적극적으로 참여하도록 준비시킴

내담자의 적극적인 참여는 프로그램에 대한 지식 정도, 즉 준비도와 비례하며 이를 위해 프로그램에 대한 오리엔테이션을 실시한다. 오리엔테이션은 의뢰기관의 초기 과정 혹은 평가 계획 과정에서 프로그램의 목적과 내용, 내담자와 평가사의 역할, 도구 등에 대한 정보 전달로 이루어진다.

(3) 직업평가에의 의뢰

의뢰 과정에서 가장 중요한 부분은 의뢰의 이유와 그에 관한 질문이다. 의뢰 이유는 곧 의뢰 목적이기 때문에 재활계획 수립과 내담자의 미래의 수행 정도를 예측하는 기초가 되며, 서비스 제공 방향을 제시한다. 의뢰와 함께 제공되는 내담자에 관한 자료와 정보, 제시된 문제점을 기초로 재활 과정에서 실시될 과업 · 검사 · 활동의 계획을 수립한다. 내담자에 관한 정보는 내담자의 현재 기능, 흥미, 잠재력, 직업활동에 장애가 되는 정도, 가족인구학적 특성 등으로 정확하고 다양한 정보가 제공되어야 한다. 내담자에 대한 정보가 미흡하다면 평가사는 의뢰기관에 보충자료를 요구해야 한다.

의뢰가 이루어지기 전 내담자와 함께 초기면접, 배경정보, 상담, 이전에 실시한 조사자료, 검사와 평가자료에 대해 분석, 토론하고 내담자가 직업평가의 필요성에 대해 이해하고 동의함으로써 의뢰가 이루어진다. 의뢰기관과 재활상담사가 의뢰에 일차적 책임자이지만 평가사 또한 의뢰기관과 상담사에게 평가 프로그램에 대한 정보와 최적의 기능 획득을 위해 필요한 정보를 정기적으로 제공해야 한다. 직업평가 의뢰 이유와 그에 관련된 의문점을 의뢰서에 명시하는 것은 직업평가사가 정확한 직업평가를 실시할 수 있게 하고, 평가사와 내담자가 직업평가 과정을 계획하여 내담자 개개인의 욕구에 맞추어 개별화하는 데 중요한 역할을 한다.

(4) 면접

평가 프로그램이 시작되기 전 평가사는 직업평가실 혹은 상담실에서 내담자에 대한 면접을 실시한다. 직업평가사가 직접적인 면접을 하는 것은 내담자가 평가에 대해 갖고 있는 태도를 파악하여 평가 계획에 참고하고, 내담자가 직업평가에 대해 보다 많이 이해하게 하여 평가 과정에 적극적으로 참여하게 하는 장점이 있다. 면접에서 평가사는 프로그램에 대해 의문점을 갖거나 소극적인 내담자에게 명확하고 직접적인 정보를 제공함으로써 참여동기를 유발시키며, 의사결정을 촉진한다. 만약 직업평가가 다양한 재활전문가들로 이루어진 팀에 의해 실시된다면, 평가사 외에 다른 팀 구성원도 면접을 실시할 수 있다.

이러한 면접은 다음과 같은 장점을 가진다.

① 라포 형성을 촉진한다.
② 직업평가에 관한 정보를 직접적으로 제공한다.
③ 내담자의 질문에 대한 답을 제시한다.
④ 의뢰에 관한 자료의 정확성을 파악한다.
⑤ 내담자가 프로그램에 대해 보이는 초기 반응, 감정, 불안감 등을 발견한다.
⑥ 내담자의 협조를 촉진한다.
⑦ 내담자의 취미활동과 여가활동은 직업흥미도를 의미한다.
⑧ 내담자의 교육수준을 토대로 직업준비도와 현장으로의 전이가 가능한 특별한 직업기술을 판별한다.
⑨ 직업평가계획을 수립한다.
⑩ 프로그램 참여에 대해 내담자에게 동의 혹은 거부의 결정권을 부여한다.

(5) 평가 과정에 영향을 미치는 요인 판별

평가 과정에 영향을 미치는 중요한 요인은 내담자의 장점과 제한점, 직업에서 요구하는 자격조건 등이며, 내담자의 능력, 기술, 지식에 비추어 요인을 판별한다. 예를 들어, 전기부품 조립업에는 손동작의 유연성, 눈과 손의 협응성 및 시각의 정확도가 요구된다. 작업표본 지시문에 명시된 기능은 성공적인 작업수행의 중요한 요인이 되기 때문에 평가를 실시하기 전에 자세히 읽어 보고, 최대한 그 기능을 측정할 수 있도록 준비해야 한다.

(6) 가설 수립

평가사는 초기면접, 의뢰 자료 등 배경 정보를 기초로 내담자에게 적합한 직업 분야에 대한 가설을 세운다.

(7) 평가 과업 및 도구 결정

직업평가에 의뢰 시 제기된 문제점 해결을 위해 필요한 과정으로, 평가사는 직업평가의 결과로 나타난 중요한 요인들에 대해 충분한 지식을 가지고 어떤 요인을 평가할 것인지 결정한다. 직업평가는 취업 가능성에 대한 평가이며 숙련된 전문가에 의해 실시되어야 하는 인본적이며 윤리적 과정이다(Crewe, 1990). 내담자의 능력, 흥미, 적성, 장점, 제한점을 고려하여 다양한 직업 분야 중 하나의 직업과 연결하는 것은 쉽지 않다. 그러므로 직업평가사는 적합한 직업 분야의 탐색에 필요한 평가과업 및 도구를 결정하고 평가 계획을 수립하여야 하며 평가 계획은 과정이 진행됨에 따라 수정이 가능하도록 작성되어야 한다. McDaniel과 McClanahan(1993)은 직업평가도구들이 다양하기 때문에 내담자에게 알맞은 도구를 선정하는 것은 쉽지 않다고 하였다. 그러므로 직업평가사가 내담자의 다양한 직업기능을 정확하게 평가하려면 다양한 평가도구에 대한 지식을 갖추어야 한다.

평가사가 평가 계획을 수립할 때 직업적합성 분석(job matching system)은 많은 도움이 된다. 여러 적성·흥미검사와 직업사전, 직업전망서 등의 자원을 사용하는 것도 큰 도움이 된다.

(8) 직업평가도구 선정에서의 고려점

McDaniel과 McClanahan(1993)은 직업평가도구를 선정할 때 다음 사항들을 고려해야 한다고 하였다.

① 사용하고자 하는 평가도구를 개발하게 된 이론적 기초는 무엇인가?

이는 사용하고자 하는 평가도구의 원래 개발 목적에 대한 정보를 제공한다. 사용 계층이 다양화됨에 따라 원래의 개발 목적과는 달리 사용자의 욕구에 알맞게 변화될 수 있기 때문에 그 평가도구의 특정 평가 장면에서의 사용 가능성을 알 수 있다.

② 사용하고자 하는 평가도구의 통계 정보는 어떠한가?

평가도구가 규준참조검사 도구인가 혹은 준거참조검사 도구인가? 신뢰도, 타당도, 규준집단의 크기와 구성은 어떠한가? 규준의 기준은 어떠한가? 등의 질문에 대한 정보를 제공한다.

③ 타당성 검증을 위한 연구가 있었는가?

개발자에 의해 타당성 검증을 위한 연구가 지속적으로 이루어진 평가도구는 좋은 평가도구라고 할 수 있다. 타당성 검증에 관한 연구자료는 개발자로부터 얻을 수 있다.

④ 평가 대상과 규준집단은 누구인가? 장애 유형에 따른 평가도구의 수정과 보완이 이루어졌는가?

직업평가도구는 중증장애인 전체를 대상으로 개발된 것이 아니기 때문에 중증장애인 평가에 있어 검사도구의 수정은 필수적이다. 그러나 검사도구를 수정하기 전에 이러한 과정이 검사도구의 규준에 미치는 영향을 신중히 고려해야 한다.

장애의 정도가 더 중증인 장애인의 경우 한 가지 검사 결과에만 의존하는 것보다 관찰법 등 여러 가지 평가방법을 함께 사용하는 것이 유용하다. 「미국장애인법(Americans with Disabilities Act)」은 내담자가 미래에 수행할 직무와 관계있는 직업기능만 평가할 것을 요구하고 있다.

⑤ 개별검사도구인가 혹은 집단검사도구인가?

개별검사와 집단검사 중 선택하는 것은 직업평가를 실행하는 기관의 정책에 따라 달라진다. 많은 평가기관이 시간과 비용이 많이 드는 개별검사보다 집단검사를 선호한다.

⑥ 검사 시간은 얼마나 소요되는가?

중증장애인의 경우 일반적으로 주어지는 제한시간 내에 검사를 수행하기 어렵기 때문에 공정한 평가를 위해서는 시간을 연장하거나 수행방법을 수정하는 것이 필요하다. 예를 들어, 중증 뇌성마비장애인에게는 검사시간을 연장하거나, 무제한으로 실시하거나, 컴퓨터를 이용한 문제 해결방법을 도입하는 것, 시각장애인에게는 점자 혹은 청각적 도구를 이용한 수정본을 사용하는 것, 정서・행동장애인에게는 보다 짧은 길이의 검사를 제공하는 것 등이다. 그러나 검사를 수정하는 것은 신뢰도와 타당도의 문제가 생기므로, 검사 결과를 어떻게 사용할 것인가를 먼저 결정한 후 수정하는 것이 바람직하다. 예를 들어, 내담자의 검사시간 내 성취도를 알고자 한다면 검사시간을 변경하는 것은 부적절하지만, 최대 성취도를 알고자 한다면 검사시간은 덜 중요할 것이다.

⑦ 검사의 내용은 차별적이지 않는가?

장애 유형에 따라 검사문항의 내용은 의미가 달라질 수 있다. 언어수준이 제한된 청각장애인에게는 언어성 검사가 차별적일 수 있으며, 일상경험이 제한되어 있는 시각장애인에게 다양한 경험과 관련된 내용을 묻는 검사는 부적합하다.

⑧ 채점방식과 소요 시간은 얼마인가?

평가도구에 따라 수기 채점이 가능하거나 컴퓨터 채점이 가능한 경우가 있다. 컴퓨터 채점은 수기 채점에 비해 편리하고, 시간이 절약되며, 정확하다는 장점이 있다. 컴퓨터 채점은 채점 담당기관에 응답지를 보내는 시간 등이 추가로 소요되기도 한다. 반면, 수기 채점은 평가가 종료된 후에 즉시 채점할 수 있어 결과를 빨리 알 수 있다는 장점은 있으나, 채점 자체는 컴퓨터 채점에 비해 시간이 많이 소요된다.

⑨ 검사도구를 실행하고 해석하는 데 요구되는 자격은 무엇인가?

평가도구의 실행과 채점은 일반적인 재활전문가가 수행할 수 있지만, 장기적인 재활계획 수립에 평가 결과를 사용할 경우는 공인직업평가사가 검사 결과를 해석해야 한다.

⑩ 평가를 실시하기 전 내담자 훈련이 필요한가? 훈련비용은 얼마인가?

다양한 평가도구가 개발됨에 따라 보다 복잡하고 어려운 평가도구들이 사용되기 시작하면서, 사전에 내담자 훈련이 필요한 경우가 있다. 평가를 실시하기 전 내담자에게 평가도구 사용에 대한 훈련을 실시할지 여부는 도구 매뉴얼에 신뢰로운 평가 결과를 얻기 위해서 필요하다고 명시된 경우에만 실시한다.

⑪ 평가도구는 자주 개정되는가?

현대사회에서 직업의 내용과 종류는 급격히 변화하기 때문에 평가도구의 내용과 규준도 시간이 경과함에 따라 수정되어야 한다.

⑫ 평가도구의 기초 자원은 평가도구의 신뢰도에 어떠한 영향을 주는가?

미국 노동부는 1981년 직업사전(Dictionary of Occupational Titles: DOT) 4판을 출판하였고, 내용이 개정되어 DOT를 기초로 개발된 많은 평가도구의 신뢰도도 변화되었다. 예를 들어, DOT 3판에서는 직무분석에 있어 6개 하위 영역으로 이루어졌던 신체능력 영역이 DOT 4판에서는 12개 하위 영역으로 증가함에 따라 신체능력 영역을 보다 구체적으로 반영하도록 요구하고 있다. 이와 반대로 흥미 영역은 완전히 삭제되어 직업탐색사전(Guide for Occupational Exploration)을 참조하도록 하고 있다.

만일 최근에 구입한 평가도구가 기초자원의 개정으로 인해 사용할 수 없게 된다면 경제적 · 심리적 손실이 매우 크다. 그러므로 직업평가사는 구입할 평가도구의 기초자원에 대한 개정과 관련된 정보에 민감해야 한다.

⑬ 내담자 훈련비용, 운송료 등을 포함한 전체 가격은 얼마인가?

평가도구를 구입할 때 개발사에서 내담자 훈련비용, 배달료 등이 포함된 전체 가격에 대한 정보를 얻는 것이 중요하다. 또한 동일한 평가 목적으로 사용할 수 있는 다른 평가도구의 가격에 대한 정보를 얻는 것도 중요하다. 유사한 평가도구라도 각각 가격이 다르므로 가격 차이의 이유를 주의 깊게 살펴본 후 결정하는 것이 바람직하다.

⑭ 소모성 부품이 포함되어 있는가? 비용은 얼마인가? 구입하기에 편리한가?

작업표본의 경우 많은 소모성 부품이 포함되어 있기 때문에 마모되거나 분실한 경우 많은 비용을 들여 교체하거나 보충해야 한다. 반면 심리평가도구의 경우 답안지만 새로 구입하거나 복사가 법적으로 가능하다면 복사본을 사용하여 적은 비용으로 계속 사용이 가능하다. 부품 구입이 검사도구 개발사에서만 가능한 경우 시간과 경제적인 면에서 비효율적이다.

⑮ 품질보증 기간과 내용은 어떠한가? 반품은 가능한가?

품질보증에 관한 내용은 평가도구를 구입하기 전에 자세히 살펴보아야 할 사항이다. 일반적으로 품질보증서에는 품질보증 기간, 보증되는 부품내역, 반품 규정이 기재되어 있다.

구입 이전에 평가사의 평가 목적과 평가도구가 일치하는지 알기 위해서 30~90일 정도의 시험 사용 기간을 제공하는 평가도구를 선택하는 것이 유용하다. 이것은 반품과 관련된 문제점 해결의 한 가지 방법이 될 수 있다.

⑯ 평가도구와 관련된 불편사항은 무엇인가?

평가도구와 관련된 불편사항을 개발사에 문의하는 것은 쉽지 않은 일이지만 양질의 평가도구를 선택하기 위해서는 바람직한 과정이다. 각 출판사들은 소비자의 의견이 중요하다는 것을 알고 있기 때문에 정직하게 정보를 제공하기도 한다.

또한 평가도구 사용에 대한 피드백을 얻기 위해 개발사에 구입하고자 하는 평가도구를 사용하고 만족했던 소비자에 대한 정보를 요구할 수도 있다.

⑰ 평가도구의 수리는 편리한가?

사용하던 평가도구가 고장 날 경우 수리신고를 처리하는 태도, 신속함, 수리에 소요되는 시간 등을 고려해야 한다.

4) 개별직업평가계획서

이 단계에서는 평가 과정에 대한 계획을 개발하고 작성하는 것으로 평가 계획 수립·작성과 내담자, 의뢰기관 등에 대한 정보수집이 이루어진다. CCWAVES는 내담자 개인의 욕구에 알맞은 개별직업평가계획서(Individualized Written Vocational Evaluation Plan: IWEP)를 작성하도록 하고, 의뢰 시 제공되는 정보, 초기면접, 평가의 목적에 따라 개별화된 평가 계획서가 작성된다.

개별직업평가계획서는 ① 평가를 통해 해결되어야 하는 질문들을 판별하고, ② 이 질문들이 어떠한 방식으로 해결되어야 하는지를 명시하며, ③ 평가 계획에 따라 직업평가를 실시할 사람들(재활전문가, 가족 등)을 가능한 한 명시하되, 평가 담당자들이 평가에서 어떤 역할을 수행하는지를 인지하고 있다는 명백한 증거가 있어야 하고, 또 ④ 평가 계획은 정기적으로 검토되고 필요한 경우 수정되어야 한다(Commission on Certification of Work Adjustment and Vocational Evaluation Specialists, 1984).

직업평가계획을 수립하는 것은 내담자에게는 현실적인 경험을 제공하고 평가사에게는 내담자의 욕구, 장점, 제한점에 기초해서 정확하고 체계적인 계획을 수립할 수 있게 한다. 또한 신중하게 수립된 평가 계획은 내담자의 참여 동기를 유발해 중도에 탈락하는 확률을 감소시킨다. 내담자의 욕구를 반영하지 않은 평가 계획이나 무계획적인 평가, 즉 내담자의 기능수준에 맞지 않거나 직업목표와 관련 없는 과업으로 평가를 실행한다면 중도탈락 확률은 높아진다. 평가과업의 다양성도 중요한 요인으로 평가장면에서의 다양한 경험은 이후에 적절한 직업배치 가능성을 높인다.

대부분의 작업표본과 심리평가도구는 기초적인 학업성취도를 요구한다. 이러한 평가도구들은 내담자 모두가 최소한의 지능수준을 가지고 있다는 가정 하에 개발된다. 이러한 이유로 직업평가계획을 수립할 때 내담자의 성취도에 대한 정보가 의뢰서에 포함되어 있지 않다면 가장 먼저 성취도검사를 실시해야 한다. 적합한 성취도검사가 선행되지 않았을 경우 평가 과정에서 내담자가 겪는 어려움이 능력 부족 때문인지 또는 검사과정에서 제시되는 지시 내용에 대한 이해 부족 때문인지 알기 어렵다. 성취도검사의 내용은 내담자의 이전 학교 활동과 직업교육 경력 등과 비교되어야 한다. 내담자의 성취도에 대한 정보와 함께 내담자의 건강상태와 장애로 인한 기능적 제한점에 대한 정보는 초기 평가 과정에서 획득되어야 한다.

개별 내담자에 대한 계획을 수립하는 것은 전체 직업평가 과정의 방향을 정하는 것이다. 평가 계획 수립은 내담자가 의뢰되면 시작되며, 새로운 정보가 계획 수정을 필요로 할 때 즉시 수정한다는 전제 하에 계획을 수립한다. 평가 과정에서 직업탐색을 하는 것은 자아발견과 새로운 경험의 기회를 보다 많이 제공한다.

평가 계획 수립에는 내담자의 참여가 중요하다. 내담자가 평가를 통해 스스로 직업을 선택하는 기회를 갖게 되고, 평가사의 조언을 참고함으로써, 계획 수립에 자신의 의견을 반영하고자 하는 동기가 유발된다. 평가 과정은 역동적인 과정으로 내담자, 평가사, 평가 상황 사이의 상호작용을 증가시키는 데 목적을 둔다. 내담자에게 다양한 직업활동을 탐색할 기회가 보장되어야 하며 이를 통해 새로운 흥미와 적성을 발견하게 된다. 이러한 폭넓은 경험이 보장되면 내담자는 실패에 대한 두려움이나 성공에 대한 강박감 없이 자신의 능력, 흥미, 적성에 알맞은 직업을 선택할 수 있게 된다. 직업평가 과정에 선행되어야 하는 것은 재활공학이다. 평가기간 동안 재활공학의 개입이 요구되면 평가사는 재활공학을 통한 평가와 치료계획을 직업평가계획에 포함시켜야 한다.

평가의 각 단계가 종료될 때마다 직업평가사는 내담자의 작업행동, 흥미, 과업 수행도, 평가사와의 관계 등 내담자의 진행 상황에 대해 평가하는 사례회의를 갖는다. 회의에서는 내담자에 관한 새로운 의문점이 제시되거나 다음 단계에 대한 계획이 논의되며 정보교환이 이루어진다. 공식적인 회의 이외에도 내담자에게 비공식적인 피드백이 지속적으로 제공된다.

한국장애인개발원(2010)은 직업평가계획서 기록방법을 다음과 같이 제시하였다.

① 장애인의 성명, 생년월일, 장애 유형 및 등급, 성별 등의 인적사항을 작성한다. 장애인이 현재 소속된 기관 등이 있을 경우 기록한다. 만약 직업평가를 의뢰받은 경우 의뢰를 요청한 기관명을 기록한다.
② 평가 목적은 왜 직업평가를 실시하는지를 구체화하는 것으로, 적격성 결정 및 직업재활계획 수립, 직업적응훈련생 과정평가 등 평가 실시 이유를 기록한다.
③ 평가 내용은 신체능력, 심리, 직무기능, 작업태도 등에서 평가하고자 하는 내용을 기록한다.
④ 평가방법은 평가에 실시하게 될 검사도구나 작업표본, 관찰, 배경 정보 분석 등을 기록한다.
⑤ 평가가 실시될 일자와 시간, 장소, 담당 평가사 성명을 기록한다.
⑥ 평가 시 유념해야 하는 사항이나 평가와 관련되어 고려해야 할 특정 사항 등이 있을 경우 특이사항 란에 작성한다.

[그림 3-4]는 중증장애인의 직업재활계획을 위한 직업상담과 직업능력 평가 매뉴얼에 제시된 직업평가계획서 양식이다(한국장애인개발원, 2015).

직업평가계획서

NO.

성명			생년월일		
장애 유형 및 등급		성별		의뢰기관	
이용자 욕구					
평가 목적					

평가 영역	평가 방법(도구)	평가일 (소요시간)	평가 장소	평가사

특이사항	

본인은 해당 직업평가의 목적을 이해하였으며, 직업평가계획 수립에 참여하였습니다.

20 . .

이용자 성명 (인/서명)

직업평가사 성명 (인/서명)

[그림 3-4] 직업평가계획서 양식

출처: 한국장애인개발원(2015). 중증장애인의 직업재활계획을 위한 직업상담과 직업능력평가 매뉴얼.

3. 직업평가 활동

1) 작업재활 과정별 직업평가 활동

직업평가사는 직업평가를 실시하기 전에 장애인과 적절한 라포(rapport)를 형성하려고 노력해야 하며, 직업평가도구에 대한 충분한 설명과 안내가 이루어져야 한다. 직업평가는 직업재활서비스 과정 전반에서 지속적으로 이루어지며, 직업재활서비스 과정에서 이루어지는 직업평가는 다음과 같다(한국장애인개발원, 2010).

(1) 직업재활계획 수립을 위한 직업평가

직업재활계획 수립을 위한 직업평가는 장애인에게 적합한 직업재활 방향을 설정하고 효과적으로 직업을 선택할 수 있도록 지원하며, 직업재활계획을 수립하기 위한 정보를 제공한다. 기관에 따라 차이를 보이나 일반적으로 장애인복지관에서는 신체능력평가, 심리평가, 작업표본평가, 상황평가, 현장평가 등을 실시하며, 직업재활시설에서는 상황평가, 현장평가 위주의 직업평가가 이루어진다.

(2) 직업적응훈련서비스 과정에서의 직업평가

직업적응훈련서비스 과정에서의 직업평가는 직업재활계획에 정해진 목표 달성 여부와 내담자의 진전도를 평가하기 위하여 상 · 하반기 또는 분기별, 월별로 정기적인 평가를 실시한다. 주로 심리평가나 작업표본평가, 신체능력평 가보다는 상황평가 및 현장평가 위주로 진행되며 기관 직업적응훈련의 특성에 맞게 고안된 평가도구나 평가지를 사용할 수 있다. 평가 결과는 직업재활계획서에 수행 정도로 기록되어 직업재활계획 수정 · 보완의 근거가 된다.

(3) 취업알선 과정과 이후에서의 직업평가

취업알선 과정에서의 직업평가는 실제 취업하고자 하는 사업체에서 장애인 직무와 적격성 및 적응 정도를 평가하는 것이다. 주로 현장평가를 통하여 이루어지며 취업 장애인의 담당 직무와 사업체의 특성에 따라 고안된 현장평가지 및 체크리스트를 사용하여 관찰을 통해 이루어진다. 이러한 평가는 취업 후 적응지원서비스를 제공하는 과정에서도 시행될 수 있다.

2) 직업평가 활동의 내용

직업평가 활동은 내담자 오리엔테이션, 행동관찰과 기록, 신체능력평가, 심리평가, 작업표본평가, 상황평가, 현장평가, 직업평가 후 피드백으로 이루어진다. 각 활동의 내용을 살펴보면 다음과 같다.

(1) 내담자 오리엔테이션

내담자가 직업평가 프로그램에 참여하기 전 평가사는 일반적인 평가 진행과정, 평가의 목적과 의뢰의 이유를 설명한다. 내담자는 참여의 이유를 명확하게 이해하게 되며, 평가에 참여하려는 동기가 부여된다. 초기면접에서 직업평가 필요성을 결정하는 경우 초기면접에서 직업평가에 대해 설명하기도 한다.

(2) 행동관찰과 기록

행동관찰은 평가의 전체 과정을 통해 이루어진다. 평가사는 내담자에게 자신의 직업과 관련된 행동이나 사회성 기술이 지속적으로 관찰된다는 것을 알려야 한다. 관찰은 공정한 판단에 근거하고 기술체로 기록되어야 하며 정확하고 의미 있는 자료를 제공해야 한다. 내담자는 언제나 관찰기록의 참관을 요구할 수 있다. 장기간에 걸친 지속적인 관찰과 평가는 내담자의 직업보유 기간과 긍정적인 상관관계를 보인다. 특히 지원고용현장의 지능과 행동상의 문제를 가진 내담자에 대한 지속적인 관찰은 직업재활 과정에서 매우 중요하다.

(3) 신체능력평가

신체능력평가는 장애인의 신체적 기능, 특징, 활용능력 등을 측정하여 직무수행에 필요한 신체기능, 직업적 강점 및 제한점 등을 파악하고 기능적 제한점을 보완하기 위한 직무조정 및 직무배치, 신체운동능력 강화를 위한 직업적 권고, 보조공학서비스 지원 등을 통해 장애인이 적합한 직무를 선택할 수 있도록 지원한다. 세부적으로 신체능력평가는 신체발달 정도, 기민성, 근력과 지구력, 운동범위, 협응능력 및 균형, 감각기능 등을 측정하며 계측을 위한 신장계, 체중계, 악력계, 배근력계 등과 같은 일반적인 도구부터 운동조절능력, 시지각능력, 기민성, 협응력 등 신체기능 정도를 파악하는 전문 평가도구까지 다양한 평가도구가 사용된다. 신체기능의 정도는 작업표본평가와 상황평가, 현장평가 등을 통해서도 관찰되고 평가될 수 있다.

(4) 심리평가

표준화된 심리평가(psychometric testing)는 학업성취도, 손과 발의 유연성, 협응성, 특정 혹은 일반 직업적성, 흥미, 학습 스타일, 기질 등의 특성을 측정한다. 직업평가서에서의 심리평가는 임상심리학자에 의해 측정되는 심리평가(psychological testing)와는 다르다. 심리학자에 의한 심리평가가 필요한 경우에는 재활전문가 팀의 구성원인 심리학자의 도움을 받는다.

직업평가에서의 심리평가는 직업에 관련된 경험을 기초로 하는 다른 여러 검사들과 균형을 맞추기 위해 신중하게 선별된다. 직업 의사결정과 관련된 정보를 제공하는 검사도구만이 선별되고 실시된다.

현재 장애인에게 적합하게 개발된 심리평가도구의 수는 많지 않다. 시청각 요소를 사용했거나 비언어적 검사도구도 모든 장애인 내담자에게 공정하다고 할 수 없다. 이러한 편파적인 검사를 사용하여 장애인을 평가 대상으로 했을 때 실제보다 낮은 점수가 나오거나 특징이 없는 프로파일이 나타나기도 한다. 표준화된 심리평가는 비장애 집단을 대상으로 하였을 때는 매우 유용하지만, 장애인 집단에게는 의미 있는 정보를 제공하는 데 제한점이 있다.

(5) 작업표본평가

직업평가사는 실제 작업현장이나 훈련현장에서 사용되는 재료, 도구, 기구를 사용하여 내담자가 실제 직무를 수행하게 하거나 모의 직무인 작업표본도구(work sample)를 사용하여 직업평가를 실시한다. 평가 결과를 기초로 평가사는 내담자에게 가장 적합한 직무 경험이나 직업배치를 제공한다.

(6) 상황평가

VEWAA(1976)는 상황평가(situational assessment)를 기존의 장소나 새로 구성된 장소에서 관찰법을 통해 평가하는 임상평가 방법이라고 정의하였다. 개인의 수행능력과 환경과의 상호작용을 연결시킨다는 점에서 표준화된 검사와는 뚜렷이 구별된다.

상황평가는 직업훈련교사, 관리자 또는 고용주가 내담자를 직업훈련실, 직업재활시설 등에 배치하고 실제 수행하는 직무에 적합한 상황평가도구를 개발하여 관찰을 통해 내담자의 직무수행행동을 평가한다. 평가는 직업훈련교사, 고용주, 직업평가사로 이루어진 전문가 팀이 평가할 직무를 결정, 계획하고, 분석할 때 가장 의미 있는 결과를 얻게 된다.

(7) 현장평가

현장평가(on-the-job evaluation)는 지역사회 내의 실제 사업체에서 내담자가 직무를 수행하고 평가사, 관리자 혹은 동료 근로자가 이를 평가하는 방법이다.

일반적으로 현장평가는 지역사회 내의 작업현장에서 이루어진다. 내담자는 단기간 실제 작업현장에 배치되어 그곳에서 실제로 일하고 있는 다른 근로자들과 같은 직무기능을 수행하고 작업행동을 평가받는다. 고용주는 내담자의 작업기능 수행력을 관찰하고 이에 대한 정보를 평가사에게 제공한다. 평가가 종료되면 내담자는 복지관 등 소속 기관으로 복귀하거나 추가적인 평가를 위해 현재의 작업현장에서 평가받는다.

현장평가의 장점은 작업현장에서 발생되는 직무와 관계된 기능과 사회성 기술을 동시에 평가할 수 있고, 내담자가 실제와 동일한 환경에서 직무수행을 해 봄으로써 직업배치 후 실제 직무를 수행할 때 직무기술을 용이하게 전이시킬 수 있다는 것이다.

현장평가의 또 다른 장점은 내담자가 현장평가를 통해 훈련을 받거나 평가사에게 지도 받을 수 있다는 것이다. 훈련 내용은 같은 직장 내의 근로자들의 직무와 동일하며, 고용주에 의해 제공된다. 이러한 과정을 통해 내담자는 자신의 능력에 대해 현실적으로 이해하고, 평가사는 특정 직업과 관련된 내담자의 직무능력을 효과적으로 평가한다. 여러 가지 직무에 대한 현장평가는 평가사와 내담자가 다양한 직업을 탐색하고 적합한 직업을 발견하도록 해 준다.

직업재활에서 중증장애인을 위한 지원고용과 전환고용의 기회가 증가함에 따라 현장평가 기회도 점차 증가하는 추세다. 중증 지적장애인에 대한 현장평가는 내담자의 학습능력, 일반 적성과 능력을 정확하게 평가하고, 내담자의 직업탐색을 돕는다. 그러나 중증

지적 장애인에 대한 현장평가의 경우 내담자의 기능이 부족하고, 일반적인 현장평가에서는 제공되지 않는 특별한 훈련이 요구되기 때문에 강화된 훈련이 필요하다. 직업 경험이 부족한 중증 지적장애인에게 현장평가를 반복해서 실시하는 것은 직업탐색능력을 향상시키는 가장 효과적인 방법 중 하나다.

(8) 직업평가 후 피드백

직업평가가 종료된 후 평가사와 내담자는 평가 과정의 내용과 평가 후의 일들에 대해 토론한다. 내담자는 전체적인 평가 결과에 대한 정보를 얻고, 최종 보고서, 제안점, 추후 계획에 대해 자신의 의견을 제시하고 논의한다.

(9) 직업평가보고서

내담자의 직업평가 결과에 대한 보고서는 직업 의사결정과 관련된 내담자에 관한 자료와 제안점을 담아야 한다. 보고서는 관찰기록, 평가 결과, 의뢰 정보, 그리고 기타 정보와 같은 직업과 관련된 자료를 수집, 정리, 분석, 종합, 해석하여 그 결과를 정리한 것이다. 보고서는 의뢰기관, 관련 전문가, 재활 팀, 내담자, 부모 등에게 제공되며, 내담자는 보고서를 구직 시에 추천서로 사용하기도 한다.

어떤 재활 프로그램에서는 재활 팀이 내담자에 대한 제안점을 논의하고 허가하기 전에는 평가 결과를 최종 보고서에 포함시키지 않는다. 직업평가사의 제안점이 현실성 있고 비용면에서 효율적이며 지역사회의 상황과 밀접히 연관되어야 하지만, 현재 실시되지 않는 보다 창의적이고 효과적인 프로그램이 내담자에게 필요하다고 판단되면 프로그램 개발에 대한 제안점을 제시할 수 있다.

보고서는 전체 직업평가 과정을 평가하는 기준이 되며, 내담자가 보다 나은 직장을 구하기 위한 마케팅의 수단으로 사용하기도 한다. 신뢰할 수 있는 보고서를 작성하기 위해서는 평가사가 충분한 시간을 두고 작성해야 한다.

보고서의 내용은 종합적인 내담자 개인정보, 의뢰의 필요성, 직업경력, 직업과 관련된 장점과 제한점에 대한 정보, 근로자 특성, 직업적성, 흥미, 잠재력, 기능수준과 제한점, 학습 형태와 선호도, 직업 프로파일에 대한 요약, 장단기 직업목표, 평가 결과를 토대로 한 제안점을 포함한다. 모든 내용은 긍정적 어휘로 내담자의 장점을 강조하고, 직업 발달과 성공적인 배치의 토대가 될 수 있는 평가 결과를 기술해야 한다. 보고서의 내용은 비밀이 보장되어야 하며, 내담자의 동의 하에 공개될 수 있다.

[그림 3-5]는 중증장애인의 직업재활계획을 위한 직업상담과 직업능력평가 매뉴얼(한국장애인개발원, 2015)에서 제시하는 직업평가보고서 양식이다.

<table>
<tr><td>NO.</td><td></td><td colspan="2" rowspan="2">직업평가보고서</td><td>의뢰기관</td><td></td></tr>
<tr><td>평가일</td><td></td><td>평가 유형</td><td>□내관 □이동</td></tr>
<tr><td>성명</td><td></td><td>생년월일</td><td></td><td>성별</td><td></td></tr>
<tr><td>장애 유형
및 등급</td><td></td><td>주소</td><td></td><td>연락처</td><td></td></tr>
<tr><td>평가 목적</td><td colspan="5"></td></tr>
<tr><td>평가방법</td><td colspan="5"></td></tr>
<tr><td colspan="6">종합소견 및 직업재활 방향</td></tr>
<tr><td colspan="6">■ 직업적 강점 · 제한점

■ 직업수준 및 목표

■ 직업지원 권고

■ 종합소견</td></tr>
</table>

년 월 일 직업평가사 (인/서명)

배경 정보
■ 행동관찰 ■ 장애 관련 ■ 가정환경 관련 ■ 교육 및 훈련 관련 ■ 기초학습능력 관련 ■ 직업경력 관련 ■ 생활적응능력 관련
직업평가 내용 및 결과
신체능력평가 심리평가 작업표본평가 상황평가 현장평가

[그림 3-5] 직업평가보고서 양식

출처: 한국장애인개발원(2015). 중증장애인의 직업재활계획을 위한 직업상담과 직업능력평가 매뉴얼.

(10) 사례회의

직업평가가 종료된 후 공식적인 사례회의를 개최하고, 직업평가사는 사례회의에서 내담자의 직업평가 결과를 보고한다. 회의 형태와 참가자는 직업평가사, 직업재활 팀원, 의뢰기관 담당자, 내담자, 보호자 등이며, 평가 결과와 제안점을 정확하게 전달하고 내담자의 욕구를 청취하여 적합한 직업재활계획을 수립할 수 있도록 지원한다. 즉, 직업평가 결과는 초기면접, 상담, 의뢰서류에서 수집한 정보, 내담자 욕구와 종합하여 적격성을 결정하는 데 사용하는데, 적격성 결정은 사례회의를 통해 직업재활 서비스 대상자로 적합한지 여부를 결정하는 것이다.

직업재활 서비스 적격 여부에 따라 다음 단계인 직업재활계획이 수립되거나 종결될 수 있다. 또한 직업재활 서비스 과정 중에 정기적으로 실시되는 직업평가는 서비스를 이용하고 있는 장애인의 현재 수준과 향상정도 등을 파악하여 사례회의를 통해 직업재활계획을 수정하거나 평가 결과를 서비스 과정에 반영할 수 있다. 취업장애인의 경우 직업생활의 적응수준을 평가하여 사례회의를 개최하여 필요한 지원방안을 모색할 수 있다.

(11) 직업재활계획 수립

개별직업재활계획서 작성 시 평가자료와 결과, 내담자의 욕구를 기초로 직업평가사, 내담자, 부모, 재활상담사, 계획 실행과 관계된 전문가의 의견을 반영해야 한다. 개별직업재활계획서에는 장단기 재활 목표, 제공할 재활서비스 내용, 서비스 기간, 서비스 제공 책임자, 계획의 실행 정도를 평가하고 수정하기 위한 정기적인 검토 조항도 포함되어야 한다.

(12) 직업재활계획 실행

직업재활팀은 내담자의 평가 과정에 참여하여 제안점을 제시하고 내담자는 제안점을 수행하며, 계획의 진행을 확인하고, 개별재활계획서를 관찰하며, 필요한 경우 수정을 요구할 수 있다. 제안점이 계획에 포함되지 않거나 실행되지 않을 경우 그 이유와 함께 대안적인 계획이나 제안점이 제시되어야 한다.

성공적인 내담자 훈련과 배치를 위해 내담자에 대한 재평가가 필요하게 되면 직업평가사는 내담자에 대한 재평가 필요성을 사례관리자에게 즉시 알려야 한다. 사례관리자인 재활상담사는 사례회의를 개최하여 필요성이 결정되면 직업평가사에게 재평가를 의뢰한다.

(13) 사후지도

이 단계에서 직업재활팀은 사후지도의 기준을 세우고 정기적인 전화, 우편, 작업현장 방문을 통하여 계획의 실행과 배치 결과가 긍정적인지 확인한다. 이 단계에서 재활상담사는 계획의 실행 정도를 관찰하고 수정하는 책임자인 사례관리자의 역할을 수행하며, 직업평가사는 필요한 경우 평가 프로그램과 활동, 과정을 내담자 평가 결과를 바탕으로 보완한다. 긍정적인 사후지도 정보는 평가사에게 내적 보상과 만족을 제공한다. 평가사는 일반적으로 내담자의 변화와 장기적인 직업재활의 결과를 관찰할 수 있는 기회가 없기 때문에 사후지도는 이와 같은 기회를 제공한다.

앞에서 살펴본 것과 같이 직업재활 과정에서 이루어지는 직업평가서비스를 통해 직업평가사는 내담자에게 효과적이고 종합적인 서비스를 제공하게 된다. 평가사가 양질의 서비스를 제공하고 적극적으로 직업평가를 실시하기 위해서는 일관성 있고 영구적인 행정 지원이 제공되어야 하며, 내담자의 성공적인 배치와 장기간의 직업보유를 지원하기 위한 적응훈련이 이루어져야 한다. 즉, 내담자에게 제공된 서비스 질은 평가사의 능력과 동기수준과 일치한다. 평가사의 능력과 동기수준은 행정 지원 정도와 비례하기 때문에 안정적인 행정 지원이 제공될수록 내담자에게 제공하는 직업평가의 수준도 높아지는 것이다. 결국 최상의 서비스는 자격을 갖춘, 동기수준이 높은 평가사에 의해서만 제공될 수 있다.

4. 직업평가 결과에 기초한 제안점

내담자에게 직업평가를 실시한 후 획득된 평가 결과는 일반적으로 다음의 사항을 제시한다(Rosenberg, 1973).

① 특정 직무의 숙련 · 준숙련 · 비숙련직으로의 배치 가능성 혹은 직업훈련 가능성
② 직업훈련, 직업강화, 직업 인내도 향상훈련, 작업 속도 향상을 위한 프로그램을 실시하기 위해 보호작업장 혹은 실제 산업체에의 의뢰 여부
③ 내담자의 직업력과 관련된 직종 혹은 현재 직업기능에 적합한 분야에의 직업배치
④ 손의 협응력, 직업 인내도, 이동성 향상을 위한 의료서비스에의 의뢰 여부

⑤ 내담자의 잠재적 학업능력과 관련된 상위의 대학교육 혹은 기술 훈련 제공

⑥ 취업에 장애가 되는 기본적인 제한점을 감소시키기 위한 인지·언어치료와 훈련에의 의뢰 여부

⑦ 취업에 장애가 되는 개인과 가족의 문제를 감소시키기 위한 사회심리적 서비스에의 의뢰 여부

⑧ 직업목표 수립에 장애가 되는 무관심, 동기결여, 중증의 의료적·정서적 문제로 인한 사례 종결 결정

제 4 장 신체능력평가

1. 신체능력평가와 직업평가
2. 신체능력평가도구
3. 보조공학

1. 신체능력평가와 직업평가

개인의 신체능력은 직업생활에 매우 중요한 요소인데, 이는 신체능력의 수준이 충족되어야 적절한 직무수행이 가능하기 때문이다. 특히 장애인의 경우에는 신체능력이 직업재활의 가능성에 크게 영향을 미치기 때문에 직업재활 전 과정에서 무엇보다 중요하게 고려해야 하는 부분이다. 특정 신체 부위에 장애가 있는 경우, 기능이 정상적인 부위를 많이 사용하거나 혹은 잘못 사용하게 되어 그에 따른 신체적 문제가 흔히 발생하게 되며, 신체적 기능은 더욱 저하된다. 또한 제한된 신체기능을 지닌 장애인들이 장기간에 걸쳐 일을 하게 될 경우 많은 에너지 소모로 인해 과로나 피로가 오기 쉽다. 또한 근육과 관절의 부적절한 사용 또는 무리한 사용으로 통증이 유발되며, 고정된 자세로 지속해서 일할 경우 자세 결함의 문제도 나타날 수 있다. 아울러 피로해진 상태에서 일을 하게 될 경우에는 손상의 위험성도 높아지게 된다(남용현, 김혜화, 최재호, 2012).

건강상태는 신체능력에 중요한 영향을 미치는데 2016년 장애인고용패널조사 2차 웨이브 패널자료에 따르면 장애인의 52.7%가 전반적인 건강상태가 '좋지 않다'고 하여 절반 이상이 건강상태가 좋지 않은 것으로 나타났다. 또한 건강상태가 좋지 않은 경우 일을 하는 데 있어 '지장이 있다'라고 응답한 비율은 무려 80.6%였고 지난 조사 대비 건강상태가 나빠진 편이라고 응답한 비율도 29.1%나 되어(한국장애인고용공단 고용개발원, 2016), 장애인의 신체상태를 평가하여 신체기능을 회복시키는 것은 직업재활에 매우 중요한 요소라 할 수 있다. 미취업 장애인들이 일자리를 그만두는 데 장애가 영향을 준 비율은 69.3%였고, 향후 취업을 희망하는 비율은 52.5%나 되어(한국장애인고용공단 고용개발원, 2016), 장애인의 건강문제가 지속적인 직업생활을 위해 무엇보다 중요한 요소임을 알 수 있다. 이렇게 장애인의 신체적 문제는 직업생활에 직접적인 영향을 미치기 때문에 내담자들이 일상 활동뿐만 아니라 직업생활을 잘 유지할 수 있도록 내담자 개인 및 고용환경 특성을 고려한 신체능력향상 프로그램의 개발과 제공, 보조공학 서비스 제공, 운동 및 건강증진 프로그램 지원 등의 정책적 지원 노력이 요구된다(전영환, 남용현, 류정진, 2010).

신체능력평가는 장애인의 신체적 기능, 특징, 활용능력 등을 측정하여 직무수행에 필요한 신체 기능, 직업적 강점, 제한점 등을 파악하는 것이다. 신체능력평가가 측정하는 영역은 신체발달 정도, 기초체력, 신체적 안정성, 기민성, 근력, 지구력, 운동범위, 협응능력 및 균형성, 감각기능, 자세 등이며, 계측을 위한 신장계, 체중계, 악력계, 배근력계 등과 같은 일반적인 도구에서부터 운동조절 능력, 시지각 능력, 기민성, 협응력 등 신체기능 정도를 파악하는 전문 평가도구까지 다양한 평가도구들이 사용된다.

신체능력평가를 수행할 때 다양한 평가도구 중 평가대상자의 평가목적에 맞는 평가도구를 선정하는 것이 중요하며, 직업생활을 유지하는 중요한 능력인 기초적인 신체능력을 평가하고 평가 결과는 실제 근무조건을 수정하거나 필요한 부분을 지원하는 데 활용한다(한국장애인고용공단, 2009). 즉, 신체능력평가를 통해 신체적 강점을 활용할 수 있는 직업적 권고를 제시하고, 적합한 직업을 탐색하도록 하며, 장애인 내담자가 원하는 직업이 신체적으로 가능한지, 근속 가능성이 있는지 확인한다. 또한 직업 선택 시 신체적 · 기능적 제한점을 최소화하고, 적절한 환경수정과 직무조정을 통해 장애상태를 경감 · 완화 · 제거하는 데 필요한 보조공학 서비스 지원 등에 대한 평가를 실시해야 한다. 직업평가사는 내담자의 작업수행과 여러 가지 요인들이 참여를 촉진시키는 물리적 · 사회적 환경이 뒷받침되면 긍정적 변화를 보일 수 있음을 항상 기억해야 한다(박지혁, 김협, 박민수, 우희순, 이종훈, 2017). 도구 측정 이외에 내담자 행동이나 기능 등을 관찰하여 도구 평가 결과를 보완한다. 신체기능의 정도는 작업표본평가와 상황평가, 현장평가 등을 통해서도 관찰되고 평가될 수 있다(한국장애인개발원, 2010). 결국 신체능력평가는 직업재활서비스와 직업재활 프로그램의 활용가치를 높여주고, 이에 필요한 자료를 수집하는 데 기초자료를 제공하는 일차적 단계이며, 체계적인 직업재활 계획을 가능하게 하는 역할을 한다(남용현, 김혜화, 최재호, 2012).

〈표 4-1〉 **주요 신체능력평가도구**

평가영역		평가도구
신체기능	신체 구성비	신장 · 체중계, 좌고계, 체성분분석기, 혈압계, 혈당계, 최대산소섭취량측정기
	운동가동 범위	좌전굴측정기, 체전굴측정기, 관절운동범위(Range of Motion) 측정 각도계(Goniometer), VCWS 09
신경근육 운동 발달	전신 근력	Valpar 17 발달수준검사(신체근력), 배근력계
	상지 근력	악력계, 핀치게이지(pinch gauge)
	운동 발달	매캐런 신경근육운동발달검사(McCarron Neuromuscular Development System: MAND) 한국형 매캐런 신경근육운동발달검사(Korean McCarron Neuromuscular Development System: K-MAND)
운동조절능력		버그균형척도(Berg Balance Scale), 보행분석(gait analysis), 도수근력검사(Manual Muscle Test), 근긴장도평가(Modified Ashworth Scale), 심부건반사검사(deep tendon reflex test), 협응성 검사(coordination test), 평형성측정기(balance test), 점프메타(Jump Meter)
감각기능		시력계, 색각검사, 청력계, 진전검사(tremor test) 한국판 아동 시지각발달검사 3판(Korean Developmental Test of Visual Perception 3rd ed: K-DTVP-3) 시지각 인지능력 검사(Motor-Free Visual Perception Test, 4rd Edition, MVPT-4) 벤더게슈탈트검사(Bender Visual Motor Gestalt Test: BGT) 촉각-시지각변별검사(Haptic Visual Discrimination Test: HVDT)
상지기능 (기민성, 협응력)		젭슨테일러 상지기능검사(Jebsen-Taylor Hand Function Test) 뇌졸중 상지기능검사(Manual Function Test: MFT) 퍼듀 손 기민성 검사(Purdue Pegboard) 라파예트 손가락 기민성 검사(Lafayette Pegboard) 오코너 손가락 기민성 검사(O'Connor Finger Dexterity Test) 그루브드 손가락 기민성 검사(Grooved Pegboard) 미네소타 손 기민성 검사(Minnesota Manual Dexterit Test) KEAD 손기능작업표본검사 KEAD 다차원 양손협응작업표본검사

2. 신체능력평가도구

1) 운동가동범위 평가도구

(1) 관절운동범위 측정

① 목적

관절운동범위(Range of Motion) 측정은 근육, 관절, 신경의 장애가 있는 대상자의 기능 평가를 의미한다. 이 평가를 위해 평가사는 신체의 해부학적 구조에 대한 지식과 숙련된 기술을 갖추어야 하며, 일상생활동작 기능을 측정하기 위해 능동적/수동적 신체 움직임 범위(관절운동 범위)를 평가하여 일상생활동작 수준을 파악한다.

② 관절가동범위 측정 원칙

- 수동운동은 관절 구조의 제한을 평가하는 데 적용하며, 각도계로 측정하기 전에 움직일 수 있는 운동범위를 평가한다.
- 수동적인 운동범위 측정이 원칙이지만 제한인자를 명확히 하기 위해 능동 운동범위와 비교한다.
- 초기 자세: 회전이나 요, 척골의 회운동을 제외하고는 해부학적인 자세를 0°로 하고, 인접 관절과 연부조직 근/건의 긴장을 제거하는 자세를 취한다.
- 축: 관절의 축은 관절운동 시 이동이 되므로 축의 조절은 중요하다. 운동팔이 움직이는 신체의 장축에 평행하게 놓고, 고정팔을 관절의 고정부 장축에 평행하게 놓을 때 움직이는 축은 두 교차점에서 미끄러지는 경우가 있으므로 운동하는 동안 각도계를 제거한 후 운동이 끝난 다음 다시 정렬시킨다.
  - 평가사는 운동팔을 정렬시키기 전에 뼈의 경계 부위를 촉지한다.
  - 근육의 약화, 단축, 구축 등을 확인해 기록한다.
  - 통증이 있는 관절의 측정은 부드럽게 실시하며 통증의 정도(pain +, ++)를 표시한다.

(2) 상지측정

- 검사 부위의 옷을 제거하고 제한요인을 없앤다.
- 대상자의 신체를 정확하게 정렬시킨다.
- 대상자에게 움직이는 방향을 설명하고 시범을 보인다.
- 대상작용과 강직을 제거하기 위해 2~3회 정도 수동적으로 운동을 시행한다.
- 신체 근위부를 고정한다.
- 뼈의 돌출 부위를 찾아 축으로 설정한다.
- 고정팔은 고정되어 있는 신체의 장축에 평행으로 놓는다.
- 운동팔은 움직이는 신체에 평행으로 놓는다.
- 연부조직에 압력을 주지 말고 부드럽게 대상자를 다룬다.

〈표 4-2〉 **상지 관절운동범위 측정 부위 및 운동범위**

부위	운동범위	각도	좌	우	비고
어깨	굴곡(flexion)	0~180			
	신전(extension)	0~60			
	외전(adduction)	0~180			
	내회전(internal rotation)	0~70			
	외회전(external rotation)	0~90			
팔꿈치/전완	굴곡~신전(flexion~extension)	0~180			
	회외(supination)	0~80			
	회내(pronation)	0~80			
손목	굴곡(flexion)	0~80			
	신전(extension)	0~70			
	척골 편향(ulnar deviation)	0~30			
	요골 편향(radial deviation)	0~20			

2) 운동조절능력 평가도구

(1) 도수근력검사(Manual Muscle Test)

① 평가 목적

- 도수 검사를 통해 근육의 힘의 정도를 알아내는 과정
- 사용 가능한 근력을 파악하여 치료의 기초적인 정보를 얻음
- 근력 약화로 인해 일상생활동작 수행에 대해 미치는 영향을 알기 위함
- 힘의 불균형에서 오는 신체적 변형을 예방하고 치료하기 위함
- 보장구의 사용 여부를 결정하기 위함
- 내담자의 근력 능력 범위 내에서 어떠한 운동 및 작업을 선택할지 판단하기 위함
- 치료의 효과성 평가를 위함

② 주의점

- 저항을 줄 때에는 근육의 기시 부분을 고정하고 원위부에 대하여 수직적인 저항을 주는 방법으로 실시하는 것이 일반적인 방법임
- 도수근력검사를 효과적으로 시행하기 위해서는 근육이 어디서 어디까지 붙어 있고 어떤 역할을 하며 주동근, 협력근, 길항근 등의 관계를 이해해야 하고, 검사를 실시할 때는 어떠한 보상작용(compensation)이 나타나는지 살펴볼 줄 알아야 함

〈표 4-3〉 **도수근력검사(Manual Muscle Test) 등급**

등급	질적 등급	척도	운동
5	Normal(N)	정상(100%)	최대저항과 중력에 대한 완전한 관절운동
4	Good(G)	좋음(75%)	약간의 저항과 중력에 대한 완전한 관절운동
3+	Fair(F+)	양호+	최소한의 저항과 중력에 대한 완전한 관절운동
3	Fair(F)	양호(50%)	중력에 완전한 관절운동
3−	Fair(F−)	양호−	중력에 대한 약간의 관절운동
2+	Poor(P+)	나쁨+	중력에 대한 동작의 초기 상태
2	Poor(P)	나쁨(25%)	중력을 제거한 상태의 완전한 관절 가동

2-	Poor(P-)	나쁨-	중력이 제거될 때 동작의 초기 상태
1	Trace(T)	흔적	관절의 운동은 없으나 약간의 수축 흔적이 있음
0	Zero(Z)	없음	수축이 촉진되지 않음

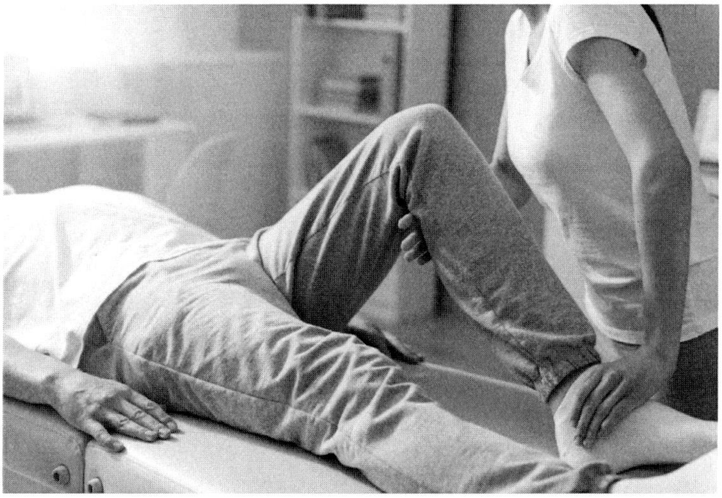

[그림 4-1] 도수근력검사

3) 감각기능 평가도구

(1) 한국판 아동 시지각발달검사 3판(Korean Developmental Test of Visual Perception 3rd ed: K-DTVP-3)

① 목적

- K-DTVP-3는 Frostig(1961, 1964, 1966)의 최신판을 바탕으로 새롭게 개발된 DTVP-3를 한국 아동들의 시지각 능력을 측정하기 위해 전국에서 표집된 만 4~12세 아동 1,800명의 아동으로 구성된 집단을 대상으로 표준화함
- K-DTVP-3의 결과는 아동의 시지각 결함의 유무와 정도를 객관적으로 확인하고자 할 때 유용하게 사용
- 문제를 가진 것으로 확인된 아동들은 심층적인 진단을 위해 다른 전문가나 기관에

의뢰할 수 있으며 필요할 경우 교정 프로그램에 등록시켜 교정치료를 받게 할 수 있음

- K-DTVP-3의 결과는 시지각과 시각-운동 문제를 교정하도록 설계된 특별 훈련 프로그램의 효과를 검증하는 데 사용
- K-DTVP-3는 아동의 시지각 상태에 관심을 가진 직업평가사, 심리학자, 작업치료사, 교사, 임상가, 기타 관련 분야에 있는 사람들이 실시할 수 있음

② 검사 대상

- 만 4~12세 아동

③ 구성

- K-DTVP-3는 이론적으로 서로 다르지만 실제로는 서로 아주 높은 상관이 있는 시지각 능력과 시각-운동능력을 측정하기 위해 개발된 5개의 하위검사로 구성

〈표 4-4〉 K-DTVP-3의 구성

종합척도		하위검사	내용
일반시지각 (GVP)	시지각 통합지수 (VMI)	눈-손협응 (Eye-Hand Coordination)	시각적 경계에 따라 정밀한 직선이나 곡선을 그리는 능력을 측정한다.
		따라 그리기 (Copying)	그림의 특성을 재인하는 능력과 모델을 따라 그리는 능력을 측정한다.
	운동축소화-시지각지수 (MRVP)	도형-배경 (Figure-Ground)	혼란스럽고 복잡한 배경 속에 숨겨진 특정 그림을 찾는 능력을 측정한다.
		시각 통합 (Visual Closure)	불완전하게 그려진 자극 그림을 완전하게 재인하는 능력을 측정한다.
		형태 항상성(Form Constancy)	하나 이상의 변별적 특징(크기, 위치, 음영 등)에 따라 변이된 두 개의 그림을 짝짓는 능력을 측정한다.

[그림 4-2] 한국판 아동 시지각발달검사 3판

4) 상지기능 평가도구

(1) 젭슨-테일러 상지기능검사(Jebsen-Taylor Hand Function Test)

1969년 Jebson 등이 손기능을 평가하기 위해 개발하였으며, 1973년 Taylor가 6~19세의 일반아동을 대상으로 손기능 표준치를 산출함

① 평가 대상

- 아동: 6~19세
- 성인: 20~59세

② 목적

- 일상생활에서 사용되는 손기능을 단계별로 간편하게 평가하기 위한 도구
- 장애 수준의 측정과 수술 후 및 의수의 착용, 각종 보조기의 사용효과를 판정하기 위하여 사용
- 7개의 하위검사는 매일 사용하는 손의 광범위한 기능 평가

③ 하위검사

- 짧은 문장 쓰기(Writing)

- 카드 뒤집기(Simulated Page Turning)
- 작은 물건 깡통에 넣기(Lifting Small Objects)
- 먹는 흉내 내기(Simulated Feeding)
- 장기 말 쌓기(Stacking)
- 크고 가벼운 물건 옮기기(Lifting Large, Light Objects)
- 크고 무거운 물건 옮기기(Lifting Large, Heavy Objects)

④ 검사실시 방법

- 각 하위검사는 초시계를 사용해서 객관적으로 평가함
- 지시 사항을 이해했는지 질문 후 대답 확인
- 하위검사는 항상 같은 순서로 비우세 손부터 먼저 실시
- 클립, 깡통, 동전, 연필 등과 같은 일반적인 물건들을 사용하여 수행
- 조명이 환한 방에서 30인치 높이의 책상에서 18인치 높이의 의자에 앉아 시행

〈표 4-5〉 **젭슨-테일러 상지기능검사(Jebsen-Taylor Hand Function Test) 도구 구성**

볼펜	초시계	병뚜껑 2개
클립보드	7.6×12.7cm 카드 5장	동전 2개
클립 2개	티스푼	clamp board
1.6cm 크기의 강낭콩 5개	0.45kg 무게의 빈 깡통	20.3×27.9cm의 선이 없는 흰 종이
문장이 적힌 12.7×20.3cm, 카드 4장	3.2cm 직경의 붉은색 장기말 4개	평가지
직경 8cm, 높이 17cm의 0.45kg 깡통 5개	직경 8cm, 높이 17cm의 속이 빈 빈 깡통(#303) 5개	

[그림 4-3] 젭슨-테일러 상지기능검사

3. 보조공학

1) 보조공학의 개념

보조공학은(assistive technology)은 1980년대 후반부터 미국에서 사용되기 시작했는데, 그 이전에는 재활공학(rehabilitation technology), 재활엔지니어링(rehabilitation engineering), 특수교육공학(speical education technology), 테크니컬 에이드(technical aid)라는 용어로도 불렸다. 미국 보조공학법(Assistive Technology Act: Public Law 105-394, 1998)은 '보조공학'의 정의를 '장애를 가진 개인의 기능적 능력을 증진, 유지, 향상시키기 위해 사용되어지는, 시중에서 구할 수 있는 기성품이나, 개조 또는 주문 제작된 장치나 제작 도구'라 명시하고 있다(US Congress, 1998).

장애인의 보조공학은 장애인이 겪는 사회적 불리(핸디캡)를 완화시키는 재활서비스의 한 부분이며 과학과 공학(technology)을 적용하여 지원하는 것이다. 사회적 불리의 원인을 개인의 장애가 아닌 사회의 차별과 지원 부족으로 보는 생태학적 접근(ecological approach)은 장애인 내담자의 한계점보다는 잠재력에 초점을 맞추어 심리적・기능적 향상을 도모하고자 한다. 그러므로 보조공학의 광의의 정의는 심리적・기능적 향상을 지원하며, 보조공학 지원을 받은 장애인이 기능적으로 비장애인과 동등한 능력을 가져 사회참여를 할 수 있게 하는 것이다. 장애인들이 가정, 직장, 학교 또는 지역사회 어디에서나 적절한 보조공학서비스를 받음으로써 잔존기능을 계발하고 환경 변화를 통해 보다 편리한 생활을 영위할 수 있게 된다(김백수, 이근민, 육주혜, 장문영, 오현정, 박경옥, 이진현, 유성문, 김소영, 손병창, 송병섭, 이석민, 권대규, 김성남, 전영환, 김경명, 김유환, 성기창, 2016). 보조공학의 협의의 정의는 장애인에게 적합한 지원적 도구를 선택, 디자인, 제작하는 것으로, 이러한 도구는 장애특성, 지원 혹은 회복될 기능, 사용자의 욕구, 재활전문가의 선호도, 비용, 도구가 사용될 환경에 기초하여 선택하게 된다. 장애인 내담자가 다양한 기능을 수행하거나 특정 감각기능을 보완할 수 있도록 대체수단을 제공하거나 다양한 기구, 서비스, 보상방법 등을 통해 현재 기능을 강화시카는 것이다. 보조공학은 내담자에게 최적의 서비스를 제공하기 위해 다학문적인 접근을 사용하기 때문에 보조공학을 올바로 이해하기 위해서는 재활학 이외의 관련 학문을 이해할 필요가 있다.

재활공학자는 물리 · 작업치료사, 정형외과 의사, 내과의사, 신경학자 등과 함께 팀을 이루어 재활서비스를 제공하기 때문에 내담자의 다양한 영역에 대하여 충분한 지식을 가지고 있어야 한다. 어떤 재활공학자들은 일상활동(activities of daily living)이라 정의되는 일상에서 일어나는 활동에 관심을 둔다. 이는 먹기, 화장실가기, 머리 빗기, 이 닦기, 읽기 등을 의미한다. 다른 재활공학자는 이동성과 이동에 제한점을 두는 것에 관심을 둔다. 이동성은 개인적인 것(가정 혹은 사무실 내)이거나 공공적인 것(자동차운전, 공공교통수단 이용, 건축물에의 접근성) 모두를 포함할 수 있다. 이동성은 환경 내에서 기능적으로 활동할 수 있는 것을 의미한다. 이동성은 장소의 이동에 국한되는 것이 아니라 특정 장소에 있는 물건을 잡을 수 있는가, 마비된 방광이 다시 기능적으로 움직일 수 있는가 하는 것도 포함한다. 이동성을 제한하는 장벽에 관한 연구를 보면 잘못 제작된 휠체어 쿠션 혹은 지지 시스템은 욕창을 피하기 위해 휠체어에 오랫동안 앉아 있지 못하게 하기 때문에 휠체어에 앉아 있는 시간이 감소되어 이동성을 제한할 수밖에 없다. 다른 재활공학자들은 시각이나 청각, 의사소통, 이해와 표현에 있어 장애를 갖는 감각장애에 관심을 갖기도 한다.

신체 혹은 감각장애에 대한 재활의 초점은 잔존기능 혹은 잔존능력이다. 이것은 기능이나 감각이 수량화될 수 있고 비장애인의 기능이나 감각 수준을 평가하여 이에 비추어 장애인의 잔존능력의 사용이 지원될 수 있다는 개념에 기초한다. 이러한 인간행동은 재활전문가들에 의해 주관적으로 측정될 수도 있고 컴퓨터화된 도구에 의해 객관적으로 측정될 수도 있다.

재활공학자들은 주로 다음의 세 가지 문제를 해결할 수 있는 보조공학을 지원하고자 한다.

- 감소된 기능이나 감각이 성공적으로 지원될 수 있는가?
- 기능이나 감각을 회복시킬 보완 방법은 있는가?
- 해결방법은 적합하며 비용효율적인가?

우리나라에서도 점차 보조공학기기에 대한 인식과 욕구가 높아져 사용이 증가되고 있다. 재활공학서비스를 제공하는 전문 센터가 설립되어 장애 특성과 사용 목적에 따라 다양한 기기들이 개발 · 제공하고 있으며, 종합적이고 공식적인 서비스 연계를 위해 「장애인 · 노인 등을 위한 보조기기 지원 및 활용촉진에 관한 법률」이 2015년 12월에 제정되어

2016년부터 시행되었다. 이 법은 장애인 · 노인 등을 위한 보조기기의 지원과 활용촉진에 관한 사항을 규정함으로써 보조기기 서비스를 효율적으로 제공하여 장애인 · 노인 등의 활동 제약을 최소화하고, 삶의 질 향상에 이바지하는 것을 목적으로 하며, 장애인 · 노인 등의 필요와 요구에 따라 보조기기를 편리하고 자유롭게 활용할 수 있도록 보장함으로써 이들이 자아를 실현하고, 완전한 사회참여와 삶의 질 향상을 통하여 사회통합을 이루는 것을 기본이념으로 하고 있다. 또한 '보조기기'란 장애인 등의 신체적 · 정신적 기능을 향상 · 보완하고 일상 활동의 편의를 돕기 위하여 사용하는 각종 기계 · 기구 · 장비로, '보조기기 서비스'란 장애인 등이 보조기기를 확보하고 효율적으로 활용할 수 있도록 제공되는 일련의 지원으로 정의하고 있다(법제처, 2018c).

2) 보조공학기기 적응훈련

보조공학기기 적응훈련은 신체적인 기능제한을 보완해 주고, 기기의 적용과 효과적인 수행을 위해 일회적인 평가와 적용의 개념을 넘어 지속적으로 관리하는 시스템을 의미하며, 적응훈련을 통해 장애로 인한 불편을 해소하여 장애인의 작업수행 능력을 강화하는 데 목적을 둔다.

보조공학기기 적응훈련은 장애인과 관련된 보조기구를 선정, 구입, 사용할 때 직접적으로 보조하는 모든 서비스를 말하며 다음과 같은 서비스를 포함한다(US Congress, 1998).

- 장애인의 기능 평가
- 보조공학기기 구입에 필요한 서비스: 구매 또는 임대
- 보조공학기기의 선택, 디자인, 맞춤, 개조, 대체, 응용, 유지, 수리 및 교체
- 현재의 교육, 재활계획, 프로그램과 관련해 보조공학기기를 활용한 치료 및 중재서비스를 조정하고 적용하는 것
- 장애인 및 가족을 대상으로 하는 기술적인 훈련 및 지원
- 사업주, 전문가, 사용자(user)를 위한 기술적인 훈련 및 지원

보조공학법(Assistive Technology Act, 1998)에서 제시한 보조공학기기 적응훈련 구성 모듈은 다음과 같다.

① 보조공학기기 요구평가

- 시각, 청각, 언어기능, 손기능 등 제한된 기능적 요소를 측정하여 보조공학기기 분야 선별
- 측정된 기능수준과 개인의 욕구를 파악하여 일상생활수행(식사, 신변처리 등), 사무작업, 작업활동, 여가 · 레저 등을 위한 보조공학기기 선별

② 보조공학기기 적합성 평가

- 선별된 보조공학기기가 개인에게 적합하고 효과적인지 평가. 실제 적용평가를 진행하고 기기의 변경 필요성도 점검

③ 보조공학기기 개발

- 맞춤식 보조공학기기가 필요한 경우, 근로지원부(전문팀)와 협력하여 보조공학기기 개발

④ 보조공학기기 적응훈련

- 보조공학기기를 효율적으로 활용하도록 훈련하고, 제공된 보조공학기기의 활용을 수시로 점검
- 다른 보조공학기기의 필요성을 수시로 검토

⑤ 보조공학기기 적응훈련 성과측정

- 만족도 조사(훈련생) 및 양성과정 수행능력 향상정도(자세유지, 지구력 등 훈련교사 평정) 등

「국가정보화기본법」은 제32조 제5항에 「장애인 · 고령자 등의 정보접근 및 이용편의 증진을 위한 지침」을 두어 각 장애 유형별로 적합한 정보통신 보조기기를 제공하도록 하고 있다(김백수 외, 2016).

〈표 4-6〉 장애인 · 고령자 등의 정보접근 및 이용편의 증진을 위한 지침

분류기준	장애 유형	정보통신 보조기기(예)
손 또는 팔 동작의 보완	지체장애, 뇌병변장애	특수마우스, 특수키보드, 스위치, 터치스크린, 키보드 입력 보조기기, 자세정렬 및 유지
반응시간의 보완	지체장애, 뇌병변장애, 지적장애	접근성 지원
시력의 보완 및 대체	시각장애	화면낭독 프로그램, 점자정보 단말기, 점자프린터, 인쇄물 화면확대 프로그램, 모니터 화면확대 프로그램, 인쇄물 음성 변환 출력기, 점자 디스플레이, 점자라벨기, 스마트 점자기기
색상 식별능력의 보완	시각장애	접근성 지원
청력의 보완 및 대체	청각장애, 언어장애	보청기, 영상전화기, 골도 헤드셋, 골도전화기, 보완대체 의사소통 보조기기(AAC), 음성증폭기, 신호알림장치
음성입력의 대체	청각장애, 언어장애, 지적장애	접근성 지원
인지능력의 보완	지적장애	보완대체 의사소통 보조기기(AAC), 접근성 지원
사지 및 체간의 비전형적 움직임, 구어기능 손상 보완	지체장애, 뇌병변장애	터치스크린, 킹 키보드, 손바닥 마우스, 헤드 마우스, 스위치
깜박거림의 사용제한	뇌병변장애, 시각장애	접근성 지원

출처: 김백수 외(2016). **보조공학총론(2판)**. 서울: 학지사.

3) 장애인 보조공학기기 지원사업

한국장애인고용공단은 장애인의 고용촉진과 직업생활 안정을 도모하기 위하여 직업생활에 필요한 각종 보조공학기기를 고용유지조건이나 무상으로 지원하는 장애인 보조공학기기 지원사업을 실시하고 있다.

(1) 신청대상

- 장애인을 고용한 사업주 또는 고용하려는 사업주
- 국가 및 지방자치단체의 장(공무원이 아닌 장애인근로자 대상)
- 지원신청 당시 근로자를 고용하고 있지 않거나 4명 이하의 근로자를 고용하고 있는 장애인사업주(장애인 근로자를 고용하고 있거나 고용하려는 사업주에 한함)
- 장애인근로자(출퇴근을 위한 자동차 개조 및 차량용 보조공학기기 지원에 한함)

보조공학기기를 신청할 때에는 사용자를 지정하여 신청하도록 하고 있다.

(2) 지원내용

<table>
<tr><th>구분</th><th colspan="3">지원한도</th></tr>
<tr><td rowspan="2">보조공학기기 지원</td><td>고용유지조건 지원</td><td colspan="2">장애인 1인당 1,000만 원(중증 1,500만 원) 한도 지원</td></tr>
<tr><td>무상지원</td><td colspan="2">장애인 1인당 300만 원(중증 500만 원) 한도 지원</td></tr>
<tr><td rowspan="2">자동차 개조 및 차량용 보조공학기기 지원</td><td rowspan="2">고용유지조건 지원</td><td>장애인근로자 신청</td><td>장애인 1인당 1,500만 원 한도 지원</td></tr>
<tr><td>사업주 신청</td><td>장애인 1인당 1,000만 원 (중증 1,500만 원) 한도 지원</td></tr>
</table>

(3) 지원방식

- 취득가액 및 잔존가액이 1백만 원 미만인 기기는 무상으로 지원(1년 사용 후 사업장에 귀속)
- 취득가액 및 잔존가액이 1백만 원 이상인 기기는 고용유지 조건으로 지원(500만 원 이상 3년, 100만 원 이상 500만 원 미만 2년 사용 후 사업장에 귀속)

(4) 신청절차

- 신청서류: 보조공학기기 지원신청서, 사업자등록증 사본, 장애인임을 입증하는 서류, 장애인근로자 또는 장애인 사업주임을 확인할 수 있는 서류
- 신청기간: 연중 수시 접수

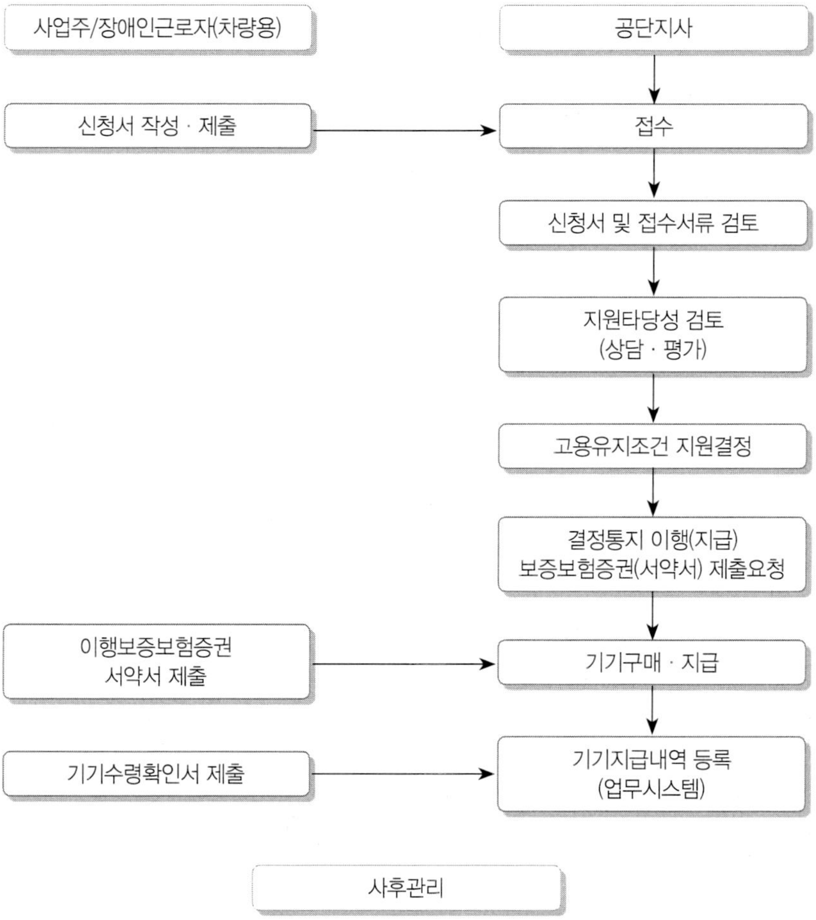

[그림 4-4] 보조공학기기 신청절차

출처: 한국장애인고용공단(2018b). 2018년 장애인보조공학기기 지원안내서.

(5) 보조공학기기 지원서비스 종류

• 보조공학기기 고용유지조건 지원

취득가액 및 잔존가액 1백만 원 이상인 보조공학기기를 고용유지조건으로 지원하며, 사업주는 고용유지조건 담보를 위한 이행보증보험증권 제출

• 보조공학기기 무상지원

취득가액 및 잔존가액 1백만 원 미만인 보조공학기기 및 개별 장애 유형과 직무환경에 적합한 기기를 개조 또는 제작하여 지원하는 맞춤기기를 무상으로 지원

• 차량용 보조공학기기 지원

장애인 근로자의 출퇴근을 용이하게 하기 위하여 차량개조 지원 및 운전보조장치를 고용유지조건으로 지원하며, 장애인 근로자는 고용유지조건 담보를 위한 이행보증보험증권 제출

• 보조공학기기 한시 지원

지원고용, 직업훈련 등의 훈련 장애인의 직업적응력을 높이기 위하여 훈련기간 동안 보조공학기기를 한시적으로 사용할 수 있도록 지원

(6) 보조공학기기 지원품목

보조공학기기 지원품목과 품목별 지원 제품 정보는 한국장애인고용공단 홈페이지에 탑재되어 있는 장애인보조공학기기 지원안내서를 참고하면 된다.

〈표 4-7〉 **보조공학기기 지원품목**

분류	번호	품목	장애 유형
정보접근	1	점자정보단말기	시각장애
	2	점자프린터	시각장애
	3	화면확대 S/W 및 H/W	시각장애
	4	음성출력 S/W 및 H/W	시각장애
	5	확대독서기	시각장애
	6	문서인식 S/W 및 H/W	시각장애
	7	대형모니터	시각장애
	8	특수키보드	지체/뇌병변장애
	9	특수마우스	지체/뇌병변장애
	10	입력보조장치	지체/뇌병변장애
	11	자세보조장치	지체/뇌병변장애
	12	특수 S/W	시각장애

작업기구	13	높낮이조절작업테이블	지체/뇌병변장애
	14	경사가작업테이블	지체/뇌병변장애
	15	특수작업기구 및 장비	지체/뇌병변장애
	16	특수작업의자	지체/뇌병변장애
	17	작업물운송운반장치	지체/뇌병변장애
의사소통	18	신호장치	청각장애
	19	화상전화기	청각장애
	20	소리증폭장치	청각장애
	21	보완대체의사소통장치	언어/청각장애
사무보조	22	수화기홀더	지체/뇌병변장애
	23	팔지지대	지체/뇌병변장애
	24	물건집게	지체/뇌병변장애
	25	필기보조도구	지체/뇌병변장애
	26	원고홀더	지체/뇌병변장애
차량용	27	경련방지 플레이트	지체/뇌병변장애
	28	경사로	지체/뇌병변장애
	29	고정장치	지체/뇌병변장애
	30	도넛형 연료통	지체/뇌병변장애
	31	리프트	지체/뇌병변장애
	32	벨트류	지체/뇌병변장애
	33	사이드서포트	지체/뇌병변장애
	34	세컨더리 컨트롤	지체/뇌병변장애
	35	우측 방향 지시기	지체/뇌병변장애
	36	이동시트	지체/뇌병변장애
	37	자동문	지체/뇌병변장애
	38	자동변속기	지체/뇌병변장애
	39	조작력 저감장치	지체/뇌병변장애
	40	좌측 엑셀 페달	지체/뇌병변장애

	41	주차브레이크	지체/뇌병변장애
	42	크레인	지체/뇌병변장애
	43	페달 확장	지체/뇌병변장애
	44	핸드컨트롤러	지체/뇌병변장애
	45	핸들봉	지체/뇌병변장애
	46	확장 스티어링	지체/뇌병변장애

출처: 한국장애인고용공단(2018). 2018년 장애인보조공학기기 지원안내서.

(7) 보조공학기기 지원 사례

▣ 지체장애, 사무 및 조립 직무

직무: 차량용 핸즈프리 생산(조립, 검사)

장애인 근로자 장애 유형: 소아마비, 척수장애로 인한 하지마비 장애, 절단장애

업무 수행 시 주 불편사항: 작업대, 휠체어, 의자 높이가 서로 맞지 않음, 한 손으로 컴퓨터 작업할 때 속도가 느리거나 오타가 많음

보조공학기기 지원:

- 대상자들의 장애 상태에 맞춘 높이 조절 가능한 특수작업의자
- 하퇴 부분 길이에 맞춘 높낮이 조절 발 받침대
- 대상자가 원하는 특수키를 누를 수 있는 특수키 발 누름장치

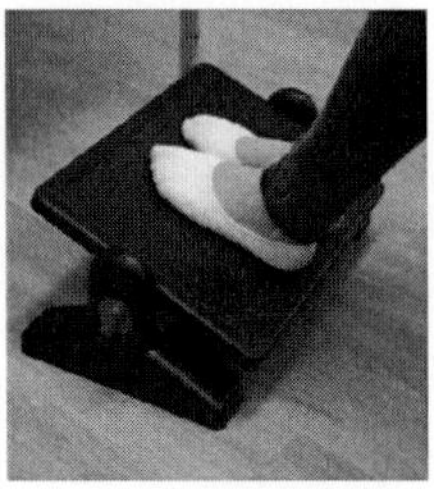

높낮이 조절 발 받침대

특수작업의자

한손 장애인용 키보드

▣ 뇌병변장애, 사무 직무

직무: 홈페이지 관리, 서류 작성

장애인 근로자 장애 유형: 뇌병변장애

업무 수행 시 주 불편사항: 상지 사용이 어려워 모든 작업을 발가락으로 수행하여 의자와 책상 높이가 맞지 않고, 일반 마우스 사용으로 업무 처리 능력이 낮고 발에 통증 느낌

보조공학기기 지원:

–버튼이 커서 엄지발가락으로 조작 가능한 킹 키보드

–발바닥으로 사용이 용이한 빅트랙 마우스

–신체 높이에 맞춘 키보드 받침대

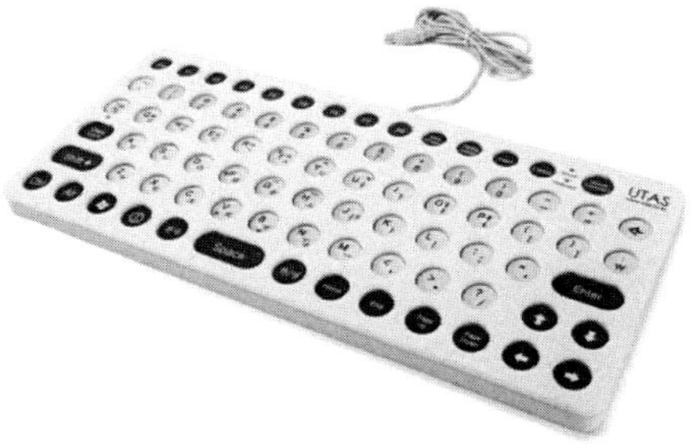

킹 키보드

빅트랙 마우스

출처: 김백수 외(2016). 보조공학총론(2판). 서울: 학지사.

▣ 청각장애, 기술 직무

직무: 제과, 제빵

장애인 근로자 장애 유형: 청각장애

업무 수행 시 주 불편사항: 오븐 타이머 알람이 울려도 주의집중이 잘되지 않아 불량품 생산

보조공학기기 지원:

–오븐 타이머 단계에 따른 색깔이 다른 등 부착

▣ 시각장애, 사무 직무

직무: 문서 입력 등 서류 작업

장애인 근로자 장애 유형: 시각장애

업무 수행 시 주 불편사항: 시각장애로 인해 문서 작업을 할 수 있는 소프트웨어나 기기가 있어야 함

보조공학기기 지원:

-한소네 등 점자정보단말기(입력기)

-점자프린터

점자정보단말기

점자프린터

제 5 장 ≫ 심리평가

1. 심리평가와 직업평가
2. 직업평가에 있어 심리평가의 사용
3. 심리평가도구

1. 심리평가와 직업평가

1) 심리평가의 개념

심리평가(psychometrtic testing)는 주로 심리검사를 통해 이루어진다. 심리평가는 장애인 내담자의 발달수준, 행동양식, 자아인식 수준, 직업흥미, 직업적성, 직업기질, 근로자로서의 태도, 사회적응도 등을 판별하고 개인의 강점과 제한점을 이해함으로써 직업재활 방향 설정을 위한 기본 정보를 제공한다. 심리평가의 영역은 인지, 언어, 정서 및 성격, 사회적응도, 직업적성, 직업흥미 등이 포함되며 내담자 욕구와 특성에 따라 각 영역별로 적합한 검사도구를 시행하는 것이 중요하다.

2) 심리평가의 장점

(1) 경제성

대부분의 다른 평가도구와 비교해 볼 때 심리평가는 가장 적은 비용으로 내담자에 대한 정보를 수집할 수 있다. 현장평가는 도구 개발과 실행에 많은 시간을 요구하며, 상황평가는 평가 장면 확보에 어려움이 있고, 이 두 가지 평가는 노동시간에 비례하는 임금이 요구되기도 한다. 또한 상업적으로 개발된 작업표본의 가격은 2천7백만 원 이상인 것도 있으며 모든 작업표본은 구형이거나 분실된 부속품을 주기적으로 대체해야 한다. 이와 반대로 심리평가는 판매가격이 상대적으로 저렴하고, 집단을 대상으로 할 수 있으며, 별도의 응답지가 사용되므로 검사지를 매번 구입할 필요가 없고, 저렴한 가격으로 컴퓨터 채점이 되므로 시간이 절약되는 장점이 있다.

(2) 용이성

대부분의 심리평가는 짧은 시간 내에 몇 가지 행동표본을 측정하도록 개발되었지만 다른 유형의 평가도구들은 보다 많은 측정시간을 필요로 한다. 예를 들어, 4명의 내담자에게 기계에 관한 이해도를 측정하는 심리평가에 소요되는 시간은 30분이지만 작업표본평가에 소요되는 시간은 내담자 1인당 2시간이다.

또한 평가 결과는 직업에 관한 의사결정에 있어 매우 중요한 요소이므로 의사결정이 잘못되었을 때 내담자에 대한 재평가를 실시하게 되는데, 평가 실시가 용이한 심리평가는 재평가하기에도 용이하다는 장점이 있다.

(3) 현실성

심리평가는 읽기, 쓰기, 철자법, 산수능력과 상위의 인지능력과 해독력을 가장 잘 평가한다. 이러한 영역의 평가는 내담자 행동의 숨겨진 부분을 밝혀 내는 가장 효과적인 방법이기도 하다.

(4) 시간

심리평가는 단기간에 정보를 획득할 수 있는 좋은 평가도구이기 때문에, 평가기간이 몇 시간 혹은 며칠로 제한되어 있을 때 기초능력의 초기평가를 위해 사용되거나 장시간이 요구되는 작업표본평가로는 측정이 어려운 기능과 적성을 평가할 때 실시한다. 심리평가를 실시할 때 고려해야 하는 중요한 요인은 장애 유형과 정도에 따라 평가 시간을 조정하는 것이다. 많은 평가도구가 내담자의 장애에 따라 제한시간을 수정하지만 이렇게 수정하는 것은 검사의 신뢰도와 가치를 떨어뜨릴 수 있기 때문에 검사 실시의 목적과 검사도구의 유형에 따라 신중히 고려하여야 한다(미국 인재관리국: US Office of Personnel Managemet, 2018). 내담자의 정확한 수행능력에 대한 예측을 위해 평가 시간을 오전에 배정하거나 문항이 많은 검사를 여러 부분으로 나누어 며칠 동안 응시하도록 하는 것도 이러한 평가조정의 좋은 예다.

(5) 법적 규정

장애 진단을 하기 위해 심리평가가 법적으로 실시되어야 하는 경우들이 있다. 예를 들어, 특수교육 대상자로 선별하기 위한 검사로 '지적장애'의 경우 지능검사, 사회성숙도검사, 적응행동검사, 기초학습검사, 운동능력검사를 지정하고 있다(법제처, 2018g).

3) 심리평가의 문제점

직업평가에 있어 심리평가는 많은 장점을 가지고 있지만, 다음과 같은 문제점이 있다.

(1) 심리평가 결과가 정확한 자료를 제공해 주지 못하는 경우

심리평가를 실시하였음에도 정확한 결과가 도출되지 못하는 것은 다음과 같은 이유에서다.

- 잘못된 검사도구의 선택
- 검사도구의 부적합한 사용
- 평가사의 의도와는 다른 영역에 대한 측정

(2) 심리평가의 과잉 사용

직업평가 과정에서 모든 내담자에게 심리평가를 실시하는 것을 말한다. 심리평가는 다음과 같은 이유로 과잉 사용된다.

- 개별화된 계획의 결여
- 안이한 내담자 평가 계획 수립
- 모든 내담자에게 하나 혹은 그 이상의 심리평가를 실시하는 것이 좋을 것이라는 믿음
- 검사 결과에 대한 과도한 의존(한 번의 검사 결과가 좋으면, 여러 검사를 실시하면 결과가 더 좋아지리라는 신념)
- 행동관찰과 내담자의 경력보다 심리평가 결과를 더 신뢰함

심리평가를 실시할 때는 타당한 이유가 뒷받침되어야 하며, 검사 실시의 목적이 평가계획에 명시되어야 한다. 예를 들어, 문맹인 내담자에게 성취도검사를 실시하는 것은 시간과 재정의 낭비이고, 비윤리적이다. 내담자를 평가하기 전에 평가를 통해 획득하고자 하는 정보의 내용을 결정해야 같은 특성을 중복해서 평가하는 오류를 방지할 수 있다. 최근 지능검사를 실시한 내담자에게 또 다른 지능검사를 실시하는 일은 계획을 정확히 세우지 않아 같은 일을 반복하는 것에 지나지 않는다. 현장에서 보다 널리 쓰이는 검사들이 있지만 모든 내담자에게 알맞은 특별한 검사는 존재하지 않는다. 검사의 과잉사용을 억제하는 최선의 방법은 개별직업평가계획서를 수립하여 각 내담자에 알맞은 평가 프로그램을 계획하는 것이다.

(3) 심리평가의 남용

심리평가를 내담자의 능력과 관계없이 모두에게 실행하는 것은 의미가 없다. 예를 들어, 컴퓨터에 대해 공포심을 가지고 있고 흥미가 전혀 없는 내담자에게 여러 종류의 컴퓨터 적성검사를 실시한다면 평가사는 심리평가를 남용하는 것이다.

같은 특성을 측정하는 검사를 반복해서 시행하는 경우도 있다. 첫 번째 검사 결과 문제점이 제기되어 같은 특성을 측정하는 두 번째 검사를 실시할 필요성이 입증되면 같은 특성을 반복해서 측정하는 것이 타당하지만, 그렇지 않은 경우 유사한 검사를 반복하는 것은 경제적인 낭비다. 예를 들어, 오른손에 장애를 입은 오른손잡이 자동차 정비공을 전직으로의 복귀 가능성을 측정하는 검사에 의뢰하는 것이다. 평가의 첫 번째 단계는 "내담자의 신체능력이 전직으로 복귀하기에 적합한가?"라는 질문에 답하기 위한 신체능력평가와 현장평가 혹은 모의 작업평가를 실시하는 것이다. 평가 결과 내담자의 복귀 가능성이 확인되고 주치의가 동의할 경우 추가적인 평가는 이루어지지 않는다. 반대로 복귀 가능성이 없으며, 신체능력의 범위 내에 있는 다른 직종으로 전이할 수 있는 기능이 없는 경우에는 다른 직무에 대한 흥미 · 적성검사를 실시한다. 만약 내담자의 전직 복귀 가능성이 결정되기 전 평가의 초기 단계에 다른 직무에 대한 흥미 · 적성 검사를 실시한다면 평가를 남용하는 것이다.

심리평가 남용의 또 다른 예는 직업평가를 실시하기 이전에 직업평가사와 논의 없이 지능이나 인성평가를 실시하는 것이다. 심리학자와 직업평가사는 종종 유사한 특성을 측정하기 때문에 직업평가에서 유사한 평가를 실시할 계획인지 함께 논의해야 하며, 직업평가사는 심리평가를 실시하기 전에 내담자에게 이미 실시된 심리평가 정보를 신중히 살펴보아야 한다. 심리평가의 남용은 내담자 의뢰 정보와 의뢰 시의 문제점을 기초로 평가계획을 수립함으로써 막을 수 있다.

(4) 심리평가에서 나타난 수행능력과 학습능력 간의 차이

심리평가에서의 수행능력과 학습능력을 구분하는 것은 문제가 된다(McCray, 1979). 실제로 학습능력은 직접 평가하기 어렵기 때문에 수행능력을 측정하여 예측한다. 학습은 내담자가 검사의 목적과 과정에 대한 지식이 있을 때 일어나며, 수행은 각 검사문항에 대한 내담자의 반응을 의미한다.

내담자가 검사의 목적과 과정에 대한 사전 지식이 없이 평가되고, 문항을 인지하지 못하거나 문항의 형태를 인지하지 못하여 낮은 점수를 얻었다면, 이 검사의 결과는 신뢰하기 어렵다. 심리평가는 평가의 목적, 과정, 문항에 대한 내담자의 이해도 측정이 아니라 문항 내용에 대한 이해도 측정이다. 검사의 목적은 내담자에 대한 정확한 정보를 획득하는 것이기 때문에 평가사는 내담자가 평가의 방향을 이해하고 문항에 반응하는 방법을 이해하고 있는가를 다음과 같은 방법으로 판단해야 한다.

① 내담자에게 적합한 읽기수준과 내용을 갖춘 검사를 선정한다.
② 실제 검사 이전에 여러 번의 모의검사를 실시하여 내담자가 평가의 목적과 방법을 알게 한다.
③ 다양한 장애 영역에 알맞게 고안된 검사를 실시한다.
④ 내담자의 모국어가 사용된 검사를 실시한다(한국어 혹은 수화).
⑤ 다양한 장애집단의 욕구에 알맞도록 검사를 수정한다. 수정본은 검사의 신뢰도가 유지되어야 하며 표준화된 검사과정에 가까울수록 신뢰도는 높아진다.

(5) 타당도의 문제

1973년 재활법 504조는 직업평가의 타당도 문제를 제시하였다. 504조는 직업평가 결과가 장애인의 손상된 감각, 언어, 기능수준을 반영하는 것이 아니라 장애인의 적성과 성취도수준 혹은 검사가 측정하고자 하는 요인을 반영해야 한다고 하였다(Power, 1991). 즉, 검사도구는 내담자의 장애와 직접적으로 관련된 능력 측정을 목적으로 하지 않는 한 내담자의 장애가 검사 결과에 영향을 주어서는 안 된다는 것이다. 미국 국립연구위원회(National Research Council)에 의해 1979년 설립된 장애인평가위원회(A Panel on Testing of Handicapped People)는 내담자의 장애에 영향 받지 않는 심리평가도구의 개발은 아직 어렵다고 보고하였다.

표준화검사의 경우 규준집단의 문제로 인해 예측 타당도가 낮다는 문제점이 있다. Marini(1991)는 단일 특성 검사와 직무숙련도 사이에 .19의 낮은 예측 타당도를 제시하였다. Neff(1970, 1985)는 각 직업이 요구하는 신체적 · 정신적 · 사회적 특성의 다양성으로 인해 심리평가는 내담자의 특정 작업환경에서의 적응정도를 예측할 수 있는 정보를 제공하지 못하며, 만일 예측 타당도가 증가될 수 있다면 실제 작업현장에서 심리평가가 널리 사용될 수 있을 것이라 하였다. 그러나 이러한 단점에도 불구하고 평가 결과를 단기간에 얻기 위해 평가사들은 보다 긴 시간이 소요되며 많은 비용이 드는 작업표본보다 심리평가 도구를 선호하기도 한다(Early, Thomas, & Azzam, 1989; Edgcomb, 1986; McClanahan, 1984; McDaniel, 1986, 1987).

(6) 심리평가에 대한 부정적 견해

많은 내담자와 평가사는 심리평가의 내용 신뢰도, 예측 타당도, 장애인을 포함한 소수집단에 대한 공평성에 대해 의문을 제기한다.

평가사가 검사를 오용하여 부정적인 결과를 획득하면 검사의 역할에 대해 의문이 제기될 수밖에 없고, 결국 검사 사용에 부정적인 태도를 갖게 된다. 검사를 실시하기 이전 평가사는 검사의 장단점에 대해 인지하고 내담자에게 긍정적인 면을 소개해야 한다. 평가사는 검사에 대한 부정적 견해를 다음과 같은 방법으로 극복할 수 있다.

- 특정 집단에 대한 개별검사 가능성과 유용성을 인지한다.
- 검사가 요구되는 경우에만 실시하고 검사 실시를 평가 계획에 명시한다.
- 적합한 검사 사용에 대해 인지한다.
- 특정 내담자를 규준집단과 비교하는 방법을 인지한다.

평가사는 내담자가 이해할 수 있는 수준에서 검사 시행의 이유, 평가 결과와 관련된 직업군에 대한 정보를 설명하고, 검사 내용이 어떻게 직업 의사결정과 관계있는지에 대해 설명한다. 평가사는 또한 검사 결과를 어떻게 적용할 것인지에 대해 설명한다. 대부분의 내담자는 긍정적이고 실제적인 정보를 제공받기 원한다.

(7) 잘못된 검사의 선택

평가사는 내담자에게 얻고자 하는 정보를 정확히 판별하고 가장 적합한 정보를 제공해줄 검사를 선택해야 한다. 평가사는 특정 특성에 대한 평가에 있어 가장 유용한 검사를 선택해야 하며, 검사도구를 실행하기 전 내담자에게 편견을 줄 수 있는 내용이 포함되어 있는지 살펴보아야 한다. 예를 들어, 그림흥미검사는 일반적으로 검사에서 주로 사용되는 언어성 검사가 아니라 그림을 문항으로 사용하는 비언어성 검사이기 때문에 검사도구를 언어적으로 해독하지 못하는 내담자에게 적합하다.

직업평가사가 다양한 특성을 가진 장애인의 직업흥미도를 측정하고자 한다면 문맹인 내담자와 모국어가 다른 내담자, 숙련된 기술을 가진 내담자와 직업기술이 없는 내담자, 전문직 종사자부터 비전문직 종사자까지 다양한 내담자를 측정할 수 있는 검사를 준비해야 한다. 그러므로 평가사는 검사를 실시하기 전에 신중하게 검사를 선택해야 한다.

평가하고자 하는 특성과 평가의 이유를 결정한 후 평가사는 평가 계획에서 제시된 문제에 해답을 줄 수 있는 최적의 검사를 찾는다. 예를 들어, 평가사는 직업군, 문항 형태, 채점의 용이성, 규준, 신뢰도, 타당도에 따라 검사를 결정한다.

검사 선택 이외에도 검사의 난이도가 고려되어야 한다(Mauser, 1981). 특히 문장 해독력이 문제가 될 때 이러한 요소는 매우 중요하다.

2. 직업평가에 있어 심리평가의 사용

심리평가는 진로탐색능력을 향상시키는 도구이며 내담자의 인지적 영역과 사회적 영역에 기초한 각 개인에게 종합적이고 독특한 의사결정을 도와주는 도구다(Zunker, 1994). 심리평가는 또한 직업평가계획 수립에 유용하다. 의뢰 시 문제점이 발견되지 않았거나 모호할 때 평가의 첫 번째 단계로 내담자의 흥미, 적성, 문장 해독력에 대한 사정을 실시한다. 평가사는 예비평가 결과를 내담자와 함께 논의하고 평가 계획에 반영한다. 즉, 초기 심리평가에서 나타난 내담자의 기능수준이 평가 계획 수립의 기초가 된다.

1) 직업평가에 있어 심리평가의 기능

(1) 심리평가는 다른 직업평가 결과를 보완하는 기능을 가지고 있다.

예를 들어 내담자가 계산력에 대한 작업표본에서 매번 낮은 점수를 보였다면 평가사는 성취도검사를 실시하고 그 결과를 같은 직종에 근무하는 근로자 규준과 비교함으로써 내담자의 실제적인 능력을 예측할 수 있다. 내담자가 청사진의 3차원 물체를 인지하는 능력을 요구하는 여러 직종에 대한 작업표본평가에서 낮은 점수를 보일 때 평가사는 공간지각능력검사를 실시하여 신뢰할 수 있는 평가 결과를 얻을 수 있다. 이 두 가지 예는 내담자가 여러 작업표본에서 낮은 점수를 획득한 영역에 대해 심리평가를 실시하여 얻은 결과를 규준집단과 비교하기 때문에 작업표본에서 낮은 점수가 나온 이유를 밝힐 수 있다. 이러한 과정은 실제 이유를 알게 해 주는 유용한 도구가 심리평가라는 것을 보여 준다. 심리평가는 작업표본평가가 다양한 기능에 대한 평가인 것과 달리 특정 적성을 측정하기도 한다.

(2) 심리평가는 두 가지 제안점 중 한 가지를 선택할 때 유용하다.

예를 들어 작업표본평가의 결과 워드프로세싱과 회계업무 모두 적성에 알맞고, 내담자 스스로 두 분야 모두에 흥미가 있다고 말하며, 또 다른 평가에서 두 분야 모두에서 능력이 있다는 결과가 나왔을 때, 내담자는 노동시장 정보와 승진기회 등의 추가 정보를 통해 두 가지 직업 중 한 가지를 선택하게 된다. 그럼에도 불구하고 한 가지 직업을 선택하기 어려운 경우 두 분야에 대한 흥미검사를 실시하게 된다. 이러한 경우 흥미검사는 두 가지 직업에 관한 내담자의 흥미도에 관한 정보를 제공하여 흥미가 더 높게 나타난 영역을 선택하게 도와준다.

(3) 직업에 대한 의사결정에서 모든 정보의 원천은 평가사와 내담자에 의해 중요도가 결정된다.

여러 가지 직업 중 하나를 선택하는 것은 일반적으로 같은 직업위계에 속한 다른 수준의 직업들 중 하나를 선택하는 것이다. 예를 들어, A 내담자는 기계 판매업에 관심이 있지만 이 영역에 대한 자신의 능력을 알지 못할 때 그 직업위계에 속한 직업에서 요구하는 기술·적성 수준을 살펴봄으로써 직업 선택을 할 수 있다. 하나의 직업위계에 속한 직업의 종류는 매우 다양하다. 그러므로 A 내담자에게 기계에 대한 이해도 검사, 판매직에서 요구되는 수학에 대한 검사, 정밀기계를 다루는 능력에 대한 검사를 실시하여 내담자가 기계 판매업 직업위계 중 펀치프레스 기계공과 같은 하위기술직 영역, 드릴프레스 기계공과 같은 준숙련직 영역, 기계도구 제조자와 같은 상위기술직 영역 중 하나의 직업 영역을 선택하도록 도움을 줄 수 있다.

(4) 심리평가는 내담자의 경력 혹은 평가 결과에서 나타난 의문점에 대한 해답 제시와 가설을 수립하는 데 도움을 준다.

예를 들어, 직업을 자주 바꾸었던 내담자에 대한 작업표본과 행동관찰의 결과 기능에 있어 문제점이 없고, 실업의 이유도 드러나지 않으며, 내담자가 실업의 이유를 정확히 알지 못할 때 심리평가가 실행된다. 이 경우 심리평가는 직무수행을 방해하는 정신적 문제가 있는지 여부를 알아보기 위한 인성검사, 불완전고용에서 오는 직무에 대한 불만족이 있는지 여부를 알아보기 위한 지능검사, 이전 직업에 대한 흥미도 여부를 알아보기 위한 흥미검사가 실시된다. 심리평가는 단일 평가로서 직업평가에서 의사결정을 하기 위해 사용되는 경우는 많지 않고, 작업표본평가 등 다른 평가도구와 함께 직업의사결정에 사용된다.

2) 검사 환경과 실시

검사 내용과 관계없이 검사를 실행할 때 일반적인 규칙이 있다.

(1) 물리적 환경

검사 장소는 주의집중이 잘 이루어질 수 있도록 조성해야 한다. 온도는 너무 높거나 낮아서는 안 되며 환기가 잘 되어야 한다. 주의를 분산시키는 소음은 제한하고, 전화벨이 울리거나 큰 소리로 대화가 이루어지는 장소 가까이에 배치해서는 안 된다. 조명도 중요한 요소인데, 특히 시각장애인이나 안경을 착용하는 노인에게 매우 중요하다. 검사지의 표면이 빛에 반사되어서는 안 되므로, 평가사는 검사를 실시하기 전 검사 장소의 여러 곳에 앉아서 반사되는 정도를 알아보아야 한다. 시각장애인이 필요로 하는 조명의 정도는 개인차가 크기 때문에 공정한 평가를 위해 다양한 조도의 조명을 실험해 보는 것이 중요하다. 최근에 장애를 입은 장애인들은 발달장애인이나 정신장애인과 함께 검사를 받는 상황을 불편해할 수 있다. 이 경우 서로 다른 평가 장소에 배치하는 것이 도움이 될 수 있다(Olson, 1992).

(2) 검사자료의 검토

만약 검사를 처음 실시하는 평가사라면 검사를 실시하기 전 모든 검사자료를 세밀히 검토해 보는 일이 필요하다. 스스로 검사를 실시해 보고 채점해서 평가 도중 발생할 수 있는 문제점에 대해 대처할 수 있도록 해야 한다. 검사도구 실시 경험이 많은 평가사라 할지라도 필요한 모든 자료가 준비되었는지 확인해야 한다. 지필검사의 경우 여분의 필기도구와 답안지를 준비하는 것도 필요하다.

(3) 연습(검사와 재검사의 실시)

검사에 익숙하지 않은 내담자에게 공평한 검사를 실행하기 위해서는 다양한 사전 오리엔테이션과 연습이 필요하다. 이 방법은 특히 장애인과 검사에 참가한 경험이 없는 내담자에게 도움이 된다. 사전 오리엔테이션은 내담자가 검사의 목적을 인식하게 하므로 내담자의 욕구에 따라 다양한 오리엔테이션 자료를 제공해야 한다.

사전 오리엔테이션은 검사의 목적에 대한 논의로 시작된다. 평가사는 내담자의 질문에 답하고 검사에 대한 불안감을 해소해 주는 역할을 한다. 오리엔테이션 동안 혹은 오리엔테이션이 끝난 이후에 내담자는 검사과정에 대해 질문할 수 있다. 오리엔테이션에서 내담자가 검사의 지시문과 과정에 익숙해지도록 모의 검사지를 이용하여 연습한다. 실제 검사지에 충분한 연습문제가 포함되지 않았다면 연습을 위해서 유사한 형태의 검사지를 사용하며, 유사한 형태의 검사지가 없을 때에는 실제 검사지와 같은 지시문과 유사한 내용, 형태, 난이도를 가진 연습문항을 가진 모의검사지를 개발한다.

(4) 검사에 대한 설명

검사에 참가하기 전 내담자는 자신이 피험자라는 것을 알아야 하고, 검사의 목적과 타당성에 대한 설명을 들어야 한다. 예를 들어, 의뢰 시 의문점이 자판을 다루는 능력과 사무능력을 요구하는 직업배치 가능성에 대한 것이라면 내담자의 워드프로세싱 능력을 평가하고, 미네소타 사무능력 검사(Minnesota Clerical Test)로 내담자의 사무능력을 평가하며, 퍼듀 손 기민성 검사(Purdue Pegboard)로 자판을 다루는 데 요구되는 소근육 협응능력을 평가한다. 내담자는 평가 과정 동안 워드프로세싱에 요구되는 능력을 측정하는 평가에 참여한다는 것과 평가방법에 대한 설명을 듣는다. 또한 미네소타 사무능력 검사와 퍼듀 손 기민성 검사가 실시되고, 결과 점수가 사무직에 종사하는 규준집단과 비교될 것이라는 설명을 듣는다. 설명은 전문적 용어를 사용하지 않고 구체적인 예를 들어 내담자가 이해하기 쉽게 제시되어야 한다.

(5) 행동관찰

평가 과정에서 체계적으로 내담자를 행동관찰한다. 검사 결과 점수가 매우 낮거나 답안지에 빈칸이 많으면 관찰법이 매우 유용하다. 피로함, 지루함, 혼돈, 불안, 낮은 시력 등은 검사 결과에 영향을 주기 때문에 관찰법을 통해 검사의 신뢰도를 높일 수 있다.

(6) 채점과 해석

평가 결과를 채점할 때 종종 오류가 일어나기도 한다.

① 사람에 의한 오류
사람에 의해 발생하는 오류는 다음과 같은 방법으로 예방할 수 있다.
- 컴퓨터 채점법을 사용할 것
- 다른 사람에게 재채점을 부탁할 것
- 시간을 두고 채점지를 다시 검토해 볼 것

② 검사 결과 보고에 있어서의 오류
이러한 오류는 대개 점수를 옮겨 적으면서 발생하기 때문에 기록을 재검토하여 오류를 줄일 수 있다.

③ 부적절한 규준을 선택하거나 피험자의 점수를 혼동하거나 다른 검사의 점수와 혼동하거나 표에 나타난 자료를 잘못 읽은 경우 나타나는 오류
기록을 재검토함으로써 오류를 줄일 수 있다.

(7) 내담자에게 검사 결과를 설명

내담자는 평가 과정에서 가장 중요한 참여자이므로 평가 결과에 대해 알 권리가 있다. 평가 직후 결과를 내담자에게 알려 줌으로써 내담자는 검사에 대한 불안을 줄일 수 있고, 결과는 내담자가 이해할 수 있는 용어로 의뢰 시의 의문점과 관련지어 설명된다. 부정적인 검사 결과는 직접적이고 솔직하게 제시되어야 하며 이에 대한 내담자의 반응은 상담을 통해 해결될 수 있다.

3) 평가도구의 선택

심리검사도구 선택은 여러 가지 요인을 고려해야 하기 때문에 매우 어려운 문제다. 평가사는 심리평가의 기술적인 측면과 장애인 내담자에 알맞은 계획을 수립하고 실시하는 실제적인 측면의 두 가지 영역 모두에 대한 지식을 갖추어야 한다. 검사 선택에 있어 고려되어야 할 일반적인 요소가 다음에 소개되어 있다.

(1) 평가 실시의 타당성

검사도구를 선택함에 있어 가장 처음 고려되어야 할 요소는 검사의 유형이 아니라 검사 실시의 타당성이다. 특히 중증장애인의 경우 검사와 장애의 본질에 따라 특정 검사가 적합하지 않은 경우가 발생하기도 한다. 중증장애인에 대한 평가에서 평가사가 고려할 점은 평가 결과에 부정적인 영향을 미치는 요인들을 발견하는 것이다.

예를 들어, 과도한 긴장감을 갖거나 문화적으로 결핍된 환경에 처한 내담자가 자신의 능력보다 낮은 평가점수를 얻는 경우가 발생하기도 한다. 이 경우 내담자의 불안 정도나 결핍 환경은 평가 결과에 영향을 미치는 중요한 요소가 된다. 이는 장애인의 경우도 마찬가지다. 장애인 내담자의 흥미를 평가할 때 흥미평가 결과 이외에 취미, 여가 활동, 직업 가치관 등을 평가하는 성격검사를 함께 실시하고 결과를 분석하여야 보다 정확하고 유용한 정보를 얻을 수 있다.

검사 선택의 첫 번째 단계는 특정 내담자를 가장 정확하게 측정할 수 있는 도구를 찾는 것이다. 현재 출판된 어떠한 검사도 내담자의 특성을 신뢰롭게 측정할 수 없다고 판단될 경우 새로운 평가도구를 제작하여 사용해야 한다.

(2) 평가도구의 신뢰성

평가사는 검사도구를 선택할 때에 검사지, 매뉴얼, 답안지를 신중히 살펴보고 각 검사도구의 특징을 파악해야 한다. 새로운 검사도구를 소개할 때에는 사전에 견본 검사도구를 주문해서 살펴보고 실행해 보아야 한다. 모든 검사도구는 상황에 따라 각기 다른 장단점을 가지기 때문이다(Olson, 1992).

① 읽기수준

읽기나 언어 이해도를 측정하는 검사가 아닌 평가도구 중 언어적 내용을 포함하고 있는 검사도구는 검사가 요구하는 읽기수준이 매우 중요한 요소다. 평가도구의 읽기수준은 적성, 흥미와 같은 내담자의 비언어적 특성에 대한 평가 결과에 영향을 미치기 때문이다. 읽기수준 난이도가 높은 적성검사를 언어 이해력이 부족한 발달장애인에게 실시할 경우 검사는 적성평가가 아닌 읽기능력의 평가이며 수행능력 평가가 아닌 학습능력 평가가 된다. 대부분의 검사 매뉴얼에는 검사에서 요구되는 최소한의 피험자의 읽기수준이 명시되어 있거나 읽기수준을 계산하는 공식을 제시하고 있다. 읽기수준을 계산하는 공식은 각 단어의 음절 수 계산하기, 각 문장의 단어 수 계산하기로 이루어진다. 계산된 숫자는 회귀법을 사용하여 학년수준으로 나타나게 된다. 현재에는 이러한 복잡한 과정을 거치지 않고 컴퓨터를 이용하여 간단하게 학년수준을 계산할 수 있다.

평가사는 사전에 읽기검사에서 판별된 피험자의 읽기수준과 실시하고자 하는 검사에서 요구하는 읽기수준을 비교하여 검사 실시 여부를 결정해야 한다. 내담자의 읽기수준은 또한 직업 경력과 교육수준에 기초하여 예측하기도 한다. 일반적으로 내담자에게 비언어성 검사를 실시할지 여부를 결정하는 기준은 읽기검사 결과 5학년 수준의 읽기수준이 된다.

② 규준

일반적인 심리평가도구는 한 내담자의 검사 결과를 동일한 검사에 참가한 집단의 점수, 즉 규준집단의 점수분포곡선과 비교한다. 정확한 예측을 위해서는 검사 매뉴얼에 명시된 규준집단을 세밀히 살펴보아야 한다. 규준집단에 대한 정보는 거주지역, 검사일자, 연령, 성별, 취업 여부, 교육수준, 장애 정도와 유형 등의 가족인구학적 정보를 제시해야 한다.

가장 일반적으로 사용되는 규준집단은 중등학교, 대학교, 전체 인구, 특정 훈련 프로그램에 참가하고 있는 사람, 특정 직업에 종사하고 있는 사람 등이다. 장애인에 대한 규준집단에 대해 많은 논쟁이 있었지만(Potiron, 1967), 경쟁고용이 목표라면 내담자의 검사 결과를 현직 근로자 집단 혹은 일반집단의 기능수준과 비교하는 것이 타당하다(Siefker, 1996). 보호작업장 혹은 장애집단을 규준으로 삼는 것은 경쟁고용을 위한 직업 의사결정에는 큰 도움이 되지 못하며, 경쟁고용을 위해서는 취업 중인 근로자 집단 규준을 직업적성과 기능검사에 사용하는 것이 유용하다. 보호작업장 규준은 직업목표가 보호작업장 등 직업재활시설 배치일 때 사용된다. 학생집단 규준은 비슷한 연령의 장애인들이 교육과 관련된 훈련 프로그램에 참여하고자 할 때 도움이 되며, 일반 인구집단 규준은 취업 중인 근로자 집단 규준이나 학생집단 규준의 사용이 불가능할 때 필요하다.

대부분의 심리평가는 통계적 규준을 사용해 왔지만 현재에는 준거참조 채점방법(criterion-referenced scoring)을 점차 많이 이용하는 추세다. 준거참조검사는 학습자의 특정 영역에 대한 기술이나 과업을 완수하는 능력을 평가하는 것(mastery test)으로 정의된다(Hupp & Donofrio, 1983). 준거참조검사에서는 하나의 직업에서 중요한 요소들을 분석하여 그 직업에서 요구하는 수행 정도를 결정하고, 내담자 수행수준을 직업에서 요구하는 수준과 비교한다(Owings & Siefker, 1991). 준거참조검사가 규준참조검사(norm-referenced test)와 다른 점은 내담자의 수행능력이 특정 집단의 수행능력과 비교되지 않고 미리 정해진 기준과 비교된다는 것이다. 준거참조검사는 사전에 정해진 수행능력 기준에 기초하여 내담자가 얼마나 그 기준에 가까이 도달하였는가를 측정하는 것이다. 이 경우 평가 결과는 백분위 점수(percentile rank), 9분 점수(stanine), 학년점수(grade equivalents) 등의 척도로 숙련도를 측정하는 것이 아니라 성취한 기능수준으로 나타난다(Mauser, 1981).

준거참조검사는 작업표본과 유사한 과정을 통해 개발된다. 측정할 기능의 과업에 대한 분석과 획득되어야 할 목표수준을 나타내는 숙련 정도를 측정할 수 있는 기준을 개발하는 과정을 거치기 때문에 준거참조검사는 높은 내용 타당도를 가진다.

좋은 준거참조검사란 다음의 특성을 갖추어야 한다(Siefker, 1996).

- 평가하고자 하는 특정 내용이 있어야 한다.
- 평가점수의 변산성은 의미가 없다. 많은 수의 만점 혹은 만점에 가까운 점수가 예상된다.
- 과업분석에 따라 정해진 기준에 의해 개인의 수행 정도를 평가한다. 내담자는 자신과 경쟁하는 것이다.
- 강의계획에 이용할 정보를 제공하는 데 요구된다.

〈표 5-1〉 **준거참조검사와 규준참조검사의 개념**

준거참조검사	규준참조검사
• 내담자가 실제로 할 수 있는 것들을 평가함	• 내담자의 수행 정도를 다른 피검자들과 비교함
• 모든 내담자들이 규준에 도달할 가능성이 있음	• 내담자의 집단에서의 위치를 정함
• 내담자가 다른 학생들보다 높은 점수를 받기보다 준거에 도달할 수 있도록 동기부여함	• 내담자 평가에서 정규분포곡선을 활용함
• 검사자는 다른 피검자의 수행 정도와 상관없이 내담자가 무엇을 할 수 있는지를 해석해야 함	• 규준 내에서 내담자가 속한 상대적 위치를 알기 위해 백분위를 사용함
• 학습의 결과를 측정하도록 검사가 고안되어야 함	• 각 개인 간 차이점을 강조함
• 내담자의 상대적 서열보다는 무엇을 얼마만큼 알고 있는가가 중요	• 내담자가 무엇을 얼마만큼 알고 있는가보다는 상대적 서열이 중요
• 개인의 숙달정도를 강조함	• 지능검사 등
• 숙달검사(mastery test)	

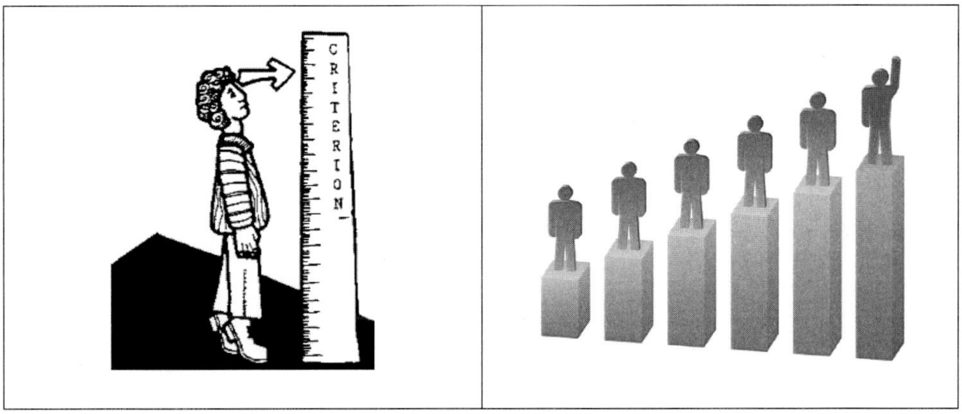

[그림 5-1] 준거참조검사와 규준참조검사

3. 심리평가도구

1) 성취도검사

성취도검사의 주된 목적은 교육과 직업경력에서 획득한 학업능력 수준을 평가하는 것이다. 일반적으로 읽기, 쓰기, 수학의 세 가지 학업능력이 평가되며 그 이외의 분야에 대한 성취도검사도 실시된다.

(1) 읽기

대부분의 심리평가가 질문의 내용을 이해하는 데 요구되는 읽기수준을 규정하고 있기 때문에 심리평가의 첫 번째 단계는 개인의 읽기수준을 평가하는 것이며, 이는 학년수준으로 제시한다.

읽기, 음성학, 내용이해에는 두 가지 기본적인 특성이 있다. 평가사는 모든 성취도검사가 이 두 가지 특성을 동시에 측정할 수 없다는 것을 이해해야 한다. 음성학 혹은 단어 인식능력만을 측정하는 성취도검사는 읽기수준에 대해서는 정확한 결과를 제시할 수 없다. 예를 들어, 난독증인 내담자는 문맥을 통해 내용을 이해하므로 내용이해검사에서 보다 나은 점수를 획득하기도 한다. 문맥을 통해 내용을 이해하는 사람은 한 문장 내의 단어 전체를 내용을 이해하는 데 사용한다. 단어의 의미를 측정하는 내용이해도검사는 학습장애나 청각장애인의 실제 읽기수준을 나타내는 좋은 지표가 될 수 있다.

읽기수준에 대한 해석에 있어 가장 빈번하게 일어나는 오해는 개인의 읽기능력과 지능 사이에 높은 상관관계가 있다고 가정하는 것이다. 내담자가 매우 낮은 읽기수준을 보였을 때 평가사는 그 이유를 고려하여 신중하게 해석해야 한다. 학습장애, 청각장애, 뇌손상, 지적장애, 높은 결석률 등 여러 가지 이유가 원인이 될 수 있다.

내담자의 읽기수준이 낮을 경우 지적장애가 의심되면, 지능수준에 기초하여 기대되는 읽기수준과 실제 읽기수준 사이의 차이점을 알아보기 위해 지능검사를 실시하는 것도 좋은 방법이다.

(2) 쓰기

쓰기검사는 내담자의 쓰기능력에 관한 것이다. 두 내담자의 쓰기검사 점수가 같은 경우에도 쓰기능력에는 차이가 있을 수 있다. 이때 평가사는 문항분석을 실시하여 한 내담자는 약간의 기술적 문제를 가지고 있는 반면 다른 내담자는 이해할 수 없는 수준의 쓰기능력을 가지고 있음을 알 수 있다. 이 두 내담자의 차이점은 첫 번째의 경우 쓰기를 통해 의사소통이 가능하지만 두 번째의 경우 쓰기를 통해 의사소통이 불가능하다는 것이다. 그러나 컴퓨터의 철자법 프로그램을 사용하여 쓰기문제는 보상될 수 있다.

(3) 수학

수학능력은 내담자가 수학을 공부한 기간에 영향받기 때문에 수학 성취도는 교정학습을 통해 향상될 수 있다.

(4) 어휘력

어휘 발달은 의미론적 능력의 발달뿐만 아니라 구문, 읽기 등 다른 언어 발달과도 밀접한 관련이 있다. 어휘 발달과 언어능력과의 관계를 고찰한 배소영(1999)은 아동이 언어를 습득하는 것을 어휘습득의 과정으로 생각할 수 있다고 하였다. 즉, 어휘가 모여 구문구조를 이루고, 내용이 담긴 어휘에 의미와 문법적 요소가 부가되는 문법 형태소를 붙여 어휘는 점차 세련화되어 간다. 알고 사용하는 어휘의 수가 많아질수록 아동의 언어능력도 발달한다. 한정된 어휘지식은 학습자로 하여금 말하기나 쓰기와 같은 기능을 통해 자신의 생각을 명료하게 표현하지 못하게 하고, 듣기나 읽기와 같은 수용적인 기능을 통해 적절하게 정보를 받아들이지 못하게 한다(Nation & Coady, 1988).

Anderson과 Freebody(1985)는 독해능력 및 읽기 수월성을 측정하고, 지능을 측정하는 데 있어 많은 어휘들이 기본적인 역할을 담당한다고 하면서 많은 어휘의 의미를 잘 알지 못하는 학생들이 대부분 읽기이해를 잘 하지 못한다고 하였다.

미국에서는 발달장애인, 지체장애인을 대상으로 하는 광역 성취도검사(Wide Range Achievement Test-Revised: WRAT-R) 등 다양한 검사가 사용되고 있지만, 현재 우리나라 직업재활현장에서 사용하고 있는 어휘력 검사도구로는 수용-표현어휘력검사가 유일하다.

수용-표현 어휘력검사(REVT)

① 목적

- 검사 대상자의 어휘능력에 대한 전반적인 정보 제공(어휘능력 지체 여부)
- 검사 대상자의 어휘 발달연령을 제공하여 생활연령과의 차이에 대한 정보 제공
- 검사 대상자의 어휘 발달수준을 백분위 점수로 제공하여 같은 생활연령대의 대상자들에 대한 상대적인 어휘 발달수준 제시
- 품사별 · 의미범주별 수행 분석을 통하여 치료 진행 시 목표어휘의 선정과 치료 효과를 점검하는 데 활용
- 특정 집단 간 어휘능력 비교 등의 연구에 활용

② 검사 대상

- 만 2세 6개월부터 만 16세 이상 성인
- 어휘 발달 정도를 측정하고자 하는 일반아동 및 성인
  - 환경적 요인(예: 다문화가정, 저소득가정 등)으로 인해 수용어휘력과 표현어휘력 발달에 지체가 예상되는 자
  - 유전적 요인이나 발달적 요인(예: 미숙아, 저체중아, 말 늦은 아동 등)으로 인해 수용어휘력과 표현어휘력 발달에 지체가 예상되는 자
  - 단순 언어장애, 지적장애, 청각장애, 뇌손상, 자폐성장애, 전반적 발달장애, 뇌성마비 등으로 인해 수용어휘력과 표현어휘력 발달에 지체가 예상되는 자

③ 검사 내용

내용	수용어휘검사(REVT-R)	표현어휘검사(REVT-E)
총 문항 수	185개	185개
명사	98개 (53%)	106개 (57.30%)
동사	68개 (37%)	58개 (31.35%)
형용사/부사	19개 (10%)	21개 (11.35%)

④ 채점 규준

이 검사에서는 정상성과 이탈 정도를 해석할 수 있는 평균 및 표준편차 규준, 등가연령 규준, 백분위 규준 제공

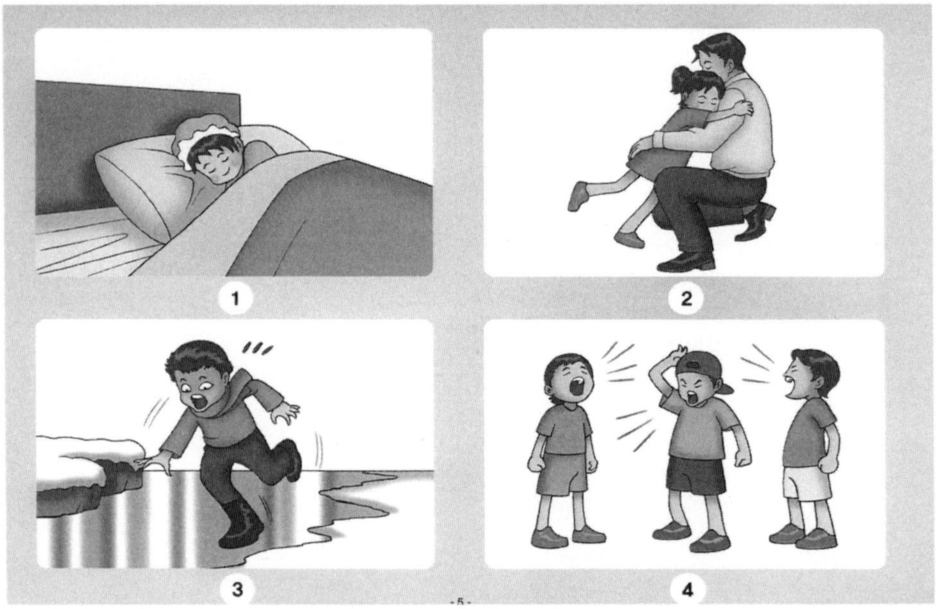

[그림 5-2] 수용어휘력 검사문항의 예

(5) 성취도검사의 결과 해석

성취도검사에서 일반적으로 사용되는 점수는 학년점수, 백분위 점수, 9분 점수, 표준점수다.

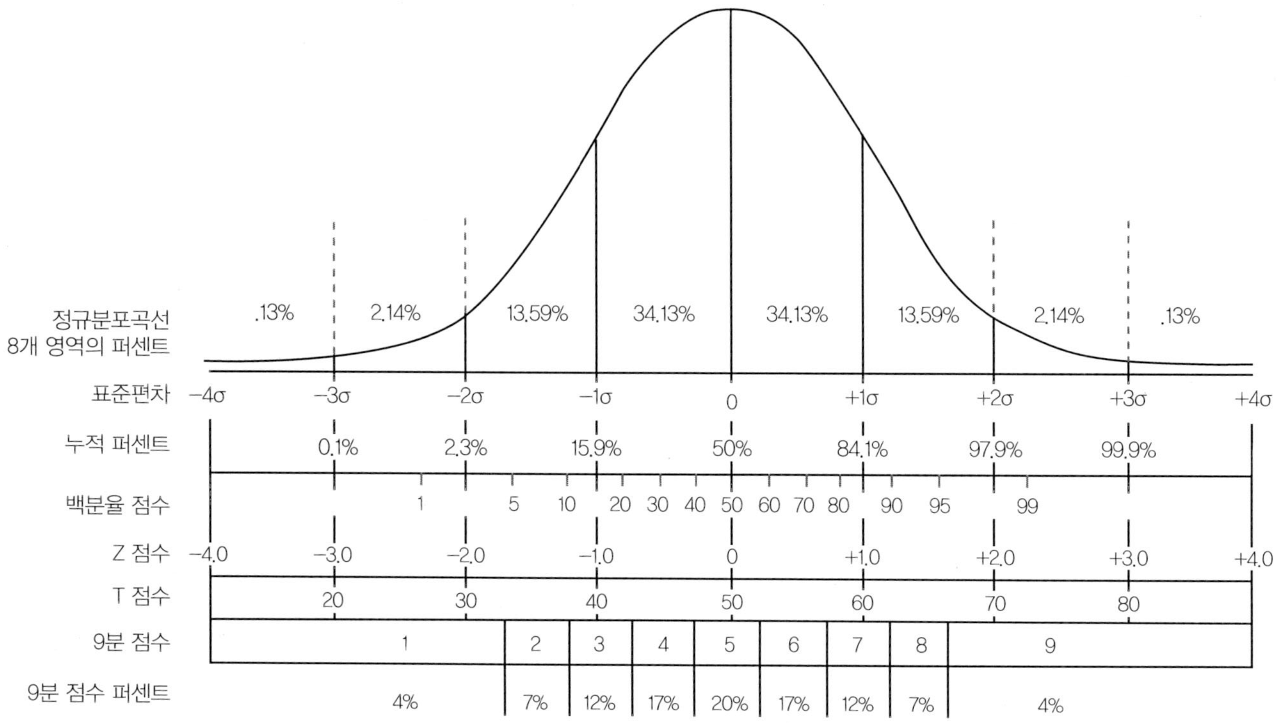

[그림 5-3] 정규분포곡선

출처: Test Service Bulletin(No. 48, 1995년 1월), The Psychological Corporation.

학년점수는 개인의 점수를 학교의 학년수준과 비교한 것이다. 학년점수로 나타난 결과를 보다 깊이 이해하기 위해서는 문항분석을 통해 내담자의 장점을 판별해 보아야 한다. 예를 들어, 6학년인 A 내담자가 수학에서 2학년의 학년점수를 획득했을 때 문항분석을 실시하면, 내담자의 숫자 세기, 더하기, 빼기의 기본적인 수학문제 해결 능력과 문제점을 알 수 있다. 이러한 정보는 학년점수에 보다 기능적인 의미를 부여한다.

백분위 점수와 9분 점수는 개인의 평가 결과를 하나의 기준이나 집단과 비교할 때 유용하다. 평가 결과가 도출되면 평가사는 내담자에게 규준집단과 백분위 점수 혹은 9분 점수의 의미를 설명해야 한다.

심리평가에 사용되는 표준점수에는 T점수와 Z점수 등이 있다. 표준점수를 계산하는 목적은 해석하기 어려운 원점수를 주어진 규준집단에 비추어 상대적인 의미에서 해석을 가능하게 해 주며, 다른 검사의 결과와 비교하기 위한 것이다.

2) 적성검사

Cronbach(1990)는 적성검사의 목적을 미래의 성공 여부 예측을 위한 것이라 하였다. 즉, 앞으로 수행될 학업, 훈련, 직종 등에서 성공가능성을 예측하기 위해 적성검사를 실시한다. 적성검사와 성취도검사 사이에는 차이점이 있다. 두 검사 모두 이미 학습한 내용에 대한 측정이라는 점은 같지만, 적성검사가 미래지향적인 반면 성취도검사는 과거지향적이다. 적성검사는 현재까지 성취된 능력(성취도검사)이 아닌 미래의 학습잠재력을 측정한다.

적성검사에는 다중 적성검사와 특정 적성검사가 있다. 다중 적성검사는 수, 공간, 형태 인지 등의 여러 특성 분야를 측정하는 여러 개의 서로 다른 하위검사로 이루어지며, 특정 적성검사는 회계사, 정비사와 같은 직종에서 실제로 요구하는 직무와 관계된 하나의 특성을 측정하는 검사다.

현재 우리나라에서 사용되고 있는 장애인용 직업적성검사는 청각장애학생을 위한 직업적성검사인 KEAD 청소년 직업적성검사가 유일하다.

KEAD 청소년 직업적성검사

① 검사 개요

- KEAD 청소년 직업적성검사는 청각장애학생을 위한 직업적성검사로 직업생활에서 필요한 중요한 능력들이 어느 정도인지 알아보기 위한 검사
- 청각장애학생이 청소년 시기에 자신의 소질과 적성 영역을 보다 정확히 이해하고 객관적인 직업 정보를 탐색하는 데 도움을 줌

② 검사 구성

적성 영역	설명
신체운동능력	기초 체력을 바탕으로 효율적으로 몸을 움직이고 학습할 수 있는 능력
손재능	손으로 정교한 작업을 할 수 있는 능력
음악능력	노래 부르고, 악기를 연주하며, 감상할 수 있는 능력
언어능력	말과 글로 자신의 생각과 감정을 표현하며, 다른 사람의 말과 글을 잘 이해할 수 있는 능력
수어능력	수화로 자신의 생각과 감정을 잘 표현하여 다른 사람의 수화를 이해할 수 있는 능력
수리논리력	논리적으로 사고하여 문제를 해결하는 능력
대인관계능력	다른 사람들과 더불어 살아가는 능력
자연친화력	인간과 자연이 서로 연관되어 있음을 이해하며, 자연에 대하여 관심을 갖고 탐구, 보호할 수 있는 능력

③ 적성 영역별 설명 및 대표 직업

영역	백분위 점수	수준(★)	설명	대표 직업
신체운동 능력	29.2	★★	기본적인 체력으로 몸을 잘 움직이고 동작을 잘 배울 수 있는 능력	운동선수, 경찰관, 무용가, 버스운전기사, 곡식작물재배자
손재능	3.09	★	손으로 세밀하게 물건을 만들 수 있는 능력	미용사, 제과제빵사, 시각디자이너, 패션디자이너, 용접원, 웹디자이너, 웹프로듀서, 웹프레너, 웹프로그래머, 웹콘텐츠기획자, 컴퓨터그래픽스운영기능사, 시각디자인기능사, 제품디자인기능사, 화가, 공예가, 우편분류, 체육시설 및 공원 관리, 환경미화원, 원예업, 청사관리직

음악능력	74.23	★★★★	노래 부르고, 악기를 연주하며, 감상할 수 있는 능력	악기제조원, 음악가, 악기연주자
언어능력	63.92	★★★★	말(또는 수화)과 글로 자신의 생각과 감정을 표현하며, 다른 사람의 말(또는 수화)과 글을 잘 이해할 수 있는 능력	청각장애인 통역사, 수화강사, 도서관 사서, 소설가, 변호사, 보육교사, 특수교사(교사), 역사학연구원, 기자, 공무원, 신부, 목사
수어능력	71.13	★★★★		
수리 논리력	63.4	★★★★	논리적으로 사고하여 문제를 해결하는 능력	메카트로닉스 관련 전문가(기계설비산업기사, 전산응용가공 산업기사, 전산응용기계제도 기능사, 메카트로닉스 기능사, CNC 선반기능사, MCT 기능사), 전문의사, 아이티(IT) 교육강사, 생물학연구원, 컴퓨터 프로그래머, 항공우주공학기술자, 심리학연구원, 증권분석사, 회계사
대인관계 능력	65.98	★★★★	다른 사람들과 함께 살아가는 능력	특수학교 교사, 간호사, 유치원 교사, 상담전문가, 자동차 영업원, 경영컨설턴트, 정치가
자연 친화력	67.26	★★★★	인간과 자연이 서로 관계가 있음을 이해하며, 자연에 대하여 관심을 가지고 연구·보호할 수 있는 능력	동물조련사, 농업기술자, 채소 및 특용작물재배자, 체육시설 및 공원 관리, 환경미화원, 원예업, 청사관리직

출처: 한국장애인고용공단 홈페이지. https://www.kead.or.kr/view/service/service03_09_00.jsp

직업평가사는 모든 적성검사가 질문을 이해하기 위한 일정 수준 이상의 읽기수준을 요구한다는 것을 알아야 한다. 또한 교육과 훈련을 통해 적성검사 결과가 변화할 수 있다는 것을 알아야 한다.

일정 수준 이상의 읽기수준을 요구하기 때문에 중증 인지장애인의 직업능력과 적성을 평가하는 데에는 적성검사가 적합하지 않으며, 작업표본과 현장평가 등의 직접적인 평가방법이 보다 더 적합하다.

3) 지능검사

웩슬러지능검사의 저자인 웩슬러(David Wechsler)는 지능에 대한 정의를 "개인이 목적을 갖고 행동하고, 합리적으로 사고하며, 환경과 효율적으로 상호작용하는 능력의 집합체"라고 하였다(Pyle, 1979).

지능검사는 정의와 목적에 있어 많은 논쟁이 있다. 평가사는 각 지능검사마다 독특한 정의를 바탕으로 구성되어 있다는 것을 인지해야 하며 검사의 목적에 합당한 정의에 기초한 지능검사를 선택해야 한다. 대부분의 지능검사는 한 가지 혹은 두 가지 특성, 즉 언어적 사고 또는 비언어적 사고를 측정하는 것이다. 언어검사의 문항은 학문적 성취도에 관한 것으로 일정 수준 이상의 읽기능력의 수준을 요구하고, 비언어성 검사는 비학문적 분야의 성취도와 그림으로 구성된다.

지능검사는 직업평가 분야에서 널리 사용되는 검사다. 검사자는 내담자의 성취도검사 결과에 따라 지능검사의 시행 여부를 결정해야 한다. 내담자의 성취도검사 결과가 6학년 이하일 경우, 내담자의 실제 학업성취도와 비교하기 위해 지능검사를 실시해야 한다. 내담자의 지능검사 결과가 6학년 이상일 경우 특정 혹은 다중 적성검사의 시행을 신중히 고려해야 한다.

현재 우리나라에서 가장 널리 사용되는 성인용 지능검사는 한국 웩슬러 성인용 지능검사 4판(K-WAIS-IV)이다.

한국 웩슬러 성인용 지능검사 4판(Korean Wechsler Adult Intelligence Scale-IV; K-WAIS-IV)

① 개요

16세 0개월~69세 11개월까지의 청소년과 성인의 인지능력을 개별 평가할 수 있도록 만들어진 임상도구

② 목적

여러 영역의 지적 영역을 측정하여, 언어성 지능(VIQ), 동작성 지능(PIQ), 전체 지능(FIQ) 등 3개의 지수 산출

③ 도구 구성

- 검사의 구조

전체 척도(Full Scale IQ)		
척도	핵심 소검사	보충 소검사
언어이해 지수 (Verbal Comprehension Index)	공통성, 어휘, 상식	이해
지각추론 지수 (Perceptual Reasoning Index)	토막 짜기, 행렬추론, 퍼즐	무게 비교, 빠진 곳 찾기
작업기억 지수 (Working Memory Index)	숫자, 산수	순서화
처리속도 지수 (Processing Speed Index)	동형 찾기, 기호 쓰기	지우기
전체 척도(Full Scale IQ)	전반적인 인지능력을 가장 잘 측정해 주는 평가치	

④ 채점

• 과정점수

수검자가 소검사를 수행할 때 사용하는 인지능력에 대해 좀 더 세부적인 정보 제공

－토막 짜기 ⇒ 1개 과정점수

－숫자 ⇒ 6개의 과정점수

－순서화 ⇒1개의 과정점수

⑤ 소검사

• K-WAIS-IV는 총 15개의 소검사로 구성

－WAIS-III의 소검사 12개와 WISC-IV에서 차용한 소검사 3개로 구성

• 소검사 약어와 설명(WAIS-III에 포함되었던 12개의 소검사)

소검사	설명
토막 짜기 (Block Design)	수검자는 제한시간 내에 작업해야 하고 제시된 그림(picture)과 모형(model) 또는 그림만 보고 빨간색과 흰색으로 이루어진 토막을 사용하여 똑같은 모양(design) 만들기
공통성 (Similarity)	공통적인 사물이나 개념을 나타나는 2개의 단어가 제시되면 수검자는 그 둘이 어떠한 유사점이 있는지 기술하기

숫자 (Digit Span)	• 숫자 바로 따라 하기: 수검자는 검사자가 읽어 준 일련의 숫자를 동일한 숫자로 기억해 내기 • 숫자 거꾸로 따라 하기: 검사자가 읽어 준 일련의 숫자를 역순으로 기억해 내기 • 숫자 순서대로 따라 하기: 검사자가 읽어 준 일련의 숫자를 작은 숫자부터 차례로 기억해 내기
행렬추론 (Matrix Reasoning)	수검자는 일부가 빠져 있는 행렬 매트릭스를 보고 행렬 매트릭스를 완성할 수 있는 반응 선택지 고르기
어휘 (Vocabulary)	• 그림 문항: 수검자는 시각적으로 제시되는 물체의 이름 말하기 • 언어적 문항: 인쇄된 글자와 동시에 구두로 제시되는 단어의 뜻 말하기
산수 (Arithmetic)	수검자는 제한시간 내에 일련의 산수문제를 암산으로 풀기
동형 찾기 (Symbol Search)	수검자는 제한시간 내에 탐색 집단에서 표적기호와 동일한 기호 찾기
상식 (Information)	수검자는 폭넓은 영역의 상식에 관한 질문에 대답하기
기호 쓰기 (Coding)	수검자는 제한시간 내에 숫자와 짝지어진 기호 옮겨 쓰기
순서화 (Letter-Number Sequencing)	검사자가 수검자에게 일련의 숫자와 글자를 읽어 주면 수검자는 숫자와 글자를 순서대로 회상
이해 (Comprehension)	수검자는 사회적 상황에 대한 일반적 원리와 이해에 근거해서 질문에 답하기
빠진 곳 찾기 (Picture Completion)	수검자는 제한시간 내에 중요한 부분이 빠져 있는 그림을 보고 빠진 부분 찾아내기

• 소검사 약어와 설명(WISC-IV에서 차용해 온 새로운 3개의 소검사)

소검사	설명
퍼즐(Visual Puzzles)	수검자는 제한시간 내에 완성된 퍼즐을 보고 동일한 퍼즐을 만들 수 있는 3개의 반응을 찾기
무게 비교(Figure Weights)	수검자는 제한시간 내에 양쪽 무게가 달라 균형이 맞지 않는 저울 그림을 보고 균형을 맞추는 데 필요한 반응 찾기
지우기(Cancellation)	수검자는 제한시간 내에 조직적으로 배열되어 있는 도형들 속에서 표적 모양 찾아 표시

[그림 5-4] 한국 웩슬러 성인용 지능검사 4판

4) 흥미검사

직업흥미란 직업과 관련된 관심 또는 활용에 참여하려는 경향성을 의미한다. 직업흥미검사를 통해 직업에서의 성공을 예언할 수 있어 산업체에서의 생산성을 높이고 인사결정 자료를 얻기 위하여 사용되었으나, 근래에는 교육계획, 진로지도, 개인의 자기이해 등의 더욱 폭넓은 목적을 위하여 사용된다(한국교육심리학회, 2000)

직업평가의 주된 목적은 직업목표를 결정하는 것이기 때문에 직업에서의 성공을 예측하는 직업흥미도를 판별하는 것은 매우 중요하다. 직업목표와 직업흥미도를 판별하는 과정은 단순히 흥미검사를 시행하는 것보다 복잡한 과정이다. Pruitt(1986)는 흥미도를 판별하는 세 가지 방법을 제시하였다.

(1) 표현된 흥미도

표현된 흥미도란 초기면접에서 내담자에게 흥미가 무엇인지를 질문함으로써 판별되는 흥미도를 말한다. 표현된 흥미도는 내담자의 경험, 사회, 문화, 가족환경, 대중매체의 영향, 자아개념, 경제력, 직업세계의 경향과 변화에 따라 영향을 받는다.

초기면접에서 내담자가 특정 직업목표를 선택한 이유와 그 직업에 대한 정보를 가지고 있는지를 알아내는 것이 중요하다. 때로는 내담자가 직업목표는 세웠으나 그 직업에서 요구하는 직무에 대해 알지 못하는 경우도 있다. 혹은 부모나 가족의 영향을 받아 부모의 직업을 따르거나 부모의 기대에 부응하기 위해 직업목표를 결정하기도 한다.

(2) 측정된 흥미도

측정된 흥미도는 표현된 흥미도와 같은 경우가 많은데 이는 대부분의 흥미검사가 자기보고 형식으로 구성되기 때문이다. 검사자는 내담자가 가장 높은 점수를 획득한 흥미 영역에 관심을 기울여야 하지만, 내담자가 다른 영역에 대한 탐색을 할 수 있도록 도와주어 내담자가 스스로 자신의 직업목표를 바꾸거나 다른 흥미 영역에 대한 인식을 높일 수 있도록 하여야 한다.

(3) 증명된 흥미도

이 영역의 측정은 많은 시간을 요구하지만 가장 정확한 방법이다. 증명된 흥미도는 표현된 흥미도 혹은 측정된 흥미도에서 높은 점수를 얻은 영역에 알맞은 작업표본평가 혹은 현장평가를 사용하여 측정된다. 평가 과정에서 내담자의 긍정적/부정적 행동이 관찰되는데 부정적 행동은 내담자의 태도나 동기의 문제 혹은 평가되는 작업에 대한 흥미의 결여에 기인할 수 있다. 평가사는 내담자의 읽기수준에 알맞은 흥미검사를 선택해야 하며 규준은 내담자의 교육수준, 현재 혹은 과거의 직업 경력에 가장 근접하는 규준을 선택해야 한다.

현재 직업재활 현장에서 사용되는 직업흥미검사로는 PVIT 그림직업흥미검사(지적장애인용)와 비언어성 직업흥미검사(2판), Holland 진로탐색검사, STRONG 흥미검사 등이 있다.

비언어성 직업흥미검사(Reading Free Vocational Interest Inventory: 2)

① 목적

- 각 직종에 따라 하는 일을 그림으로 간략하게 나타내고 있어 읽기능력에 제한이 있는 사람이 선택을 용이하게 함
- 읽기능력에 제한이 있는 사람의 흥미 유형에 대한 정보 제공
- 직업배치 전 내담자의 흥미를 알아보기 위해 실시

② 대상 연령

만 12~61세의 지적장애, 학습장애, 교육적 혜택을 받지 못하여 읽기능력이 현저히 제한된 개인(부적응자) 등

③ 구성

- 55개의 문제로 구성된 지필검사
- 11가지의 직업흥미 영역 검사
- 총 165가지의 그림 항목으로 11개의 직업흥미 영역, 5개의 집단으로 분류함

④ 11가지 흥미 영역과 직업

흥미 영역	흥미 활동 분야	관련 직업
 자동차	주차, 청소, 광내기, 윤활유 바르기, 주유, 정비와 유지하는 활동에 대한 선호도	주유직원, 주차장 경비, 정비공, 세차장 직원, 차 수리공, 타이어 재생 직원 등
 건축	조립, 수리, 건설, 공구와 기계, 장비를 다루는 설치활동에 대한 선호도	장난감 조립 기술자, 건설업자, 재봉사, 조명기구 조립원, 유리 부착원, 도장공, 목수 등
 사무	문서수발, 분류, 문서나 소포 전송 활동에 대한 선호도	인쇄소, 도서관, 사무실의 일상적인 업무 담당자 등
 동물사육	동물 털 손질, 운동시키기, 보호하기, 물 주기, 먹이 주기에 관련 있는 활동에 대한 선호도	수의사, 마필관리사, 반려동물용품 판매원, 조련사, 사육사 등

 식당 서비스	클럽 · 모텔 · 호텔 · 레스토랑의 홀과 주방 청소, 음식 준비 · 서빙 활동에 대한 선호도	웨이터/웨이트리스, 웨이터 접객 보조원, 설거지 담당자, 즉석요리 전문 요리사, 카운터 직원, 음료수 판매원, 주방도우미 등
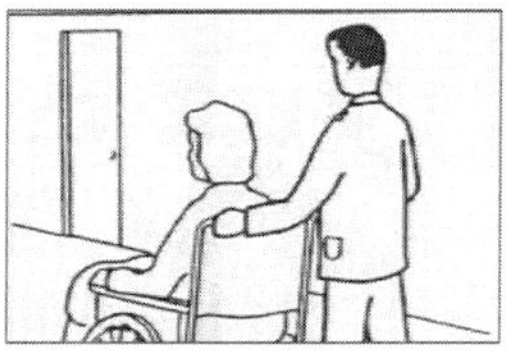 간병	환자의 육체적 편안과 안전을 돕고, 병원 · 클리닉 · 영안실 · 보건 관련 시설 활동에 대한 선호도	병원 잡역부, 간호보조원, 장례지도사, 물리치료 보조원, 구급대원, 간호조무사 등
 원예	심기, 경작, 모든 식물과 생산품 수확, 공원 · 경작지 · 묘지 · 정원을 관리하는 활동에 대한 선호도	농장일꾼, 과일채집자, 묘목장 직원, 정원사, 묘지관리원, 원예용품 점원, 꽃집 주인, 조경기술자 등
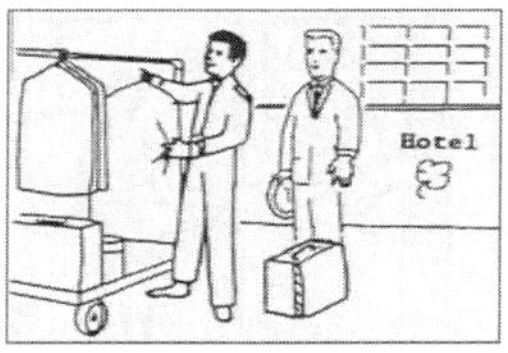 개인 서비스	도움과 관련 있는 일. 즉, 광범위한 사람을 돕는 서비스 활동에 대한 선호도	보육교사, 이발사, 미용사, 남자승무원, 목욕관리사, 보관소 직원, 머리 감겨 주는 사람, 벨보이, 매표원, 호스트, 가정도우미, 경비 등
 자재관리	창고업, 적하, 분류, 묶음(boxing), 물품의 운반 또는 상하차와 관련 있는 활동에 대한 선호도	배달원, 트럭운전기사, 신문배달원, 항만노동자, 가구 운송업자, 창고작업자, 선적사무원 등
 가사	호텔, 모텔, 매장, 기타 시설의 장비 · 가구 · 실내의 유지와 청소하는 업무 관련 활동에 대한 선호도	관리인, 경비, 가사도우미, 금융관리자, 카펫 청소부, 가사도우미, 해충 퇴치원, 창문청소원사 등

 세탁 서비스	상업적 빨래방에서 실내장식 장신구 · 드라이클리닝 · 세탁 · 다림질 · 염색업 · 옷 수선 활동에 대한 선호도	세탁원, 드라이클리닝원, 염색업자, 셔츠 압착기 조작원, 다리미 조작원, 빨래방 직원 등

⑤ 5가지 집단 영역

집단 영역	흥미 활동 분야	관련 직업
 기계적 관심	도구를 사용하여, 기계적인 물체를 건축하고 보수하는 일을 하는 것을 선호	가전제품과 수동/전동 모터 등의 전기 기구, 기타 기계 장비의 설계 · 조립 · 유지 · 수리 등의 기계와 관련된 활동이나 직업 → 공구 제작자, 기계기술자, 배관공, 자동차 정비공, TV 수리공, 통신선반 기술자, 전기기사, 목수, 인쇄업자, 시계 수리공, 실내 장식업자, 카펫 설치자
 야외적 관심	야외나 야외 환경에서 기계와 도구를 사용하여 일하는 것을 선호	자연과 생물 기르기, 식물과 생물, 가축 또는 야생동물 등의 야외 활동이나 직업 → 낙농가, 과일 채집자, 꽃 재배업자, 버스 및 택시 운전기사, 수목 관리원, 동식물 연구가, 어부, 운동 코치 및 운동 강사, 보육교사, 사냥꾼, 수렵 감시관, 주차장 안내원
 기계–야외적 관심	대부분의 근로시간에 개별적으로 외부로 나가서 일을 하거나 활동하는 것을 선호	야외나 야외 환경에서 기계와 도구를 사용하는 직업 → 전화교환원, 엔지니어, 용접공, 측량사, 나무 치료 전문가, 정원사, 목재제재업 근로자, 집의 뼈대를 짜는 노동자, 박판공, 건설 노동자, 지붕 수리공, 벽돌공, 석공, 간판 설치자, 도로 정비 노동자, 울타리 설치자
 식료품–조작 관리	거의 없거나 전혀 없는 신체 접촉을 요구하는 물리적 작업과 수령인에게 개인 서비스를 전달하는 것이 특징인 업무 작업을 선호	음식과 음료의 준비 및 제공과 관련된 활동들에 관한 직업 → 하역업자, 식료품 포장 점원, 자루에 담는 점원, 지게차 운전기능사, 유제품 운전기사, 슈퍼마켓 재고품 관리 점원, 유리 세척기와 운반대, 뜨거운 식품 포장 점원, 주방 도우미, 이동식당 운전기사, 고기 절단공, 자동판매기 종업원, 포도주 및 맥주 트럭 운전기사, 간이 식품 요리사, 웨이터/웨이트리스

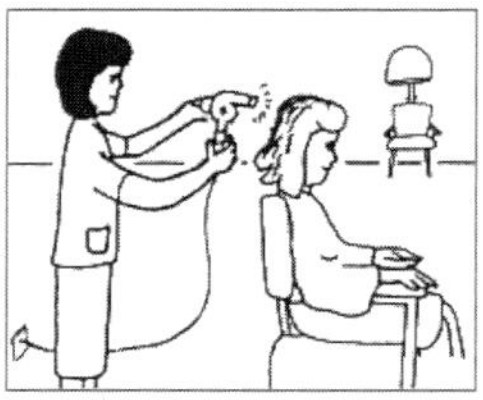 사무-사회적 서비스	사무실의 사무 업무, 세탁 작업 등과 관련된 활동, 사람들에게 지원과 개별 서비스를 제공해 주는 업무를 선호	서비스 제공자와 이용인 사이에 상당히 가까운 신체적 접촉이 빈번히 이루어지는 직업 → 이발사, 병원 서비스 코디네이터, 접객원, 프로그램 진행자, 미용사, 간호사, 작업치료사, 우체국 사무원, 속기사, 사무원, 세탁업자, 문서 정리원, 컴퓨터 기사

출처: Becker, R. L. (2000). *Reading-Free Vocational Interest Inventory* (2nd ed.) (RFVII-2). Austin, TX: Pro Ed.

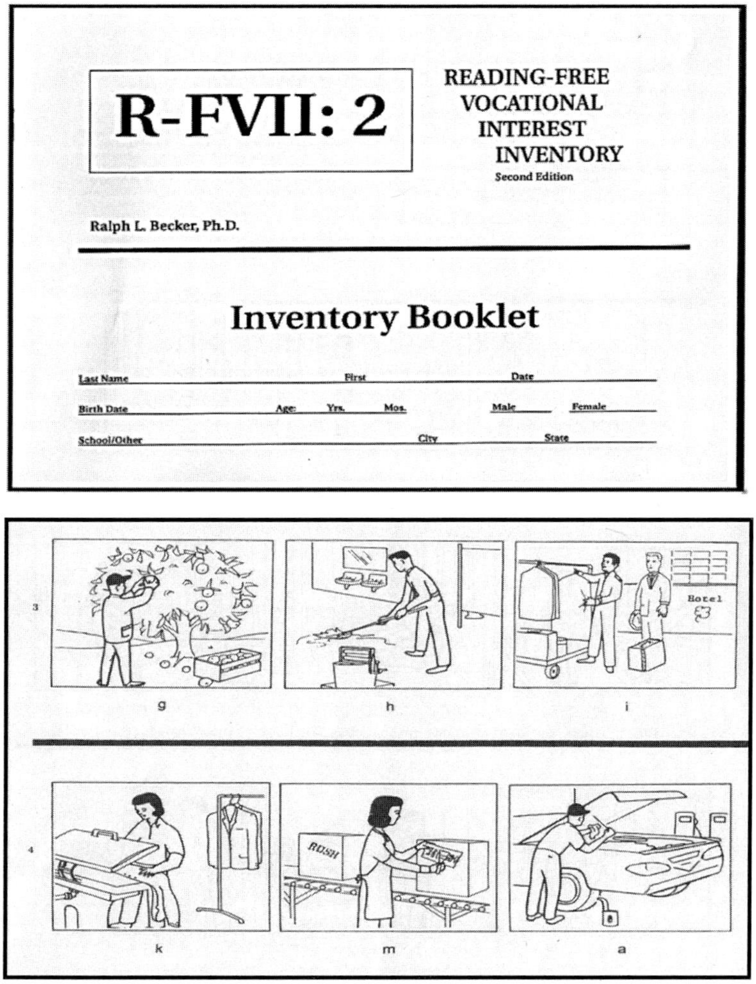

[그림 5-5] 비언어성직업흥미검사(2판)

출처: Becker, R. L. (2000). *Reading-Free Vocational Interest Inventory* (2nd ed.) TX: Pro Ed.

PVIT 그림직업흥미검사

① 목적

- PVIT 그림직업흥미검사(지적장애인용)는 지적능력이나 문장 이해력 또는 의사소통 능력에 제한이 있어 언어성직업흥미검사 실시가 어려운 대상의 직업흥미를 측정하기 위한 검사
- 직업교육 및 진로지도를 위한 기초 자료 제공
- 직업 선택 및 취업알선을 위한 직업평가 자료의 일환으로 활용

② 검사의 구성

- 직업 영역

직업 영역	조작적 정의
1. 서비스	• 타인이나 대중의 편의를 위하여 다양한 서비스를 제공하는 직업 영역 • 사람들이 필요로 하는 일을 대신 처리해 주거나, 사람을 직접 도와주는 활동 등 포함
2. 제조	• 제품의 생산과정과 관련된 다양한 활동(제작, 조립, 포장, 운반 등)을 수행하는 직업 영역 • 도구와 자재를 이용하여 제품을 조립하거나, 손을 이용해 물건을 만들고, 제품을 포장하거나 운반하는 활동 포함
3. 음식	• 음식 제공에 필요한 다양한 활동(준비, 조리)을 수행하는 직업 영역 • 식자재를 운반 · 손질하거나, 음식을 조리하고 식기를 정리, 운반하는 활동 등 포함
4. 세탁	• 의류나 침구류 등의 세탁과정과 관련된 다양한 활동을 수행하는 작업 영역 • 세탁물을 분류 및 운반하는 활동, 세탁기나 세탁도구를 이용하는 활동, 세탁물을 건조시키고 다림질하는 활동 등 포함
5. 청소	• 손이나 도구를 이용하여 청소나 청결유지와 관련된 다양한 활동을 수행하는 직업 영역 • 건물 내외부의 청소, 자동차 세차, 청소도구의 조작 및 관리 활동 등 포함
6. 임농	• 농작물을 기르고 수확하거나, 가축을 관리하는 것과 관련된 활동을 수행하는 직업 영역 • 땅을 고르는 활동, 곡식이나 과일을 기르고 수확하는 활동, 농기구를 다루는 활동 등 포함

• 활동 영역

활동	조작적 정의
1. 운반	• 몸이나 힘을 이용하여 대상(물건, 음식)을 옮기거나 나르는 활동 • 운반의 주요 내용은 대상의 위치가 바뀌는 것
2. 정리	• 직접적인 손 조작을 통해 대상을 정리하거나 제작하는 활동 • 정리의 주요 내용은 손조작을 통해 작업이 이루어지는 것
3. 조작	• 장비(기계, 도구)를 이용하여 작업하는 활동 • 조작의 주요 내용은 도구의 사용과 다소 정교한 조작

• 개인–집단 영역, 실내–실외 영역

영역	영역 구분	삽화 내 동일한 직무활동을 수행
개인–집단	개인	개인이 수행
	집단	다수가 수행
실내–실외	실내	실내에서 수행
	실외	실외에서 수행

③ 구성

• 그림 이해도 테스트 문항 5개

본 검사를 진행하기에 앞서 참가자의 검사 진행 가능성을 판단하기 위한 테스트로 검사에서는 사용되지 않는 문항이며 이해도가 높은 삽화 5개를 한 페이지에 1개씩 제시함

• 예비문항 2개

검사 진행방법을 연습시키기 위한 문항으로 본 검사문항과 동일하게 한 페이지에 2개의 삽화를 제시함

• 본 검사문항 63항

–6개의 직업 영역(서비스, 제조, 음식, 세탁, 청소, 임농)별 5문항 → 총 30문항

–3개의 활동 영역(운반, 정리, 조작)별 6문항 → 총 18문항

–개인–집단 영역 → 5문항

–실내–실외 영역 → 5문항

– 일관성 문항 → 5문항

④ 결과 해석

- 검사에서 개인의 점수는 동일한 검사를 실시한 타인의 점수들과 서로 비교함으로써 해석
- 그림 이해도 점수
- 일관성 점수
- 원점수
- 백분위(percentile)
- T점수

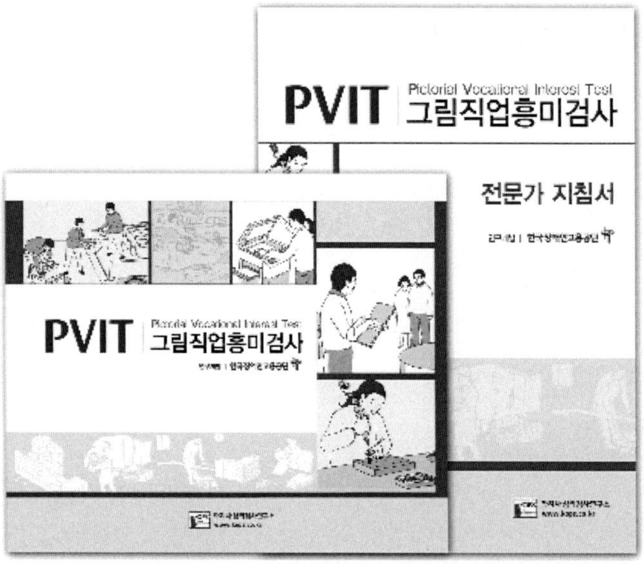

두 그림 중 어떤 일을 더 하고 싶은지 선택해 주세요.

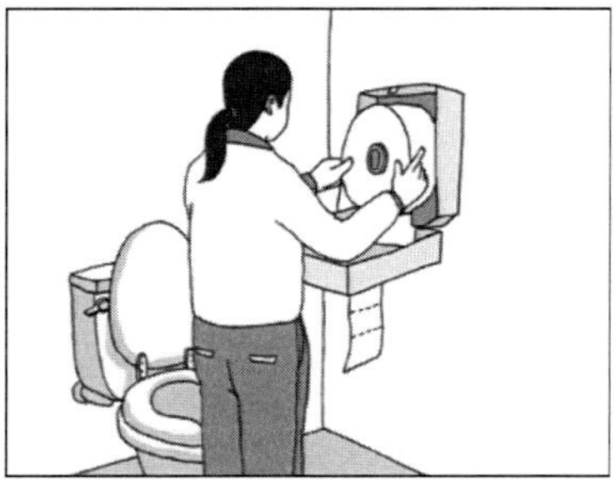

두 그림 중 어떤 일을 더 하고 싶은지 선택해 주세요.

두 그림 중 어떤 일을 더 하고 싶은지 선택해 주세요.

[그림 5-6] PVIT 그림직업흥미검사 문항

출처: 한국장애인고용공단(2016). https://www.kead.or.kr/view/service/service03_09_04.jsp

5) 직업태도와 행동검사(인성검사)

직업태도와 행동은 직업 혹은 사람에 대한 학습된 반응이다. 직업태도와 행동검사의 목적은 직업 선택과 관련된 자기인식의 정도를 측정하는 것으로 가치관, 욕구, 기질, 행동 특성 등이 판별된다. 직업태도와 행동검사는 내담자 자신에 대한 인식 정도의 측정이기 때문에 검사 결과가 타인의 내담자에 대한 인식 정도와는 차이가 있을 수 있으며, 내담자의 인식이 정상범주에 속하지는 알아보기 위한 것은 아니다.

검사자는 내담자가 직업 선택에 있어 어려움을 겪거나 혹은 관찰된 행동이 직업목표나 선택과 다를 때 직업태도와 행동검사를 실시해야 한다. 예를 들어, 내담자가 일하고자 하는 욕구를 표현했지만 직업행동을 관찰한 결과 동기가 결여되어 있을 때 직업태도와 행동검사는 매우 유용한 측정도구다. 검사 결과는 내담자와 재활상담사, 평가사가 직업 선택과 관련된 가치관, 욕구, 기질에 대해 논의할 때 도움이 된다. 자기보고 형식의 직업태도와 행동검사는 질문에 대한 이해력과 읽기능력이 결여되었거나, 부정확한 자아인식을 할 수 있는 중증 인지장애인에게는 적합하지 않다.

현재 장애인을 대상으로 개발된 직업태도검사는 장애인용 구직욕구진단검사, 장애청소년 진로성숙도검사, 직업기능탐색검사, 직업기능스크리닝검사 등이 있고, 직업행동검사로 자기개념검사, 취업준비 체크리스트 등이 있다.

특별히 만 13세 이상 지적 및 자폐성장애인을 대상으로는 직업준비행동을 측정하는 ERS 직업준비검사가 개발되어 있다.

ERS 직업준비검사(Employment Readiness Scale)

① 검사 대상 및 목적

- ERS직업준비검사는 만 13세 이상의 지적 및 자폐성장애인이 직업을 획득하고 유지하는 데 필요한 직업준비행동이 어느 정도 준비되어 있는지 평가하는 목적으로 개발
- 결과를 통해 피검자의 직업준비행동 수준을 체계적으로 진단하고 직업성공의 예측, 피검자의 강점과 제한점의 파악, 고용을 위한 중재 프로그램을 개발하는 데 활용
- 직업준비행동으로는 직업적응을 하는 데 요구되는 인지적 행동, 사회정서적 행동, 고용유지행동 측정. 세부 영역으로는 일상생활기술, 인지기술, 자존감, 직업의식, 사회기술, 직업 관련 기술, 작업기술로 구분되어 있음

② 검사의 특징

- 지적장애인의 이직과 직장 부적응의 원인은 대인관계 문제, 작업기술의 부족, 독립생활 기술 부족 등과 같은 직업준비행동의 지체에 기인한 것으로 조사되어 직업준비상태를 체계적으로 평가할 수 있는 과학적 접근이 필요
- 피검자의 직업준비행동 수준을 체계적으로 진단하고 직업 성공의 예측, 피검자의 강점과 제한점의 파악, 고용을 위한 중재 프로그램을 개발하는 데 중요한 정보 제공

③ 검사의 구성

요인	요인 내용
일상생활기술	개인위생, 세탁하기, 식사 예절, 집안일 돕기, 건강관리
인지기술	수용언어, 표현언어, 읽기, 시간 개념, 수 개념, 덧셈과 뺄셈, 금전 개념, 의사소통, 전화 사용, 정보 전달력, 대중교통 이용능력, 물건 구매, 인터넷 활용능력
자존감	자아상, 자기옹호, 자신감, 자존감, 자기이해, 자기표현, 자기반성
직업의식	직업욕구, 직업의식, 직업에 대한 자기이해, 구직활동
사회기술	일반 사회기술, 직업 관련 사회기술
직업 관련 기술	근무태도, 안전수칙 준수, 작업태도, 도움 요청, 체력
작업기술	양손 민첩성, 작업 정확성, 작업수행, 작업숙련성, 작업도구 사용능력, 작업응용, 작업적응, 관리감독 양

④ 검사의 활용

- ERS 직업준비검사는 다음과 같은 측면에서 사용될 수 있음

첫째, 직업준비행동의 수준을 체계적으로 진단하여 직업 성공 예측
둘째, 직업성공을 위해 필요한 교육훈련 프로그램 기획 목적
셋째, 직업 진로교육과 직업 전환을 계획하고 평가하는 목적
넷째, 만 13세 이상의 지적 및 자폐성장애인을 대상으로 표준화한 검사이기 때문에, 취업 준비와 직업 경험을 본격적으로 시작하는 중등교육 시기부터 사용 가능하여 중학생을 대상으로 검사를 실시하는 것도 의미 있는 결과를 도출할 수 있지만, 직업적 경험이 부족하기 때문에 직업 관련 기술이나 작업기술 요인이 상대적으로 낮게 평가될 수 있음

채점기준				
① 고용이 어려울 정도로 **수행이 안됨** ② 고용 시 문제가 될 정도로 일관성이 없는 **수행을 보임** ③ 강점은 아니더라도 적절하게 **수행함** ④ 고용이 가능할 정도로 **수행이 잘됨**	①	②	③	④
1. 옷차림이 단정하고 깔끔하다.	①	②	③	④
2. 간단한 문장을 읽고 이해할 수 있다.	①	②	③	④
3. 긍정적인 자아상을 갖는다.	①	②	③	④
4. 돈을 벌기 위해 일을 하고 싶어 한다.	①	②	③	④
5. 사소한 일, 중요하지 않은 일에 쉽게 화를 내지 않는다.	①	②	③	④
6. 허락없이 작업장을 함부로 벗어나지 않는다.	①	②	③	④
7. 양손의 민첩성이 좋고 빠른 작업수행을 보인다.	①	②	③	④
8. 몸을 청결히 하고 위생을 지킨다.	①	②	③	④
9. 시(時), 분(分)단위로 시간을 말할 수 있다.	①	②	③	④
10. 자기 자신을 격려하고 지지한다.	①	②	③	④
11. 자신이 성인이기 때문에 직업을 가져야 한다고 생각한다.	①	②	③	④
12. 다른 사람에게 피해를 주는 행동을 하지 않는다.	①	②	③	④
13. 결근, 지각, 조퇴를 하지 않는다.	①	②	③	④
14. 불량품을 만들지 않도록 정확하게 작업한다.	①	②	③	④
15. 면도 또는 생리처리를 할 수 있다.	①	②	③	④
16. 10까지 사물을 정확하게 셀 수 있다.	①	②	③	④
17. 오해나 문제가 발생하면 적절히 자신을 변호하고 옹호한다.	①	②	③	④
18. 생계비를 버는 것을 중요하게 생각한다.	①	②	③	④
19. 부적절한 말이나 행동을 하지 않는다.	①	②	③	④
20. 작업시간과 휴식시간을 구별하여 행동한다.	①	②	③	④
21. 지시한 방법에 따라 정확하게 과제를 수행한다.	①	②	③	④
22. 옷이 더러워지면 세탁 시기를 알 수 있다.	①	②	③	④
23. 100까지 사물을 정확하게 셀 수 있다.	①	②	③	④
24. 매사에 자신감을 보이고 적극적으로 어떤 활동에 참여한다.	①	②	③	④
25. 자기의 능력을 알고 희망하는 직업이 현실적이다.	①	②	③	④
26. 충고를 하거나 잘못을 지적해도 화를 내거나 의기소침해 하지 않는다.	①	②	③	④
27. 정해진 안전수칙을 지킨다.	①	②	③	④
28. 정교하고 복잡한 작업과제를 꼼꼼하고 정확하게 잘 수행한다.	①	②	③	④
29. 식습관이나 식사예절이 올바르다.	①	②	③	④
30. 두 자리 수의 덧셈과 뺄셈이 가능하다.	①	②	③	④
31. 자신을 존중하고 가치있는 존재라고 생각한다.	①	②	③	④
32. 자신이 희망하는 직업흥미나 업무를 말할 수 있다.	①	②	③	④

[그림 5-7] ERS 직업준비검사

〈표 5-2〉 **직업평가에서 사용되는 주요 심리평가도구**

평기영역	평가도구
인지	한국 웩슬러성인지능검사(K-WAIS-IV), 한국 웩슬러아동지능검사(K-WISC-IV), 한국 비언어지능검사(K-CTONI-2), 한국형 간이정신상태검사(MMSE-K), 뇌손상인지평가도구(LOTCA), 한국판 기억평가검사(KMAS), BASA 기초학습기능 수행평가체제
언어	수용표현어휘력검사(REVT)
정서 및 성격	자기개념검사, 로르샤흐(Rorschach)검사, 성격유형검사(MBTI), 다면적인성검사(MMPI-2/A, MMPI-2-RF), 간이정신진단검사(SCL-95), 문장완성검사(SCT), 한국판 집-나무-사람검사(K-HTP), 동적가족화(KFD), 벤더게슈탈트검사(BGT), 자기개념검사, 자아인식검사, 자아수용검사, 정서관찰척도(OEI-R), 정서행동검사(EBC), 에니어그램
사회적응도	사회성숙도검사(SMS), 지역사회적응검사(CISA-2), 적응행동검사(K-ABS), 기능적 적응행동검사(SFAB), 행동평가척도(BRS)
직업적성	홀랜드적성탐색검사(Holland Aptitude Test), 일반적성검사(GATB), 일반 직업적성검사(GVAT), KEAD 청소년 직업적성검사, 고등학생 적성검사, 성인용 직업적성검사
직업흥미	비언어성 직업흥미검사, PVIT 그림직업흥미검사(지적장애인용), 자기탐색검사(SDS), 직업선호도검사, STRONG 진로탐색검사 II, 청소년 직업흥미검사, 직업선호도검사, 준고령자 직업선호도검사
기타	ERS 직업준비도검사, 장애인용구직욕구진단검사, 직업기능탐색검사, 취업준비체크리스트, 직업기능스크리닝검사, 장애청소년진로성숙도검사, 직업적응도평가척도(VARS), 추상논리검사(SPM), ABC 행동능력평가, 직업가치관검사, 구직준비도검사, 창업적성검사, 직업전환검사, 직업가치관검사, 대학생 진로준비도검사, 청소년 진로발달검사, 청소년 직업인성검사, 고교계열흥미검사, 대학 전공(학과) 흥미검사, 영업직무 기본역량검사, IT직무 기본역량검사, 이주민 취업준비도검사, 중장년 직업역량검사

제 6 장 ≫ 작업표본평가

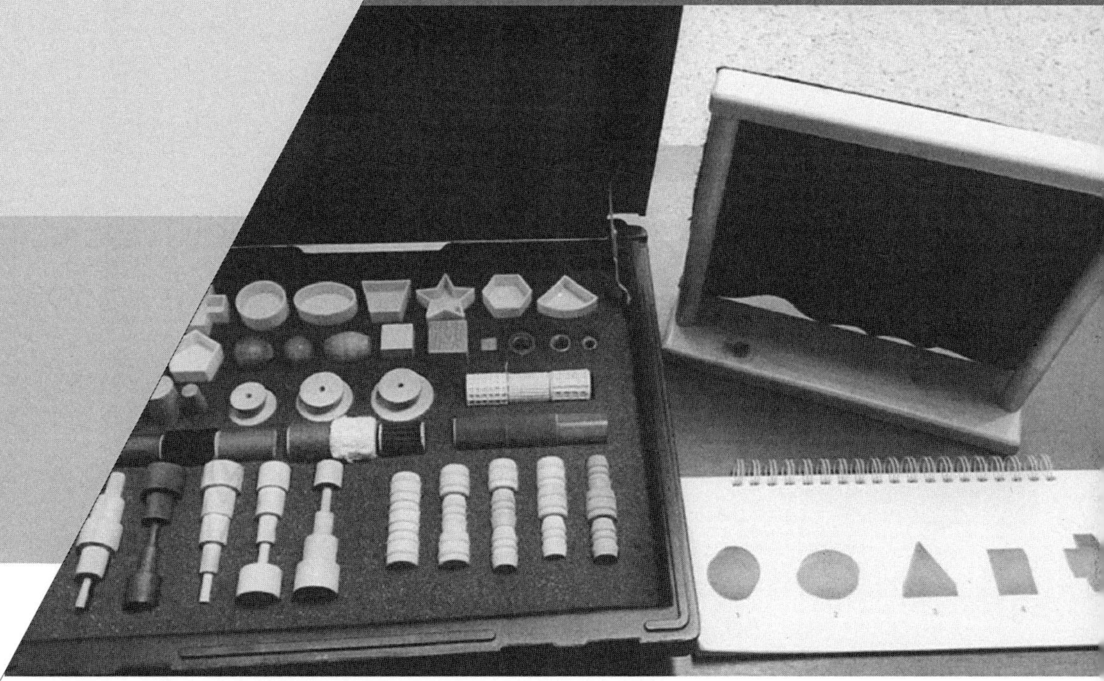

1. 작업표본과 직업평가
2. 작업표본의 역사
3. 작업표본의 정의
4. 작업표본의 선택
5. 작업표본의 개발
6. 작업표본평가도구

1. 작업표본과 직업평가

직업재활에 있어 직업목표를 설정하기 위하여 내담자의 현재의 능력과 기술, 잠재력을 평가하는 것은 그리 쉬운 과정은 아니다. 이는 인간이 가진 복잡하고 미묘한 특성 때문에 내담자의 적성과 흥미, 능력을 오차 없이 정확하게 평가할 수 있는 방법은 존재하지 않기 때문이다. 그러나 방법상의 어려움에도 불구하고 인간 특성을 측정하고자 많은 심리검사도구들이 개발되었고, 그 결과 내담자의 심리적 특성과 능력에 관한 많은 해답을 얻게 되었다. 하지만 이러한 검사도구 결과만으로는 내담자의 직업재활의 성공 여부와 관련된 문제를 전부 설명할 수 없었으며, 적합한 미래의 직업 분야를 안내하는 역할을 할 수 없었다.

비장애인의 평가에 있어서도 여러 가지 문제점이 평가 결과에 영향을 미치지만 독특한 욕구를 가진 장애인의 평가에는 다음과 같은 보다 많은 문제점들이 존재하며 평가 결과 해석에 오류가 생길 수도 있다(Mehrens & Lehmann, 1987).

첫 번째, 대부분의 표준화된 적성과 성취도검사의 규준은 비장애인을 대상으로 개발되었기 때문에 장애인을 검사의 대상으로 하는 것은 비현실적인 예측을 기대하게 하거나 검사의 대상으로 정하는 것 자체가 불합리할 수 있다. 두 번째, 장애인의 진단에는 표준화검사 이외에 관찰법이 중요한 측정도구가 될 수 있다. 그러나 관찰법은 관찰 결과의 신뢰도와 같은 여러 가지 단점을 가진다. 세 번째, 학습장애인이나 특히 정서 · 행동장애인의 경우 행동의 형태가 매우 다양하다는 것이다. 장애인을 평가한다는 것은 극단의 상황을 가진 대상을 평가하기도 하기 때문에 종종 비장애인에 대한 평가 결과만큼 신뢰할 만한 평가 결과를 얻을 수 없음을 의미한다. 장애인에게는 일반적으로 여러 가지 검사들을 실행하고 결과를 얻지만 재활전문가는 각 검사 결과의 신뢰도에 대한 지식을 가지고 있어야 한다. 네 번째, 내담자의 장애 유형에 따라 검사의 지시문이나 자극을 수정하여 제시하면 그 검사도구의 타당도에 영향이 생긴다는 점이다(예를 들어, 시각장애인에게 확대글자나 점자로 인쇄된 검사지 혹은 언어적 지시문을 제공하거나, 청각장애인에게 비언어적인 지시문이나 검사도구를 사용하는 것). 검사도구 개발자들은 수정된 표준화검사를 실시할 경우 수정된 내용과 이유, 타당도와 신뢰도에 대한 영향, 장애 영역 간 비교를 위한 특별한 규준을 소개할 책임을 진다. 다섯 번째, 평가사 효과는 장애인을 대상으로 한 검사에 있어 더 큰 영향을 미친다. Fuchs, Featherstone, Garwich와 Fuchs(1984)는 언어장애인의 경우 평가사를 알고 있을 때 검사결과 점수가 훨씬 높게 나타났다고 하였다. 평가사가 언어적 반응이 아닌 제스처와 같은 신체적 반응으로 내담자를 지시할 경우 내담자가 느끼는 과업의 난이도가 달라진다는 것이다.

Strain, Sainto와 Mahan(1984)은 중증장애인의 능력과 성취도검사에 있어 현재의 표준화검사가 많은 제한점을 가지고 있다고 하였다. Ysseldyke와 Thurlow(1984)는 표준화검사와 연속관찰검사(관찰법과 부모의 의견수렴을 통한 보다 주관적인 검사)를 비교하여 장애인의 진단과 의뢰에 대한 의사결정에 이 두 가지 방법을 통합한 수정된 형태의 표준화검사를 사용할 것을 제시하였다.

장애인의 선별, 진단, 적격성 결정, 직업목표 수립을 하기 위해 각 내담자의 장애 유형, 정도, 욕구에 적합한 검사를 개발하는 것은 재활전문가의 주된 책무이며 내담자의 재활과정에 대한 동기부여와 성공을 예측하는 중요한 요인이다. 검사도구로 장애인을 진단하는 것은 장애의 정확한 유형을 판단하고 적절한 치료와 재활서비스를 제공하기 위한 과정이며, 장애로 인한 제한점이 아닌 장애의 특성을 설명하고 이해시키는 도구로만 사용되어야 한다.

재활전문가는 장애인 내담자를 평가할 때 가장 유용한 정보를 얻고자 노력해야 하고, 이러한 정보를 제공할 수 있는 적절한 평가도구를 선택해야 한다(Power, 1984). 예를 들어, 시각장애인을 내담자로 하는 재활상담사는 이 내담자 집단에게 가장 신뢰할 만하고 타당한 평가도구를 선택해야 한다. 이러한 이유에서 언어적 능력과 일정 수준 이상의 손 협응능력, 기억능력 등을 요구하는 전통적인 지필검사로 평가되기 어려운 장애인에게는 작업표본과 상황평가가 내담자에 특성에 따라 사용된다.

2. 작업표본의 역사

1) 탄생기

적성검사의 기원은 멀리 B.C. 2200년경 중국으로 거슬러 올라간다. 그 당시 중국의 왕은 국가기관에서 일할 직원들을 선발하기 위해 적성검사를 개발하였다. 직원 중에 진급

자나 해고자가 생겨 결원이 생기면 3년마다 선발고사를 통해 충원하였다. B.C. 1115년의 진나라는 국가에서 필요한 요원을 선발하는 데 공식적인 선발시험을 실시하였고, 음악, 활쏘기, 말 타기, 문예, 산술 등의 분야의 기능에 대한 표본 검사의 형식을 취하였다. 공자(B.C. 551~478)는 공무원 선발에 이와 유사한 시험체계를 사용하였다.

서양에서는 20세기 초반 직업지도운동의 선구자인 Parsons가 미래의 직업목표를 예측하기 위해 직업과 인간의 특성을 분석하여 연결시키고자 하였다. Munsterberg는 1900년경 시내전차를 모델로 한 최초의 작업표본을 개발하여 보스턴철도회사(Boston Railroad Company)의 기관사 양성을 위한 직능평가를 했는데, 이는 최초의 특정 직업에 대한 직원 선발도구라고 볼 수 있다. 제1차 세계 대전은 군인을 선발하고 인력을 보다 효율적으로 활용하기 위한 검사도구의 개발을 촉진시켰다.

2) 1920년대

1920년대의 급격한 경제성장은 경제와 산업 분야의 인력 선발의 도구로서 적성검사의 실시를 촉진하였다. 1920년대 말 의복제조기계기술자를 선발하기 위해 표준화된 작업표본이 개발되었으며, 이러한 작업표본은 전문학교 학생 선발 도구로 사용되었다. 적성검사 결과는 산업현장의 근로자의 수행능력과 비교되었으며 개인차는 거의 무시되었다. 적성검사에 대한 관심은 제2차 세계 대전 이후에도 상이군인에게 보다 질적으로 향상된 직업보도를 제공하고자 계속되었다. 다양한 적성검사가 개발됨으로써 재활전문가들은 보다 정확한 직업 예측을 할 수 있게 되었다.

적성검사가 이렇게 인기를 얻고 널리 쓰이는 것과는 반대로 교육자와 심리학자들은 적성검사가 저자와 검사 대상에 따라 많은 차이가 있다는 것을 발견하였다(Rosenberg, 1973). 생산성과 작업의 질에 대하여 공장의 감독과 근로자 간에는 의견 차이가 있었으며, 그 결과 표준화를 위한 객관적 규준을 결정하는 데 많은 편차가 나타났다. 대부분의 적성검사는 검사의 타당성을 입증하는 기준에 훨씬 미달하는 점수인 2~4점을 기록하였다. 이러한 낮은 점수는 검사의 설계가 부적절하고, 채점기준의 객관성이 결여되며, 규준자료가 부족하기 때문이었다. 내담자 중 반응 속도가 느리고, 제한된 경험을 가지고 있으며, 손동작의 협응력이 부족하고, 기억능력에 어려움이 있으며, 행동문제가 있거나 시각장애가 있는 장애인 집단이 검사 대상일 경우에는 규준이 부적절하기 때문에 적성검사는 가장 부정확한 측정도구가 될 수 있다. 그러므로 일반 적성검사는 언어적인 지시에 따를 수 있는 능력을 요구하며 장애인 교육과 훈련에 적합한 계획을 수립하는 데 필요한 정보는 거의 제공하지 못한다.

3) 1930~1940년대

장애인에 대한 적성검사의 부적절성을 인식하여 장애인연구원(Institute for Crippled and Disabled)은 1937년 지도검사도구(guidance test class)로 알려진 작업표본 접근법을 시도하였고, 최초의 표준화된 작업표본인 타워 시스템(TOWER System)을 개발하였다. TOWER는 Testing Orientation and Work Evaluation in Rehabilitation의 약자다. 작업표본은 장애인이 최적의 수준에서 기능할 수 있는 산업현장에 배치하고자 하는 욕구에 기초하여 산업현장에서의 관찰을 통해 개발되었다(Uthe, 1980). 장애인연구원은 실제 작업현장에서 사용되는 도구와 기계를 조작하고 작동하는 방법을 학습하는 환경에 장애인을 배치하여 장애인을 측정함과 동시에 학습환경을 제공하려 하였다.

1943년의 바든-라포레법(Barden-Lafollette Act)은 직업재활국(Office of Vocational Rehabilitation: OVR)을 설치하여 장애인의 직업배치, 훈련과 직업지도를 전담하도록 규정하였으며, 1945년에는 직업 전 훈련과(Pre-Vocational Unit)를 재활시설 내에 설치하도록 권장하는 법률을 제정하여 작업표본의 개발이 촉진되었다(강위영, 이상진, 1999).

4) 1950년대

1950년대 미국의 법령들은 작업표본 개발을 지원하기 위해 연방정부가 재정 지원할 것을 규정하고 있다. 1954년의 힐-버튼 프로그램(Hill-Burton Program)이나 의료시설 및 건축법(Medical Facilities Survey and Construction Act)은 치료시설, 재활기관, 노인요양시설 등의 건축에 대해 연방정부의 기금을 사용할 수 있는 법률적 기반을 제공하였으며, 심리평가도구로는 평가할 수 없는 중증장애인의 욕구를 반영하였다.

클리블랜드 직업지도 및 재활서비스국(Vocational Guidance and Rehabilitation Service of Cleveland)은 작업표본의 개발과 이용에 관한 연구의 선구자다. 이 기관은 표준화된 작업표본을 개발하기보다 다양한 장애인 집단을 대상으로 작업표본을 실시하고 그 효율성을 제시함으로써 직업평가운동을 촉진하였다.

이 시기에 가장 널리 알려진 작업표본은 플로리다의 맥도날드 훈련센터(McDonald Training Center)가 개발한 표준화된 작업표본인 펜실베이니아 양손 작업표본(Pennsylvania Bi-Manual Work Sample)이었다. 펜실베이니아 양손 작업표본은 지적장애인을 위한 직업기능척도(Vocational Capacity Scale for the Retarded)의 다섯 가지 평가도구 중 하나다. 특정 장애집단에 알맞은 작업표본을 개발하는 것이 중요한 경향이었는데, 중증 지적장애인의 직업훈련에 대한 전반적인 반응 정도를 평가하는 훈련생 수행 표본(Trainee Performance Sample)이 그 예다. 훈련생 수행 표본은 시각적 변별력, 양손의 협응력, 작업순서의 배열 능력과 같은 다양한 작업장 과업에서 요구되는 기능을 평가하는 것이다. 이 작업표본의 표준화는 500명의 중증 지적장애 청소년을 표본집단으로 하였고 내적 신뢰도는 .95, 검사-재검사 신뢰도는 .93이다. 표본집단의 수행능력과 실제 작업현장에서의 수행능력과 기능습득능력에 대한 현장 관리자와 평가사 평가 사이의 일치 타당도는 .78이었다.

발파 작업표본(Valpar Independent Problem Solving Work Sample: VIPSWS)은 인지장애인의 진단도구로 기하학적 도형을 시각적으로 비교하는 능력을 평가한다. 이 작업표본의 평가 내용은 여러 단계의 언어적 지시를 이해하는 능력과 색깔과 도형에 대한 선택적 주의집중력, 자극에 대한 시각적 추적과 인지적 이동능력이다. Billecki와 Growick(1984)은 90명의 장애인(지체장애인 30명, 정신장애인 30명, 뇌손상장애인 30명)을 대상으로 한 VIPSWS 타당도 연구에서 78.9%의 변별분석력 정확도를 보고하였다. VIPSWS는 선별의 목적으로만 이용되어야 하며 1,155초의 커트라인 점수를 획득한 내담자에게는 신경학적 검사를 함께 실시해야 한다.

5) 1960년대 이후

1950년대 이전까지 직업평가 분야에서는 작업표본평가가 표준화된 지필검사에 비해 비효율적인 방법으로 인식되었으나, 1950년대와 1960년대 직업재활기관의 급속한 증가로 인해 작업표본이 널리 사용되기 시작하였다. 작업치료사에 의해 개발된 직업 전 활동과 군대와 산업현장의 훈련기관에서 사용되는 모의 작업훈련의 확대 또한 작업표본평가 발전에 기여하였다. 1967년과 1976년 사이에 개발된 작업표본은 필라델피아 유태인 취업 및 재활서비스국(Philadelphia Jewish Employment and Vocational Service)의 JEVS System,

싱어 작업표본(Singer/Graflex Work Sample System), 발파 작업표본(Valpar Component Work Sample Series), 매캐런-다이얼 작업표본(McCarron-Dial Work Evaluation System) 등이다.

작업표본평가방법의 사용은 꾸준히 증가하고 있으며, 현재의 작업표본은 보다 복잡하고, 세밀하고, 다양한 직업 영역을 포함하며, 컴퓨터 공학이 도입되어 중증장애인에게 보다 효율적이며 용이하게 사용되고 있다.

Pruitt(1986)는 작업표본도구 사용이 증가하는 것에 대해 긍정적인 측면과 부정적인 측면에 대해 논하였다. 긍정적인 측면은 직업평가 현장에서 직업평가도구를 경쟁적으로 사용하는 경향이 보다 높은 예측 타당도를 제시하는 직업평가도구 개발을 촉진했다는 점이다. 부정적인 측면은 작업표본도구가 너무 다양해 선택에 어려움을 겪는다는 점이다.

현재 사용되고 있는 대부분의 작업표본은 미국 노동부에서 편찬한 직업사전(Dictionary of Occupational Titles: DOT)의 직무분석에 기초하여 개발되었으며, 평가 결과를 토대로 재활계획 수립이나 직무분석, 직업적합성 분석 과정에도 DOT를 참고하도록 하고 있다.

3. 작업표본의 정의

작업표본은 실제 산업현장의 작업활동과 매우 유사한 모의 직업활동 혹은 축소된 형태의 직업활동이며(Rosenberg, 1973), 실제 직업이나 직업군에서 사용되는 것과 유사하거나 동일한 과제, 재료, 도구를 사용하는 한계가 분명한 직업활동이다(강위영, 이상진, 1999). 작업표본은 개개인의 직업적성, 근로자 특성, 직업흥미 등을 평가하기 위해 작업현장에서 일하고 있는 사람들이 사용하고 있거나 혹은 유사한 재료, 연장, 기구 등을 사용하여 내담자의 직업적성, 흥미, 특성을 평가하며(VEWAA, 1976; Nadolsky, 1984; Roessler & Greenwood, 1987; Power, 1991), 내담자가 수행하는 작업활동을 평가하는 것으로 작업 환경과 개인의 성취수준을 연결시키는 지필검사와 대조적인 것이다.

작업표본의 규준은 산업현장에서 실제 작업을 수행하는 근로자를 기준으로 개발되었으며 여러 단계의 직업과업을 각 단계마다 약 10~15분의 소요시간 동안 수행하여 3~4시간 혹은 며칠간에 걸쳐 전체 과업을 수행하도록 고안되었다(Uthe, 1980). 이렇게 개발된 작업표본은 중증장애인 직업재활을 규정한 법령과 상업적 작업표본의 편의성으로 인해 널리 사용되고 있다(Botterbusch, 1982b).

내담자는 실제 작업과업과 유사한 과업을 수행하여 실제 작업현장을 간접적으로 체험하고, 언어적 · 교육적 · 문화적 제한성을 가진 적성검사보다 신뢰할 만한 평가 결과를 얻는다. 작업표본은 적성검사나 성취도검사가 실시되기 어려운 장애인 혹은 추상적 사고능력이 지체된 사람들에게도 유용하게 사용된다.

Rosenberg(1973)는 작업표본평가를 실시하여 내담자의 손 기민성, 선 자세와 앉은 자세에서의 지구력, 작업습관, 서면과 구두지시 이해력 등을 알 수 있으며, Gice(1985)는 내담자의 특정 직업에 대한 기능과 흥미, 신체능력, 직업행동, 학습형태 등을 평가할 수 있다고 하였다.

작업표본은 대부분의 경우 다른 직업적성평가도구와 함께 사용되어야 한다. 평가사는 작업표본을 수행하는 내담자를 관찰하기 때문에 정서적 성숙도, 직업습관, 스트레스 수준을 알게 되며, 직업목표 수립에 이러한 정보를 사용한다(Uthe, 1980).

4. 작업표본의 선택

작업표본은 실제 과업활동과 유사하지만 실제 작업환경과 동일한 환경은 제공할 수 없기 때문에 현직 활동과는 차이가 있다. 하지만 작업표본평가에서 내담자는 산업현장에서 실제로 과업을 수행하는 것처럼 느끼기 때문에 표면 타당도가 높으며, 규준이 실제 작업현장 규준과 매우 유사하고 평가와 직무에 대한 교육과 훈련이 동시에 제공되는 장점을 가진다. 작업표본은 과업지향적이며 직업과 밀접한 연관성이 있으므로 지필검사보다 평가에 대한 불안과 긴장감이 덜 나타난다(강위영, 이상진, 1999; Abrams, 1979; Uthe, 1980; Power, 2013; Rubin, Roessler, & Rumrill, 2016).

작업표본을 선택하는 데 중요한 요소 중 하나는 타당도다. 표면 타당도는 작업표본과 실제 직무를 분석함으로써 성립되며, 작업표본에 포함된 작업과업의 정도를 퍼센트로 나타내고 70%의 과업수준이 일반적으로 수용된다. 표면 타당도 이외에 예측 타당도를 통하여 성공적인 직업배치를 예상할 수 있으며 작업표본에서 보다 중요한 부분은 과업수행 과정에 대한 내용 타당도다. 내용 타당도는 과업수행 과정을 관찰함으로써 평가될 수 있다.

작업표본의 신뢰도 또한 직업평가도구 선택의 중요한 요소다. 작업표본의 과업, 학습 경험, 물리적 조건은 신뢰도에 영향을 준다(McDaniel & McClanahan, 1993). 오차의 변산성이 높고 진점수가 충분히 나타나지 못하는 작업표본을 사용하는 경우에도 수용될 수 있는 정도의 신뢰도는 확보되어야 한다. 작업표본의 신뢰도는 검사-재검사 신뢰도, 반분신뢰도 등이 제공되는데, 적어도 0.50 이상의 신뢰도 계수가 수용된다.

작업표본은 평가하고자 하는 직업에 대한 직무분석을 통해 개발되며 직업세계의 변화에 부응하기 위해 정기적으로 개정된다.

5. 작업표본의 개발

재활기관 직업평가실의 주된 임무는 내담자를 직업평가하는 데 적합한 작업표본을 결정하는 것이다. 재활기관은 ① 내담자, ② 내담자에 적합한 직업, ③ 직업배치와 직업기회라는 세 가지 요인에 근거하여 작업표본을 결정한다(Rosenberg, 1973). 작업표본의 기본 가정은 직업훈련과 직업배치를 예측하기 위한 기능 · 적성 · 잠재력을 평가하는 것이므로 내담자에 대한 정보가 기초가 된다. 내담자에 관한 정보는 ① 연령, ② 지능수준, ③ 신체적 제한점, ④ 읽기와 셈하기 수준 등이다.

내담자의 욕구에 알맞은 직업을 결정하는 데 선행되어야 할 조건은 지역사회의 산업현장을 조사하는 것이다. 지역사회 시장조사는 직무분석을 통해 직무특성에 대한 자료를 수집하고, 직업훈련 자원을 파악하며, 현재와 미래의 직업배치 가능성을 예측하는 것이다. 산업현장과 직업에 관한 종합적인 정보는 직업사전, 산업현장의 관리자, 근로자와의 면접 등을 통해 얻을 수 있다. 배치에 관한 정보는 복지관 등 재활기관, 구인정보가 실린 지역신문, 워크넷 등 인터넷 구인정보 사이트, 지역 고용센터 등을 통해 얻을 수 있다. 이외에도 직업전망사전, 복지관 등의 취업자 모임 등이 직업배치에 관한 정보를 제공하는 좋은 자원이다. 내담자에게 적합하다고 예측되는 직업분야와 작업표본, 작업수행에 요구되는 도구와 자료, 장소, 장비와의 관련성이 직업목표 선정의 기초가 된다. 또한 작업표본은 평가하고자 하는 직업에 대한 직무분석을 통해 개발하며, 직업세계의 변화에 부응하기 위해 정기적으로 개정되어야 한다.

Power(2013)는 재활상담사는 평가에 대한 흥미가 낮은 내담자와 장애로 인한 기능적 제한 때문에 과업을 완수하지 못한 내담자를 구별할 수 있어야 한다고 하였다.

1) 작업표본의 기본 가정

① 내담자가 심리평가에서 낮은 점수를 획득한 경우에도 작업표본평가에서는 효과적으로 평가될 수 있다(Pruitt, 1986).

- 대부분의 심리평가는 언어성 검사이기 때문에 낮은 언어능력을 가진 사람은 낮은 점수를 획득할 수밖에 없다.
- 대부분의 심리평가는 읽기, 쓰기, 셈하기와 같은 학문적 성취능력을 요구하기 때문에 교육수준이 낮은 사람은 심리평가에서 정확한 점수를 획득할 수 없다.
- 대부분의 심리평가는 적어도 평균 정도의 지능수준을 요구하기 때문에 내담자가 검사 지시문을 이해하고 따를 수 있다는 가정하에 검사가 진행되며 지능이 낮은 사람의 경우 낮은 점수를 얻을 수밖에 없다.
- 심리평가의 외적 요소(조명, 환기, 소음)는 일반적으로 통제가 가능하지만, 내적 요소(동기, 불안 정도, 인지 · 감각기능, 주의집중력) 또한 통제가 가능하다는 것은 잘못된 판단이다. 성취동기가 낮고, 불안의 정도가 높으며, 주의집중력이 낮은 사람은 이러한 문제를 보이지 않은 같은 능력을 가진 사람의 검사 결과보다 낮은 점수를 획득할 수 있다.
- 표준화검사의 규준집단에서 계속 낮은 점수를 획득하는 사람의 분포는 매우 적기 때문에 이들 집단에 속하는 사람은 지체장애인, 지적장애인, 정서장애인 혹은 문화적 결핍 상태에 있는 사람일 가능성이 높다.

② 작업표본은 심리평가와는 달리 직업행동과 직무수행능력이 평가기준이 된다. 작업표본평가는 실제 작업 혹은 모의 작업을 이용한 평가이기 때문에 직업흥미 혹은 적성검사, 지필검사보다 직업흥미, 적성, 작업수행능력 평가에 있어 표면 타당도와 구성 타당도를 가진다.

③ 작업표본평가에서 내담자는 검사에 참가한다고 느끼기보다 실제 작업을 수행한다고 생각해 평가에 대한 불안감이 줄어든다.

④ 내담자는 심리평가와는 달리 직접 과업을 수행해 봄으로써 직업에 보다 많은 흥미를 갖게 된다.

⑤ 내담자는 '검사'라는 용어에 부정적 태도를 보이지만 '작업'이라는 단어에는 강한 긍정적 태도를 보인다.

⑥ 내담자는 작업표본과업을 수행하는 데 보다 많은 노력을 기울인다.
⑦ 작업표본평가에서는 심리평가보다 실제적인 직업잠재력을 평가할 수 있다.
⑧ 작업표본평가의 결과는 직업 선택에 있어 보다 유용한 정보를 제공한다.
⑨ 내담자의 행동은 특정 검사문항에 대한 반응이 아닌 전체 상황에 대한 반응이다.
⑩ 작업표본평가는 내담자가 자신의 수행능력이 아닌 과업에 집중할 수 있도록 한다.
⑪ 긍정적인 직업행동 이외에 부정적인 직업행동도 평가될 수 있다.
⑫ 작업표본평가의 결과는 지역사회의 노동시장과 밀접한 관련이 있다.
⑬ 심리평가보다 유동적이다.
⑭ 심리평가에 비해 검사 시간이 길기 때문에 내담자의 동기수준을 파악할 수 있다.
⑮ 지속적인 과업수행이 수행 속도보다 중요시된다.
⑯ 작업표본평가는 조립직, 사무직과 같은 직업 분야의 기능을 평가하기 때문에 직업 선택의 범위를 넓혔을 뿐 아니라 내담자에게 가장 적합한 직업 분야를 선택하는 데 도움이 된다.
⑰ 작업표본은 내담자의 직업을 수행하는 과정에서의 문제해결능력과 특정 직업 분야를 평가하기 때문에 특정 직업 분야와 수준을 예측하는 데 도움이 된다. 전통적인 심리적성검사는 적합한 직업 분야를 예측하는 데는 타당하지만 직업배치에 적합한 직종의 수준을 결정하는 데에는 유용하지 않다.
⑱ 작업표본은 내담자의 작업수행에 있어 질적인 부분도 평가하지만 내담자의 동기, 직업과 관련된 자아개념, 인간관계, 독창성, 비판을 수용하는 자세, 주의집중력, 신체적 인내도, 정서적 성숙도 등도 평가한다. 또한 심리평가에서 측정된 흥미도와는 달리 직무수행에서 나타난 흥미도의 평가도 이루어진다.
⑲ 작업표본평가보고서는 심리평가보고서보다 직업과의 연관성이 높아 내담자와 재활전문가에게 즉각적이고 의미 있는 결과를 제공한다.
⑳ 작업표본평가는 직업 의사결정에 필요한 정보를 제공한다. 내담자는 작업표본평가 결과에서 얻은 정보를 통해 자신의 실제 능력과 잠재력을 알고 이에 기초하여 직업을 선택하고 이는 배치에 있어 성공의 확률을 높인다.

다음은 작업표본평가가 직업 의사결정에 긍정적 영향을 미치는 측면이다.

- 작업표본은 심리평가보다 다양한 직업목표를 제시한다.
- 내담자가 심리평가에 기초하여 직업을 선택했을 때보다 작업표본검사에 기초하여 직업을 선택했을 때 직업배치, 직업적응, 직업유지에 있어 성공률이 높다.
- 내담자는 직업에 대해 보다 현실적인 이해를 할 수 있다.
- 내담자는 직업에 대해 현실적으로 이해함으로써 미래에 배치될 직업에서 요구하는 특성에 알맞은 능력을 갖추기 위해 노력한다.

2) 작업표본의 개발

작업표본평가도구의 개발은 다음의 과정을 거친다(강위영, 이상진, 1999).

(1) 1단계: 지역사회 노동시장 조사

① 내담자의 거주 지역, 특성들을 고려하여 재활기관과 중소벤처기업부와 같은 기관에 협조를 요청한다.
② 장애인에게 가능한 직업과 지역사회에서 요구하는 특성을 판별한다.
③ 내담자의 잠재력에 알맞은 직업 유형을 분류하고 알맞은 기업을 찾아 목록을 작성한다.
④ 도매, 소매, 서비스업 등 업종에 따른 정보를 수집한다.
⑤ 사업체의 코드 번호, 분류 등을 통해 수집한 노동시장 정보를 직업은행에 보관, 관리한다.

(2) 2단계: 직업 조사

① 기업명, 주소, 전화번호
② 해당 기업의 접촉한 사람 이름
③ 직업에 대한 간략한 설명
④ 해당 직업의 구체적 요구 조건
⑤ 해당 직업과 관계되는 도구, 장비, 기계
⑥ 해당 직업의 급여, 수당, 승진 소요시간
⑦ 고용전망

⑧ 적성, 자질, 흥미, 환경조건

(3) 3단계: 제작 계획

작업표본 개발에 유용한 도구, 난이도, 사용 전망을 분석한다.

① 특정 작업표본에 필요한 모든 직무과제들을 종합한다.
② 필수 직무과제를 선별, 조직하고 순서를 결정한다.
③ 각각의 직무과제에 요구되는 시간, 기능, 난이도를 작업표본 분석표에 기재한다.
④ 작업표본 매뉴얼 제작을 준비한다.

(4) 4단계: 작업표본 매뉴얼 제작

평가 시행과정은 가능한 평가자의 선입견이나 편견이 작용하지 않도록 표준화한다.

① 작업표본 매뉴얼의 표지: 작업표본 이름, 개발기관 이름과 주소, 개발 연도
② 목차: 제목과 페이지 수록
③ 과업 내용에 대한 목차와 설명: 가장 빈번히 요구되는 과업에서 가장 적게 요구되는 과업의 순서로 기재하고, 과업 목적에 대한 정보 제공
④ 근로자 특성과 직업 특성: 직업에서 요구되는 내담자 능력에 대한 목록(지식, 기술, 적성, 능력 등)
⑤ DOT 작업표본의 경우 DOT 직업항목과 숫자코드를 기재함

(5) 5단계: 도구 및 규준 제작

직무분석을 기초로 직무과제에 알맞은 작업표본을 제작하여 시행한다. 대표성 있는 표본을 표집하여 검사를 실행하고 백분위 점수를 토대로 적절한 규준표를 만든다. 규준표는 내담자의 성취수준을 다른 산업현장 근로자의 성취수준과 비교할 수 있도록 소요시간, 완성된 단위의 수 등을 시간, 실수 점수 등으로 표시하는 백분위 점수다.

(6) 6단계: 사후연구 및 타당도 검사

작업표본이 제작된 후 적합한 직업군을 판별하고 타당하고 의미 있는 해석이 가능하도

록 한다. 개발된 작업표본의 평가 결과를 체계적으로 정리하여 현재 사용되고 있는 다른 평가도구의 결과와 비교하여 준거 타당도를 검증한다.

3) 작업표본의 실행

(1) 직업평가사 지침

직업평가사는 작업표본을 실시할 때 유의점에 대한 교육을 받는다. 직업평가사는 지침을 숙지하여 작업표본이 요구하는 내담자의 읽기수준, 신체능력, 현재 작업표본평가 실시에 선행되어야 할 다른 작업표본 혹은 직업평가도구의 필요성 여부, 검사 결과에서 중요한 점수 혹은 수행수준에 대한 지식을 갖추어야 한다.

또한 지침에는 작업표본평가가 실시될 환경조건이 명시되어야 한다. 환경조건은 조명, 소음, 특별한 의복착용이 요구되는지, 안전기구, 자세와 같은 신체적 능력에 대한 사항이 제시된다. 평가에 요구되는 기계, 도구, 장비, 보조기구 등이 서술식 혹은 도해식 설명으로 명시되어야 하며 내담자와 평가사가 함께 작업표본을 설치 · 해체한다.

(2) 오리엔테이션과 실행

작업표본과 작업표본의 기초가 되는 실제 과업에 대한 오리엔테이션은 매우 중요하다. 모든 설명은 명확해야 하며 지시문은 순차적으로 번호를 매겨 제시한다. 모든 직접적 지시문은 눈에 잘 띄도록 박스로 표시하며 위험한 도구의 사용이나 중요한 부분은 강조한다.

내담자는 작업표본평가에 참여함으로써 다음과 같은 경험을 하게 되므로, 오리엔테이션에서 내담자가 작업표본평가의 의미를 잘 이해하여 적극적으로 참여하게 해야 한다.

① 내담자가 최대한의 성취수준을 획득하기 위해 노력하는 과정에서 동기가 유발된다.
② 직업탐색의 기회를 제공한다.
③ 작업표본과 작업표본의 기초가 되는 실제 과업 간의 관계를 이해한다.
④ 내담자에게 고용기회에 대한 정보를 제공한다(직업목록, 직업 요구사항, 급여수준, 작업환경, 훈련과 교육수준, 승진 기회, 해당 회사가 위치한 장소).
⑤ 작업표본에 반영된 직업 유형에 대한 질문을 하거나 의견을 제시할 기회를 제공한다.

(3) 채점

채점방식은 직무수행 평가방식과 유사하다(생산량, 과업완수에 소요된 시간, 실수 횟수 등). 평가사가 채점과정을 정확하게 이해할 수 있도록 자세한 설명이 제시되어야 하며, 질적인 규준이 사용된다면 실수의 가능성이 있는 부분에 대한 예시가 제시되어야 한다. 채점표와 같은 채점 보조도구가 사용된다면 명시되어야 한다. 또한 원점수를 백분위 점수, 표준점수, 9분 점수 혹은 규준 점수와 같은 의미 있는 점수로 환산하는 환산표 혹은 척도가 제시되어야 한다.

채점 시에 사용되는 응답기록지에는 다음과 같은 유형들이 있다.

① 과업 관찰 기록표: 작업수행 동안 내담자의 행동과 작업의 질을 관찰하고 기록하는 문서
② 응답지
③ 채점표와 같은 채점 보조기구

(4) 규준

작업표본에는 일반적으로 세 가지 형태의 규준자료가 사용된다.

① 내담자 규준
② 훈련생 규준
③ 실제 산업현장의 근로자 규준

직업평가사는 연령, 성별, 장애 유형, 직업목표 등에 대한 규준에 따라 내담자의 특성에 적합한 규준을 찾고 참고해야 한다.

(5) 신뢰도

신뢰도에 대한 통계적 수치가 제시된 경우 신뢰도를 도출한 과정에 대한 정보도 제공되어야 한다. 신뢰도에 대한 검증이 이루어지지 않았다면 '신뢰도에 대한 자료는 현재 이용할 수 없음'이라고 명시해야 한다.

심리평가에서 학습의 효과를 배제시키기 위해 반분 신뢰도와 같은 방법을 사용하여 신

뢰도를 높이고 동일한 심리평가도구를 여러 번 사용하지 않는다. 이와 반대로 작업표본에서는 내담자가 산업규준과 동일한 수준의 작업수행능력을 보이거나 최대한의 작업수행능력에 도달할 때까지 내담자의 수행능력을 향상시키는 목적으로 작업표본을 반복하여 사용한다. 이 경우 작업표본은 평가도구인 동시에 훈련도구의 역할을 하지만 매우 많은 시간이 소요되는 단점을 가진다.

작업표본과 심리검사의 사용에 있어 내담자의 장애 유형에 따라 변형된 형태의 검사실행과 채점방법을 사용하는 것이 타당할 수 있다. 예를 들어, 청각장애인에게 구두 지시 대신에 인쇄물을 통해 지시하거나 읽기에 어려움이 있는 인지장애인에게 구두 지시를 제공하는 것이다. 이러한 형태의 검사가 빈번하게 실시되어야 한다면 새로운 규준을 설정하는 것이 바람직하다.

(6) 해석과 제안점

작업표본을 개발하고 임상실험을 거치는 과정에서 개발자는 실제 결과 해석에 영향을 주는 여러 가지 요인을 발견할 수 있다. 평가사에게 작업 수행의 질에 중요한 영향을 주는 행동에 대한 정보를 제공하여 평가사가 긍정적이거나 부정적인 행동을 인지할 수 있도록 도와주어야 한다. 작업 수행 혹은 전체 평가 결과와의 연관성에 따른 각 행동 영역에 대한 평가척도를 개발하는 것은 매우 유용한 정보가 될 것이다.

① 작업표본도구, 보조도구의 수정은 실제 직업현장에서 사용되는 것과는 다르다.
② 예측 타당도에 기초한 장점과 단점을 제시한다.
③ 작업표본, 실행과정, 채점과정의 수정에 대한 제안점을 제시한다.

(7) 작업표본 제작재료

상업용 작업표본 이외에 직업평가사들이 작업표본을 제작할 때 제작 청사진 혹은 3차원 도면이 요구된다. 크기, 색, 도구와 재료의 배치에 관한 컬러 사진도 유용하다. 특별한 조립이 요구될 경우 조립 순서를 나타낸 세밀한 지도안이 요구된다.

제작재료의 목록은 다음과 같다.

① 부속품의 이름

② 부속품의 수량
③ 주문량
④ 무게
⑤ 크기, 색
⑥ 구매기관과 주소
⑦ 가격표와 전체 제작비

(8) 참고문헌과 양식

참고문헌은 일반적인 학술지에서 사용하는 양식과 미국심리학회(American Psychological Association: APA) 양식을 따른다.

(9) 부록

부록에는 직무분석지 사본이 포함된다. 그 외에 산업현장의 직무수행에 관한 사진, 작업표본 배치도, 행동척도 기록표, 규준집단과 관련된 가족인구학적 자료가 제공된다.

4) 작업표본의 활용

직업평가에서 작업표본평가를 사용하는 목적은 내담자의 장점과 제한점에 대한 정보를 획득하는 데 있다. 작업표본평가는 내담자의 기능수준, 능력, 잠재력을 반영하는 이외에 직업흥미, 작업태도와 기타 사회심리적 자료를 관찰을 통해 제공해 준다. 작업표본은 직업목표 수립, 목표 성취를 위한 계획을 수립할 때 심리평가, 기타 평가자료와 함께 사용하는 것이 유용하다.

작업표본은 현재 내담자의 기능수준 이외에 잠재적 기능수준에 대한 예측을 가능하게 함으로써 직업재활서비스에 대한 적격성 판정에 중요한 역할을 한다. 작업표본에서 평가된 작업기능, 직업 적성, 직업흥미는 잠재적 직업 분야를 제시하지만, 내담자의 학습능력과 훈련능력은 내담자의 일반 흥미, 적성 분야를 제시한다.

작업표본의 결과로 내담자의 직업수행에 대한 예후를 진단하는 것은 단순히 직업 잠재력을 예측하는 것보다 중요하다. 장애인 근로자 실직의 대부분은 직무기술 부족과 같은 문제가 아닌 인간관계 형성과 같은 사회성 기술의 부족이 원인이므로 이러한 문제에 대한 판별과 평가가 직무능력에 대한 평가보다 우선되어야 한다. 직업평가사는 내담자의 사회성 기술 향상을 위해 상담, 직업적응훈련, 행동수정과 같은 서비스를 계획하여야 하며 훈련 가능성, 고용 가능성, 직업배치 가능성, 직업준비도에 대한 예측이 직업 잠재력 측정과 함께 고려되어야 한다. 그러나 산업재해 장애인의 경우 내담자의 신체적 능력과 인내력에 관한 예측에 초점을 맞추어야 한다.

Ditty와 Reynolds(1980)는 단일 검사도구를 사용한 경우보다 표준화검사와 작업표본을 함께 사용하는 것이 특히 중증장애인의 학습능력과 제한점을 평가하는 데 유용하다고 하였다. 과업에 대한 사전검사를 실시하고 내담자의 장점과 단점을 평가하며, 개별화된 훈련 프로그램에 참여시키는 과정을 통해, 내담자 배치 가능성이 있는 지역사회의 직업환경과 유사한 작업표본을 개발할 때 내담자는 직업재활에서 성공할 수 있다(Roessler & Greenwood, 1987).

5) 작업표본의 장점

① 문화, 교육, 의사소통 장벽을 감소시켜 동등한 취업기회를 제공한다.

② 평가 후 즉시 채점하고 관찰결과를 제시하기 때문에 재활전문가 팀에게 직접적이고 즉각적인 피드백을 제공한다.

③ 과업지향적이며 직업과 연관되어 있으므로 전통적 심리검사에 비해 불안감을 덜 유발시킨다.

④ 3~4일간에 걸쳐 모의 작업장에서 평가하기 때문에 지필검사에 비해 내담자의 여러 가지 특성에 대한 종합적인 평가를 할 수 있다.

⑤ 내담자가 적극적으로 참여하므로 자신의 능력에 대한 이해가 증가한다.

⑥ 심리평가보다는 재활시설 내 실제적인 작업현장과 비슷하므로 내담자의 흥미를 유발한다.

⑦ 실제적인 작업행동을 관찰할 수 있다.

⑧ 심리검사에서 측정된 흥미도와는 달리 직무를 수행하면서 나타나는 흥미도를 측정할 수 있다.

⑨ 추가적인 의료 정보를 발견할 수 있다(과업을 수행하는 데 있어 보장구 사용의 필요성이나 어려움).

⑩ 대부분의 미래의 고용주들은 다른 평가 결과보다 작업표본평가 결과를 신뢰한다.

6) 작업표본의 단점

① 예측 타당도가 높지만 모의 도구를 사용하기 때문에 임상 장면에서의 성취도와 실제 작업현장에서의 성취도가 차이가 있을 수 있다.
② 산업현장의 작업기준과 연관성이 적은 평가 규준으로 인해 비교가 어려울 수 있다.
③ 실제 평가 단계 이전의 훈련과정을 통해 작업표본 사용방법을 학습해야 하는 경우도 있다.
④ 상위의 직업력을 갖춘 내담자의 경우 단순 과업을 수행함으로써 지루함을 느끼거나 동기부여가 되지 않을 수 있다.
⑤ 심리검사보다는 덜하지만 내담자에게 불안감을 줄 수 있다.
⑥ 표준화의 결여는 신뢰도와 타당도에 영향을 미칠 수 있다.
⑦ 적성과 능력의 구분이 어렵다.
⑧ 기술의 급격한 발전에 따라 도구의 낙후성이 문제가 될 수 있다.
⑨ 지필검사에 비해 많은 시간이 소요된다.
⑩ 개발과 구입비용이 많이 든다.
⑪ 중증 지적장애인에게는 난이도가 높아 평가 신뢰도가 문제될 수 있다.
⑫ 직업의 다양성은 도구 구성을 어렵게 한다.
⑬ 실행방법이 쉽기 때문에 직업평가에 대한 지식이 부족한 사람이 실행할 경우 평가의 신뢰도와 타당도가 낮아질 수 있다.
⑭ 장시간을 소요하는 작업표본은 주의집중력 문제를 가진 정서 · 행동장애인에게는 부적합하다.

6. 작업표본평가도구

1) 작업표본평가도구

직업재활 현장에서 가장 널리 사용되는 작업표본평가도구는 McCarron-Dial Evaluation System(MDS), Work Activities, Talent Assessment Program(TAP), 지역사회적응검사(CISA-2), Valpar Series, KEAD 손기능 작업표본검사, KEAD 다차원 양손협응 작업표본검사 등이 있다.

McCarron-Dial Evaluation System(MDS)

① 목적

- 뇌 기능이 제한된 사람에게 적절한 치료, 훈련, 교육전략 선택 및 개선
- 직업 잠재력 평가(지역사회, 지원고용, 보호고용 배치)
- 다섯 가지의 신경심리학적 요인 발견
  - 언어 · 공간 · 인지; 감각; 운동; 정서 · 통합 · 대응 요인
- 학교에서 성인으로의 전환능력 평가
- 직업흥미평가

② 대상

- 지적장애인, 정신장애인, 학습장애인, 신경심리학적 장애를 가진 내담자가 대상이다.
- 면접을 통해 대상을 선별한다.

③ 내용

- 다섯 가지 신경심리학적 요인을 측정하는 표준화된 8개의 작업표본으로 구성되어 있다.
- 직업 잠재력 예측 및 중추신경계 장애인에 관한 재활 전략을 제시한다.
- 2주 동안의 평가기간이 필요하다.

④ 검사환경

복지관 직업평가실, 학교 직업훈련실, 직업재활시설, 지원고용현장, 산재장애인 재활병원

⑤ 시간

하위 검사에 따라 규정된 시간제한이 있다.

⑥ 채점

시간 규준과 질적 요인을 비교하여 전체 점수를 계산한다.

⑦ 신뢰도

검사–재검사 신뢰도 0.67~0.99(MAND), 0.90~0.93(HVDT)

⑧ 타당도

예측 타당도 0.53~0.86(HVDT), 0.70(MAND)

⑨ 장점

- 내담자의 작업 속도와 질을 측정할 수 있다.
- 내담자의 소근육과 대근육 운동능력을 평가한다(MAND).
- 내담자의 촉각과 시각적 정보를 통합하는 능력을 평가한다(HVDT).
- 신경심리학적 진단과 교육적 평가에 유용하다.
- 내담자의 정서적인 면을 측정할 수 있다.

⑩ 단점

- 일대일 평가 장면에서만 측정이 가능하여 비용과 시간 면에서 비효율적이다.
- DOT의 근로자 특성요인과의 연관성이 결여되어 평가 결과를 토대로 구체적인 직업이나 직무를 제안하기 어렵다.

〈표 6-1〉 MDS 평가 영역 및 평가도구

신경심리학적 요인	평가 내용	평가도구
언어(Verbal)-공간(Spatial)-인지(Cognitive)	언어, 학습능력, 기억력, 성취도 측정	• 웩슬러 성인지능검사(WAIS) • 스탠퍼드-비네 지능검사(SBIS) • 피바디 그림어휘검사(PPVT) • 수용표현어휘력검사(REVT)* • 광역 성취도검사(WRAT) • 피바디 성취도검사(PIAT)
감각(Sensory)	주위 환경 지각 및 경험	• 벤더 시각 운동력 게슈탈트 검사(BVMGT) • 촉각 및 시각 변별력검사(HVDT)
운동(Motor)	근력 이동속도 및 정확성, 균형과 조화	• 매캐런 신경근육 발달검사(MAND)
정서(Emotional)	대인관계 및 환경으로부터의 스트레스에 대한 책임	• 정서관찰검사(OEI-R) • 정서행동검사(EBC) • 미네소타 다중 인성검사(MMPI-2/MMPI-2-RF) • 한국판 집-나무-사람 검사(K-HTP)
통합-대응 (Integration-Coping)	적응행동	• 다이알 행동척도(BRS) • 노변생존기능검사(SSSQ) • 일상생활 및 직업적응검사(SFAB)

*수용표현어휘력검사(REVT)는 우리나라에서만 MDS 평가의 하위검사로 사용 가능.

[그림 6-1] MDS

MDS 시각장애인용 검사(Comprehensive Vocational Evaluation System: CVES)

① 목적

- 잔존시력에 상관없이 시각장애인의 신경심리학적 기능에 대한 종합적 평가를 위해 실시한다.
- 학습능력 · 문제해결능력 · 성취도; 신경 · 운동기능; 정서 · 대응 · 적응행동 영역에 있어 강점과 제한점을 평가한다.

② 평가 영역

신경심리학적 요인	평가 내용	평가도구
언어-공간-인지	• 학습 잠재력 · 성취도 • 인지, 지능, 정보처리능력 • 추상적 이해, 청각 언어 기능, 학습능력, 기억력, 공간지각력에 대한 언어 및 수행능력 평가 • 기존 지능검사와 달리 문제해결능력, 학습능력, 기억력 이외에 이미 획득한 지식과 경험(성취도) 평가 • 시각장애인의 뇌손상/뇌기능 이상을 보다 잘 감지해 낼 수 있음 • 언어 지수/비시각적 수행지수 산출	• Cognitive Test for the Blind (CTB) -하위 평가요인: 개념, 학습, 언어성 기억, 비언어성 기억, 언어, 공간
	• 발병 전 지식과 언어기능 측정 -언어와 수행 영역에서의 실제 잔존능력, 강점/제한점 파악 • 감각장애로 인해 경험이 제한되고 실제 언어능력과 상관없이 WAIS에서 낮은 언어기능을 보일 가능성이 높음	• WAIS-IV 언어성 검사
	• CTB/WAIS-IV 사용이 어려울 때	• Woodcock-Johnson III Tests of Achievement 시각장애인용 • WRAT-R 시각장애인용

감각	• 촉각-매칭 기능 • 단기 촉각기억 • 공간 위치 기능 -촉지각 변별, 공간기억력은 측두엽 -측두두정엽 영역에서 처리함 • 점자 읽기, 환경 지남력, 이미지 인식에 필요한 기능 • 지남력과 이동력의 문제는 우반구가 손상을 받았을 때 나타남	• Haptic Sensory Discrimination Test(HSDT)
	• HSDT 사용이 어려울 때	• Haptic Memory Matching Test(HMMT) • Seashore Rhythm Test (SRT) • Speech Sounds Perception Test(SSPT)
운동	• 비시각장애인용과 동일한 검사 사용 • 시각장애인용 채점 규준 사용	• MAND-IV
정서	• 비시각장애인용과 동일한 검사 사용	• EBC, OEI-R
	• EBC, OEI-R 사용이 어려울 때	• Minnesota Multiphasic Personality Inventory-Revised (MMPI-2) • Sixteen Personality Factors (16 PF)
통합-대응	• 비시각장애인용과 동일한 검사 사용	• SFAB

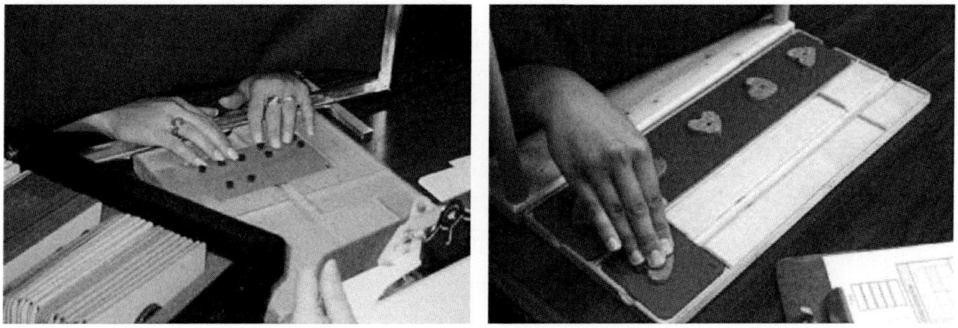

[그림 6-2] HSDT

출처: http://www.jackdial.com/clinic/cves/indexcvesdescrpt3.htm

Work Activities

① 목적

- 실제 작업환경과 유사한 작업활동으로 피검자의 변별, 조립, 포장작업과 같은 기술과 행동 등 2차 산업현장에서 필요한 직무능력을 평가하고 훈련하기 위해 실시한다.
- 특수한 욕구를 가진 학생의 전환교육에 있어 실제와 유사한 작업훈련 활동을 통한 직업목표(가사일/산업제조)를 설정할 수 있다.

② 구성

- 변별력 100번대, 조립 200번대, 포장 300번대로 구성되어 있으며, 제조업 직무수행 능력을 측정하는 데 활용한다.

변별력(Discrimination) 검사
1) #100B 빗과 솔 분류(Brush and Comb Sort and Assembly)
2) #101 스푼 분류(Spoon Sort)
3) #103 기본 크기 분류(Basic Size Sort)
4) #105 다양한 단서 분류(Cue Variable Sort)
5) #108 6개 물품 분류(Six Item Sort)
6) #109 고무부품 분류(Rubber Parts Sort)
7) #110 24개 물품 분류(Twenty-Four Sort)

조립(Assembly) 검사
1) #200 빗 세트 조립(Comb Set Assembly)
2) #202 색색깔 너트와 볼트 조립(Colorful Nuts and Bolts Assembly)
3) #203 플라스틱 파이프 조립(Plastic Pipe Assembly)
4) #205 커플링 조립(Coupling Assembly)
5) #205A 열쇠 링 조립(Key Ring Assembly)
6) #206 호스 노즐 조립(Hose Nozzle Assembly)
7) #207 커넥터 조립(Connector Assembly)

8) #209 손전등 조립(Flashlight Assembly)
9) #210 스프링클러 조립(Springkler Assembly)
10) #210A 클립과 링 조립(Clip and Ring Assembly)
11) #211 수도꼭지 조립(Faucet Assembly)

포장(Packaging) 검사
1) #300 칫솔 통 포장(Toothbrush Tube Packaging)
2) #301 형광펜 포장(Highlight Pen Packaging)
3) #302 색상 대조(Color Match Collating)
4) #303 4칸 포장(Four Compartment Packaging)
5) #303A 연필 포장(Pencil Packaging)
6) #304 스냅 박스 포장(Snap Box Packaging)
7) #305 용기 포장(Container Packaging)
8) #305A 주사위 포장(Dice Packaging)
9) #306A PVC 커넥터 포장(PVC Connector Packaging)
10) #307 무게 재기와 자루에 넣는 작업(Weighing and Bagging)
11) #308 자루 넣기와 봉인 작업(Bagging and Heatsealing)
12) #309 사무 도구 포장(Office Supply Packaging)

③ 도구 설치 및 평가

- 기본과제 + 응용과제(#100 시리즈: 변별과제)
  - 평가자는 단계별로 응용과제를 지도하고 피검자의 수준에 맞게 난이도를 조정하여 알맞은 과제 단계를 지시해 줄 수 있다.
  - 피검자가 분류할 수량의 선택은 평가자가 결정한다.
- 기본과제 + 응용과제 + 분해과제(#200, 300 시리즈: 조립 · 포장과제)
  - 평가자는 난이도에 따라 작업을 다양화 시킬 수 있다.
  - 변별과제에서 색상, 모양, 길이, 무게, 치수의 차이를 조정하면서 점차 복잡한 과제를 만들 수 있다.

④ 채점

- 변별과제
  - 수행도는 속도가 아니라 정확성으로 평가한다.
  - 수행 정확도가 95% 이상 되어야 기준을 통과한 것이고, 만일 95% 미만일 경우 훈련이 요구된다.
- 조립과 포장과제
  - 제한된 시간 내 수행하는 작업속도와 정확도로 평가한다.
  - 수행 정확도가 90% 이상 되어야 기준을 통과한 것이고, 만약 90% 미만일 경우 훈련이 요구된다.

[그림 6-3] Work Activities

출처: https://www.attainmentcompany.com/transition/pre-voc-activities/pre-voc-one

Talent Assessment Program(TAP)

① 목적

- 구조적·기계적 시각화, 크기/모양 변별, 색 변별, 촉각 변별, 작은 물건 조립, 큰 물건 조립, 작은 도구를 사용한 조립, 큰 도구를 사용한 조립, 흐르는 패턴에 의한 시각화, 세부적 도구 및 구조 유지(기억)하는 능력 등의 기능적 직업적성을 측정하는 비언어성 검사도구다.
- 최적의 진로 적합성을 찾는 데 유용하며, 수기와 컴퓨터 매칭방법을 사용한다.

② 대상

장애 유형이나 장애 여부와 관계없이 모든 내담자에게 실시 가능하다.

③ 실시방법

- TAP은 교실이나 교실과 유사한 환경에서 실시한다.
- TAP은 일반적으로 2시간 반 동안 실시하는 일회성 평가이며, 평가 1회기당 1~8명까지 집단평가가 가능하고, 내담자 개인 특성 혹은 장애 여부에 따라 1일 최대 20명까지 가능하다.

④ 하위검사

내담자의 기능적 적성과 강점을 찾기 위해 실제 도구와 과업으로 구성된 10개 하위검사로 이루어져 있다.

하위검사	검사도구	평가 내용
#1 시각 및 기억 (Visual and Retention)	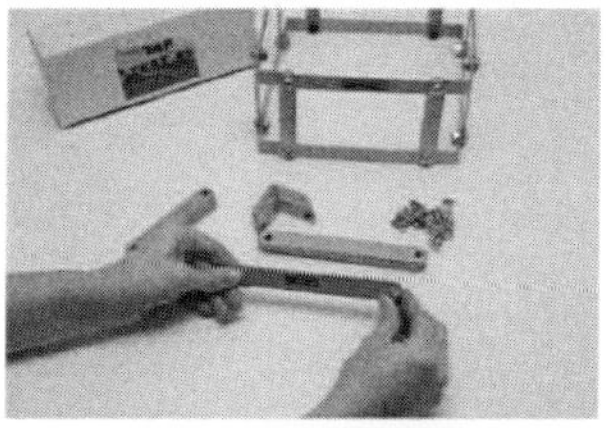	기계, 산업, 건축 등의 직종에 필수적인 적성인 형태와 공간인식 기능
#2 세밀한 변별 (Fine Discrimination)		전자, 작은 부품 조립 등의 직종에 필수적인 적성인 유사한 물체를 세밀하게 변별하는 기능
#3 색 변별 (Color Discrimination)		미술, 도배, 미용, 자동차 정비, 실험실 연구 등의 직종에 필수적인 적성인 색 변별 기능

#4 촉지각 변별 (Tactile Discrimination)	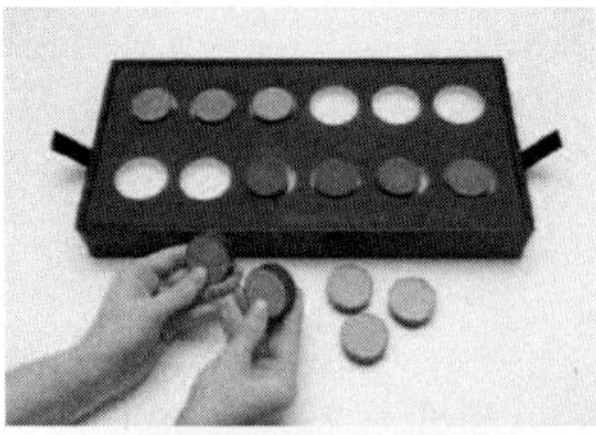	업홀스터링, 자동차 정비, 목공, 물리치료, 치기공 등의 직종에 필수적인 적성인 촉지각 변별 기능
#5 소근육 기민성 (Fine Motor Dexterity)		조립 라인, 치과, 수술 코디네이터, 보석 전시 주선자 등의 직종에 필수적인 적성인 소근육 통제 기능
#6 손 기민성 (Manual Dexterity)	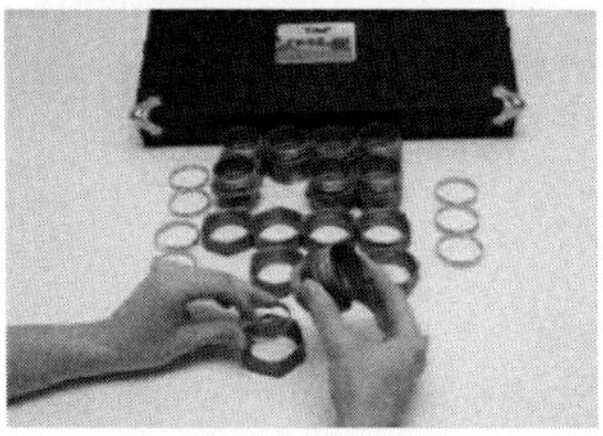	건축업, 자재 운반 등의 직종에 필수적인 적성인 손 기민성
#7 작은 도구를 다루는 기민성 (Dexterity with Small Tools)	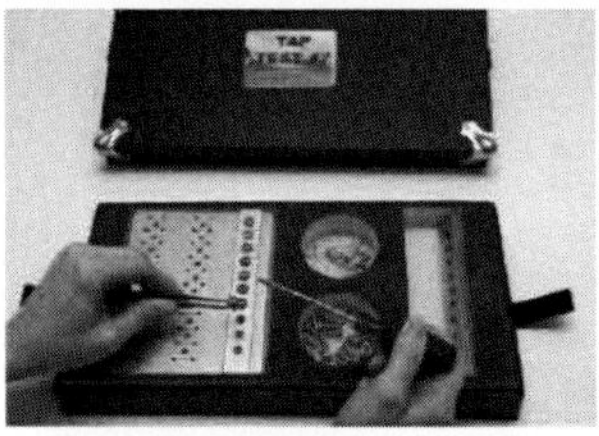	기계, 전자, 의료 등의 직종에 필수적인 적성인 작은 도구를 효율적으로 다루는 수행 기능
#8 큰 도구를 다루는 기민성 (Dexterity with Large Tools)	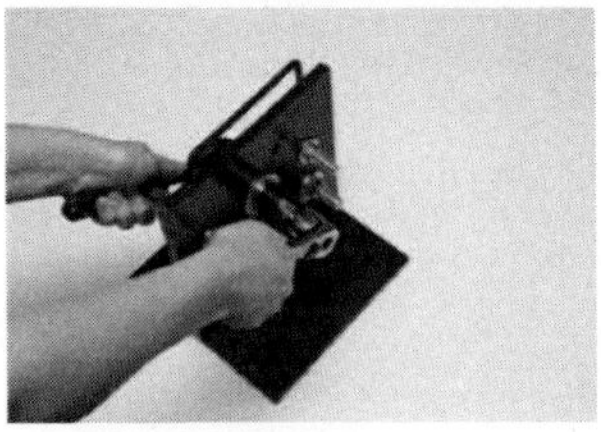	산업, 기계 등의 직종에 필수적인 적성인 큰 도구를 효율적으로 다루는 수행 기능
#9 시각 및 기억 (Visual and Retention)	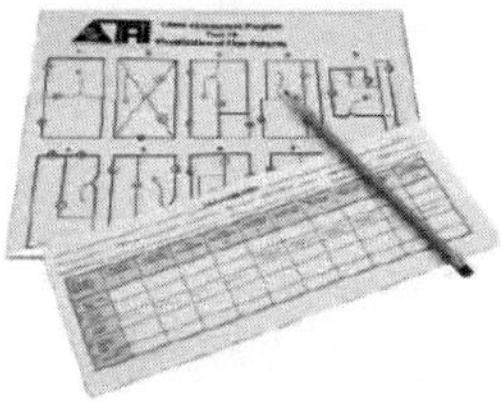	전자, 컴퓨터 프로그래밍 등의 직종에 필수적인 적성인 체계도를 따라 수행하는 기능

#10 시각 및 기억 (Visual and Retention)	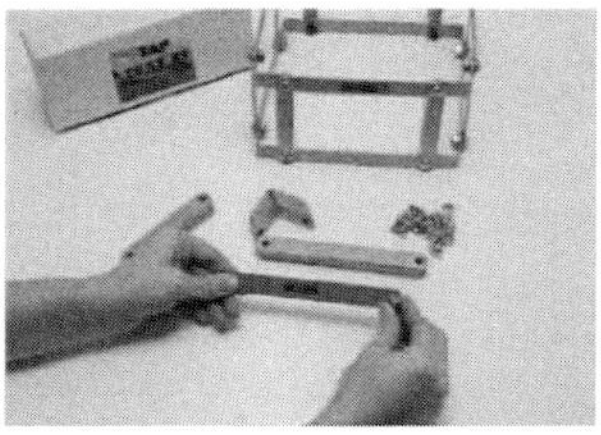	복원 도구를 사용하거나 슈퍼비전 없이 과제를 반복하는 능력을 필요로 하는 형태와 매우 세부적인 내용을 기억하는 기능 *#10 하위검사 도구는 #1 하위검사 도구와 동일하나, #1과 달리 모델 없이 제시함

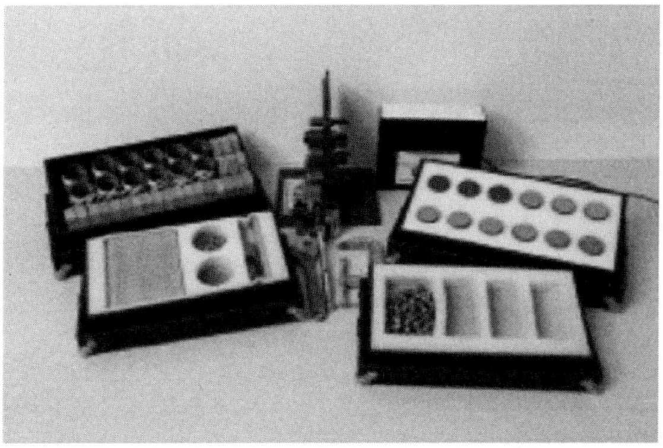

[그림 6-4] TAP

출처: http://www.talentassessment.com/tap.html

KEAD 다차원 양손협응 작업표본검사

① 목적

- 기억력, 문제해결능력 등 인지적 요소를 가능한 배제하고, 양손과 양팔을 동시에 사용하는 대근육 작업에 중점을 둔다.
- 양손과 양팔을 동시에 사용하여 제시된 모형 사진을 바탕으로 다양한 형태의 부품을 조립하여 입체구조물을 완성하는 능력을 평가하는 검사로 잡기, 꽂기, 조립으로 구성되어 있다.
- 검사 결과를 통해 15~55세까지 비장애인, 전체 장애인, 장애 유형별 양손협응과 관련된 손기능 수준을 알 수 있다.
- 작업 유형 손기능(큰 물품 조립 및 사물취급, 작은 부품 조립작업, 정밀작업) 수준을 알 수 있다.

② 평가요소

조립 단계		손기능 평가요소
1	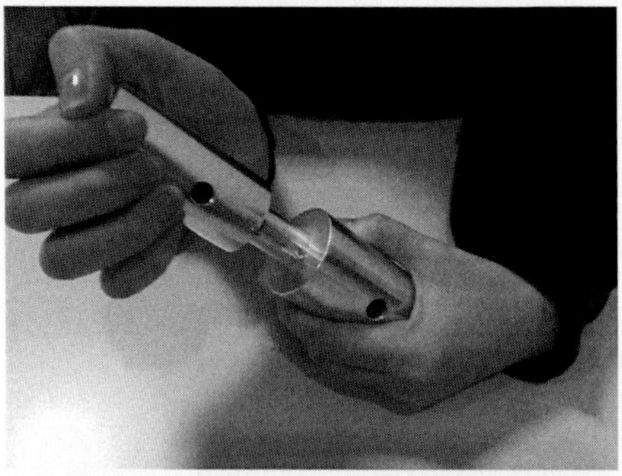	• 양손작업 비교적 큰 물품 취급을 위한 손기능 요소를 평가하는 단계 • 원통 잡기(cylindrical grasp) • 눈 · 손협응(eye-hand coordination) • 양손협응(bilateral hand coordination)
2	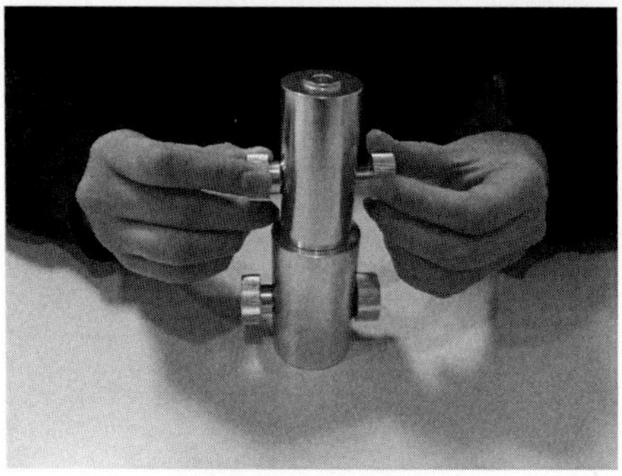	• 한 손 보조작업 비교적 작은 물품의 취급을 위한 손재능 요소를 평가하는 단계 • 세 손가락 집기(3 jaw pinch) • 손끝 잡기(pincer grasp) • 눈 · 손협응(eye-hand coordination)) • 양손협응(bilateral hand coordination) • 사물 조작능력(in-hand manipulation) • 단순 회전(simple rotation)
3	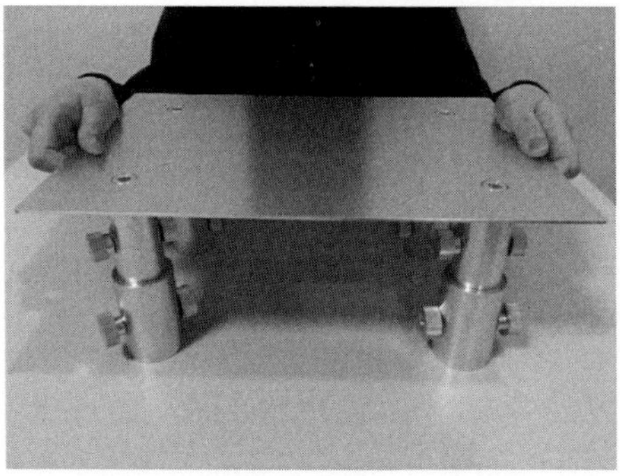	• 양손작업 비교적 큰 물품 취급을 위한 손기능 요소를 평가하는 단계 • 어깨의 협응된 움직임(shoulder movenmnet) • 주먹 잡기(power grasp) • 눈 · 손협응(eye-hand coordination) • 양손협응(bilateral hand coordination)

4	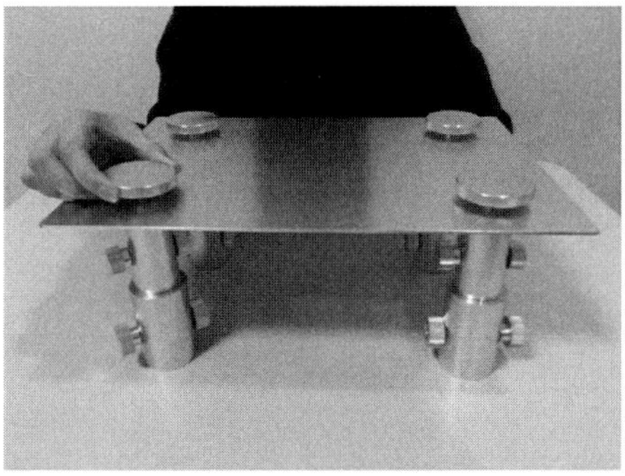	• 한 손 보조작업 비교적 작은 물품의 취급을 위한 손재능 요소를 평가하는 단계 • 원통 잡기(cylindrical grasp) • 원판 잡기(plate grasp) • 사물 조작능력(in-hand manipulation) • 단순 회전(simple rotation) • 눈 · 손협응(eye-hand coordination) • 양손협응(bilateral hand coordination)

③ 채점방법 및 해석방법

채점 기준
제한된 시간(1분 30초) 내에 완성된 부품의 개수를 점수로 환산하여 완성도 점수를 기록한다.
고려사항
① 정확한 평가를 위해 검사실시요강을 숙지하여 동일한 방법으로 수행해야 한다. ② 시각단서는 피검자가 보기 편한 방향에 두도록 한다. 기본 위치는 오른쪽으로 한다. ③ 각각의 테스트를 수행하기 전에 피검자가 지시사항에 대해 완전히 이해하였는지 확인한다. ④ 검사 시작 전 간단하게 조립방법에 대한 시범을 보인다. 검사 수행 시 제시된 이외의 힌트를 제공할 수 없다.

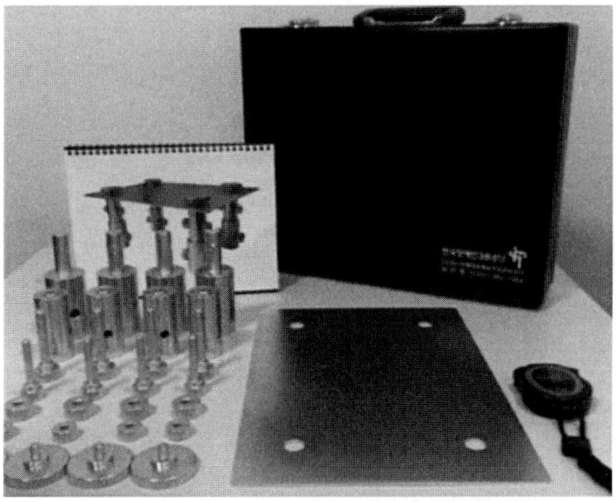

[그림 6-5] KEAD 다차원 양손협응 작업표본검사

출처: 한국장애인고용공단(2018). https://www.kead.or.kr/view/service/service01_04.jsp?sub2=4

지역사회적응검사(Community Integration Skills Assessment-2)

① 목적

- 지역사회적응검사(Community Integration Skills Assessment-2: CISA-2)는 지적장애인과 자폐성장애인을 포함한 발달장애인이 지역사회에 통합하는 데 필수적인 기술들을 포괄적으로 검사하고, 이 검사 결과를 통하여 교육훈련계획을 수립·실행하는 데 목적이 있다.
- 체계는 검사 부문인 『지역사회적응검사(Community Integration Skills Assessment-2: CISA-2)』와 교육과정 부문인 『지역사회적응교육과정(Community Integration Skills Curriculum-2: CISC-2)』으로 분류된다. 검사 부문은 지역사회적응검사, 전문가 지침서, 기록지로 구성되어 있으며, 교육과정 부문은 지역사회적응교육과정, 교육훈련계획서로 구성되어 있다. 따라서 이 체계는 CISA-2를 실시하여 피검자의 지역사회 적응행동 수준을 진단하고, 적응행동에 관한 강점과 약점을 평가하며, CISC-2를 활용하여 개별화 교육훈련 프로그램을 개발할 수 있다.

② 검사 대상 연령: 만 5세 이상

③ 검사의 특징

- 발달장애인이 지역사회에 통합하는 데 필수적인 적응기술들을 포괄적으로 검사한다.
  - 지역사회적응검사(CISA-2)는 발달장애인이 지역사회에 통합하는 데 필수적인 적응기술들을 포괄적으로 검사하여 적응행동지수를 산출하고, 교육훈련 수립에 필요한 정보를 제공한다.
- 그림을 이용하여 지역사회적응기술을 평가
  - 이 검사도구는 표본집단을 바탕으로 표준화되어 우리나라에서는 처음으로 그림을 이용하여 지역사회적응기술을 평가하도록 제작되었다. 검사 문항은 그림으로 구성되어 언어적 표현이 제한되어 있거나 읽기에 능숙하지 못한 발달장애인도 비교적 쉽게 평가를 실시할 수 있다.
- 결과를 활용할 수 있는 일련의 교육과정 제공
  - CISA-2에서는 검사를 실시한 결과를 활용할 수 있도록 일련의 교육과정(CISC-2)

체계를 갖추고 있다.

–평가 결과를 바탕으로 대상 장애인이 지역사회적응을 위해 필요한 프로그램을 계획하고 수행하는 데 있어 체계적인 정보를 제공한다.

–교수 자료는 특수학교나 특수학급에서 장애학생들에게 적응행동 프로그램을 지도하거나 장애인복지관의 직업 전 훈련이나 적응훈련 프로그램을 실시할 때 좋은 자료가 되며 융통성 있게 활용할 수 있도록 개발되었다.

• 지역사회적응기술과 관련된 내용을 구체적이고 실제적으로 제시

–지역사회적응교육과정에서는 지역사회적응기술과 관련된 내용을 구체적이고 실제적으로 제시한다.

–교육과정에서는 교수학습을 위한 방법으로 지역사회적응기술에 대한 인식, 지역사회적응기술을 실제로 적용하고 실천할 수 있도록 하는 구체적인 방안을 포함하고 있다.

[그림 6-6] CISA-2

발파(Valpar Component Work Samples)

① 대상

산업재해 장애인, 지적장애인

② 내용

- DOT를 기초로 개발되었다.
- 5개 직업군으로 구성된 18개의 표준화된 작업표본을 5시간 30분 동안 시행한다.
- 근로자 특성을 측정한다.

③ 시간

각 작업표본 수행정도를 1회에 한하여 측정한다.

④ 채점

정확한 반응횟수를 3척도 점수로 계산한다.

⑤ 훈련

현장 훈련이 가능하다.

⑥ 장점

- 내담자의 작업의 질을 측정한다.
- 시각장애 및 청각장애인을 위한 보조도구가 제공된다.

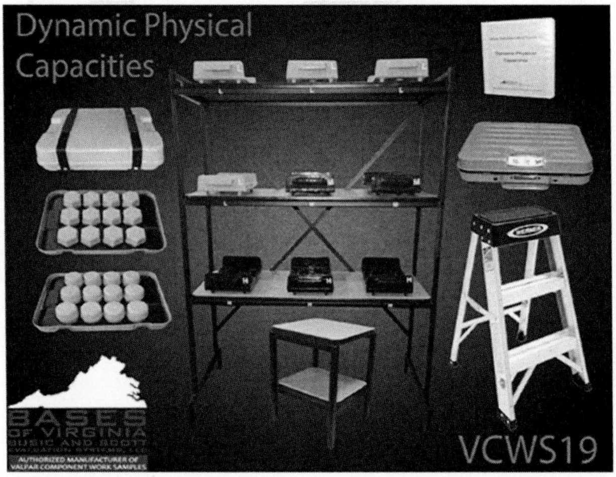

[그림 6-7] Valpar Component Work Samples

출처: http://www.basesofva.com/work_samples/ws19.php

Valpar #17(Pre-Vocational Readiness Battery)

① 목적

- 단순 직무에서의 적용가능성을 파악하기 위해 활용한다.
- 작업장 하위평가의 경우 시각장애인의 경우에도 활용할 수 있도록 특별히 고안되었다(손의 촉감으로 부품들을 식별할 수 있도록 플라스틱, 고무, 금속 등 다양한 재료로 구성됨).

② 대상

- 지적장애인, 특정 학습장애인
- 의사소통 문제, 읽기에 어려움이 있는 내담자
- 시각장애인(작업장 평가)
- 중증장애인도 평가 가능

③ 구성

- 네 가지의 상호독립적인 소검사
  - 소검사 1: 발달평가(Developmental Assessment)
  - 소검사 2: 작업장평가(Workshop Evaluation)
  - 소검사 3: 대인적/사회적 기술(Interpersonal / Social skills)
  - 소검사 4: 금전관리 기술(Money Handing Skills)

- Valpar #17 표본작업의 소검사들은 독립적으로 표준화되어 있어 피평가자에 따라 필요하고 적절한 영역을 선별하여 실시가 가능하다. 피평가자의 작업지시 이해 수준을 파악하는 것이 중요하다.

④ 채점

- 정확도 점수: 피평가자가 올바르게 반응한 수
- 시간 점수: 피평가자가 주어진 작업을 완수하는 데 소요된 시간
- 행동관찰: 과제를 수행하는 동안에 나타나는 피평가자의 행동에 대한 평가자의 기록

• 규준집단
• 피평가자가 얻은 원점수는 규준집단이나 MTM 표준에 비교됨 → 특정 기능영역에 대한 상대적인 수행수준 해석 및 개별평가표 작성의 근거

⑤ **평가 이후의 훈련**
• 평가 결과에 따라 피평가자에게 적절한 훈련 프로그램을 제공할 수 있도록 개발됨 → 평가 결과를 규준집단과 비교한 백분위등급으로 환산하여 개별평가표 작성
• Valpar 표본작업들은 모두 특성-요인 접근법을 활용하고 있다.

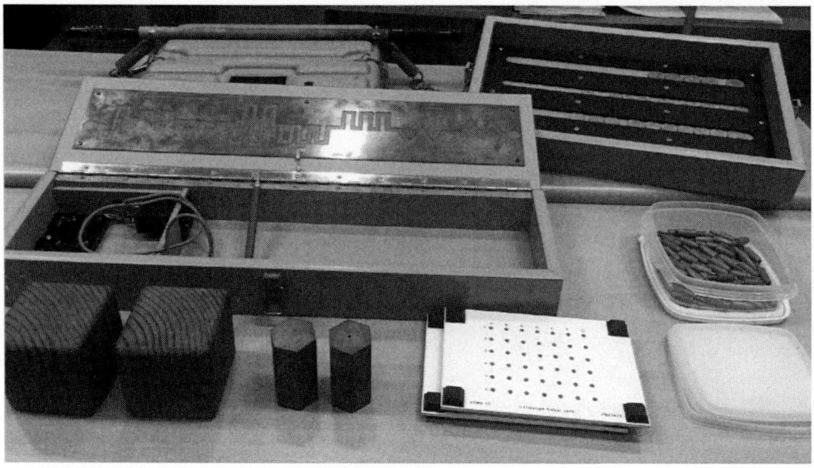

[그림 6-8] Valpar #17

출처: http://www.basesofva.com/work_samples/ws17.php

2) 손 기민성 검사

Flershman(1984)은 손 기민성 검사에 의해 측정될 수 있는 여덟 가지 요인을 제시하였다.

① 손과 팔의 안정도
② 손가락 기민성
③ 사지협응력
④ 속도 통제력

⑤ 반응시간

⑥ 반응경향

⑦ 팔동작의 속도

⑧ 손목과 손가락의 움직임 속도

손 기민성 검사는 일정 수준의 손재능을 요구하는 직무에 배치하고자 할 때 시행한다. 조립직과 같은 직종은 최소한의 손재능을 요구하는 대표적인 직업으로 손가락 기민성 검사가 필요하다. 상지 지체장애인에게는 손 기민성 검사를 실시함에 있어 도움을 줄 수 있는 재활공학도구를 판별하기 위해 이 검사를 시행한다. 손 기민성을 요구하는 직무수행능력을 예측하는 데 지원된 재활공학도구에 대한 정보가 도움이 된다.

손 기민성에 대한 정보는 작업표본과 현장평가로도 측정될 수 있다. 작업표본과 현장평가는 실제 직무에서 요구되는 손재능을 측정하기 때문에 높은 내용 타당도를 가지며 작업 속도를 예측하는 데 유용하고 훈련 전략을 수립하고 과업분석적인 작업표본을 통해 직업능력을 평가하는 가장 안정적인 예측요인으로 예측 타당도 또한 높다(Cobb, 1972; Presnall, 1979),

현재 장애인의 손 기민성을 측정하기 위해 널리 사용되는 평가도구는 퍼듀 손 기민성 검사(Purdue Pegboard), 미네소타 손 기민성 검사(Minnesota Manual Dexterity Test), 라파예트 손가락 기민성 검사(Lafayette Pegboard), 오코너 손가락 기민성 검사(O'Connor Finger Dexterity Test), 그루브드 손가락 기민성 검사(Grooved Pegboard) 등이 있다.

퍼듀 손 기민성 검사(Purdue Pegboard)

① 목적

- Purdue Pegboard는 1948년 퍼듀대학교 Joseph Tiffin에 의해 산업현장의 근로자를 선발하기 위해 개발되었다.
- 두 가지 유형의 손재능을 측정하여, 다양한 손기능을 필요로 하는 직무의 근로자를 선발하고 손기능 재활훈련에 도움을 준다.
  - 첫 번째 유형: 손가락, 손 그리고 팔의 전반적인 움직임을 측정한다.
  - 두 번째 유형: 조립과제에서 필요한 미세한 손가락 끝 기민성을 측정하고 숙련도

를 평가한다.

- 뇌손상 영역과 존재 여부를 파악한다.
- 학습장애인을 판별한다.
- 난독증 대상자의 수행능력을 평가한다.
- 내담자의 능력이나 적성이 손재능이 필요한 직무를 수행할 수 있는지, 간단한 작업 지시를 내담자가 이해할 수 있는지를 판별하기 위해 평가한다.

② 시행방법

오른손, 왼손, 양손, 조립을 각 3번씩 수행하여 평균 개수를 계산한다.

③ 신뢰도

- 검사–재검사 신뢰도: 0.60~0.76
- 3회 시도할 때 각각 0.82~0.91

④ 검사실행

우세손 (30초) → 열세손 (30초) → 양손 (30초) → 우+열+양손 (검사의 합) → 조립(1분) (핀–워셔–칼라 –워셔)

⑤ 채점

- 미국 규준

하위검사	점수/시행 1회	원점수
우세손	30초 동안 꽂은 핀의 개수	1~3회 평균 개수
열세손	30초 동안 꽂은 핀의 개수	1~3회 평균 개수
양손	30초 동안 꽂은 한 쌍의 핀의 수 [한 쌍이 1개임]	1~3회 평균 개수
우세+열세+양손	우세손, 비우세손, 양손 개수의 합	우세손, 비우세손, 양손 합의 평균 개수
조립	60초 동안 꽂은 핀, 워셔, 칼라의 총 개수 [조립 8개를 완성했다면 조립 개수는 32개]	1~3회 평균 개수

• 미국 척도

백분위 척도(Percentile Scale), 표준 척도(Standard Scale), 언어 척도(Verbal Scale)

• 부천장애인종합복지관 규준

하위검사	점수/시행 1회	원점수
우세손	30초 동안 꽂은 핀의 개수	1~3회 평균 개수
열세손	30초 동안 꽂은 핀의 개수	1~3회 평균 개수
양손	30초 동안 꽂은 한 쌍의 핀의 수 [한 쌍이 1개임]	1~3회 평균 개수
우세+열세+양손	우세손, 비우세손, 양손 개수의 합	우세손, 비우세손, 양손 합의 평균 개수
조립	60초 동안 꽂은 핀, 워셔, 칼라의 총 개수 [조립 8개를 완성했다면 조립 개수는 32개]	1~3회 평균 개수

• 부천장애인종합복지관 척도

직업목표	대상	척도
제조업 생산직 근로자	비장애인	정규분포
		백분위(전체)
		백분위(남성)
		백분위(여성)
	지적장애인	정규분포
		백분위
직업적응훈련과정	지원고용	정규분포
		백분위
	보호고용	정규분포
		백분위

• 한국장애인고용공단 규준

하위검사	점수/시행 1회	원점수
우세손	30초 동안 꽂은 핀의 개수	1~3회 합계 개수
열세손	30초 동안 꽂은 핀의 개수	1~3회 합계 개수
양손	30초 동안 꽂은 한 쌍의 핀의 수 [한 쌍이 1개임]	1~3회 합계 개수
우세+열세+양손	우세손, 비우세손, 양손 개수의 합	우세손, 비우세손, 양손 합의 합계 개수
조립	60초 동안 꽂은 핀, 워셔, 칼라의 총 수 [조립 8개를 완성했다면 조립 개수는 32개]	1~3회 합계 개수

• 한국장애인고용공단 척도

장애 유형	성별
정신장애	남성
	여성
지적장애	남성
	여성
청각장애	남성
	여성

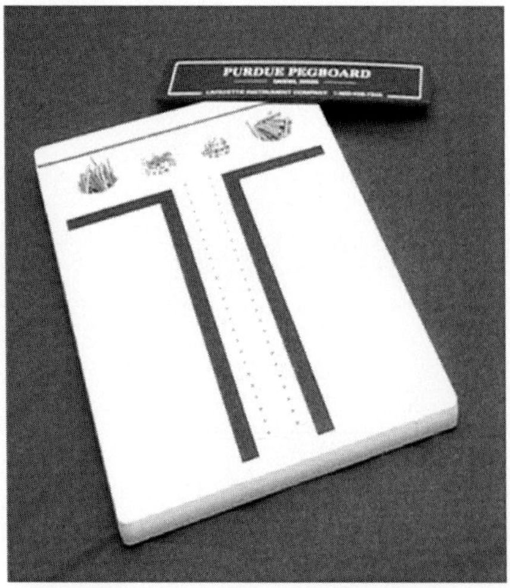

[그림 6-9] 퍼듀 손 기민성 검사

출처: http://lafayetteevaluation.com/products/purdue-pegboard

미네소타 손 기민성 검사(Minnesota Manual Dexterity Test)

① 도구 목적

- 숙련되고 빠르게 조작하는 능력을 평가한다.
- 손의 기민성을 알아보기 위한 검사다.
- 손 기민성을 요구하는 직무에의 취업가능성 및 직무 적합성을 파악한다.

② 도구 특성

- 장애인, 비장애인 모두 사용이 가능하다(한국평가지에는 시각장애인용 평가지가 있어 시각장애인 평가 가능).
- 각 검사마다 최대 4회까지 평가가 가능하여 신뢰도가 높다(연습평가 포함 총 5회 실시 가능)
- 직업평가, 물리치료, 작업치료에서 사용한다.
- 간단하며, 비교적 빠른 시간 내에 평가가 가능하다(각 검사 1회당 3~4분 정도 소요).

③ 도구 구성

- 윗면은 붉은색, 아랫면은 검정색으로 구성된 디스크 60개
- 검사판
  - 1개의 검사판당 20개씩 총 60개의 구멍이 뚫려 있다.
  - 3개로 이루어져 있으며 3개가 한 세트다.
  - 탈부착이 가능한 형태다.

④ 하위검사

- 옮겨놓기 평가
- 뒤집기 평가

⑤ 채점방법 및 해석방법

- 미국 매뉴얼
  - 비장애인 규준

-1~4회 평가실시(연습평가 1회 추가실시 가능)

-1~4회 총 소요시간의 합이 원점수

-언어 척도, 9분 척도, 백분위, 표준점수

- 한국 매뉴얼
  - 2회 평가실시
  - 2회 총 소요시간의 합이 원점수
  - 언어 척도, 9분 척도, 백분위

하위검사	대상	척도
옮겨 놓기 평가	비장애인	경쟁고용
	지적장애인 근로자	지원고용 목표 직업적응훈련생
		보호고용 목표 직업적응훈련생
뒤집기 평가	비장애인	경쟁고용
	지적장애인 근로자	지원고용 목표 직업적응훈련생
		보호고용 목표 직업적응훈련생

[그림 6-10] 미네소타 손 기민성 검사

출처: http://lafayetteevaluation.com/products/minnesota-manual-dexterity

제 7 장 ≫ 상황평가

1. 상황평가와 직업평가
2. 상황평가의 역사
3. 기본 가정
4. 상황평가의 평가 영역
5. 상황평가도구
6. 상황평가 과정
7. 상황평가의 장소
8. 상황평가의 장점
9. 상황평가의 단점

1. 상황평가와 직업평가

중증장애인 재활계획 수립에는 전통적인 심리평가가 신뢰할 만한 정보를 제공하지 못하기 때문에 상황평가가 유용한 평가도구가 될 수 있다(Power, 1984).

상황평가(situational assessment)는 실제 작업환경과 유사한 장애인복지관의 직업훈련실과 같은 모의 작업장이나 보호작업장과 같은 직업재활시설에서 내담자의 직무수행과 행동을 체계화된 관찰기법을 통해 평가하는 것으로(Power, 1984; Pruitt, 1986) 치료적 재활 워크숍의 개념에 기초하여 개발되었다(Roessler & Greenwood, 1987). 상황평가는 작업활동, 감독, 임금, 근로시간과 같은 전체 작업환경과 유사한 모의환경에서 이루어진다. 평가를 실시하기 전에, 관찰 스케줄과 방법이 계획된 체계적인 관찰 방법을 통해 내담자의 직업 잠재력을 다양한 작업환경에서 평가할 수 있고, 직업 스트레스 등의 문제 상황을 해결하는 능력을 관찰할 수 있다. 내담자는 보호작업장, 근로사업장, 지원고용, 전환 프로그램 등에서 관리자, 고용주, 직업훈련교사에게 직무에 대한 지시를 받고 직무를 수행하고 평가된다.

상황평가의 목적은 다른 평가방법을 적용할 수 없는 내담자에 대한 정보 획득이며 작업표본과 심리평가 결과를 검증하는 의미를 갖는다. 평가 결과는 내담자의 과업수행능력에 대한 정보를 제공하기도 하지만 잠재적 수행능력에 대한 단서를 제공하기도 한다. 또한 직무능력과 직업적응력을 측정하는 종합적 평가의 기능을 하거나 특정 평가질문에 답하기 위해 정해진 몇 가지 행동 유형에 초점을 맞추기도 한다. 미국 재활기관의 78%(특히 소규모 재활기관)이 상황평가를 이용하고 있으며, 수행되는 작업은 하청의 형태를 띤다(Rubin, Roessler, & Rumrill, 2016). 우리나라도 주로 직업재활시설에서 상황평가를 실시하며, 수행되는 작업은 하청이나 자체생산품이다.

상황평가는 일반적으로 내담자의 고용 가능성과 관계된 행동을 측정하는 것으로 ① 감독의 수용, ② 동료와의 관계, ③ 정규 노동시간 근로에 적합한 인내력과 생산성, ④ 스트레스의 수용 등을 평가한다.

이 평가방법에서는 다음과 같은 질문이 제기된다.

① 어떠한 감독 상황에서 가장 효율적으로 근로하는가?

② 생산성 향상 요구에 어떻게 반응하는가?
③ 근로자로서의 장점과 제한점은 무엇인가?
④ 근로자의 역할에 대하여 알고 있는가?
⑤ 생산성이 낮은 경우 생산성을 높이려는 노력을 하는가?

Neff(1985)는 상황평가가 널리 사용되고 있지만 실제 작업 현장과는 다른 격리된 환경에서 대부분 비숙련직 과업에 대한 평가가 이루어지기 때문에 일반적인 고용 가능성에 대한 평가에만 국한되어 있다고 비판하였다. 그러므로 발달장애인, 교육수준이 매우 낮은 인지장애인에게는 적합하지만 상위의 정신 수준을 가진 내담자 평가로는 부적합하다. 상황평가가 효과적으로 이루어지기 위해서는 풍부한 경험과 지식을 갖춘 직업평가사가 적합한 평가 장소를 선정하고, 적합한 행동척도를 개발하며 적당한 감독이 이루어져야 한다.

2. 상황평가의 역사

산업혁명 이래 직업훈련 기간 동안 행동을 관찰하는 평가방법은 근로자를 선발하고 선별하며, 임금수준을 결정하고, 인사를 결정하는 중요한 기초자료로서 사용되어 왔다. 관찰법을 통한 근로자 측정방법은 그 당시의 대부분의 직업 분야에서 널리 사용된 방법이다.

그러나 행동관찰법은 객관성 결여로 인해 체계적이지 못하고, 주관적이고 신뢰하기 어려운 방법이라고 비판받아 왔다(Cronbach, 1990). 관찰법의 가장 큰 단점은 평가 대상인 행동 특성이 불명확하고 애매모호하며 명확한 정의를 내리기가 어렵다는 것이다. 또한 평가사의 관대함으로 인해 대부분의 내담자에게 평균 이상의 평가를 내리거나 혹은 모든 내담자에게 극단의 점수만을 주어 평가사 간의 동의를 얻지 못하는 경우도 있다.

이러한 평가척도의 문제는 기술적(descriptive) 평가척도가 개발되어 행동관찰법의 신뢰도와 타당도가 향상됨으로써 해결되었다(Pruitt, 1986). 이로써 평가사는 주관적인 추측이 아닌 실제로 발생한 행동과 발생하지 않은 행동문항에 대하여 정확히 기록할 수 있게 되었다. 행동척도 이외에도 평가사가 보다 더 정확하게 평가할 수 있게 훈련하고 관찰법의 단점을 보완하기 위해 다른 평가도구와 함께 사용하고 그 결과를 비교함으로써 보다 정확한 예측을 할 수 있게 되었다.

Murray와 Millett(2009)은 제2차 세계 대전 동안 체계적인 상황평가방법을 최초로 도입하여 해외에 파견할 요원 선발에 사용하였다. 모의작업 과업, 면접, 지능검사, 인성검사, 회의 등의 방법과 함께 상황평가 방법을 이용하였으며 이후에 군대와 일반사회에서 널리 사용하게 되었다.

전통적 직업평가 방법으로는 효과적인 직업재활서비스를 제공받을 수 없었던 보호작업장 내담자들에게 비용과 도구 사용에 있어 경제적인 상황평가는 유용한 평가자원이 되었다. 1950년대 이전의 보호작업장은 장애인의 직업재활 장소가 아닌 격리와 수용의 장소였으며 열악한 재정 상황으로 인해 양질의 서비스를 제공할 수 없었다. 1954년 직업재활법 개정안은 연방정부가 재정 지원할 것을 규정하였고, 장애인 시설의 급격한 증가와 질적 향상을 도모하였으며, 경험 있는 재활전문가에 의한 직업평가와 직업적응 훈련을 제공하게 되었다.

3. 기본 가정

① 모든 행동에는 반드시 원인과 목적이 있다.

② 행동의 유의미성은 관찰자의 민감성과 기술 수준에 의해 결정된다. 이러한 민감성은 행동 발생을 관찰해 내는 능력 이외에, 평가 결과를 해석하고 평가질문에 대한 대답을 도출해 내는 능력이며, 지속적인 훈련과 경험을 통해 향상될 수 있다. 경험이 많은 평가사는 객관적으로 관찰하고 평가하며 주관적인 편견이 결과에 영향을 주지 않도록 노력한다.

③ 행동은 내담자 자신과 상황 사이의 상호작용에 의해 결정되며, 두 가지 요인을 분리하여 해석하는 것은 불가능하다. 개인의 행동은 환경에 의해 영향을 받고 변화된다. 예를 들어, 자연스러운 환경에서 나타나는 행동이 그 사람의 실제 특성을 가장 잘 반영하는 것처럼 사람, 작업환경, 과업, 과업수행에 대한 보상과 벌과 같은 물리적 · 심리적 요인이 작업환경에 영향을 주게 되면 내담자는 그 상황으로 인해 자연스럽지 못한 행동을 보이게 된다. 그러므로 행동과 환경 사이의 상호관계에 대한 평가사의 지식이 내담자 행동관찰 결과에 주된 영향을 미친다.

④ 행동은 인간행동에 관한 연구에 비추어 체계적이고 일관적으로 해석되어야 한다. 인간행동에 대해 많은 이론이 있지만 가장 유용한 정보는 직업행동에 대한 연구다.
⑤ 행동의 해석은 관찰자의 관찰능력, 주관적 편견, 태도, 가치의 영향을 보상하는 능력에 따라 달라진다. 사회성을 중요하게 여기는 관찰자는 수줍음이 많고 내향적인 내담자를 과소평가할 수 있지만, 자신의 편견을 인지하고 있다면 결과 해석에서 객관성을 유지할 수 있다.

4. 상황평가의 평가 영역

1) 직업성취도와 직업행동

작업표본평가의 목적이 직업기능과 적성에 대한 평가라면 상황평가는 직업에서의 성취도와 직무수행과 관련된 직업행동을 평가해야 한다. 상황평가에서는 내담자가 새로운 과업에 접근하는 방법, 새로운 과업을 학습하는 방법, 작업 속도, 작업을 체계적으로 조직하고 도구를 사용하는 방법, 직업탐색기술 등이 관찰된다. 특정 직업기능은 내담자의 생산량과 질을 규준에 비교하여 결정한다.

2) 직업환경

특정 작업이 요구하는 신체적 · 정신적 환경조건을 의미한다.

3) 직업태도와 가치

직업태도와 가치는 과업이나 일반적인 직업에 대한 긍정적이거나 부정적인 언급과 같은 내담자의 행동으로부터 추론될 수밖에 없다. 얼굴표정, 자세, 작업 속도, 과업을 완수하려는 의지와 같은 내담자의 비언어적 행동에서 단서를 얻는다. 과업완수에 대한 확신감과 같은 과업에 접근하는 행동은 내담자의 직업과 관련된 자아상을 반영한다.

직업은 자아표현, 자아실현과 사회적 통합의 의미를 가지며 원하는 물건을 구매할 수 있는 경제력을 제공해 주는 수단이기도 하다. 내담자가 직업의 가치를 인지할수록 자아존중감과 자아개념은 향상되며 직업행동에 다양하게 나타난다. 그러므로 평가사는 내담자의 근로자로서의 자신에 대한 평가와 그러한 평가의 현실성에 대한 지식을 갖추어야 한다.

4) 직업인성

직업인성은 작업환경에서 나타난 전형적인 형태의 직업활동이며 직업태도, 직업행동, 가치관, 능력을 의미한다. 직업인성은 실제 작업환경에서 관찰되지 않는 한 측정되기 어려우며 다양한 행동의 관찰을 통해서 추론되기도 한다. 직업인성평가는 실제 작업현장과 유사한 직업환경에서 평가할 때 유용하다. 직업인성의 측정은 Roessler, Bolton과 Hinman(1985)이 개발한 직업인성 프로파일(Work Personality Profile)을 주로 사용한다.

5) 직업에 관련된 지적 능력

일반 지능검사를 통해 획득된 지능점수는 내담자의 지적 기능 수준을 나타내지만 직업에서 더욱 중요한 것은 지적 능력을 작업 상황에 적용하는 능력이다. 작업 상황에서 요구되는 지적 기능은 지시 이해력, 지시 이해에 소요되는 시간, 새로운 과업 학습방법, 과업수행 수준, 과업수행능력, 다양한 과업을 완수할 수 있는 능력, 직무수행 과정을 향상시킬 수 있는 능력, 지시를 기억하고 적정 수준을 유지할 수 있는 능력이다.

6) 직업 인내력

의료적 평가기록으로는 알기 어려운 내담자의 신체적 능력과 직업 인내력에 대한 정보는 상황평가를 통해 획득될 수 있다. 신체적 능력과 직업 인내력은 물건 들어올리기, 굽히기, 계단 오르기, 서기, 걷기, 뻗기, 민첩성, 스태미나 등의 행동에서 측정이 가능하다. 또한 내담자의 손 기민성, 눈과 손의 협응력과 같은 요인에 대한 관찰을 통해 측정이 가능하여 내담자의 직업목표와 관련한 질문에 대해 유용한 정보를 제공한다.

5. 상황평가도구

직업인성 프로파일(Work Personality Profile)은 직업재활 현장에서 사용되는 가장 일반적인 상황평가도구이고, 각 직무나 작업현장에 알맞게 상황평가척도를 개발하여 사용하기도 한다.

1) 직업인성 프로파일

직업인성 프로파일(Work Personality Profile)은 58개 항목으로 이루어진 11개 직업인성 항목에 대한 평가도구로서 각 항목은 작업환경에서의 내담자의 행동에 대한 기술로 이루어져 있다. 각 항목은 '고용 가능성에 대한 장점을 가짐'으로부터 '고용에 있어 제한점을 가짐'까지의 4개 척도로 구성되며 무작위 순서로 배열된다. 채점은 11개 직업인성 분야에 대한 프로파일을 제공한다. 관찰시간은 5~10분이 소요된다. 작업장에서 1주 이상 직무를 수행한 내담자에게 적합하며, 직업적응계획 수립, 장애연금 수혜 판정에 있어 유용한 정보를 제공한다.

직업인성 프로파일
(Work Personality Profile)

검사일:

성명: (남/여) 연령: 장애명: 검사자:

58개의 문항을 완성하기 위해 다음에 작성된 5개의 선택사항을 사용하여 내담자의 작업수행도를 관찰하세요.

④ 고용의 자산이 될 정도로 명확한 강점.
③ 명확한 강점은 아니더라도 적절하게 수행함.
② 잠재적으로 고용에 문제를 일으킬 정도로 일관성이 없는 수행도.
① 고용 기회를 명확히 제한할 정도로 문제가 됨.
⊗ 행동을 관찰할 기회가 없음.

④ ③ ② ① ⊗ 1. 작업을 충분히 이해하고 주의를 기울인다.
④ ③ ② ① ⊗ 2. 새롭게 할당된 과제를 빠르게 배운다.

④ ③ ② ① ⊗ 3. 전체 작업 시간 동안 착실하게 일한다.
④ ③ ② ① ⊗ 4. 작업과제의 변화를 수용한다.
④ ③ ② ① ⊗ 5. 사실상 직접적인 관리가 필요하지 않다.
④ ③ ② ① ⊗ 6. 적절한 방법으로 도움을 요청한다.
④ ③ ② ① ⊗ 7. 신뢰를 가지고 관리직원을 대한다.
④ ③ ② ① ⊗ 8. 관리자와 적절히 친하게 지낸다.
④ ③ ② ① ⊗ 9. 집단 노력의 결과에 긍지를 보인다.
④ ③ ② ① ⊗ 10. 다른 사람들이 하고 있는 일에 관심을 보인다.
④ ③ ② ① ⊗ 11. 좋아하는 것과 싫어하는 것을 적절하게 표현한다.
④ ③ ② ① ⊗ 12. 시간에 맞게 관련된 작업 활동을 시작한다.
④ ③ ② ① ⊗ 13. 불평 없이 관리자의 지시와 작업 할당을 받아들인다.
④ ③ ② ① ⊗ 14. 어느 정도 방법을 보여 주면 수행도가 향상된다.
④ ③ ② ① ⊗ 15. 반복적인 일을 저항 없이 수행한다.
④ ③ ② ① ⊗ 16. 새로운 과제를 시도할 때 기꺼이 받아들인다.
④ ③ ② ① ⊗ 17. 격려하지 않아도 할당된 과제를 수행한다.
④ ③ ② ① ⊗ 18. 과제를 정확히 알지 못하는 경우 보다 자세한 설명을 요청한다.
④ ③ ② ① ⊗ 19. 당황하지 않고 교정을 받아들인다.
④ ③ ② ① ⊗ 20. 만약 작업과 관련된 일이면 관리자와 개인적인 문제를 의논한다.
④ ③ ② ① ⊗ 21. 집단 과제에서 할당된 일을 받아들인다.
④ ③ ② ① ⊗ 22. 동료 작업자들과 친해지기 위해 노력한다.
④ ③ ② ① ⊗ 23. 다른 사람들이 말을 걸어올 때 반응한다.
④ ③ ② ① ⊗ 24. 규칙과 규정을 따른다.
④ ③ ② ① ⊗ 25. 개인 건강을 충분히 유지한다.
④ ③ ② ① ⊗ 26. 작업방법을 바꾸도록 지시할 때 변경한다.
④ ③ ② ① ⊗ 27. 작업을 하는 동안 상세한 설명에 유의한다.
④ ③ ② ① ⊗ 28. 정해진 일이 바뀌더라도 생산량을 유지한다.
④ ③ ② ① ⊗ 29. 자신의 실수를 인정한다.
④ ③ ② ① ⊗ 30. 과제수행이 어려울 때 도움을 요청한다.
④ ③ ② ① ⊗ 31. 관리자를 편안하게 대한다.
④ ③ ② ① ⊗ 32. 직원들과 사이좋게 지낸다.
④ ③ ② ① ⊗ 33. 집단 과제에서 기분 좋게 일한다.
④ ③ ② ① ⊗ 34. 사교적인 대화에 쉽게 적응한다.
④ ③ ② ① ⊗ 35. 다른 사람들과 대화를 시작한다.

④ ③ ② ① ⊗ 36. 외설이나 무례한 말을 사용하지 않는다.
④ ③ ② ① ⊗ 37. 작업에 적절한 옷을 입고 온다.
④ ③ ② ① ⊗ 38. 교정 후 향상된 작업 진행을 계속 유지한다.
④ ③ ② ① ⊗ 39. 주위가 산만한 경우에도 작업 속도를 유지한다.
④ ③ ② ① ⊗ 40. 다양하고 변화를 요구하는 과제에서 만족스럽게 수행한다.
④ ③ ② ① ⊗ 41. 자신의 실수를 교정한다.
④ ③ ② ① ⊗ 42. 감독자가 지켜보는 경우에도 안정감 있는 수행도를 보인다.
④ ③ ② ① ⊗ 43. 집단 과제에서 다른 사람들에게 협조적이다.
④ ③ ② ① ⊗ 44. 이용할 수 있는 사회단체에 참가한다.
④ ③ ② ① ⊗ 45. 다른 사람이 말하는 동안 방해하지 않고 귀를 기울인다.
④ ③ ② ① ⊗ 46. 성취의 기쁨을 표현한다.
④ ③ ② ① ⊗ 47. 지시 또는 교정 사항을 주의하여 듣는다.
④ ③ ② ① ⊗ 48. 변경된 작업에 쉽게 적응한다.
④ ③ ② ① ⊗ 49. 감독의 양이 평균보다 적게 요구된다.
④ ③ ② ① ⊗ 50. 적절한 때에 동료 작업자에게 도움을 제공한다.
④ ③ ② ① ⊗ 51. 동료 근로자들이 즐겨 찾는다(인기가 있다).
④ ③ ② ① ⊗ 52. 긍정적인 감정(예: 칭찬, 다른 사람을 좋아함)을 표현한다.
④ ③ ② ① ⊗ 53. 농담이나 잡담에 재치 있게 대응한다.
④ ③ ② ① ⊗ 54. 이전에 배운 기술을 새로운 과제에 이용한다.
④ ③ ② ① ⊗ 55. 가끔씩 도움을 제공하면 문제를 처리한다.
④ ③ ② ① ⊗ 56. 집단 과제에서 할당된 역할을 수행한다.
④ ③ ② ① ⊗ 57. 부정적인 감정(예: 화, 두려움, 슬픔 등)을 표현한다.
④ ③ ② ① ⊗ 58. 기분을 통제한다.

소견

____

직업인성 프로파일 채점지

척도	항목 번호							총점	평균
S1	1	12	13	24	25	36	S1		
	37	46	53	58					
S2	2	14	26	38	47	54	S2		
S3	3	15	27	39			S3		
S4	4	16	28	40	48		S4		
S5	5	17	29	41	49	55	S5		
S6	6	18	30				S6		
S7	7	19	31	42			S7		
S8	8	20	32				S8		
S9	9	21	33	43	50	56	S9		
S10	10	22	34	44	51		S10		
S11	11	23	35	45	52	57	S11		
F1	2	3	5	14	17	18	F1		
	26	27	28	29	30	38			
	39	40	41	42	47	48			
	49	54	55						
F2	9	10	22	23	34	35	F2		
	43	44	46	50	51	52			
F3	4	12	13	15	16	21	F3		
	33	56							
F4	11	19	20	24	36	45	F4		
	53	57	58						
F5	1	6	7	8	25	31	F5		
	32	37							

직업인성 프로파일 보고서

성명: 성별: 연령: 경력:

교육: 장애:

강점(고용 가능성) … 고용이 어려움 4 3 2 1 0 9 8 7 6 5 4 3 2 1 0 9 8 7 6 5 4 3 2 1 0 9 8 7 6 5 4 3 2 1 0	평점	등가 백분율 (%)		
	3.80	90	S1	작업역할의 수용
	4.00	99	S2	지시 또는 교정으로부터 도움을 얻는 능력
	3.75	93	S3	작업 지속성
	3.60	86	S4	작업 포용력
	3.67	91	S5	필요한 감독의 양
	4.00	99	S6	훈련생이 관리자로부터 원조를 요구하는 범위
	3.75	93	S7	감독에 대한 편안함이나 불안 정도
	3.33	73	S8	감독과 적절한 대인관계
	3.83	96	S9	팀워크(협동작업)
	3.40	90	S10	동료작업자와의 사교능력
	3.50	90	S11	사회적 의사소통 기술
0 9 8 7 6 5 4 3 2 1 0 9 8 7 6 5 4 3 2 1 0 9 8 7 6 5 4 3 2 1 0				
	3.76	92	F1	과제 적응
	3.58	92	F2	사회적 기술
	3.75	88	F3	작업 동기
	3.78	92	F4	작업 적합
	3.63	88	F5	개인적 표상

● 결정적인 고용 결함, ‘1’이나 ‘2’로 평가된 행동

문제 1영역	
문제 2영역	

[그림 7-1] 직업인성 프로파일

2) 상황평가척도

중증장애인의 직업재활계획을 위한 직업상담과 직업능력평가 매뉴얼(한국장애인개발원, 2015)은 다음과 같은 상황평가 양식을 제시하여 직업재활 현장에서 사용할 수 있도록 하고 있다.

상황평가지

성명		생년월일		장애 유형 및 등급	(급)
평가일시	년 월 일 (: ~ :)		평가사	(인/서명)	

* 평가기준: 1–매우 부족, 2–부족, 3–보통, 4–우수, 5–매우 우수

1. 일상생활기능

점수					항목	비고
1	2	3	4	5	개인위생을 청결히 유지한다.	
1	2	3	4	5	날씨와 상황에 맞게 옷을 입고 단정한 복장을 유지한다.	
1	2	3	4	5	혼자 식사량을 조절하여 먹는다.	
1	2	3	4	5	지정된 대중교통을 이용하여 출 · 퇴근을 한다.	

총점

2. 직업기능

점수					항목	비고
1	2	3	4	5	출 · 퇴근 시간을 지킨다.	
1	2	3	4	5	출근을 못할 경우 사전에 담당자에게 연락을 한다.	
1	2	3	4	5	지각이나 결근, 조퇴 없이 근태를 유지한다.	
1	2	3	4	5	작업복을 자발적으로 갈아입는다.	
1	2	3	4	5	새로운 작업에 관심을 보인다.	
1	2	3	4	5	주위 환경에 신경 쓰지 않고 작업에 집중한다.	
1	2	3	4	5	필요 시 동료에게 도움을 제공하고 협조적이다.	
1	2	3	4	5	그룹작업 시 맡겨진 임무를 수행한다.	
1	2	3	4	5	작업 중 관리자의 지시 및 요구를 수용하고 따른다.	

1	2	3	4	5	휴식시간 후 작업장에 즉시 복귀하여 작업을 수행한다.	
1	2	3	4	5	관리자가 없는 경우에도 지속적으로 작업을 한다.	
1	2	3	4	5	작업시간과 휴식시간을 지킨다.	
1	2	3	4	5	특별한 격려가 없어도 작업을 수행한다.	
1	2	3	4	5	작업에 대한 의문사항이 있으면 질문을 한다.	
1	2	3	4	5	작업종료 시 재료 및 부품을 정리정돈한다.	
1	2	3	4	5	자기가 맡은 구역을 자발적으로 청소한다.	

총점

3. 직무관련 기능

점수					항목	비고
1	2	3	4	5	지시할 경우 스스로 도구나 재료를 찾아서 준비한다.	
1	2	3	4	5	스스로 도구나 재료를 갖추고 작업을 준비한다.	
1	2	3	4	5	공구를 기능에 적절하게 사용한다.(전동드릴, 기계조작 등)	
1	2	3	4	5	작업내용을 명확히 알지 못할 경우 자세한 설명을 요구하거나 질문한다.	
1	2	3	4	5	말로 지시한 방법대로 일을 수행한다.	
1	2	3	4	5	문서로 지시한 방법대로 일을 수행한다.	
1	2	3	4	5	전에 배웠던 기술을 새로운 작업에 활용한다.	
1	2	3	4	5	부품 조립 시 형태나 크기를 구분하여 작업을 수행한다.	
1	2	3	4	5	부품 조립 시 색을 구분하여 작업을 수행한다.	
1	2	3	4	5	50 미만의 물건 수량을 셀 수 있다.	
1	2	3	4	5	앉아서 하는 작업을 1시간 이상 수행한다.	
1	2	3	4	5	서서하는 작업을 1시간 이상 수행한다.	
1	2	3	4	5	작업지시에 따라 정확한 위치로 물건을 이동시킨다.	
1	2	3	4	5	가벼운 물건(10kg 미만)을 들고 옮긴다.	
1	2	3	4	5	보통 무게의 물건(10 이상~20kg 미만)을 들고 옮긴다.	
1	2	3	4	5	무거운 물건(20kg 이상)을 안정적으로 옮긴다.	
1	2	3	4	5	불량품 없이 작업을 정확하게 수행한다.	
1	2	3	4	5	라인 작업대의 속도에 맞춰 작업을 수행한다.	

총점

4. 직업관련 사회행동

점수					항목	비고
1	2	3	4	5	출 · 퇴근 시 동료 및 관리자와 인사를 나눈다.	
1	2	3	4	5	작업장에서 동료들과 적절한 관계를 유지한다.	
1	2	3	4	5	작업장에서 관리자와 적절한 관계를 유지한다.	
1	2	3	4	5	동료가 하는 일에 관심을 보인다.	
1	2	3	4	5	기본적인 욕구를 적절한 말이나 행동으로 표현한다.	
1	2	3	4	5	작업장의 정해진 규율을 지킨다.	
1	2	3	4	5	상황에 대한 정보를 언어로 전달한다.	
1	2	3	4	5	저속한 말이나 행동을 함부로 사용하지 않는다.	
1	2	3	4	5	동료에게 또는 작업장에서 어려운 일이 발생했을 경우 적절히 대처한다.	
1	2	3	4	5	필요한 경우 동료나 관리자에게 도움을 요청한다.	
1	2	3	4	5	거짓말을 하지 않는다.	
1	2	3	4	5	방문 손님에게 친절하게 인사를 한다.	

총점

■ 평가 결과

평가영역	문항수	획득점수	수행률(%)
일상생활기능	4		%
직업기능	16		%
직무관련기능	18		%
직업관련 사회행동	12		%
계	50		%

■ 종합평가

[그림 7-2] 한국장애인개발원 상황평가지 양식

출처: 한국장애인개발원(2015). 중증장애인의 직업재활계획을 위한 직업상담과 직업능력평가 매뉴얼.

6. 상황평가 과정

1) 관찰계획과 일정 수립

직업평가사는 의뢰 자료와 의뢰에 관한 질문을 검토한다. 추가 자료는 초기면접에서 획득할 수 있다. 이러한 자료들을 토대로 관찰 일정은 상황평가가 실시되기 전에 수립되어야 한다. 다양한 관찰법을 시행하는 것이 관찰의 신뢰도를 높이는 데 도움이 되므로, 다양한 과업수행 장면과 다양한 직무시간 내에 무작위적으로 혹은 체계적으로 관찰할 수 있도록 일정을 수립하는 것이 바람직하다.

2) 관찰과 기록

직업평가사는 특정 의문사항에 중점을 두고 관찰한다. 관찰과 기록은 의뢰기관, 초기면접, 이전 고용주, 재활전문가, 혹은 이전의 관찰에서부터 도출된 의문점에 대한 해답을 얻기 위한 과정이다. 평가사는 관찰이 진행됨에 따라 내담자의 행동 경향과 일관된 행동 유형을 판별해야 한다.

평가사는 내담자의 행동에 관해 행동 유형, 행동이 발생한 상황, 날짜, 시간 등을 구체적이고 명확하고 간결하게 기술한다. 행동의 기록에는 조작적 정의가 선행되어야 하며, 내담자 행동에 영향을 주는 선행사건이 있을 경우를 위하여 시간을 기록한다. 행동척도를 사용할 경우 비정상적인 결과가 나타난다면 참고란에 기재한다.

3) 평가 결과 조직, 분석, 해석

평가사는 특정 주제나 영역에 관련된 모든 정보를 수집하고 조직해야 한다. 다양한 자료 중 같은 영역에 속하는 자료, 즉 내담자의 직업 인내력과 신체적 능력에 대한 자료를 분류하여 조직한다. 이러한 분류는 의뢰질문이나 재활기관의 평가보고서 양식을 따른다.

평가 결과가 불일치할 경우 이유를 규명하고 중요도에 따라 자료를 순서대로 정리한다. 분석과정에서는 불일치하는 자료는 일반적으로 당시 상황이나 행동의 전형성이 그

원인이다. 의뢰질문 그리고 내담자의 직업문제와의 연관성에 따라 자료의 순위를 정한다. 내담자가 직무에서 보다 효율적으로 기능할 수 있도록 지원해 주는 자료로서 평가 결과를 이용하는 것이 중요하다. 전형적 행동 유형에 대한 자료가 비전형적 행동 유형 자료보다 가치가 있지만, 자료의 분석이 이루어지기 이전까지는 전형적 행동과 비전형적 행동을 판별할 수 없다.

4) 자료의 종합

분석된 자료는 관리자의 내담자 직무수행에 관한 기록, 작업표본과 심리평가 결과, 다른 재활전문가로부터의 피드백과 같은 상황평가 결과 이외의 자료와 종합적으로 사용되어야 한다. 자료를 종합한 후 모든 평가 결과에 대한 평가보고서를 작성하고 사례 회의를 주재한다.

7. 상황평가의 장소

상황평가는 하청 직무를 수행하는 장애인복지관 직업적응 훈련반, 지역사회 직업재활시설, 거점학교나 학교기업의 직업훈련실, 전공과 훈련실, 정신장애인 사회복귀시설 등 다양한 작업환경에서 실시한다.

1) 장애인복지관 직업적응 훈련반

상황평가는 장애인복지관 직업적응 훈련반에서 다양한 목적으로 실시된다. 직업적응 훈련반에서의 평가는 내담자의 직업인성에 초점을 두고 고용 가능성, 직업 성숙도, 직업 환경의 장점과 제한점, 직업습관, 발달과 변화의 가능성, 훈련능력을 평가한다. 만약 훈련반의 목표가 내담자에게 적합한 훈련 영역을 결정하는 것이라면, 내담자의 훈련과 학습형태, 훈련능력에 따라 상황평가의 내용을 결정한다. 반면 내담자 직업배치가 훈련 목표라면 내담자의 신체적 능력과 직업인내력 측정 등에 중점을 둔다. 평가척도는 직업인성 프로파일, 한국장애인개발원 상황평가지, 정서관찰척도(OEI-R), 행동측정척도(BRS)

등을 주로 사용한다.

2) 직업재활시설

직업재활시설에서의 상황평가는 시설 이용 적격성을 판별하기 위해 하루 혹은 일주일 동안 배치할 직무에 대해 평가하는 경우와 시설 근로자의 임금산정을 위해 생산성과 근태 등을 평가하는 경우, 그리고 적응훈련의 효과성을 측정하기 위해 적응수준 향상도를 평가하는 경우에 실시된다. 평가하는 주된 직무 유형은 시설에서 자체 생산품으로 생산하는 직무이며, 시설 기준이 내담자의 욕구에 선행한다. 평가 내용은 시간 약속 준수능력, 지시 이해력, 생산성에 초점을 두며, 심리적 요인은 행동의 원인이 될 때에만 관찰한다. 평가척도는 직업인성 프로파일과 같이 표준화된 상황평가 척도를 사용하기도 하고 평가할 직무 내용이나 공정에 알맞게 고안한 자체 행동척도를 사용하기도 한다.

3) 거점학교/학교기업 직업훈련실

거점학교나 학교기업의 경우 자체 생산품을 제조하기도 하고 하청 등 임가공 업무를 수행하기도 한다. 두 경우 모두 학생들의 직업목표는 지역사회 고용이기 때문에 생산성보다는 직업인식, 직업태도, 직업인성, 고용 가능성 등이 주된 상황평가의 목표가 된다.

〈표 7-1〉 **평가기간에 따른 상황평가 유형**

유형	특수평가	전이기술평가	일일직업평가	단기직업평가	장기직업평가
시간	몇 시간~2일	1~6시간	4~7시간	2~5일	2~6주
목적	1~2개 구체적인 내담자 기술들의 전반적인 평가(내담자의 직업행동에 큰 문제를 보이지 않을 때)	면접, 사례기록, 이전 직업경력 등을 기초로 하여 몇 가지 직업대안을 결정할 때	보충적 직업적 선택을 결정하기 위해 내담자의 프로파일을 확정할 때	직업관련 행동 및 기술 구체적 행동과 직업 인내력 관찰	직업습관, 행동, 인내력 등에 강조를 둔 내담자의 교육적·직업적 재활 잠재력 결정
적절한 의뢰	내담자의 직업배치가 내담자의 1~2개 구체적 기술을 필요로 할 때	검사가 별로 필요하지 않은 직업경험들을 가진 내담자	읽기능력이 초등학교 6학년 이상이 되고 행동적 신체적 문제가 없는 내담자	제한된 읽기, 쓰기 능력을 가진 내담자 장기 직업평가를 적용하기에는 시간적 제약이 따를 때	중증장애인의 행동문제가 크게 드러나고 특수한 직업평가 기술이 사용되어야 할 때

8. 상황평가의 장점

① 작업표본에 비해 평가환경이 실제 산업현장과 유사하다. 생산성이 기준에 합당한 내담자에게 임금이 지급되며, 정규 근로시간을 지키며, 실제 작업현장에서 나타나는 것과 유사한 대인관계를 경험할 수 있다.
② 내담자가 인간관계나 과업에 적응해 나가는 방식을 관찰함으로써 직업과 사회성 기술문제를 발견하고 수정할 수 있다.
③ 내담자가 근로자로서의 역할을 학습할 수 있다.
④ 전통적인 심리검사에서 나타나는 시험에 대한 불안감이 일어나지 않는다.
⑤ 표준화된 심리평가나 작업표본평가에서 보다 다양한 직업행동을 평가할 수 있다.
⑥ 현장평가에 비해 비용이 적게 들며 많은 장비가 필요하지 않다.

9. 상황평가의 단점

① 평가 장소를 찾기 어렵고, 조립 · 포장과 같은 직업재활시설이나 훈련실의 단순한 비숙련 직무는 실제 산업현장 직무와 차이가 있을 수 있다.
② 보호작업장 내 관리자의 관대한 평가로 인해 내담자에게 실제 산업기준을 적용시키지 않음으로써 개인차를 판별하기 어려울 수도 있다.
③ 평가 결과가 객관화된 수치로 표현되기 어려운 행동에 대한 관찰에 기초하기 때문에 평가사의 주관과 편견이 개입되어 신뢰도의 문제가 제기될 수 있다.
④ 평가할 특성에 대한 조작적 정의를 내리지 않는 한 평가 특성이 불분명하고 애매모호하다.
⑤ 높은 기능수준의 내담자는 단순 과업에 동기화되기 어렵다.
⑥ 평가사의 관찰에만 의존하기 때문에 고도의 훈련을 받고 많은 경험이 있는 평가사가 필요하다.
⑦ 많은 시간이 소요된다.

제 8 장 » 현장평가

1. 현장평가와 직업평가
2. 현장평가의 의의
3. 현장평가의 목표
4. 현장평가의 단계
5. 현장평가의 장점
6. 현장평가의 단점

1. 현장평가와 직업평가

현장평가(on-the-job evaluation)는 직업목표에 적합한 실제 작업환경에서 내담자의 직무기능을 평가하는 것이다. 현장평가는 내담자의 인성, 태도, 적성, 직업 특성, 직업 기술, 신체 능력 측정에 목적이 있으며 사업체와 같은 실제 산업현장이 평가 장소가 된다. 내담자는 정규 근로자와 같은 감독과 지시를 받지만 반드시 고용으로 연결되는 것은 아니다. 평가기간은 일반적으로 3~7주가량 소요되나 내담자의 특성에 따라 하루가 걸리거나 한 달 이상 소요되는 경우도 있다.

우리나라에서는 현장평가를 실시할 사업체를 구하기 어려워 한국장애인고용공단에서 실시하는 '중증장애인지원고용' 제도를 통해 내담자를 일반 사업체에 배치하여 현장평가를 실시하는 경우가 대부분이다.

▣ 개요

3~7주간 사업체 현장훈련을 거쳐 취업으로 연계하는 프로그램임. 훈련기간 동안에는 일하는 방법을 알려 주고 사업체 적응을 돕기 위하여 직무지도원을 배치함

▣ 근거

「장애인고용촉진 및 직업재활법」 제13조, 제43조

▣ 신청자격 및 요건

• 장애인: 15세 이상 중증장애인
 – 상담 및 직업능력평가를 통해 현장훈련을 필요로 하는 장애인이 훈련에 참여할 수 있음.

• 사업주: 중증장애인 구인계획이 있는 사업체
 – 현장훈련을 실시할 수 있는 여건 및 환경을 갖춘 사업체
 4대보험(국민연금, 건강보험, 산재보험, 고용보험) 가입 사업체
 노동관계 법령에서 규정하는 산업안전보건 등 작업조건이 정비되어 있는 사업체

▣ 제외사업체

– 정부에서 예산으로 시행하는 재정에 따른 일자리 중 인건비를 지원받는 경우
– 「장애인복지법」 제58조 제1항 제3호에 따른 장애인 직업재활시설

▣ 절차
중증장애인지원고용 절차: 모집 및 선정[공단] → 사전훈련(6일 이내)[공단] → 현장훈련(3~7주)[공단] → 훈련평가 후 고용[사업주] → 적응지도[공단 · 사업주]

▣ 지원내용
- 장애인: 훈련준비금(40,000원) 및 훈련수당(1일 17,000원) 지급, 재해보험가입
- 사업주: 훈련보조금 1인당 1일 19,340원, 훈련기간 동안 직무지도원 배치

[그림 8-1] 중증장애인지원고용제도

출처: 한국장애인개발원(2018a). 중증장애인지원고용제도.

현장평가는 이전의 평가 결과를 토대로 평가의 마지막 단계에서 실행되는 것이 적합하며, 현장평가만을 계획하는 것은 내담자, 고용주, 평가사 모두에게 시간 낭비이고, 내담자는 낯선 작업환경 때문에 흥미와 적성과는 관계없이 조기에 평가를 포기하기도 하기 때문에 부정적 경험을 할 수도 있기 때문이다(Genskow, 1973). 그러므로 일정 기간 이상 평가에 참여하려는 의지를 갖게 하는 것이 중요하다.

평가사는 내담자를 현장평가에 배치하기 전에 직무분석을 실시하여 배치할 직무가 적합한지에 대해 보다 많은 유용한 정보를 얻을 수 있다(Roessler & Rubin, 2006). 예를 들어, 하나의 직업이 여러 가지 직무를 포함할 경우 직무분석을 통해 각 직무에 대한 측정과 전체 직무에 대한 측정 모두를 할 수 있다. 특정 직업에 대하여 내담자가 상위의 수행능력을 보였다면 유사한 직업적성을 가진 직업에서의 성공을 예측할 수 있으며, 반대로 특정 직업에 대한 수행능력의 결핍은 특정 직업적성의 결여를 의미한다. 현장평가의 장소는 재활기관 평가 프로그램의 목적과 일치하며 평가사와 고용주 사이에 라포가 형성되어 있는 곳이 적합하다.

2. 현장평가의 의의

① 실제 고용주 및 산업 현장에서 평가하기 때문에 내담자에게 보다 현실적이고 실제적인 직업 경험과 기회를 제공한다.

② 실제 직무를 수행하는 능력이 지역사회 내의 고용주, 관리자, 평가사에 의해 관찰된다.
③ 내담자의 직업적 장점을 개발하고 직업 경험을 수정하도록 돕는 훈련과정이다.
④ 훈련과 평가가 동시에 이루어지므로 지적장애인과 같은 기능 일반화가 어려운 내담자에게 적절하다. 내담자는 실제 사업체와 동일한 직무조건 속에서 연속적 모의 반복을 통해 기능을 향상시킬 수 있다.
⑤ 직무과업과 작업환경이 강조되며 생체공학, 재활공학, 직무조정의 개념이 적용된다.
⑥ 평가 과정 종결 후 내담자는 재활시설로 되돌아가 직업배치와 관련된 종합적인 평가를 받게 된다.

3. 현장평가의 목표

① 내담자의 고용 목표와 직업흥미 및 선호도 발견
② 실제 직업에 요구하는 내담자의 행동 관찰
③ 내담자가 직업환경에 적응할 수 있도록 지원해 주는 장소, 사람, 사물, 활동과 같은 자원 발견
④ 내담자의 직업행동, 직업적응과 생산성 성취를 저해하는 문제를 발견하고 수정
⑤ 특정 직업에 대한 내담자의 만족도 탐구

4. 현장평가의 단계

1) 1단계

내담자의 직업흥미, 학습 유형, 학습능력, 사회성 기술, 출·퇴근 기술, 기능적 학습능력, 직업적 기대에 대한 이해력 증진과 추구되어야 할 직업환경의 구체화를 목적으로 현장평가를 시작한다.

2) 2단계

현장평가가 가능한 작업현장의 과업분석, 내담자의 장애 유형과 정도, 내담자에 대한 고용주의 태도, 동료의 태도, 요구되는 사회적 능력, 주의집중력, 안전도, 직무강화제, 근로시간, 사회적 환경 등에 대한 평가로 이루어진다.

3) 3단계

작업장에서 성공을 거둘 수 있도록 돕는 유용한 자원과 활동을 발견하고 개별 훈련계획을 수립한다.

4) 4단계

평가는 일반적으로 행동분석을 통해 이루어지기 때문에 직업환경에 요구되는 내담자의 행동기술 등을 체계적인 행동관찰을 통해 평가한다. 휴식시간 준수 여부, 외모 가꾸기, 동료와의 상호관계, 주의집중력, 직무를 독립적이고 지속적으로 수행하는 능력, 스트레스의 조절능력, 직업에 대한 동기화, 지시순응, 안전규칙 준수능력 등 평가사는 내담자의 행동을 직업 배치에 필요한 조건과 연결할 수 있어야 한다.

5) 5단계

중재해야 할 내담자의 행동들과 비일상적인 문제행동을 발견하고, 기초선 및 직무 강화제를 결정한다.

6) 6단계

내담자의 직무만족에 대한 정기적인 평가가 이루어진다. 평가의 내용은 내담자의 인내력, 직무수행 시 겪는 어려움, 직업에서부터 얻는 자아존중감, 직무 선호도, 직무능력 향상 정도, 진단적 피드백 제공, 기술수준에 대한 이해, 동기유지, 적절한 직업계획을 수립하는 데 내담자의 참여 정도에 관한 것이다.

현장평가 기록지

성명		생년월일		장애 유형 및 등급	(급)
사업체 명			담당직무(과제)		
평가일시	년 월 일 (: ~ :)		평가사		(인/서명)

평가 영역	평가(관찰) 내용
일상생활 기능	
직업 기능	
직무 관련 기능	
직업 관련 사회행동	
담당직무 수행도	
소견 및 권고사항	

[그림 8-2] 현장평가 기록지 양식

출처: 한국장애인개발원(2015). 중증장애인의 직업재활계획을 위한 직업상담과 직업능력평가 매뉴얼.

5. 현장평가의 장점

① 정규 근로자와 비교할 수 있는 실제 사업체에서 평가한다.
② 정규 근로시간, 정규 근로자, 자신의 흥미 분야의 직무과업이 제공되는 경쟁고용 형태의 작업장에서 직무를 수행해 보아 자신을 평가할 기회를 가진다.
③ 현장평가의 고용주는 해당 직업 분야에서 가장 전문적인 평가사이기 때문에 내담자에 대한 정확한 평가가 가능하다.
④ 현장평가의 장소는 직무과업이 항상 수행될 수 있는 시설이기 때문에 설비비용이 적게 든다.
⑤ 내담자의 실제 작업능력에 대한 고용주나 동료근로자의 긍정적 평가는 유사한 직무에의 직업배치 가능성을 제시한다.
⑥ 해당 직종이 요구하는 능력에 대해 정확한 평가와 관찰이 가능하다.
⑦ 일의 숙련도, 순서 등 일련의 과정을 일정한 기준을 두고 평가할 수 있다.
⑧ 훈련과 평가가 동시에 이루어지므로 기능 일반화가 어려운 중증 인지장애인도 평가를 통해 훈련될 수 있다.

6. 현장평가의 단점

① 몇몇 현장평가 장소의 경우 임금이 지불되지 않기 때문에 실제 작업환경과 차이가 있다.
② 감독자가 현장평가 대상 내담자 관리에 대하여 부담스러워하거나 동정의 의미로 생각할 경우 협조를 구하기 힘들다.
③ 실제 사업체를 현장평가 장소로 이용하기 때문에 장소 선정이 어렵다.
④ 작업 상황이 복잡할 경우 능력과 적성에 대한 효과적인 구분이 어렵다.
⑤ 평가할 수 있는 인원이 제한적이며 평가에 많은 시간이 소요되어 경제적 측면에서 비효율적이다.

직업평가 시 체크사항

▣ 장애인의 평가에 임하는 태도 고려하기

- 위축감과 긴장감으로 자신의 능력을 발휘하지 못할 경우 반복적으로 수행할 수 있도록 하고 평가사는 편안한 억양으로 평가를 진행한다.
- 작은 소리를 말하거나 의사표현이 원활하지 않은 경우, 신체표현으로 평가를 수행하도록 한다.
- 주의가 산만한 상태로 평가에 임하는 장애인이 있다면, 주의집중할 수 있는 환경을 조성하거나 강화물, 평가일정 연기, 격려 등의 융통성을 발휘하여 평가를 진행할 수 있다.

▣ 장애인의 전반적인 능력 고려하기

- 운동능력, 지시이해력 부족 등 기질적인 뇌손상으로 인해 장애인의 수행력이 부족한 것인지, 아니면 능력은 있지만 흥미와 동기가 낮아서 수행력이 낮게 나온 것인지를 판별하는 것이 중요하다.
- 기질적 뇌손상으로 인하여 수행력이 부족할 경우, 반복적으로 검사를 시행해 보고 잘 수행하지 못한다면 그 임상적 사항을 기록한다.
- 장애인이 건강상태나 심리상태로 인하여 참여 동기가 낮을 경우, 적절한 시간에 협의하여 재검사를 실시하도록 한다.

▣ 보조지시를 적절하게 활용하기

- 평가실시 전 주의사항을 알려 주고 장애인이 숙지하였다고 판단하였을 때 평가를 시행한다.
- 평가 시 평가도구에 따라 장애인이 오답을 한 경우에는 다시 시행하도록 배려하고, 재시행에도 불구하고 다시 오답을 한 경우에는 더 이상의 시범 및 지시문을 알려 주지 않는다.

▣ 손을 고려하기

- 평가도구의 매뉴얼에서 정하고 있는 손으로 평가한다. 대부분의 평가도구는 우세손을 기준으로 하고 있으며, HVDT에서는 오른손을 우선으로 평가하도록 하고 있다.
- 협응력 평가는 비교적 기능이 좋은 손으로 평가한다.

출처: 한국장애인개발원(2015). 중증장애인의 직업재활계획을 위한 직업상담과 직업능력평가 매뉴얼.

제 9 장 》 직업평가 자원

1. 직무분석
2. 미국 직업사전
3. 한국직업사전
4. 미국 직업탐색사전
5. 미국 직업전망사전
6. 한국직업전망
7. VDARE 직업분류표

1. 직무분석

직무분석은 직무가 수행되는 특정 상황에서 발생되는 다양한 과업의 각 단계에서 요구하는 조건을 분석하는 것이다. 고용훈련전문가는 이러한 분석방법을 내담자의 과업을 이해하는 데 사용하고, 훈련의 지속성을 관찰하며, 각 과업을 세분화하여 학습을 촉진하는 역할을 한다. 즉, 직무분석은 중증장애인이 직업에서 성공할 수 있도록 지원하는 데 매우 효과적인 방법이다.

1) 직무분석의 정의

직무분석(job analysis)은 직무 내용, 직무수행 방법, 직무수행의 이유, 직무에서 요구하는 특성, 직무가 수행되는 조건에 대한 정보를 수집하고 분석하는 체계적인 과정이다. 평가사는 산업현장에서 근로자들이 실제로 작업을 수행하는 것을 관찰한 후 직무를 각 단계로 세분화시키고 직무분석 공식을 사용해 직무에 대한 정보를 획득한다. 즉, 직무분석 과정은 산업현장을 관찰한 후 교육, 훈련, 기질, 적성, 흥미, 신체적 요구조건과 같은 직업과 관련된 과업과 작업환경과 같은 조건들을 발견하고 분류하는 것이다. 이 과정에서 직업평가사는 근로자 관찰, 근로자와 고용주 혹은 감독자 면접을 통해 직무수행에서 요구되는 신체적 특성과 환경적 특성, 교육수준과 직업훈련 등에 관한 정보를 수집한다.

직무분석은 직무를 분류하기 위한 목적에서 산업공학자, 산업심리학자들에 의해 개발된 방법이다. 1800년대 말 테일러(Frederick Taylor)는 최초로 조직적이고 과학적인 방법으로 작업에 대한 연구를 했으며, 효과적인 과업수행 방법을 알아내기 위해 과업을 동작의 단위로 구분하였다. 그러나 이 연구는 작업수행에 영향을 미치는 심리적 · 사회적 요인은 배제하였다.

Frank와 Gilbreth는 Taylor의 기계적인 직무분석을 발전시켜 인간관계나 심리학적 요인이 작업수행에 영향을 미친다고 했으며, 이 개념은 1950년대에 더욱 확장되어 근로자 선발방법을 개선하기 위해 직업평가 분야에 응용되기 시작했다(강위영, 이상진, 1999).

현재 직업재활 분야에서 널리 쓰이고 있는 직업사전에 수록되어 있는 직업항목은 직무분석을 통해 분류된 것이다.

직업평가가 종료되면 내담자를 배치할 사업체를 개발하고, 해당 사업체와 내담자가 수행할 직무에 대한 정보를 수집하여 분석하는 사업체 정보 분석과 직무분석을 실시한다. 사업체 개발은 지역사회 내 장애인이 직업을 가지고 생활할 수 있는 잠재적인 취업처를 개발하는 전문적이고 종합적인 활동이다. 개발된 사업체는 장애인을 고용하고자 구인을 요청한 사업체이거나, 기관이 장애인 고용에 대해 안내하고 장애인의 직무배치를 염두에 두고 직무조정 등의 과정을 통해 개발한 사업체를 말한다.

직업재활기관은 사업체를 개발하기 위해 지역사회 노동시장의 탐색 및 분석, 고용주와의 직접 접촉, 기관의 인적·물적 자원 활용, 사업체 조사, 구인업체 분석 등의 방법을 활용할 수 있다. 또는 사업체와 직업정보를 파악하기 위해 워크넷 등 고용 관련 사이트, 구인정보 신문, 직업사전, 직업전망사전, 지역사회 사업체 목록, 노동시장 보고서, 고용노동부 고용센터·중소기업진흥공단·상공회의소 자료 등을 활용할 수 있다.

사업체 개발 시에는 향후 고용이 체결된 이후 장애인이 안정적으로 직업을 유지할 수 있도록 여러 환경요인이 포괄적으로 고려되어야 한다. 사업체 정보와 직무분석은 내담자를 사업체에 배치하고자 할 때 사업체를 직접 방문하여 인사 담당자나 해당 직무 관리자를 만나 작성하여 정확성을 높여야 한다.

사업체 정보는 크게 사업체 현황과 구인조건으로 구분할 수 있으며, 적합성 비교분석의 과정과 구직장애인에게 충분히 설명되어져야 할 중요한 정보가 된다(한국장애인개발원, 2010). 사업체 정보를 분석할 때는 위치, 업종, 의무고용 대상 사업체 여부, 편의시설 설치 여부, 교통편 등의 환경, 고용주 및 동료 태도, 장애인을 배치할 직무조건 등의 장애인 고용환경, 장애인 고용 현황, 고용 형태, 급여, 4대 보험 등의 구인(근로)조건 등의 정보를 사전에 수집하여 내담자에게 적합한 사업체인지 파악해야 한다.

사업체 정보 분석 후에 내담자가 실제로 수행할 직무에 대한 분석을 실시해야 한다. 직무분석은 사업체 정보 조사와 함께 해당 직업의 적합성에 관련된 주요소를 평가하여 구직장애인에게 특정 직무가 적합한지 여부를 결정하는 핵심 자료가 된다(한국장애인개발원, 2010). 직무분석에서는 담당직무와 직무명, 그 직무의 내용에 대한 정보를 먼저 수집한다. 직무명과 직무 개요는『한국직업사전』의 직무명과 직무 개요를 참고할 수도 있지만, 직무분석에서는 실제 사업체에서 사용하는 직무명과 직무 개요를 파악하는 것이 내담자에게 적합한 직업인지 탐색하는 데에는 더 유용하다. 직무분석에서 수집해야하는 주요 직무 영역은 신체·인지능력, 변별력, 사회성, 작업수행능력 등이며, 각 영역에서 요구하는 수행정도를 파악해야 한다(예: 서 있기 2~4시간 미만 요구). 다음으로는 직무에 대해 보다 명확히 이해할 수 있도록 해당직무의 공정을 분석한다. 공정을 수행 순서에 따라 공정 내용, 사용되는 공구, 도구, 자재, 작업요구도를 기술하고, 직무수행 과정별로 사진을 첨부한다. 이외에도 해당 직무수행 시 유의사항(예: 해당 직무에서 사용하는 용어, 작업복 착용, 안전사항 등)을 기술하여 직업 전 훈련에서 교육할 내용을 준비하거나 해당 직무의 업무 수행 과정에서 특정 공정을 원활히 수행하는 데 필요한 직무조정 및 지도 등이 필요한지 고려한다.

2) 직무분석의 의의

강위영과 이상진(1999)은 직무분석의 의의를 다음과 같이 말하였다.

① 직무상의 책임과 권한에 입각한 노동력의 조직
② 인적자원에 입각한 근로자의 모집, 선발, 배치
③ 직무분석에서 제시된 직업에서 요구하는 신체적 · 정신적 능력에 부응하기 위한 훈련계획
④ 숙련, 권한과 책임 및 기타 직무의 여러 가지 특성에 상응하는 임금관리
⑤ 직무상의 권한, 책임, 작업조건 등의 요인에 상응하는 전직 및 승진
⑥ 상세한 책임의 부과, 과업과 임무의 한계 및 공정한 임금률을 통한 문제해결
⑦ 직무분석에서 나타난 위험하고, 비위생적인 작업 조건의 개선
⑧ 시간 및 동작 연구를 통한 표준생산량의 설정
⑨ 작업간소화와 방법 개선을 통한 노동생산량의 향상
⑩ 직무에 대한 상세한 정의와 분석 결과의 제시를 통한 조직계획의 수립

3) 직무분석의 목적

① 직무 특성에 대한 정보 제공
② 작업표본 개발과 근로자의 과업수행과 내담자의 능력을 비교하는 기초가 됨
③ 작업환경에 대한 많은 정보 제공

4) 직무분석의 내용

① 직무수행의 이유
② 직무수행 방법
③ 직무수행 장소
④ 직무수행도구, 장비, 보조장비

5) 직무분석의 과정

(1) 근로자 관찰

평가사는 해당 직무를 수행하는 근로자 관찰을 통해 직업의 신체적 조건을 결정한다. 예를 들어, 직무가 앉아서 하는 일인지 혹은 서서하는 일인지, 운반 가능한 최대 무게는 얼마인지, 운반 가능한 거리는 얼마인지, 직무가 요구하는 청력·시력의 정도는 얼마인지, 내근직 혹은 외근직인지, 소음수준과 안전도 등을 분석한다.

(2) 직무과업 기술

평가사는 사업체 근로자가 직무를 수행하는 것을 관찰하여 직무를 순차적인 순서 혹은 기능적인 순서에 따라 기술한다. 순차적인 수행 순서는 수행되어야 하는 순서에 따라 정해진 단계별로 수행되는 것을 의미하며, 기능적인 수행 순서는 직무의 중요도에 따라 정규적인 순서 없이 수행되는 것을 의미한다.

(3) 작업도구, 보조도구, 기계, 장비, 재료 기술

작업 수행 시 근로자가 사용하는 작업도구, 보조도구, 기계, 장비, 재료와 기술이 있는지 파악하고 기술한다.

(4) 근로자 면접

근로자 관찰 결과의 정확성을 확인하며 오류를 발견하는 과정이다. 직무수행에 요구되는 교육수준과 직업훈련 경력, 훈련기간과 형태, 자격증 유무 등이 분석된다.

(5) 구직장애인의 직업배치와 지원전략 탐색

취업 담당자가 작업을 수행해 보면서 앞으로 실시될 구직장애인의 직업배치와 지원전략을 탐색한다.

(6) 직무분석지 작성

직무분석지를 작성한다.

(7) 사업주 면접

조사한 직무분석을 검토하기 위하여 사업주 등과 만난다. 이 과정에서 필요한 직무조정 또는 수정 등에 대해 협의한다.

6) 직무분석의 적용 분야

직무분석의 목적은 직업에 관한 실제적인 정보를 획득하는 것이지만 이외에도 다양한 분야에 적용된다(Pruitt, 1986).

① 직무 분류
② 직업적합성 분석(job matching)
③ 직업배치
④ 직업상담
⑤ 교과과정 계획
⑥ 직업재활
⑦ 직업 재구조화
⑧ 직무 특성과 내용에 대한 기술
⑨ 자격증 획득 준비
⑩ 직무에서 요구되는 기능에 관한 연구

다음 [그림 9-1]과 [그림 9-2]는 사업체와 직무에 대한 정보를 수집할 때 사용하는 사업체정보지와 직무분석지 양식(한국장애인개발원, 2010)이다.

<table>
<tr><td>NO</td><td></td></tr>
<tr><td>작성일</td><td>20 년 월 일</td></tr>
<tr><td>작성자</td><td>(서명/인)</td></tr>
</table>

사업체정보지

<table>
<tr><td rowspan="14">사업체현황</td><td>사업체 명</td><td></td><td colspan="2">대표자 명</td><td></td></tr>
<tr><td rowspan="4">소재지</td><td rowspan="4"></td><td rowspan="4">연락처</td><td>전화번호</td><td></td></tr>
<tr><td>FAX</td><td></td></tr>
<tr><td>홈페이지</td><td></td></tr>
<tr><td>담당자</td><td></td></tr>
<tr><td>사업자등록번호</td><td></td><td colspan="2" rowspan="2">근로자 수</td><td rowspan="2">총 명/남: 명/
여: 명</td></tr>
<tr><td>업종/생산품</td><td>/</td></tr>
<tr><td colspan="5">사업체 환경</td></tr>
<tr><td colspan="2" rowspan="4">• 편의시설
–화장실:□입식□좌식
–계단:□유□무
–엘리베이터:□유□무
–경사로:□유□무
–W/C 사용:□가능□불가</td><td colspan="2">• 작업장 위치:</td><td>• 청결성:□청결□보통□불량</td></tr>
<tr><td colspan="2">• 안전성:□안전□보통□염려</td><td>• 소음도:□높음□보통□낮음</td></tr>
<tr><td colspan="2">• 온도:□추움□보통□더움</td><td>• 조명:□어두움□보통□밝음</td></tr>
<tr><td colspan="3">• 교통편(노선 및 승하차 지점)
–지하철:
–버스:
–통근차량:□유□ 무</td></tr>
<tr><td colspan="5">기타(부연 설명):</td></tr>
<tr><td colspan="5">장애인 고용환경</td></tr>
<tr><td></td><td colspan="2">고용주 및 동료 태도</td><td colspan="3"></td></tr>
<tr><td></td><td colspan="2">작업환경</td><td colspan="3"></td></tr>
<tr><td></td><td colspan="2">장애인 배치 직무조건</td><td colspan="3"></td></tr>
<tr><td></td><td colspan="2">기타</td><td colspan="3"></td></tr>
<tr><td></td><td colspan="5">장애인 고용현황 및 복리후생</td></tr>
<tr><td></td><td>고용 여부</td><td>□유□무</td><td>고용 형태</td><td colspan="2">□간부□사무□생산□기타</td></tr>
<tr><td></td><td>고용 인원</td><td></td><td>장애 유형</td><td colspan="2"></td></tr>
<tr><td></td><td>기숙사</td><td>□유□무</td><td>식사 제공</td><td colspan="2">□조식□중식□석식</td></tr>
</table>

구인 (근로) 조건	구인 유형	□취업 □부업 □훈련	성별	남: 명 / 여: 명 / 무관: 명
	작업 내용	□주 작업: □보조작업:		
		□직무중요도(근력, 지속력, 활동범위, 속도, 상호관계, 위험요소 등):		
	구인연령		혼인관계	□미혼 □기혼 □무관
	학력		자격증	
	기술 및 기능정도	□미숙련기능자 □반숙련기능자 □숙련기능자 □기타( )		
	구비서류	□이력서 □자기소개서 □성적증명서 □졸업증명서 □주민등록등본 □기타( )		
	장애 유형 및 보장구	□희망 장애 유형: *사유: □필요보장구:		
	근무 여건			
	고용 형태	□상용 □일용 □시간제 상용 □시간제 일용 □기타( )		
	고용 기간	□정규직 □계약직 □일용직 □시간제	수습	개월
	근무시간	□근무시간: : ~ : □잔업시간: : ~ : □2교대 □3교대		
		□연장근로시간: 주 평균 시간(주 회)		
	급여조건	□월급제: 기본급 원 + 제수당 원 = 원		
		□일급제: 기본급 원 ( )일 = ( )원 + 제수당( )원 = ( )원		
		□제수당: □야근수당 □연/월차수당 □기타수당( )		
		□상여금: %	급여 지급일	
	퇴직금	□유 □무 (사 유:)	4대 보험	□산재보험 □고용보험 □건강보험 □국민연금

[그림 9-1] 사업체정보지 양식

출처: 한국장애인개발원(2010). 중증장애인직업재활지원사업 운영매뉴얼.

직무분석지

NO.		작성자	(서명/인)
사업체 명		사업주 (인사 담당자)	
업체방문 일	20 년 월 일	직무분석표 작성일	20 년 월 일
자료수집 방법	□관찰 □면접 □설문지 □과거자료 분석결과 □체험 □기타( )		
담당직무 명			
직무개요			

구분	항목	요구도 ①		요구도 ②		요구도 ③		요구도 ④		비고
신체 능력	배근력(들기)	10kg 미만	□	10~20kg 미만	□	20~40kg 미만	□	40kg 이상	□	
	허리 굽히기	1시간 미만	□	1~2시간 미만	□	2~4시간 미만	□	4~8시간 이상	□	
	의자 앉기	1시간 미만	□	1~2시간 미만	□	2~4시간 미만	□	4~8시간 이상	□	
	쪼그려 앉기	1시간 미만	□	1~2시간 미만	□	2~4시간 미만	□	4~8시간 이상	□	
	서기	1시간 미만	□	1~2시간 미만	□	2~4시간 미만	□	4~8시간 이상	□	
	계단 오르기	1시간 미만	□	1~2시간 미만	□	2~4시간 미만	□	4~8시간 이상	□	
	보행	1시간 미만	□	1~2시간 미만	□	2~4시간 미만	□	4~8시간 이상	□	
	손가락 기민성	요구되지 않음	□	연필 크기 물건 집기	□	동전 크기 물건 집기	□	바늘 크기 물건 집기	□	
	눈손 협응	요구되지 않음	□	어느 정도 요구됨	□	중요함	□	매우 중요함	□	
	양손 협응	요구되지 않음	□	우세손만 사용	□	주: 우세손 보: 비우세손	□	양손 동시 사용	□	
	청력	요구되지 않음	□	보청기로 소리/신호 확인	□	보청기로 일상대화 가능	□	전화사용 및 일상대화 가능	□	
	시력	요구되지 않음	□	표지판 등 큰 글씨 확인	□	상품설명 같은 작은 글씨 확인	□	전자부품 등 세밀한 글씨 확인	□	
인지	지식이해	요구되지 않음	□	언어지시, 모델링 후 견본 제시	□	언어지시와 함께 모델링	□	언어지시 만으로 이해	□	
	쓰기	요구되지 않음	□	1~2단어 받아쓰기	□	3~4단어 받아쓰기	□	편지 등 작문하기	□	
	읽기	요구되지 않음	□	1~2단어 읽고 이해	□	단문 읽고 이해	□	설명서 등의 장문 읽고 이해	□	
	수 세기	요구되지 않음	□	1~10까지 세기	□	1~100까지 세기	□	100 이상 세기	□	

	수리능력	요구되지 않음	□	수 세기	□	덧셈 · 뺄셈 가능	□	사칙연산 가능	□	
	금전관리 기술	요구되지 않음	□	화폐 종류 인지 가능	□	거스름 돈 주고받기	□	금전관리 계획 및 실행	□	
	시간개념	요구되지 않음	□	시계 보기 가능	□	시간에 맞춰 자신이 수행할 일을 확인	□	시간계획 및 배분	□	
작업 수행	지속력	2시간 미만	□	2~3시간 미만	□	3~4시간 미만	□	4시간 이상	□	
	작업 속도	느린 속도 수용 가능함	□	보통의 꾸준한 작업 속도가 요구됨	□	종종 빠른 작업 속도가 요구됨	□	지속적으로 빠른 작업 속도가 요구됨	□	
	작업주도성	요구되지 않음	□	자신의 직무를 스스로 할 수 있어야 함	□	자발적으로 하는 것이 도움이 됨	□	직원이 다음 과제를 지시하거나 단서를 제공할 수 있음	□	
	업무의 순차적 수행	1가지 업무	□	2~3가지 업무의 순차적 수행이 요구됨	□	4~6가지 업무의 순차적 수행이 요구됨	□	7가지 이상 업무의 순차적 수행이 요구됨	□	
	일과상의 변화	변화 없음	□	하루에 2~3회 변화	□	하루에 4~6회 변화	□	하루에 7회 이상 변화	□	
변별력	크기 변별	매우 낮음	□	낮음	□	높음	□	매우 높음	□	
	형태 변별	매우 낮음	□	낮음	□	높음	□	매우 높음	□	
	색 변별	매우 낮음	□	낮음	□	높음	□	매우 높음	□	
사회성 사회	개인 용모	중요하지 않음	□	청결만 요구	□	청결/단정한 복장	□	청결/단정한 복장과 외모	□	
	표현언어	요구되지 않음	□	1단어 표현	□	2~3단어 조합의 단문 표현	□	정확한 문장 표현	□	
	수용언어	요구되지 않음	□	1단어 수용	□	2~3단어 조합의 단문 수용	□	긴 문장 수용	□	

담당직무 공정분석

순번	수행 과정	사용공구/도구/자재	작업요구 수준 (필요 기능/작업량/작업 속도/무게 등)
1			
2			
3			
4			
5			

★ 직무수행 과정별 사진 첨부	
직무수행 시 유의사항	
종합 소견	

[그림 9-2] 직무분석지 양식

출처: 한국장애인개발원(2010). 중증장애인직업재활지원사업 운영매뉴얼.

7) 직업적합성 분석

직업적합성 비교분석이란 내담자의 성공적인 직업배치를 위하여 구직 요건과 구인 요건이 서로 일치하는지 상호 비교하여 내담자를 배치할 사업체를 결정하는 과정이다. 즉, 내담자의 특성 및 구직욕구와 직무분석을 포함한 사업체 정보를 비교・분석하고 검토하여 실제 취업으로의 연결 가능성 여부를 결정하는 것이다.

직무분석이 완료되면 이전 직업재활서비스 과정에서 진행되었던 초기면접 및 직업평가 결과 또는 직업적응훈련 등의 직업재활서비스 과정에서 지속적으로 진행된 상담과 평가 내용, 내담자 욕구, 해당 사업체에 취업을 희망하는지 등의 내담자 특성과 사업체 정보와 직무분석 결과를 비교하여 내담자를 해당 직무에 배치하는 것이 적합한지 판별하는 직업적합성 분석을 실시한다.

사례회의를 개최하여 적합성을 결정하고 필요한 지원을 계획하여 그 결과를 적합성 비교분석지에 작성한다. 사례회의 결과에는 적합성 비교분석에 대한 최종결과 내용을 기록한다(한국장애인개발원, 2010).

적합성 비교분석지

NO–

성명		생년월일		장애 유형 및 등급	
사업체 명		담당직무			

직무분석			직무배치 가능성			필요한 지원 정도 및 계획
구분	순번	고용선별 요소	사업체	구직자	적합성 (좋음: G/ 나쁨: P/ 지원 필요: SN)	
고용환경	1	사업체 환경				
	2	고용주 및 동료태도				
	3	직무조건				
	4	작업환경				
	5	구인조건				
신체능력	6	배근력(들기)				
	7	허리 굽히기				
	8	의자 앉기				
	9	쪼그려 앉기				
	10	서기				
	11	계단 오르기				
	12	보행				
	13	손가락 기민성				
	14	눈손 협응				
	15	양손 협응				
	16	청력				
	17	시력				
인지	18	지시이해				
	19	쓰기				
	20	읽기				
	21	수 세기				
	22	수리능력				
	23	금전관리 기술				
	24	시간개념				
작업수행	25	지속력				
	26	작업속도				
	27	업무의 순차적 수행				
	28	일과상의 변화				
변별력	29	크기 변별				
	30	형태 변별				
	31	색 변별				
사회성	32	개인용모				
	33	표현언어				
	34	수용언어				
사례회의결과						

분석일: 20 . .

담당자: (인/서명)

[그림 9-3] 직업적합성 분석 양식

출처: 한국장애인개발원(2010). 중증장애인직업재활지원사업 운영매뉴얼.

8) 사업체 면접

적합성 비교분석 결과 구직 요인과 구인 요인이 대부분 적합하다는 결정이 내려지면 취업 담당자는 사업주 및 내담자와 면접일정을 세우고 본격적인 취업을 위한 준비를 한다. 사업주에게 내담자에 관한 기본정보를 알려 주고 내담자에게는 사업체에 대한 구체적인 정보와 이력서 및 자기소개서 등 필요한 구비서류를 준비하도록 안내한다. 필요한 경우 면접을 보기 전 이력서 및 자기소개서 작성, 면접기술 및 면접 시 주의 사항 등에 대한 사전교육을 실시한다.

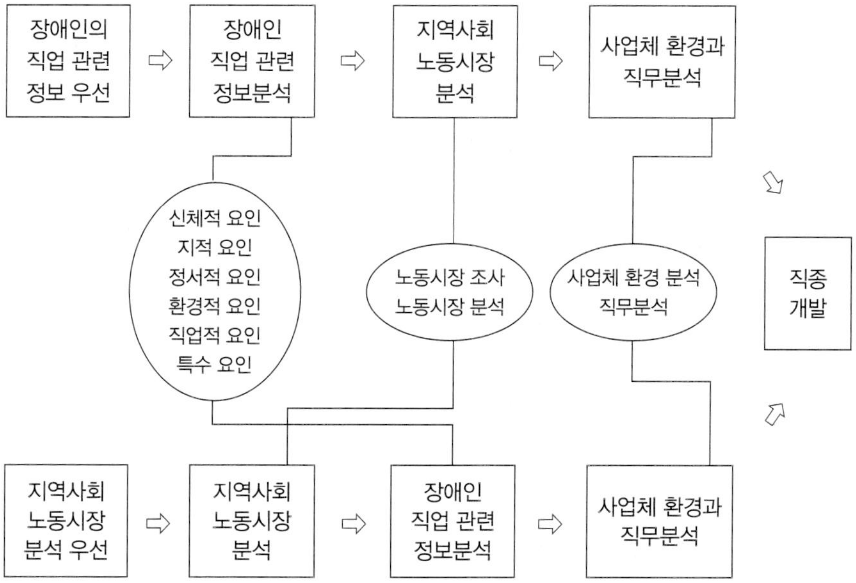

[그림 9-4] 사업체 개발 과정

2. 미국 직업사전

미국 노동부(US Department of Labor)는 직업정보 자원의 하나로 1939년 직업사전인 『Dictionary of Occupational Titles(DOT)』를 개발하였다. DOT는 1939년, 1949년, 1965년의 개정을 거쳐 1977년 1,400페이지로 이루어진 9개 숫자 코드의 12,000개의 직업항목(occupational title)을 수록한 4판이 발행되었다. DOT는 20,000개 직업에서 요구하는 신체적·정신적 특성과 내담자의 신체적·정신적 능력을 연결시키는 데 사용되며, 직업배치, 직업상담, 진로지도, 노동시장 정보에 관한 표준화된 정보를 획득할 수 있게 한다(Power, 2013, Pruitt, 1986; Roessler & Rubin, 2006). DOT의 9개 숫자코드는 각각 중요한 직업적 의미를 갖는 세 부분으로 나뉜다(US Department of Labor, 2018a).

첫 번째 그룹의 3개 코드는 직업 범주, 직업 분야, 직업군으로 구성되어 있다. 첫 번째 직업코드는 직업 범주를 의미한다.

직업코드의 첫 번째 숫자	직업 범주
0/1	전문직, 기술직, 관리직
2	사무직, 영업직
3	서비스업
4	농업, 임업, 수산업, 그 밖의 관련 직종
5	가공업
6	기계업
7	작업대 직업
8	건축업
9	기타

두 번째 직업코드는 직업 분야를 의미한다. 다음은 첫 번째 직업코드인 직업 범주(0) 전문직, 기술직, 관리직의 하위 범주인 두 번째 직업코드의 내용이다.

직업코드의 두 번째 숫자	직업 분야
0/1	건축, 기계, 조사 분야
2	수학 및 자연과학 분야
3	컴퓨터 관련 분야
4	생명과학 분야
5	사회과학 분야
7	의학 및 건강학 분야
9	교육학 분야
10	박물관, 도서관, 기록보관소 분야
11	법학 및 교정학 분야
12	종교 및 신학 분야

13	문학 분야
14	예술 분야
15	엔터테인먼트 및 레크리에이션 분야
16	전문 관리 분야
18	행정 및 관료 분야
19	기타 전문직, 기술직, 관리직 분야

세 번째 직업코드는 직업군을 의미한다. 다음은 04(생명과학 분야)의 하위 범주인 직업군을 나타낸다.

직업코드의 세 번째 숫자	직업군
040	농업과학
041	생물학
045	심리학
049	생명과학

두 번째 그룹의 세 가지 숫자 코드(네 번째, 다섯 번째, 여섯 번째)는 각 직업에서 요구하는 자료(data), 사람(people), 사물(things) 영역의 기능 수준을 의미한다. 숫자가 올라갈수록 각 직업에서 상위의 기능수준이 요구되는 것이다.

직업코드의 네 번째, 다섯 번째, 여섯 번째 숫자					
자료(Data) (네 번째 숫자)		사람(People) (다섯 번째 숫자)		사물(Things) (여섯 번째 숫자)	
0	종합	0	지도자	0	조립
1	정리	1	중재자	1	정밀업
2	분석	2	교사	2	경영
3	편집	3	감독자	3	운전
4	계산	4	유희가	4	조작
5	복사	5	설득자	5	간호
6	비교(대조)	6	언론인/대변인 – 통신원	6	급식
		7	서비스업자	7	수작업
		8	연수생 – 조력자		

마지막 그룹의 세 자리 숫자는 같은 직업군 내에서 밀접히 연관된 직업을 변별하는 데 도움을 주기 위한 것이다. 예를 들어, 직업재활상담사(vocational rehabilitation couselor)의 DOT 직업코드는 045.107-042이지만 상담사는 045.107-010이다. 그러므로 9개의 숫자 코드가 모두 같은 직업은 없으며 이 마지막 세 자리 숫자는 알파벳 순서에 따라 010에서 시작해서 4의 배수인 014, 018, 022 등의 형태로 직업의 차이를 보여 준다.

직업코드의 일곱 번째, 여덟 번째, 아홉 번째 숫자	
045.107-010	상담사
045.107-014	간호 분야 상담사
045.107-018	상담 분야 관리자
045.107-022	임상심리학자
045.107-026	상담심리학자
045.107-030	산업심리학자
045.107-034	학교상담사
045.107-038	거주시설 상담사
045.107-042	직업재활상담사
045.107-046	선임 심리학자
045.107-050	임상치료사
045.107-054	결혼/가족상담사
045.107-058	약물남용상담사

045.107-042 VOCATIONAL REHABILITATION COUNSELOR (governments ser.) alternate titles: counselor, vocational rehabilitation

Counsels handicapped individuals to provide vocational rehabilitation services: Interviews and evaluates handicapped applicants, and confers with medical and professional personnel to determine type and degree of handicap, eligibility for service, and feasibility of vocational rehabilitation. Accepts or recommends acceptance of suitable candidates. Determines suitable job or business consistent with applicant's desires, aptitudes, and physical, mental, and emotional limitations. Plans and arranges for applicant to study or train for job. Assists applicant with personal adjustment throughout rehabilitation program. Aids applicant in obtaining medical and social services during training. Promotes and develops job openings and places qualified applicant in employment. May specialize in pairment, or readjustment after prison release.

GOE: 10.01.02 STRENGTH: S GED: RS M3 L5 SVP: 8 DLU: 81

[그림 9-5] DOT에 제시된 직업재활상담사 직무 내용

직업재활상담사의 DOT 코드는 045.107-042이다. 직업재활상담사 코드의 의미를 DOT 코드 내용에 따라 분석해 보면 다음과 같다.

코드 번호	의미
0	전문직, 기술직, 관리직
4	생활과학 분야
5	심리학
1	정리
0	지도자
7	수작업
0 4 2	상담 분야 아홉 번째 알파벳 순서

각 직업항목에 수록된 정의의 내용은 다음과 같다.

1. 직업코드 번호(occupational code)
2. 직업항목(occupational title)
3. 산업 형태(industry designation)
4. 대체 직업항목(alternate titles)
5. 정의
   5-1. 도입문(lead statement)
   5-2. 과업요소 기술문(task element statements)
   5-3. 관련 항목('may' items)
6. 정의되지 않은 관련 항목(undefiend related titles)

직업 코드 번호 / 직업항목 / 산업 형태 / 대체 직업항목

652.382-010 의류 나염자(모든 산업형태) 인쇄공; 인쇄기계 조작자

직물, 섬유유리, 플라스틱, 시트, 방수처리한 펠트, 혹은 유포 의 재료에 그림을 인쇄하는 기계를 설치하고 조작함. 지시에 따라 인쇄 롤러에 압력을 주는 핸들을 돌림. 알렌 렌치를 사용하여 기계에 표시되어 있는 눈금에 인쇄 롤러의 눈금이 맞추어 지도록 나사못을 돌림. 파일과 기름숫돌을 사용하여 조절기를 깎고, 수평기를 사용하여 칼날의 평평함을 검사함. 공구를 사용하여 조절기가 인쇄 롤러와 일직선이 되도록 맞춤. 인쇄 롤러에 염료를 공급하기 위해 통 안에 들어 있는 염료에서부터 컬러박스의 염료의 순으로 재료를 담금. 얼룩이나 인쇄가 미흡한 곳, 혹은 잘못 인쇄된 무늬 등의 흠을 찾아내기 위해 직물 기계를 살펴봄. 인쇄 롤러의 과도한 염료를 흡수하기 위해 인쇄 롤러를 재배치하고 담요와 같은 직물의 위치를 조절함. 인쇄된 직물의 길이를 기록함. 기계를 작동시키거나 정지시키며 기계를 설치하고 청소하는 작업을 하는 동료직원들과 인쇄작업을 협력하여 수행함. 지시와 다르게 인쇄가 되었을 경우 염료전문가(전문직)에게 알리기도 함. 스스로 색깔을 정하기도 함. 무늬를 바꾸기 위해 인쇄 롤러를 새로 장치하기도 함 [인쇄 롤러 조작자(직물)]. 테두리의 불필요한 부분을 다듬기위해 성형 재료의 테두리 부분에 칼을 장치하기도 함. 새로운 무늬와 창작된 디자인 샘플을 인쇄할 때에는 새로운 것을 인쇄하는 기계 조작자(직물) 혹은 가공기계조작자(인쇄와 출판)라고 한다. 주름을 만들기 위해 수축성을 가진 직물에 무늬를 인쇄할 때에는 염료 대신 가성소다를 사용하는 나염기계를 설치하고 조작하기도 하며 주름기계조작자(직물)이라고 한다.

도입문 / 용어 풀이 / 괄호 없는 직업항목 / 관련 항목 / 괄호 내 직업항목 / 정의되지 않은 관련 항목

DOT는 다음을 결정하는 데 가장 효과적으로 이용될 수 있다(Pruitt, 1986).

① 직업에 요구되는 특별한 임무와 기술
② 직업의 목적
③ 직업과 관련된 서비스, 생산품, 재료, 학과목
④ 근로자의 지시 수용과 독립적 기능 수준

⑤ 작업 조건

DOT 3판에는 다음과 같은 근로자 특성 요소가 직업 정의에 포함되어 있다(강위영, 이상진, 1999).

① 훈련시간
② 적성
③ 흥미
④ 기질
⑤ 신체적 조건
⑥ 작업 조건

DOT 4판은 흥미검사와 관련된 11개 직업 영역을 수록하고 있으며 이는 내담자의 흥미검사 점수와 직업 특성을 반영하는 근로자 특성규준 점수와 비교할 수 있게 한다. 4판의 내용은 다음과 같다.

① 주된 항목과 정의
② 용어 항목과 정의
③ 직업군 분류
④ 용어풀이집
⑤ 직업항목의 알파벳순 목차
⑥ 직업항목의 산업 형태에 따른 목차
⑦ 산업 형태 목차
⑧ 부록: 자료(data), 사람(people), 사물(things)에 대한 설명

DOT는 직업배치를 할 때 다음과 같은 장점이 있다(강위영, 조인수, 구대희, 1993).

① 미국 내의 대부분의 직업을 분류하고 기술하였다.
② 직업 및 근로자 특성을 규명하였다.

③ 여러 직업 분야에 필요한 일반적인 능력을 규명하였다.

④ 직무분석을 가능하게 하였다.

3. 한국직업사전

한국고용정보원은 우리나라 전체 직업의 표준화된 직업 명과 수행직무 등의 기초 직업 정보를 수록한 『한국직업사전』 통합본을 1986년부터 발간하고 있고, 2011년 『2012 한국직업사전』 통합본 4판을 출간하였다. 『한국직업사전』은 급속한 과학기술 발전과 산업구조 변화 등에 따라 변동하는 직업세계를 체계적으로 조사 · 분석하여 표준화된 직업명과 기초 직업 정보를 제공할 목적으로 발간되었다. 『한국직업사전』은 청소년과 구직자, 이 · 전직 희망자에게는 직업 선택을 위해, 기업 인사담당자에게는 근로자 선발을 위해, 직업훈련 담당자에게는 직업훈련 과정 개발을 위해, 연구자에게는 직업분류체계 개발과 기타 직업 연구를 위해, 그리고 노동정책 수립자에게는 노동정책 수립을 위해 기초자료로 사용될 수 있다(한국고용정보원, 2012).

2016년은 『한국직업사전』 통합본 5판 발간을 위한 8개년 계획의 네 번째 해로, 기계 관련직, 재료 관련직 등 2개 직종에 대한 『2016 직종별 직업사전』을 발간하였다(한국고용정보원, 2016).

다음은 한국직업사전(2012)에 제시되어 있는 직업 및 직무의 정의다.

1) 직업 및 직무의 정의

직무(job)라는 말은 누가, 언제, 어떤 목적으로 사용하느냐에 따라 다른 의미를 가질 수 있으며 상황에 따라 직업(occupation), 직위(position), 작업(task) 등과 상호교환적으로 사용된다. 이러한 혼란을 없애고 용어의 의미를 명확히 하기 위해 직무분석 관점에서 직업 관련 용어들을 다음과 같이 정의한다.

(1) 동작(Motion)

과업요소를 구성하는 작업자의 기본 행위를 말한다. 신체의 일부를 움직이거나 이동하는 등의 작업과 관련된 모든 행위가 포함된다.

(2) 과업요소(Task Element)

유관한 여러 개의 동작이 하나의 과업요소를 형성하며, 이는 과업(task)을 구성하는 하위 요소다. 이 과업요소 하나로는 유용한 결과를 얻을 수 없지만, 몇 개의 과업요소가 합해지면 유용한 결과를 얻을 수 있다.

(3) 과업(Task)

유관한 여러 개의 요소작업이 하나의 과업을 형성하며, 직무(job)를 구성하는 하위 요소다. 과업은 직무를 단계별 작은 부분으로 나눈 것으로, 이것은 완전한 과업 단위를 나타내며, 자체로 독립될 수 있으며, 측정 가능한 행동을 말한다. 과업에는 작업자에 의해 수행되는 정신적 · 신체적 활동이 포함되며 일 또는 과업 등으로 표현되기도 한다.

(4) 직위(Position)

작업자 한 사람, 한 사람에게 임무 · 일 · 책임이 분명히 존재하여 작업이 수행될 경우, 그 한 사람, 한 사람의 작업을 직위라 한다. 어떤 조직이든 작업자의 수만큼 직위가 있다. 이 직위는 개개인의 사회적 또는 신분적 지위를 의미하거나 위계적인 상하의 지위를 의미하는 것이 아니라 직무상의 지위를 의미하는 것으로, 직무가 조직 내의 직무체계 안에서 차지하는 지위를 가리킨다. 조직 속의 개인은 무엇보다도 우선 직위로서 표현된다.

(5) 직무(Job)

다른 직무와 구별되는 주요한 일 또는 특징적인 일의 수행 측면에서 볼 때 동일하다고 인정되는 직위의 일군으로, 작업자가 수행하는 임무(duty)와 과업(task)이 그의 직무를 이룬다. 만일 여러 사람이 동일한 임무와 과업을 수행하고 있다면 그들은 동일한 직무를 수행하고 있는 것이다. 각각의 직무는 직무분석의 대상이 되며 독립된 직업 결정의 중요한 기준이 된다. 직무 수는 직위 수와 같거나 적게 된다.

(6) 직업(Occupation)

하나의 사업장 이상에서 발견되며, 한 사람 이상의 작업자에 의해 수행되는 공통된 직무들의 묶음으로 정의된다. 특정한 직업은 작업 목적, 작업 방법, 중간재료, 최종 생산물, 작업자의 행동, 작업자의 특성 등의 관점에서 볼 때 유사한 관계에 있다. 여기서 사업장

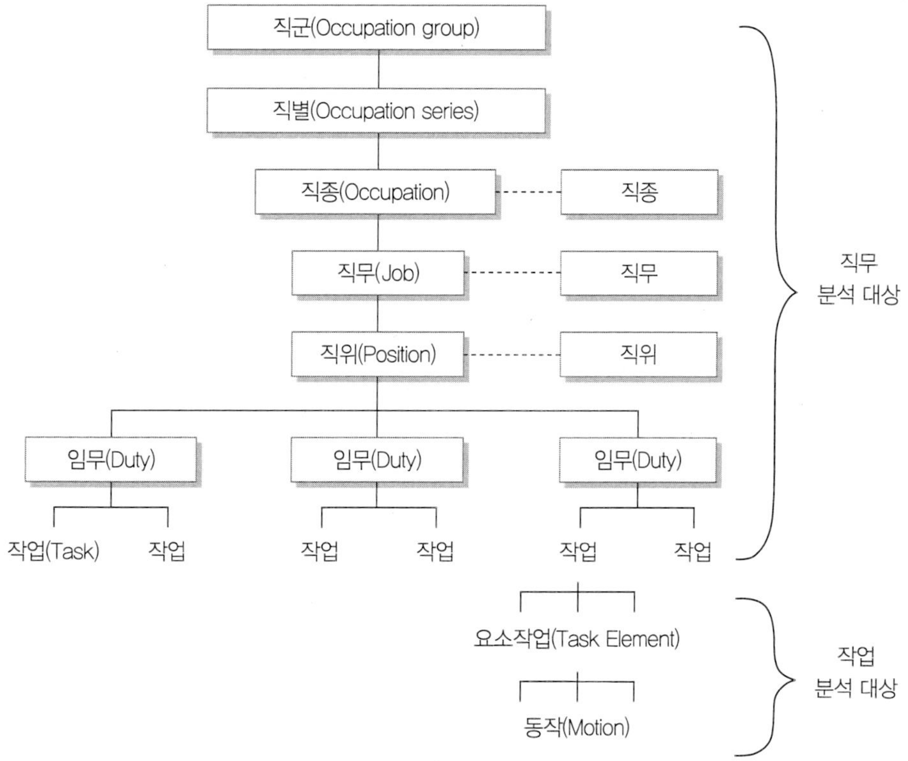

[그림 9-6] 직업 및 직무의 위계

의 범위는 1인이 경영하는 자영업체에서 대규모 사업체까지를 포함한다. 직업이 유사한 직무의 집합이라는 관점은 하나의 직업과 구별되는 특정한 직무를 가지고 있어야 한다는 기본 원리를 제공한다. 따라서 직무분석가는 사업체에 존재하는 모든 직위들 중에서 유사한 직무를 변별해 냄으로써 직업의 수를 결정하게 된다.

(7) 직종(Occupations)

직무의 복잡함과 책임의 비중은 다르지만, 직무 내용이 유사한 직무의 집합을 직종이라고 하며, 통상적으로 직무순환은 이 범위에서 주로 이루어진다. 즉, "직종이라 함은 직무의 종류가 유사하고, 그 복잡함과 책임의 비중이 다른 직무의 계열"이라고 할 수 있으며, 기업의 테두리를 넘어서 직무의 분류 구분을 생각할 때에는 직무분석 용어로서는 '직업(occupation)'이라는 분류 개념이 쓰인다.

> ※ 직무(Job), 과업(Task), 과업요소(Task Element) 등은 상대적 개념이다. 어떤 직무에서는 요소작업인 것이 다른 직무에서는 과업(Task)이 될 수 있고 또 어떤 근로자에게는 하나의 직무가 될 수 있다.
>
> ※ 직군, 직렬, 직업, 직무 등은 조직 내의 관리상 편의를 위하여 만들어진 추상적인 개념이며 직위, 작업, 요소작업, 동작 등은 실제로 존재하는 실제 개념이다. 이러한 직무분석 용어는 어디서나 일반적으로 사용되지만 직무분석 용어의 분류는 산업, 직업, 업체에 따라 달리 분류되어 사용될 수 있다.

(8) 직군(Job Group)

이론적인 기준으로 설정한 유사한 성격을 지닌 일정 직무의 군으로서 이는 직무의 내용인 과업(작업, task)의 유사성이 높은 기능, 지식, 능력을 필요로 하는 공통 또는 상호 관련된 직무의 무리다.

(9) 직렬(Occupational Series)

직무의 종류가 유사하고, 그 책임과 곤란성이 정도가 상이한 직급의 군을 말한다(「국가공무원법」 제5조 8호). 업무 분야가 같은 여러 개 직종의 무리를 말한다.

『한국직업사전』에서 수록하고 있는 정보는 전국적인 사업체에서 유사한 직무가 어떻게 수행되는가에 대한 포괄적인 조사 · 분석 · 연구의 결과다. 수록된 직업정보들은 크게 다섯 가지의 항목으로 구성된다.

2) 직업사전의 이해

(1) 직업코드

'직업코드'는 제시된 직업에 해당하는 네 자리의 숫자로 표기된다. 직업코드의 네 자리 숫자는 특정 직종을 구분해 주는 단위로서 『한국표준직업분류』(통계청, 2000)의 세 분류 체계를 기준으로 하였다. 그러나 『한국표준직업분류』 특성상 동일한 직업에 여러 개의 직업코드가 포함될 경우에는 직무의 유사성 등을 고려하여 가장 타당하다고 판단되는 직업코드를 부여하였다.

직업코드 네 자리에서 첫 번째 숫자는 대분류, 두 번째 숫자는 중분류, 세 번째 숫자는 소분류, 네 번째 숫자는 세 분류를 나타낸다. 예를 들면, 직업코드 '8231' '고무제품용 기계

조작종사자'의 첫 번째 숫자 '8'은 이 직업이 대분류 '장치, 기계조작 및 조립종사자'에 포함된다는 것을 의미하며 두 번째 숫자 '2'는 해당 대분류에 속하는 중분류를 의미한다. 세 번째 숫자 '3'은 해당 중분류에 속하는 소분류를 의미하며 네 번째 숫자 '1'은 이 직업이 세분류 '고무제품용 기계조작종사자'에 포함된다는 것을 가리킨다. '8231' '고무제품용 기계조작종사자'에 속하는 직업분류체계는 다음과 같다.

분류	숫자	직업
대분류	8.	장치, 기계조작 및 조립종사자
중분류	82.	기계조작원 및 조립종사자
소분류	823.	고무 및 플라스틱제품용 기계조작종사자
세분류	8231.	고무제품용 기계조작종사자

또한 동일한 세세분류 직업코드를 가지는 2개 이상의 직업에 대해서는 가나다순으로 정렬하였다.

(2) 본직업명칭

'본직업명칭'은 산업현장에서 일반적으로 해당 직업으로 알려진 명칭, 혹은 그 직무가 통상적으로 호칭되는 것으로『한국직업사전』에 그 직무 내용이 기술된 명칭이다. 즉, 사업주가 근로자를 모집할 때 사용하는 명칭, 사업체 내에서 일반적으로 통용되는 명칭, 구직자가 취업하고자 할 때 사용하는 명칭, 해당 직업 종사자 상호 간 호칭, 그 외 각종 직업 관련 서류에 쓰이는 명칭을 말한다. 특별히 부르는 명칭이 없는 경우에는 직무 내용과 산업의 특수성 등을 고려하여 누구나 쉽게 이해할 수 있는 명칭을 부여하였다. 실제로 현장 근로자를 대상으로 하는 직무조사의 경우 작업자 스스로도 자신이 무엇으로 불리는지 알지 못하는 경우가 있는데, 이는 작업자들 간에 사용하는 호칭과 기업 내 직무편제상의 명칭이 다르기 때문이다. 따라서 직업명칭은 해당 작업자의 의견뿐만 아니라 상위 책임자 및 인사 담당자의 의견을 수렴하여 결정하였다. 또한 가급적 외래어를 피하고 우리말로 표기하되, 우리말 표기가 현장감이 없을 경우에는 외래어를 교육부에서 정한 외래어표기법에 따라 표기하였다.

(3) 직무개요

'직무개요'는 주로 직무 담당자의 활동, 활동의 대상 및 목적, 직무 담당자가 사용하는 기계, 설비 및 작업보조물, 사용된 자재, 만들어진 생산품 또는 제공된 용역, 수반되는 일반적 · 전문적 지식 등을 간략히 포함한다.

(4) 수행직무

'수행직무'는 직무 담당자가 직무의 목적을 완수하기 위하여 수행하는 구체적인 작업(task) 내용을 작업 순서에 따라 서술한 것이다. 단, 공정의 순서를 파악하기 어려운 경우에는 작업의 중요도 또는 작업빈도가 높은 순으로 기술하였다. 작업을 수행하면서 수반되는 작업요소(task element)는 직무를 기술하는 데 필요한 것이라면 포함한다. 직무의 특징적인 작업을 명확히 하기 위하여 작업자가 사용하는 도구 · 기계와 관련시켜 작업자가 무엇을, 어떻게, 왜 하는가를 정확하게 표현하되 평이한 문체로 이해하기 쉽게 기술하였다. 작업과 작업요소는 상대적인 개념으로 어떤 직업에서는 작업요소인 활동이 다른 직업에서는 작업(task)이 될 수 있고 또 어떤 근로자에게는 하나의 직무가 될 수 있으므로 직무 특성에 따라 적절히 판단하였다. 문장기술의 통일성을 확보하기 위하여 조사자는 다음의 원칙을 고려하여 수행직무를 기술하였다.

① 해당 작업원이 주어일 때는 주어를 생략하나, 다른 작업원이 주어일 때에는 주어를 생략하지 않는다.
② 작업의 본질을 표현하는 동사와 그것을 규정하는 수식어를 적절히 사용하여 문장을 완성한다.
③ 직무의 특성이 나타나지 않는 일반적인 문장은 가급적 피한다.
④ 문체는 항상 현재형으로 기술한다. 즉, '……한다' '……이다'의 형식이 된다.
⑤ 작업의 내용을 기술할 때 추상적인 언어는 사용하지 않는다.
⑥ 문체는 간결한 문장으로 한다.
⑦ 내용기술은 시간적 순서(작업순서)에 의해 작성한다.
⑧ 작업 내용 순서를 구체적으로 기술한다.
⑨ 전체를 정확히 파악하여 중요한 내용을 모두 기술한다.
⑩ 주된 직무보다 빈도나 중요도는 낮으나 수행이 가능한 작업에 대해서는 '수행직무'

에서 '~하기도 한다.'로 표현한다. '~하기도 한다.'라는 문장은 이 직업에 종사하는 사람이 가끔 이런 작업을 수행할 것이라는 의미가 아니라 다른 사업체에 있는 이 직업에 종사하는 사람이 일반적으로 수행하거나 수행 가능한 작업을 나타낸다.

⑪ 외래어의 정확한 이해를 위해 원어를 함께 표기한다.

(5) 부가 직업정보

① 정규교육

해당 직업의 직무를 수행하는 데 필요한 일반적인 정규교육수준을 의미하는 것으로 해당 직업 종사자의 평균 학력을 나타내는 것은 아니다. 현행 우리나라 정규교육과정의 연한을 고려하여 '6년 이하'(무학 또는 초졸 정도), '6년 초과~9년 이하'(중졸 정도), '9년 초과~12년 이하'(고졸 정도), '12년 초과~14년 이하'(전문대졸 정도), '14년 초과~16년 이하'(대졸 정도), '16년 초과'(대학원 이상) 등 그 수준을 6단계로 분류하였으며, 독학 · 검정고시 등을 통해 정규교육과정을 이수하였다고 판단되는 기간도 포함된다.

수준	교육 정도
1	6년 이하(초졸 정도)
2	6년 초과~9년(중졸 정도)
3	9년 초과~12년(고졸 정도)
4	12년 초과~14년(전문대졸 정도)
5	14년 초과~16년(대졸 정도)
6	16년 초과(대학원 이상)

② 숙련기간

정규교육과정을 이수한 후 해당 직업의 직무를 평균적인 수준으로 스스로 수행하기 위하여 필요한 각종 교육, 훈련, 숙련기간을 의미한다. 해당 직업에 필요한 자격 · 면허를 취득하는 취업 전 교육 및 훈련기간뿐만 아니라 취업 후에 이루어지는 관련 자격 · 면허 취득 교육 및 훈련기간도 포함된다. 또한 자격 · 면허가 요구되는 직업은 아니지만 해당 직무를 평균적으로 수행하기 위한 각종 교육 · 훈련기간, 수습교육, 기타 사내교육, 현장훈련 등이 포함된다. 단, 해당 직무를 평균적인 수준 이상으로 수행하기 위한 향상훈련(further training)은 '숙련기간'에 포함되지 않는다.

수준	숙련기간
1	약간의 시범 정도
2	시범 후 30일 이하
3	1개월 초과~3개월 이하
4	3개월 초과~6개월 이하
5	6개월 초과~1년 이하
6	1년 초과~2년 이하
7	2년 초과~4년 이하
8	4년 초과~10년 이하
9	10년 초과

③ 직무기능

해당 직업 종사자가 직무를 수행하는 과정에서 '자료(data)', '사람(people)', '사물(thing)'과 맺는 관련된 특성을 나타낸다. 각각의 작업자 직무기능은 광범위한 행위를 표시하고 있으며 작업자가 자료, 사람, 사물과 어떤 관련을 가지고 있는지를 보여 준다. 세 가지 관계 내에서의 배열은 아래에서 위로 올라가면서 단순한 것에서 차츰 복잡한 것으로 향하는 특성을 보여 주지만 그 계층적 관계가 제한적인 경우도 있다.

> '자료(data)'와 관련된 기능은 정보, 지식, 개념 등 세 가지 종류의 활동으로 배열되어 있는데 어떤 것은 광범위하며 어떤 것은 범위가 협소하다. 또한 각 활동은 상당히 중첩되어 배열 간의 복잡성이 존재한다. '사람(people)'과 관련된 기능은 위계적 관계가 없거나 희박하다. 서비스 제공이 일반적으로 덜 복잡한 사람 관련 기능이며, 나머지 기능들은 기능의 수준을 의미하는 것은 아니다.

자료(data): '자료'와 관련된 기능은 만질 수 없으며 숫자, 단어, 기호, 생각, 개념 그리고 구두상 표현을 포함한다.

0. 종합(synthesizing): 사실을 발견하고 지식 개념 또는 해석을 개발하기 위해 자료를 종합적으로 분석한다.

1. 조정(coordinating): 데이터의 분석에 기초하여 시간, 장소, 작업 순서, 활동 등을 결정한다. 결정을 실행하거나 상황을 보고한다.
2. 분석(analyzing): 조사하고 평가한다. 평가와 관련된 대안적 행위의 제시가 빈번하게 포함된다.
3. 수집(compiling): 자료, 사람, 사물에 관한 정보를 수집 · 대조 · 분류한다. 정보와 관련한 규정된 활동의 수행 및 보고가 자주 포함된다.
4. 계산(computing): 사칙연산을 실시하고 사칙연산과 관련하여 규정된 활동을 수행하거나 보고한다. 수를 세는 것은 포함되지 않는다.
5. 기록(copying): 데이터를 옮겨 적거나 입력하거나 표시한다.
6. 비교(comparing): 자료, 사람, 사물의 쉽게 관찰되는 기능적 · 구조적 · 조합적 특성을 (유사성 또는 표준과의 차이) 판단한다.

사람(people): '사람'과 관련된 기능은 인간과 인간처럼 취급되는 동물을 다루는 것을 포함한다.

0. 자문(mentoring): 법률적으로나 과학적 · 임상적 · 종교적 · 기타 전문적인 방식에 따라 사람들의 전인격적인 문제를 상담하고 조언하며 해결책을 제시한다.

1. 협의(negotiating): 정책을 수립하거나 의사결정을 하기 위해 생각이나 정보, 의견 등을 교환한다.
2. 교육(instructing): 설명이나 실습 등을 통해 어떤 주제에 대해 교육하거나 훈련(동물 포함)시킨다. 또한 기술적인 문제를 조언한다.
3. 감독(supervising): 작업절차를 결정하거나 작업자들에게 개별 업무를 적절하게 부여하여 작업의 효율성을 높인다.
4. 오락 제공(diverting): 무대공연이나 영화, TV, 라디오 등을 통해 사람들을 즐겁게 한다.
5. 설득(persuading): 상품이나 서비스 등을 구매하도록 권유하고 설득한다.
6. 말하기-신호(speaking-signaling): 언어나 신호를 사용해서 정보를 전달하고 교환한다. 보조원에게 지시하거나 과제를 할당하는 일을 포함한다.
7. 서비스 제공(serving): 사람들의 요구 또는 필요를 파악하여 서비스를 제공한다. 즉, 각적인 반응이 수반된다.

사물(thing): '사물'과 관련된 기능은 사람과 구분되는 무생물로서 물질, 재료, 기계, 공구, 설비, 작업도구 및 제품 등을 다루는 것을 포함한다.

0. 설치(setting up): 기계의 성능, 재료의 특성, 작업장의 관례 등에 대한 지식을 적용하여 연속적인 기계가공작업을 수행하기 위한 기계 및 설비의 준비, 공구 및 기타 기계장비의 설치 및 조정, 가공물 또는 재료의 위치 조정, 제어장치 설정, 기계의 기능 및 완제품의 정밀성 측정 등을 수행한다.

1. 정밀작업(precision working): 설정된 표준치를 달성하기 위하여 궁극적인 책임이 존재하는 상황 하에서 신체 부위, 공구, 작업도구를 사용하여 가공물 또는 재료를 가공, 조종, 이동, 안내하거나 또는 정위치시킨다. 그리고 도구, 가공물 또는 원료를 선정하고 작업에 알맞게 공구를 조정한다.
2. 제어조작(operating-controlling): 기계 또는 설비를 시동, 정지, 제어하고 작업이 진행되고 있는 기계나 설비를 조정한다.
3. 조작운전(driving-operating): 다양한 목적을 수행하고자 사물 또는 사람의 움직임을 통제하는 데 있어 일정한 경로를 따라 조작되고 안내되어야 하는 기계 또는 설비를 시동, 정지하고 그 움직임을 제어한다.
4. 수동조작(manipulating): 기계, 설비 또는 재료를 가공, 조정, 이동 또는 위치할 수 있도록 신체 부위, 공구 또는 특수장치를 사용한다. 정확도 달성 및 적합한 공구, 기계, 설비 또는 원료를 산정하는 데 있어서 어느 정도의 판단력이 요구된다.
5. 유지(tending): 기계 및 장비를 시동, 정지하고 그 기능을 관찰한다. 체인징 가이드, 조정타이머, 온도게이지 등의 계기의 제어장치를 조정하거나 원료가 원활히 흐르도록 밸브를 돌려주고 빛의 반응에 따라 스위치를 돌린다. 이러한 조정 업무에 판단력은 요구되지 않는다.
6. 투입, 인출(feeding-off bearing): 자동적으로 또는 타 작업원에 의하여 가동, 유지되는 기계나 장비 안에 자재를 삽입, 투척, 하역하거나 그 안에 있는 자재를 다른 장소로 옮긴다.
7. 단순작업(handling): 신체부위, 수공구 또는 특수장치를 사용하여 기계, 장비, 물건 또는 원료 등을 정리, 운반 처리한다. 정확도 달성 및 적합한 공구, 장비, 원료를 선정하는 데 판단력은 요구되지 않는다.

④ 작업강도

'작업강도'는 해당 직업의 직무를 수행하는 데 필요한 육체적 힘의 강도를 나타낸 것으로 5단계로 분류하였다. 그러나 '작업강도'는 심리적 · 정신적 노동강도는 고려하지 않았다.

구분	정의
아주 가벼운 작업	• 최고 4kg의 물건을 들어 올리고, 때때로 장부, 소도구 등을 들어 올리거나 운반한다. • 앉아서 하는 작업이 대부분을 차지하지만 직무수행상 서거나 걷는 것이 필요할 수도 있다.
가벼운 작업	• 최고 8kg의 물건을 들어올리고 4kg 정도의 물건을 빈번히 들어 올리거나 운반한다. • 걷거나 서서 하는 작업이 대부분일 때 또는 앉아서 하는 작업일지라도 팔과 다리로 밀고 당기는 작업을 수반할 때에는 무게가 매우 가벼울지라도 이 작업에 포함된다.
보통 작업	• 최고 20kg의 물건을 들어올리고 10kg 정도의 물건을 빈번히 들어 올리거나 운반한다.
힘든 작업	• 최고 40kg의 물건을 들어올리고 20kg 정도의 물건을 빈번히 들어 올리거나 운반한다.
아주 힘든 작업	• 40kg 이상의 물건을 들어올리고 20kg 이상의 물건을 빈번히 들어 올리거나 운반한다.

⑤ 육체활동

'육체활동'은 해당 직업의 직무를 수행하기 위해 필요한 신체적 능력을 나타내는 것으로 균형감각, 웅크림, 손, 언어력, 청각, 시각 등이 요구되는 직업인지를 보여 준다. 단, '육체활동'은 조사 대상 사업체 및 종사자에 따라 다소 상이할 수 있으므로 전체 직업 종사자의 '육체활동'으로 일반화하는 데는 무리가 있다.

구분	정의
균형감각	손, 발, 다리 등을 사용하여 사다리, 계단, 발판, 경사로, 기둥, 밧줄 등을 올라가거나 몸 전체의 균형을 유지하고 좁거나 경사지거나 또는 움직이는 물체 위를 걷거나 뛸 때 신체의 균형을 유지하는 것이 필요한 직업이다.
	• 예시 직업: 도장공, 용접원, 기초구조물 설치원, 철골조립공 등

웅크림	일정 기간의 손사용 숙련기간을 거쳐 직무의 전체 또는 일부분에 지속적으로 손을 사용하는 직업으로 통상적인 손 사용이 아닌 정밀함과 숙련을 필요로 하는 직업에 한정한다.
	• 예시 직업: 단조원, 연마원, 오토바이 수리원, 항공기엔진정비원, 전기도금원 등
손 사용	일정 기간의 손 사용 숙련기간을 거쳐 직무의 전체 또는 일부분에 지속적으로 손을 사용하는 직업으로 통상적인 손 사용이 아닌 정밀한과 숙련을 필요로 하는 직업에 한정한다.
	• 예시 직업: 해부학자 등 의학 관련 직업, 의료기술종사자, 기악연주자, 조각가, 디자이너, 미용사, 조리사, 운전 관련 직업, 설계 관련 직업 등
언어력	말로 생각이나 의사를 교환하거나 표현하는 직업으로 개인이 다수에게 정보 및 오락 제공을 목적으로 말을 하는 직업이다.
	• 예시 직업: 교육 관련 직업, 변호사, 판사, 통역가, 성우, 아나운서 등
청각	단순히 일상적인 대화 내용 청취 여부가 아니라 작동하는 기계의 소리를 듣고 이상 유무를 판단하거나 논리적인 결정을 내리는 청취활동이 필요한 직업이다.
	• 예시 직업: 피아노조율사, 음향 관련 직업, 녹음 관련 직업, 전자오르간검사원, 자동차엔진정비원, 광산기계수리원 등
시각	일상적인 눈 사용이 아닌 시각적 인식을 통해 반복적인 판단을 하거나 물체의 길이, 넓이, 두께를 알아내고 물체의 재질과 형태를 알아내기 위한 거리와 공간 관계를 판단하는 직업이다. 또한 색의 차이를 판단할 수 있어야 하는 직업이다.
	• 예시 직업: 측량기술자, 제도사, 항공기조종사, 사진작가, 의사, 심판, 보석감정인, 위폐감정사 등 감정 관련 직업, 현미경, 망원경 등 정밀광학기계를 이용하는 직업, 촬영 및 편집 관련 직업 등

⑥ 작업 장소

'작업 장소'는 해당 직업의 직무가 주로 수행되는 장소를 나타내는 것으로 실내 또는 실외의 근무시간 비율에 따라 구분한다.

구분	정의
실내	눈, 비, 바람과 온도 변화로부터 보호를 받으며 작업의 75% 이상이 실내에서 이루어지는 경우
실외	눈, 비, 바람과 온도 변화로부터 보호를 받지 못하며 작업의 75% 이상이 실외에서 이루어지는 경우
실내외	작업이 실내 및 실외에서 비슷한 비율로 이루어지는 경우

⑦ 작업환경

'작업환경'은 해당 직업의 직무를 수행하는 작업자에게 직접적으로 물리적 · 신체적 영향을 미치는 작업장의 환경요인을 나타낸 것이다. 작업자의 작업환경을 조사하는 담당자는 일시적으로 방문하고 또한 정확한 측정기구를 가지고 있지 못한 경우가 일반적이기 때문에 조사 당시에 조사자가 느끼는 신체적 반응 및 작업자의 반응을 듣고 판단한다. 온도, 소음 · 진동, 위험내재 및 대기환경이 미흡한 직업은 「근로기준법」, 「산업안전보건법」 등의 법률에서 제시한 금지직업이나 유해요소가 있는 직업 등을 근거로 판단할 수 있다. 그러나 이러한 기준도 산업체 및 작업장에 따라 달라질 수 있으므로 절대적인 기준이 될 수 없다.

구분	정의
저온	신체적으로 불쾌감을 느낄 정도로 저온이거나 두드러지게 신체적 반응을 야기시킬 정도로 저온으로 급변하는 경우
고온	신체적으로 불쾌감을 느낄 정도로 고온이거나 두드러지게 신체적 반응을 야기시킬 정도로 고온으로 급변하는 경우
다습	신체의 일부분이 수분이나 액체에 직접 접촉되거나 신체에 불쾌감을 느낄 정도로 대기 중에 습기가 충만하는 경우
소음 · 진동	심신에 피로를 주는 청각장애 및 생리적 영향을 끼칠 정도의 소음, 전신을 떨게 하고 팔과 다리의 근육을 긴장시키는 연속적인 진동이 있는 경우
위험 내재	신체적인 손상의 위험에 노출되어 있는 상황으로 기계적 · 전기적, 위험, 화상, 폭발, 방사선 등의 위험이 있는 경우
대기환경 미흡	직무를 수행하는 데 방해가 되거나 건강을 해칠 수 있는 냄새, 분진, 연무, 가스 등의 물질이 작업장의 대기 중에 다량 포함된 경우

⑧ 유사명칭

'유사명칭'은 현장에서 본직업명을 명칭만 다르게 부르는 것으로 본직업명과 사실상 동일하다. 따라서 직업 수 집계에서 제외된다. 예를 들어, '보험모집원'은 '생활설계사', '보험영업사원'이라는 유사명칭을 가지는데 이는 동일한 직무를 다르게 부르는 명칭들이다.

⑨ 관련 직업

'관련 직업'은 본직업명과 기본적인 직무에 있어서 공통점이 있으나 직무의 범위, 대상 등에 따라 나누어지는 직업이다. 하나의 본직업명에는 2개 이상의 관련 직업이 있을 수 있으며 직업 수 집계에 포함된다.

⑩ 자격 · 면허

'자격 · 면허'는 해당 직업에 취업 시 소지할 경우 유리한 자격증 또는 면허를 나타내는 것으로 현행 국가기술자격법 및 개별 법령에 의해 정부주관으로 운영하고 있는 국가자격 및 면허를 수록한다. 한국산업인력공단 및 대한상공회의소에서 주관 · 수행하는 시험에 해당하는 자격과 각 부처에서 개별적으로 시험을 실시하는 자격증을 중심으로 수록하였다. 그러나 민간에서 부여하는 자격증은 제외한다.

⑪ 표준산업분류 코드

해당 직업을 조사한 산업을 나타내는 것으로 『한국표준산업분류』(제9차 개정)의 소분류(3-digits) 산업을 기준으로 하였다. 2개 이상의 산업에 걸쳐 조사된 직업에 대해서도 해당 산업을 모두 표기하였으며 대분류 기준의 모든 산업에 포함되는 일부 직업은 대분류의 소분류 산업을 모두 표기하는 것이 아니라 '제조업', '도매 및 소매업' 등 대분류 산업을 기준으로 표기하였다. 단, '산업분류'는 수록된 산업에만 해당 직업이 존재하는 것을 의미하는 것이 아니라 그 직업이 조사된 산업을 나타내고 있다. 따라서 타 산업에서도 해당 직업이 존재할 수 있다.

⑫ 표준직업분류 코드

해당 직업의 『한국고용직업분류(KECO)』 세분류 코드(4-digits)에 해당하는 『한국표준직업분류』의 세분류 코드를 표기한다.

⑬ 조사연도

'조사연도'는 해당 직업의 직무조사가 실시된 연도를 나타낸다.

〈표 9-1〉 **한국고용직업분류(KECO) 2018**

대분류	중분류	소분류	세분류
10	35	136	450
0. 경영 · 사무 · 금융 · 보험직	01 관리직(임원 · 부서장)	6	24
	02 경영 · 행정 · 사무직	9	32
	03 금융 · 보험직	3	14
1. 연구직 및 공학기술직	11 인문 · 사회과학연구직	1	2
	12 자연 · 생명과학연구직	2	5
	13 정보통신 연구개발직 및 공학기술직	6	14
	14 건설 · 채굴 연구개발직 및 공학기술직	1	7
	15 제조 연구개발직 및 공학기술직	9	25
2. 교육 · 법률 · 사회복지 · 경찰 · 소방직 및 군인	21 교육직	5	16
	22 법률직	2	6
	23 사회복지 · 종교직	3	9
	24 경찰 · 소방 · 교도직	1	3
	25 군인	1	4
3. 보건 · 의료직	31 보건 · 의료직	7	23
4. 예술 · 디자인 · 방송 · 스포츠직	41 예술 · 디자인 · 방송직	7	30
	42 스포츠 · 레크리에이션직	1	5
5. 미용 · 여행 · 숙박 · 음식 · 경비 · 청소직	51 미용 · 예식서비스직	2	11
	52 여행 · 숙박서비스직	4	7
	53 음식서비스직	2	13
	54 경호 · 경비직	2	5
	55 돌봄서비스직(간병 · 육아)	1	2
	56 청소 및 기타 개인서비스직	2	11
6. 영업 · 판매 · 운전 · 운송직	61 영업 · 판매직	7	20
	62 운전 · 운송직	4	15
7. 건설 · 채굴직	71 건설 · 채굴직	6	24

8. 설치 · 정비 · 생산직	81 기계설치 · 정비 · 생산직	7	21
	82 금속 · 재료설치 · 정비 · 생산직(판금 · 단조 · 주조 · 용접 · 도장 등)	6	19
	83 전기 · 전자 설치 · 정비 · 생산직	6	11
	84 정보통신 설치 · 정비직	2	6
	85 화학 · 에너지 · 환경설치 · 정비 · 생산직	3	9
	86 섬유 · 의복생산직	4	16
	87 식품가공 · 생산직	3	12
	88 인쇄 · 목재 · 공예 및 기타 설치 · 정비 · 생 산직	5	15
	89 제조 단순직	1	1
9. 농림어업직	90 농림어업직	5	13

출처: 고용노동부(2017). 한국고용직업분류(KECO) 2018.

직업재활전문가인 장애인재활상담사(이전 명칭, 직업재활사)의 직업분류번호는 2471-5로 「24 보건/사회복지 및 종교 관련직」에 속한다.

사회복지 및 종교 관련직은 사회공공 및 복지 차원에서 다양한 사회서비스를 제공하는 일과 관련된 직업 및 종교의식과 관련된 직업들이다. 이 직군은 다시 241 의료진료전문가, 242 약사 및 한약사, 243 간호사, 244 영양사, 245 치료사 및 의료기사, 246 보건의료 관련 종사자, 247 사회복지 관련 종사자, 248 종교 관련 종사자 등으로 구분된다.

[그림 9-7] 『한국직업사전』에 명시된 보건/사회복지 및 종교 관련직의 소개

2471-5 장애인재활상담사

직무개요 개인의 손상이나 기능제한, 상황적 요인 등으로 개인 활동이나 사회참여에 어려운 사람들을 대상으로 진단과 평가, 재활상담과 사례관리, 전환기 서비스 및 직업재활 등의 전반적인 서비스를 지원한다.

수행직무 상담을 통해 이용자의 기초 정보를 수집하고 각종 검사 및 직업평가 등을 통해 장애를 진단하고 평가 보고서를 작성한다. 이용자의 개인별 재활계획에 따라 필요한 전환 · 직업적응훈련 프로그램, 직업훈련 및 관련 정보제공, 구직탐색훈련 프로그램, 자립생활 · 사회적응훈련 프로그램, 보호 · 지원 · 맞춤식 고용 등 고용 프로그램, 취업 후 적응지도, 장애인식 및 차별 개선 관련 프로그램 등의 재활서비스를 운영한다. 이용자의 적합한 직무 개발을 위해 지역사회 노동시장 조사, 고용주 및 인사 담당자 면담, 작업현장 관찰, 직무분석 및 직무조정(보조공학서비스), 구인 · 구직자 매칭, 사업주 지원 자원개발 및 정보제공, 고용주 · 구직자 간담회 및 교육 등을 수행한다. 재활계획 실행을 모니터링하고 재활계획서를 작성하여 사례를 관리한다.

부가 직업정보

- 정규교육: 12년 초과~14년 이하(전문대졸 정도)
- 숙련기간: 2년 초과~4년 이하
- 직무기능: 자료(조정)/사람(자문)/사물(단순작업)
- 작업강도: 가벼운 작업
- 육체활동: –
- 작업장소: 실내외
- 작업환경: –
- 유사명칭: 직업재활사
- 관련 직업: 장애인직업능력평가사, 직업훈련교사
- 자격/면허: 사회복지사, 장애인재활상담사
- 고용직업 분류: [2311]사회복지사
- 표준직업 분류: [2471]사회복지사
- 표준산업 분류: [Q871]거주 복지시설 운영업
[Q872]비거주 복지시설 운영업
- 조사연도: 2017

[그림 9-8] 『한국직업사전』에 명시된 '장애인재활상담사' 직무 내용

4. 미국 직업탐색사전

미국 『직업탐색사전(Guide for Occupational Exploration: GOE)』은 1979년 미국 노동부에 의해 발간된 DOT 4판의 부록이다. GOE는 일반인들이 직업 특성과 자신의 능력을 비교해 볼 수 있는 정보를 제공하며, 진로상담가들이 직업평가와 직업 선택에서 사용하는 도구다. GOE는 직업흥미, 직업적성, 적응력과 기타 특성에 대한 정보를 제공한다(US Department of Labor, 2018b).

GOE는 미국 고용서비스국(US Employment Service: USES)에서 개발한 흥미 목록과 개정한 흥미점검표와 함께 사용된다. USES의 흥미 영역은 Holland 6각형의 인성 유형과 작업환경을 연결하는 개념과 동일하다.

1) 흥미 영역

직업에서 요구하는 일반적인 흥미 영역과 개인의 직업흥미 영역에 대한 요인을 나타내며 두 자리의 코드로 나타낸다(강위영, 이상진, 1999).

〈표 9-2〉 USES 흥미 영역

01	예술적	감정 또는 생각의 창조적인 표현에 대한 흥미
02	과학적	자연계에 대한 정보 발견, 수집, 분석에 대한 흥미와 기계, 생활과학, 자연과학 등 응용과학에 대한 흥미
03	식물과 동물	일반적으로 실외에 있는 식물과 동물의 활동에 대한 흥미
04	보호	사람과 재산을 보호하는 권한 사용에 대한 흥미
05	기계적	현장에서 기계 원리의 응용, 기계 사용, 손공구와 기구 사용에 대한 흥미
06	산업적	공장에서의 반복적이고 딱딱하고 조직된 활동에 대한 흥미
07	영업기술	근본적으로 사무실에서 일하며 상술에 관심이 있고 정밀을 요하는 활동을 명확히 정의 내리고 구조화하는 것에 대한 흥미
08	판매	사람들을 설득하고 판매와 촉진적인 기술의 사용에 의한 관점을 다른 사람들에게 전하는 것에 대한 흥미
09	타인에 대한 배려	보통 일대일을 기본으로 하며 다른 사람들의 요구를 들어 주는 것에 대한 흥미
10	인도주의	정신적 · 영적 · 사회적 · 신체적 또는 직업목표로 다른 이를 돕는 것에 대한 흥미
11	영향력 주도	높은 수준의 언어와 계산력이 있는 행동으로 다른 사람들에게 영향을 주거나 이끄는 것에 대한 흥미
12	육체적인 수행	육체적 활동에 대한 흥미

2) 직업군

각 흥미 영역 내에는 특정 흥미를 가진 사람들이 직업탐색을 할 수 있도록 도와주는 직업군이 제시된다. 각 직업군은 기술적 정보와 직업 목록이 포함되며, 각 직업군 내의 직업은 동일 유형의 직업을 의미하며 동일한 적응력과 근로자 능력을 요구한다. 각 직업군은 특유한 4개의 숫자코드와 항목으로 이루어진다.

3) 하위 영역

각 직업군 내에는 직업을 용이하게 구분하기 위해 하위 영역의 직업으로 나뉜다. 각 하위 직업은 6개의 숫자코드와 항목으로 이루어진다. 하위 영역 내 직업의 숫자가 많을 경우 산업 형태에 따라 다시 분류하였다. 직업은 산업 형태별, 각 하위 영역 내에서 알파벳순에 따라 제시되며 하나의 직업이 하나 이상의 산업 형태를 포함하면 알파벳순에 따라 제시한다.

01	예술적
01. 01	문학예술
01. 01 -01	출판
01. 02 -02	창조적인 집필
01. 03 -03	문예 평론

각 직업군에 대한 기술적 정보는 다음과 같다.

① 직업활동
② 근로자 특성
③ 직업과 개인을 연결시키는 단서
④ 취업 준비

〈표 9-3〉 **홀랜드의 여섯 가지 흥미 영역과 USES 흥미 영역**

Holland 흥미 영역	USES 흥미 영역	
예술적	• 예술적	
탐구적	• 과학적	
실재적	• 식물과 동물 • 기계적	• 보호 • 산업적
관습적	• 영업기술	
기업적	• 판매	
사회적	• 타인에 대한 배려 • 영향력 주도	• 인도주의 • 육체적인 수행

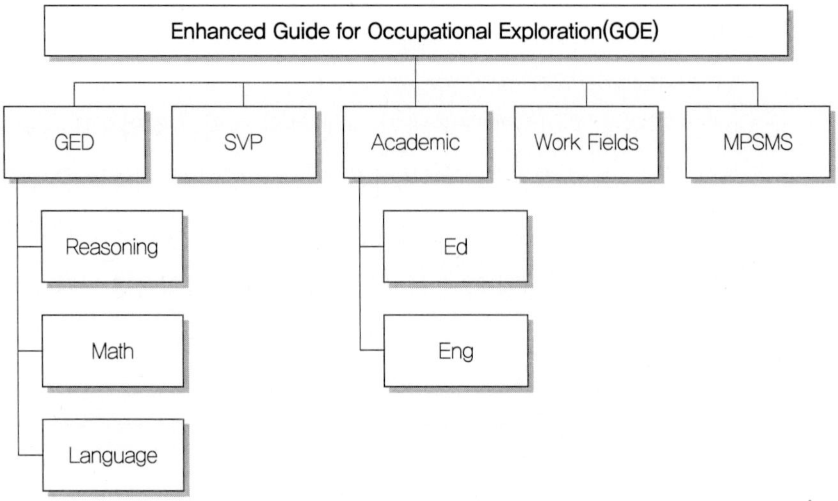
Enhanced Guide for Occupational Exploration(GOE)
GED
SVP
Academic
Work Fields
MPSMS
Reasoning
Math
Language
Ed
Eng

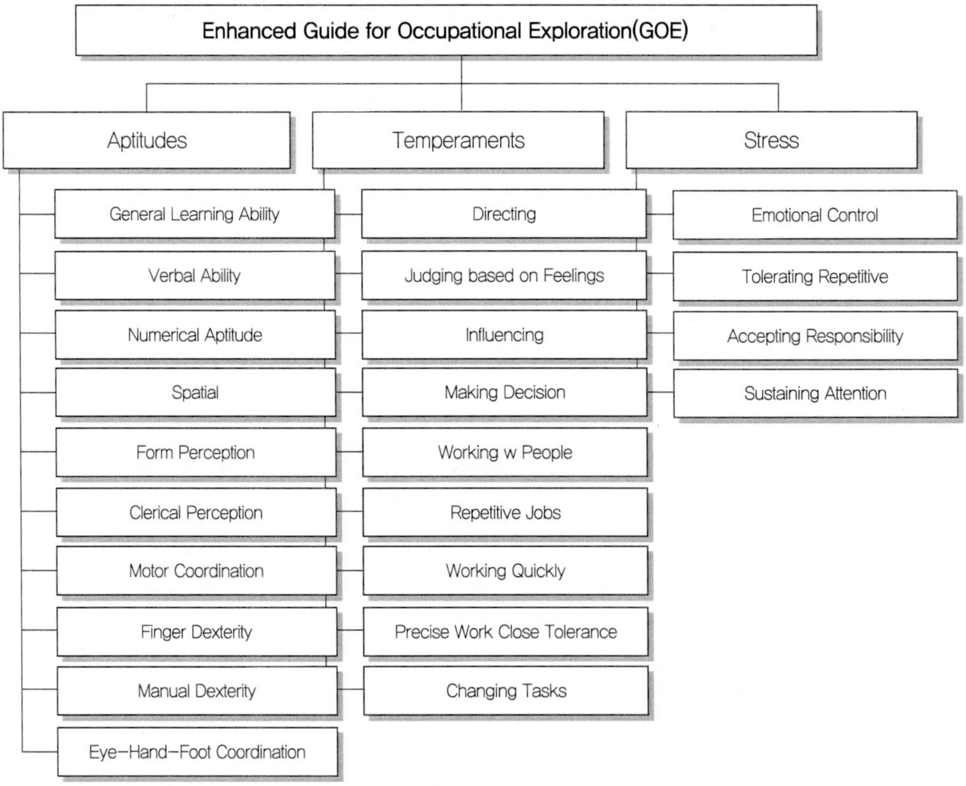
Enhanced Guide for Occupational Exploration(GOE)
Aptitudes
Temperaments
Stress
General Learning Ability
Verbal Ability
Numerical Aptitude
Spatial
Form Perception
Clerical Perception
Motor Coordination
Finger Dexterity
Manual Dexterity
Eye-Hand-Foot Coordination
Directing
Judging based on Feelings
Influencing
Making Decision
Working w People
Repetitive Jobs
Working Quickly
Precise Work Close Tolerance
Changing Tasks
Emotional Control
Tolerating Repetitive
Accepting Responsibility
Sustaining Attention

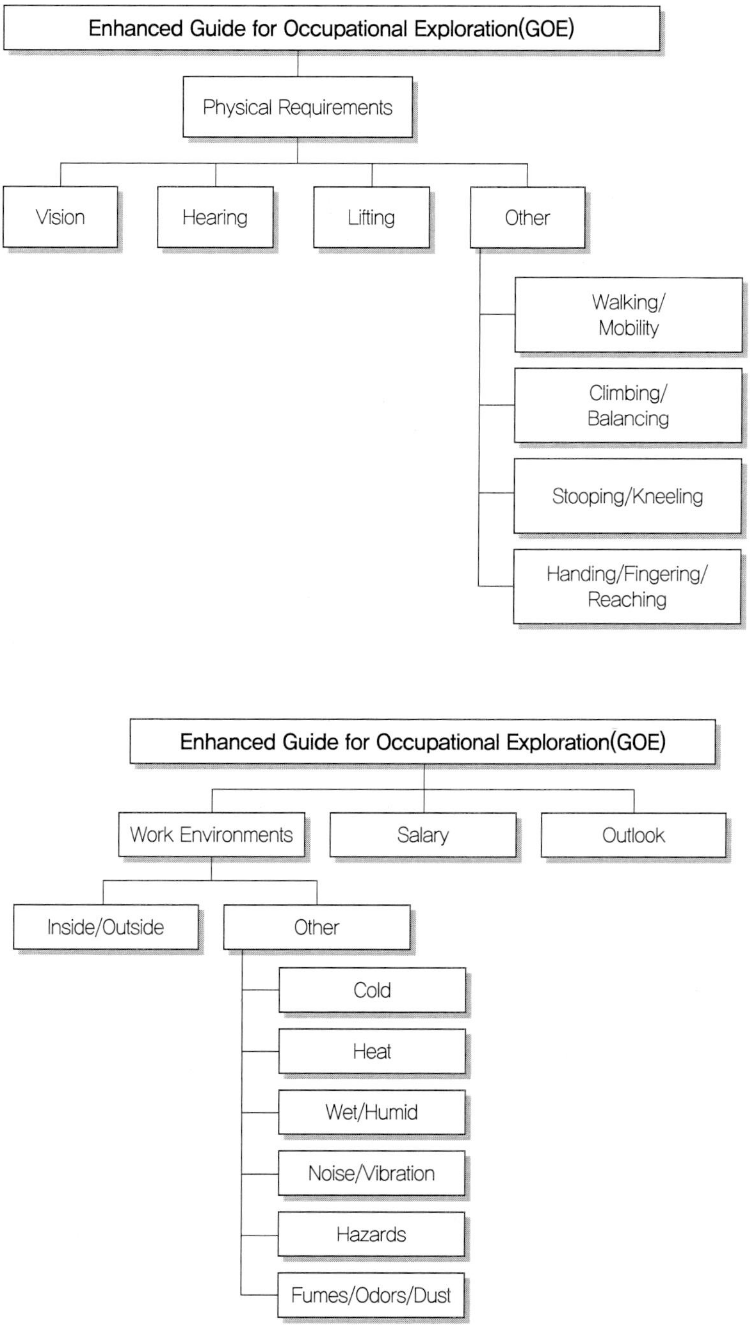
Enhanced Guide for Occupational Exploration(GOE)
Physical Requirements
Vision
Hearing
Lifting
Other
Walking/ Mobility
Climbing/ Balancing
Stooping/Kneeling
Handing/Fingering/ Reaching
Enhanced Guide for Occupational Exploration(GOE)
Work Environments
Salary
Outlook
Inside/Outside
Other
Cold
Heat
Wet/Humid
Noise/Vibration
Hazards
Fumes/Odors/Dust

[그림 9-9] GOE의 내용

5. 미국 직업전망사전

미국 『직업전망사전(Occupational Outlook Handbook: OOH)』은 고등학생, 대학생, 성인을 대상으로 미국 노동부가 1977년 최초로 발간한 직업전망에 대한 책자로 미국 노동통계청에 의해 2년마다 개정된다(US Department of Labor, 2018c). 이 사전은 30개 산업의 850개 이상의 직업에 대한 고용 방향과 최신 정보를 제공하며, 850개 직업은 300개의 소직업군과 13개의 관련직업군으로 분류된다. DOT 코드가 직업을 판별하기 위해 사용되며, 각 직업에 대한 설명은 간결하며 비전문적인 언어로 서술되고, 직업의 특징, 작업 장소, 훈련, 기타 자격조건, 승진, 취업, 전망, 임금, 작업환경, 추가 정보를 얻을 수 있는 장소의 주소 등을 기술한다(Power, 1991).

OOH는 진로를 계획하고 있는 청소년이나 취업을 준비하는 성인의 직업 의사결정에 중요한 정보를 제공해 주는 유용한 자료다.

〈표 9-4〉 **미국 직업전망사전에 제시된 재활상담사의 직업전망**

재활상담사(Rehabilitation Counselor)	
2016년 임금중앙값	$34,670/연 $16.67/시간
입직에 필요한 학위	석사 이상
관련 직업경력	없음
현장훈련 경력	없음
2016년 현재 직무 수	119,300
2016-26 직업전망	13%(평균보다 빠름)
2016-26 고용상의 변동 수	15,100

하는 일

재활상담사는 신체 · 정신 · 발달 · 정서장애를 가진 사람들이 자립적으로 살아갈 수 있도록 지원한다. 장애인 내담자들이 고용과 자립생활을 함에 있어 겪는 장애의 개인적 · 사회적 · 심리적 영향을 극복하거나 통제할 수 있게 지원한다.

근무환경

재활상담사는 지역사회 재활시설, 노인요양시설, 청소년상담기관 등의 다양한 장소에서 일한다.

되는 길

재활상담사는 일반적으로 재활상담학 석사나 관련 학문 영역 석사학위 소지자이어야 한다. 일부 직위는 자격증을 요구하기도 한다.

임금

2016년 5월 현재 임금 중앙값은 $34,670이다.

직업전망

재활상담사의 2016년에서 2026년까지의 고용전망은 13% 증가할 전망이며, 기타 직업에 비해 빠른 속도로 증가할 것으로 보인다. 재활상담사에 대한 수요는 노인인구나 상이군인과 같은 지속적인 재활욕구가 있는 분야에서 증가할 것으로 예상된다.

관련 정보처

각 주별 고용과 임금, 재활상담사 분야는 상이하므로 각 주별 자료를 참고해야 한다.

유사 직업

직무, 교육, 고용전망, 재활상담사 임금을 다른 직업과 비교한다.

보다 많은 정보는 O*NET 정보를 참고할 것

6. 한국직업전망

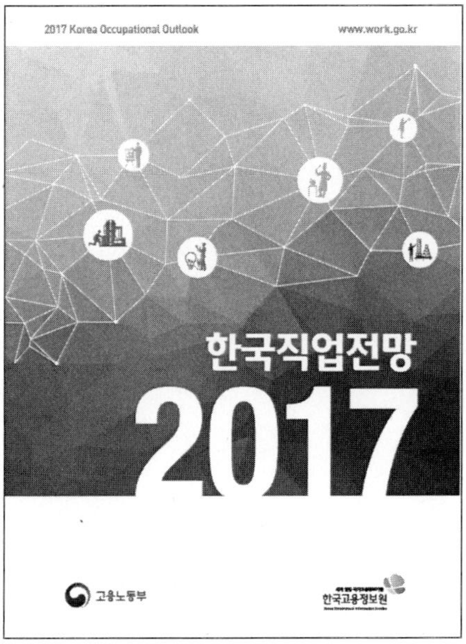

『한국직업전망』은 고용노동부와 한국고용정보원이 2년마다 발간하는 자료다. 『2017 한국직업전망』은 『2015 한국직업전망』을 개정하여 한국고용직업분류(KECO)의 24개 중분류(2-digits)를 통합 또는 분할하여 17개 직군으로 재편하였다(한국고용정보원, 2017).

〈표 9-5〉 2015년과 2017년 한국직업전망 분류 비교

	2015년 한국직업전망 분류	직업 수	2017년 한국직업전망 분류	직업 수
1	경영 · 회계 · 사무 관련직	18	경영 · 회계 · 사무 관련직	18
2	금융 · 보험 관련직	7	금융 · 보험 관련직	7
3	교육 및 연구 관련직	9	교육 및 연구 관련직	9
4	법률 · 경찰 · 소방 관련직	8	법률 · 경찰 · 소방 관련직	8
5	보건 · 의료 관련직	18	보건 · 의료 관련직	18
6	사회복지 관련직	5	사회복지 관련직	5
7	문화 · 예술 관련직	14	문화 · 예술 관련직	14
8	디자인 및 방송 관련직	11	디자인 및 방송 관련직	11
9	운송 및 운송 관련직	9	운전 및 운송 관련직	9
10	영업 및 판매 관련직	7	영업 및 판매 관련직	7
11	경비 · 청소 및 개인서비스 관련직	16	경비 · 미용 및 개인서비스 관련직	16
12	건설 관련직	15	건설 관련직	15
13	기계 · 재료 · 화학 관련직	17	기계 · 재료 관련직	16
14	전기전자 · 정보통신 관련직	17	전기 · 전자 · 정보통신 관련직	17
15	음식서비스 및 식품가공 관련직	6	음식서비스 및 식품가공 관련직	6
16	섬유 · 환경 및 공예 관련직	10	화학 · 섬유 · 환경 및 공예 관련직	14
17	농림어업 관련직	4	농림어업 관련직	5
총계		191		195

『2017 한국직업전망』은 직업별로 대표 직업명, 하는 일, 근무환경, 되는 길(교육 및 훈련, 관련 학과, 관련 자격 및 면허, 입직 및 경력개발), 적성 및 흥미, 성별/연령/학력 분포 및 평균 임금, 고용전망(2016~2025년), 관련 직업, 직업코드, 관련 정보처 등으로 구성된다.

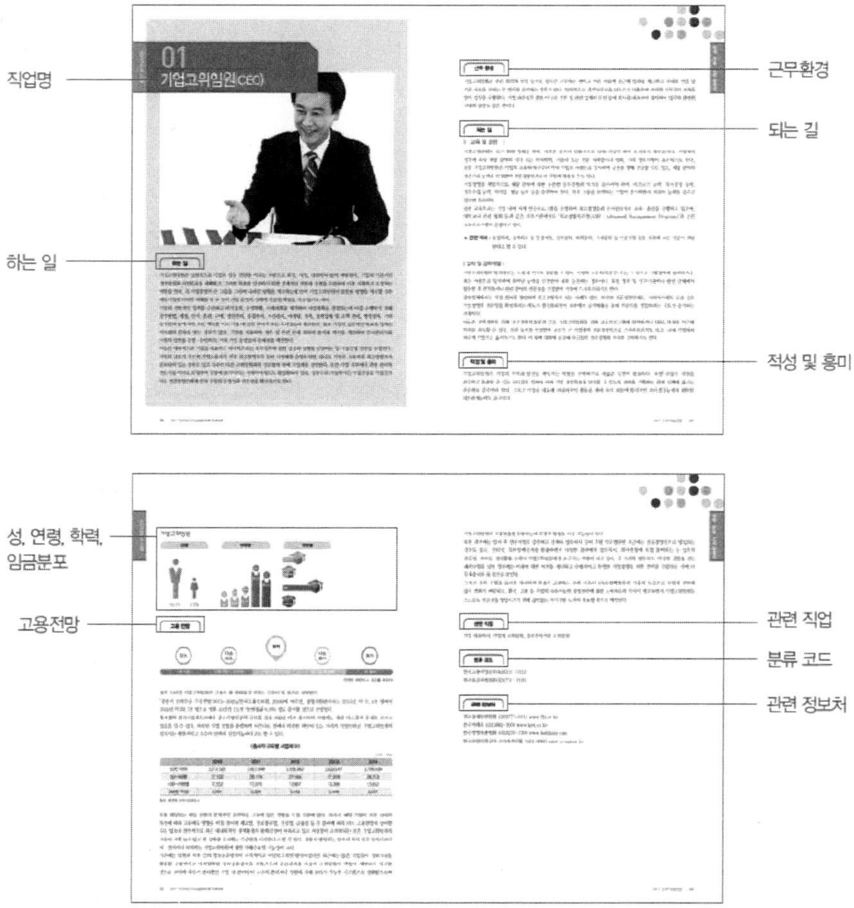

[그림 9-10] 『2017 한국직업전망』의 직업정보 구성체계

일반 직업정보

▣ 대표 직업명

직업명은 KECO의 세분류 수준의 명칭을 가능한 차용하였는데, 이는 다른 직업정보나 통계자료와의 연계성을 높이기 위함이다. 여러 세분류 직업들이 합쳐진 경우에는 소분류 수준의 명칭을 사용하였다. 산업현장에서 실제 불리는 명칭이 대표 직업명과 다른 경우는 대표 직업명과 병기하거나 내용 중 포함하였다.

▣ 하는 일

해당 직업 종사자가 일반적으로 수행하는 업무 내용과 과정에 대해 서술하였다. 여러 직업을 포함하는 경우에는 세부 직업별로 하는 일을 서술하였다.

▣ 근무환경

해당 직업 종사자의 일반적인 근무시간, 근무 형태(교대근무, 야간근무 등), 근무장소, 육체적 · 정신적 스트레스 정도, 산업안전 등에 대해 서술하였다.

▣ 되는 길

- 교육 및 훈련: 해당 직업에 종사하는 데 필요한 학력과 전공, 직업훈련기관 및 훈련과정 등을 소개하였다.
- 관련 학과: 일반적 입직 조건을 고려하여 대학에 개설된 대표 학과명을 수록하거나, 특성화고등학교, 직업훈련기관, 직업전문학교의 학과명을 수록하였다.
- 관련 자격 및 면허: 해당 직업에 종사하기 위해 반드시 필요하거나 취업에 유리한 국가(기술, 전문) 자격을 수록하였다.

  그 외에 민간공인 자격이나 외국 자격 중 업무수행이나 취업에 필요하거나 유용한 것도 수록하였다.

☞ 국가기술 자격은 법령에 따라 국가가 신설하여 관리 · 운영하는 국가 자격 중

☞ 산업과 관련이 있는 기술 · 기능 및 서비스 분야의 자격을 말한다. 기술 · 기능 분야는 기술사, 기능장, 기사, 산업기사, 기능사 5개 등급으로 구분된다. 기술계 자격은 산업기사 → 기사 → 기술사 단계로 구성되며, 기능계 자격은 기능사 → 산업기사 → 기능장 단계로 구성된다.

☞국가전문 자격은 정부부처, 즉 보건복지부, 환경부, 고용노동부, 법무부 등에서 개별 법률에 따라 주관하는 자격으로, 개별 부처의 필요에 의해 신설 및 운영된다. 예를 들면, 보건복지부의 의사, 간호사, 사회복지사, 국토교통부의 건축사, 고용노동부의 공인노무사 등이 있다.

☞ 공인민간 자격은 자격의 관리 · 운영 수준이 국가 자격과 같거나 비슷한 민간 자격 중에서 주무부장관이 공인한 자격이다.

• 입직 및 경력개발: 해당 직업에 입직(入職)하기 위한 방법, 채용 전형 등을 소개하였다. 그리고 활동 분야(취업처)나 이 · 전직 가능 분야를 수록하였다. 직업에 따라 승진이나 창업 등 경력개발 내용이 포함되는 경우도 있다.

▣ 적성 및 흥미

해당 직업에 취업하거나 업무를 수행하는 데 필요하거나 유리한 적성, 성격, 흥미, 지식 및 기술 등을 수록하였다.

▣ 성별/연령/학력 분포 및 임금

직업 종사자의 성별, 연령, 학력 등 인적 특성과 임금 자료는 통계청의 「지역별고용조사」(2015년) 자료를 활용하였다. 「지역별 고용조사」(2015년)는 통계청에서 지역 고용정책 수립을 지원하기 위해 시 · 군 단위의 고용현황과 산업 · 직업에 대한 세분화된 자료를 생산하기 위해 수행하는 조사다. 다만, 제시된 통계는 취업자 전부를 조사하는 전수조사가 아니고 집단의 일부를 조사하는 표본조사이기 때문에 실제 근로자 특성을 온전히 대표하지 못함을 밝힌다.

☞ 「지역별고용조사」(2015년)는 최근 3개월간 월평균 임금을 조사하고 있다. 임금 현황을 세 구간의 평균 임금으로 제시하였는데, 이는 전체 평균이나 중위값 등 특정 숫자로 제시하게 되면 임금 값의 대표성에 논란이 발생할 수 있기 때문이다.

또한 임금 정보의 사용에 주의할 필요가 있다. 동일 직업이라 하더라도 기업 규모나 산업 업종, 지역 등의 사업체 특성, 성별이나 연령, 경력, 학력 등 인적 특성 그리고 직급, 근로시간, 특별급여(상여금 등) 등에 따라 편차가 크기 때문이다.

• 성별: 직업 종사자의 남녀 비율을 제시하였다.
• 연령: '20대 이하(29세 이하)', '30대(30~39세)', '40대(40~49세)', '50대(50~59세)', '60대 이상(60세 이상)'으로 구분하여 제시하였다.
• 학력: '고졸 이하', '전문대졸(2~3년제)', '대졸(4~5년제)', '대학원졸 이상'으로 구분하여 제시하였다.
• 임금: 임금 구간을 세 구간('25% 미만', '25% 이상 75% 미만', '75% 이상')으로 나누어 각각 평균 임금을 제시하였다. 25% 미만은 '하위 25%', 25% 이상 75% 미만은 '중위 50%', 75% 이상은 '상위 25%'로 표기하였다. 다만, 통계조사 샘플 수가 30명 미만으로 적은 직업의 경우는 통계의 신뢰성을 고려하여 임금을 제시하지 않았다.

고용전망

▣ 고용전망 결과

향후 10년간(2016~2025년) 해당 직업의 일자리 규모에 대한 전망과 변화 요인을 기술하였다. 일자리 전망 결과는 향후 10년간의 연평균 고용증감률을 −2% 미만(감소), −2% 이상 −1% 이하(다소 감소), −1% 초과 +1% 미만(현 상태 유지), 1% 이상 2% 이하(다소 증가), 2% 초과(증가) 등 5개 구간으로 구분하고, 그래픽으로 시각화하여 제시하였다.

▣ 고용전망 요인

고용전망 결과를 설명할 수 있는 요인들을 제시하였다. 고용에 영향을 미치는 요인들은 인구구조 및 노동인구 변화, 대내외 경제 상황 변화, 기업의 경영전략 변화, 산업특성 및 산업구조 변화, 과학기술 발전, 기후변화와 에너지 부족, 가치관과 라이프스타일 변화, 정부정책 및 법・제도 변화 등 여덟 가지 범주를 바탕으로 하되, 직업에 따라 유연하게 활용하였다.

고용전망 결과를 설명할 수 있는 요인들을 제시하기 위해 「정성적 직업전망 조사」, 「KNOW 재직자 조사」의 일자리 전망 조사, 산업경기전망 등 각종 보고서, 통계청・협회 등의 통계자료, 산업전문가 자문, 현장전문가 인터뷰 등을 활용하였다.

〈유의사항〉

직업별 고용전망 자료는 진로 및 직업 선택 시, 결정적 요인으로 간주하기보다는 참조자료로만 활용하기 바란다. 고용전망은 불확실한 요인들이 복합적으로 작용하고 다양한 원인으로 급작스럽게 변할 수 있기 때문이다.

부가 직업정보

▣ 관련 직업

관련 직업: 한국직업정보시스템(KNOW)에서 서비스하는 약 800개 직업을 중심으로 자격이나 전공, 경력 등을 고려하여 곧바로 혹은 추가 교육훈련을 통해 진입이 가능한 직업을 제시하였다.

▣ 직업 코드

한국고용직업분류(KECO)와 한국표준직업분류(KSCO)의 세분류(4-digits) 코드를 제공하였다. 해당 직업이 소분류(3-digits) 수준이라면 하위에 포함된 직업코드 여러 개가 제공된다.

▣ 관련 정보처

직업정보와 관련된 정부부처, 공공기관, 협회, 학회 등의 기관 명칭, 전화번호, 홈페이지 주소를 제공하였고, 유용한 웹 사이트도 수록하였다.

직업전망에는 장애인재활상담사는 아직 수록되어 있지 않아 가장 근접한 업무를 수행하는 사회복지사 직업전망을 살펴보면 다음과 같다. 사회복지사는 사회복지관련직(06)에 속하며, 사회복지 관련직에는 '사회복지사(01)', '상담전문가 및 청소년지도사(02)', '직업상담사 및 취업알선원(03)', '사회단체활동가(04)', '보육교사(05)'가 속한다.

사회복지사

▣ 하는 일

사회복지사는 개인적 · 가정적 · 사회적으로 어려움을 겪고 있는 사람들이 스스로 문제를 해결하여 자신이 원하는 삶을 찾고, 안정된 생활을 할 수 있도록 돕는다.

심리적 · 정서적 · 경제적 문제 등 다양한 어려움에 직면한 사람들을 만나 상담을 통해 어떤 도움이 필요한지 파악하고, 필요에 따라 보유자원, 재정적 문제, 지역사회 자원 등을 지원한다. 구체적으로 심리적 · 정서적 지원, 생활지원, 교육 · 훈련, 대인관계기술훈련, 건강관리, 법률지원 등이 있다. 다양한 사회복지 프로그램을 기획 · 개발하여 상담과 지원, 프로그램을 실시하기도 한다. 이용자의 사회 적응과 자립에 도움을 줄 수 있도록 직업재활이나 취업을 위한 사업장을 개발하여 취업지원을 하기도 한다. 공공복지 서비스 전달을 위해 이용자를 선정하고 복지 지원과 생활지도, 지역사회와의 연계를 돕는다. 사회복지사는 이러한 다양한 실천 과정 수행업무에 대한 보고서를 작성하고 관련 행정업무도 수행한다.

사회복지사는 소속 근무지에 따라 명칭과 역할이 다르다.

- 사회복지기관 사회복지사는 복지기관에서 일하며 입소자에 대한 생활관리, 생활지도, 건강관리, 프로그램 지원, 교육지원, 자립 준비, 개별상담, 집단상담, 가족상담, 사례관리, 지역사회 자원 연계, 행정, 회계, 자원봉사 업무 등을 수행한다. 사회복지 실천을 위해 후원자와 자원봉사자를 모집하고 이들과 파트너십을 맺어 함께 일한다.
- 사회복지전담공무원은 시도, 시군구 및 읍면동 또는 복지사무전담기구 등에서 근무한다. 복지 정책을 마련하고 복지수급권자의 기초생활 보장을 위해 사회복지사업의 운영을 담당한다. 지역 주민 중 복지서비스가 필요한 주민에 대한 생활지원 및 관리, 행정 업무를 수행한다.
- 교정사회복지사는 법무부 보호직 공무원으로 소년원과 같은 법무부 산하 교정시설에서 수감생활을 하는 사람의 재활을 돕고 범죄 재발 예방을 위해 상담과 지도를 담당한다. 보호처분을 받은 수감자가 사회와 소통하는 기술을 익혀 출소 후 원활히 사회에 복귀하여 잘 적응하고 자립할 수 있도록 상담 · 안내 · 중재 · 교육한다.

- 정신보건사회복지사는 정신의료기관, 정신요양시설에서 근무하며, 정신질환자를 대상으로 방문지도, 사회 복귀 촉진을 위한 생활훈련 및 직업훈련, 정신질환자와 그 가족에 대한 교육 · 지도 및 상담을 수행한다. 환자가 퇴원한 후에도 사회 구성원으로서 정상적인 생활을 할 수 있도록 도움을 준다. 또한, 정신질환 예방 활동 및 정신보건에 관한 조사연구를 수행한다.
- 의료사회복지사는 병원이나 진료소에서 임상치료팀의 일원으로 일하며, 질병의 직간접적인 원인이자 치료에 걸림돌이 되는 환자의 심리 · 사회적인 문제를 해결하도록 돕는다. 환자가 퇴원 후 사회인으로서 정상적인 기능을 발휘할 수 있도록 환자와 그 가족에게 상담과 지도 등 전문적인 사회복지서비스를 제공한다.
- 학교사회복지사는 학교에서 일하며 문제학생의 학교생활 적응을 돕는다. 이들은 학생 개개인의 지적 · 사회적 · 정서적 욕구 및 문제 상황을 해결하는 데 도움을 주며, 모든 학생이 학교에서 공평한 교육 기회와 성취감을 제공받을 수 있도록 돕는다. 현재 일부 지자체가 학교사회복지사의 필요성을 인지하여 관련 내용을 조례로 지정하고 각 학교마다 학교사회복지사를 배치하고 있으며, 향후 다른 지자체로 확대될 가능성이 있다.
- 산업사회복지사는 작업장이나 기업체에서 근로자의 복지 개선을 위해 일한다. 노동자의 직무 스트레스, 부당한 대우 등을 해결하여 즐거운 근로생활을 가능하게 하고, 근로자가 일터에서 겪을 수 있는 부적응 문제를 해결하기 위해 상담 및 프로그램을 계획하고 진행한다. 가족과 함께 하는 일터 프로그램을 계획하기도 한다.

▣ 근무환경

복지대상자들의 현황 파악을 위해 출장을 나가 대상자를 직접 방문하여 상담하는 등 찾아가는 서비스를 제공하기 때문에 외근이 많다. 쌀이나 연탄 배달, 김장봉사, 세탁봉사 등 각종 행사를 진행하며 자원봉사의 모집과 교육, 행정업무 처리도 해야 한다. 이처럼 대민 서비스가 잦고 업무량이 많아 육체적인 피로도가 크다.

사회복지생활시설에서 근무하는 사회복지사는 시설이용자의 안전과 편의를 위해 24시간 교대로 근무한다. 또한 사회복지시설은 저녁이나 주말에 주민을 대상으로 진행하는 프로그램이 있어 초과근무나 주말근무가 잦다. 업무에 따라서 위기상황이 발생할 수 있어 24시간 출동 대기상태로 있어야 하는 등의 어려움이 있다.

▣ 되는 길

- 교육 및 훈련: 대학에서 사회복지학을 전공하거나, 학점은행제, 평생교육원 등에서 필요한 수업을 이수하여 자격을 취득할 수 있다. 일정 학점의 수업을 이수(14과목)하고 현장실습(120시간) 요건이 충족되면 사회복지사 2급 자격을 취득할 수 있으며, 사회복지학 학사학위 취득자, 대학원에서 사회복지학 또는 사회사업학을 전공한 석사 또는 박사학위 취득자가 별도의 시험을 통해 사회복지사 1급 자격을 취득하게 된다.

정신보건사회복지사는 사회복지사 1급 자격 소지자가 보건복지부장관이 지정한 전문요원수련기관에서 1년 이상의 수련을 마치고 자격시험에 통과하면 정신보건사회복지사 2급을 취득할 수 있다. 또한 사회복지학 또는 사회사업학을 전공한 석사학위 이상 소지자가 전문요원수련기관에서 3년 이상의 수련을 마치면 정신보건사회복지사 1급 자격을 취득할 수 있다.
사회복지사 2급 자격 취득자가 많아지면서 기관에 따라 채용 시 1급 소지자를 요구하는 등 차별화가 있을 수 있으며, 장기적으로 사회복지현장에서 일하며 관리자급으로 승진 및 경력을 쌓고자 한다면 사회복지사 1급 자격증을 취득하여 경쟁력을 갖출 필요가 있다.

▲ 관련 학과: 사회복지학과, 사회복지행정과, 사회사업학과, 아동복지학과, 청소년학과, 노인복지학과, 노인보건복지과, 실버보건학과, 가족복지과, 산업복지학과, 생활환경복지학과, 도시복지학과 등

▲ 관련 자격: 사회복지사 1/2급, 정신보건사회복지사 1/2급(이상 보건복지부)

• 입직 및 경력개발: 사회복지관, 노인복지관, 장애인복지관, 지역아동센터 등의 사회복지이용시설이나 장애인재활시설, 아동양육시설, 모・부자복지시설, 노인요양시설 등의 사회복지생활시설로 진출한다. 대체로 결원 발생 시 수시채용의 형태로 이루어지며, 시험 및 면접을 거친다.

  의료사회복지사와 정신보건사회복지사는 요양시설, 종합병원 및 정신병원 등의 의료기관에서 근무하는데, 병원이나 학교, 연구기관 등에서 근무하기를 원한다면 석사 이상의 학위를 취득하는 것이 좋으며, 공개채용으로 입직할 수 있다. 이밖에 사회복지사 2급 자격 이상을 취득하고 공무원 시험에 합격하면 사회복지전담공무원으로 활동할 수 있다.

  사회복지사로 활동하면서 약 3~5년 정도의 경력이 쌓이면 주임(선임)사회복지사로 승진하여 중간관리자급에 오를 수 있으며, 기관에 따라 차이가 있지만 약 5~7년이면 팀장의 위치에 오를 수 있다.

▣ 적성 및 흥미

투철한 소명의식과 봉사정신을 갖춘 사람에게 적합하며, 관련 분야에 대한 충분한 전문지식과 직업인으로서의 사명감이 있어야 사회복지사로 활동할 수 있다. 복지서비스 수요자를 직접 대면하여 수행하는 업무가 많으므로 사람에 대한 공감능력과 이해심, 사회성이 요구된다. 직무수행 과정에서 다양한 일이 발생하므로 융통성, 유연한 대처 능력도 필요하다. 복지서비스 대상자와 친밀한 파트너십을 형성하고, 사람의 삶이 변화되는 과정에 대한 책임감과 대상자에 대한 존중과 진실한 자세도 중요하다.

사회복지사

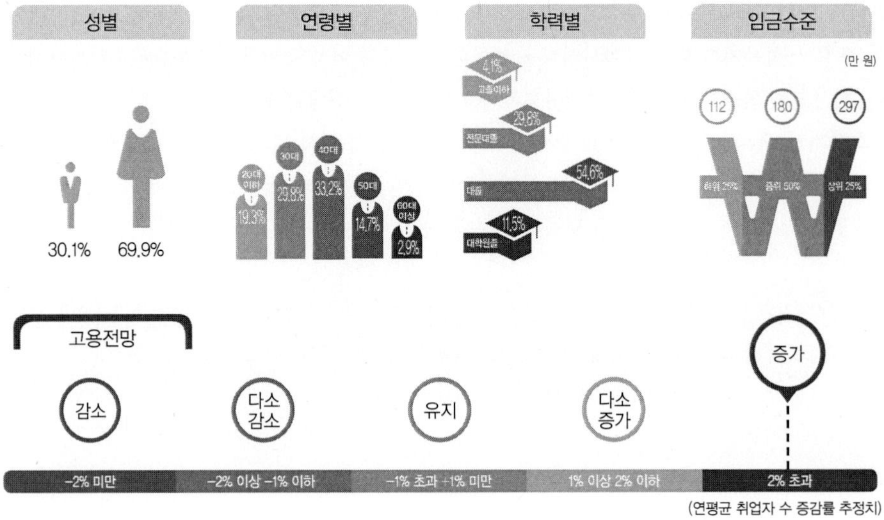

국민의 세금으로 복지제도가 운영되는 만큼 최소 비용으로 최대의 효과를 낼 수 있는 복지 서비스를 기획할 수 있어야 하며, 복지 대상자를 결정할 합리적 기준도 마련해야 하므로 냉철한 판단력이 요구된다. 사회복지 프로그램 및 서비스를 지속적으로 개발하기 위해 다양한 분야에 대한 호기심과 높은 창의력도 필요하다.

향후 10년간 사회복지사의 고용은 증가하는 수준이 될 것으로 전망된다.

「중장기 인력수급 수정전망 2015~2025」(한국고용정보원, 2016)에 따르면, 사회복지사는 2015년 약 76.8천 명에서 2025년 약 100.6천 명으로 향후 10년간 23.8천 명(연평균 2.7%) 정도 증가할 것으로 전망된다.

사회가 발전함에 따라 복지 및 삶의 질 향상에 대한 수요가 증가하게 된다. 그러나 우리나라의 사회복지 수준은 OECD(경제협력개발기구) 국가와 비교하여 현저히 낮은 수준이다. 입법조사처의 2012년 자료에 따르면 우리나라는 개인에게 제공되는 복지 혜택을 환산한 사회임금이 가처분 소득의 12.9%에 불과하였다. 이는 OECD 주요 국가 평균의 3분의 1에도 못 미치는 수준으로, 사회임금 비중이 낮다는 것은 그만큼 정부 지원이 취약하다는 의미다.

〈OECD 주요국 가처분 소득 대비 사회임금 비중〉(2012) (단위: %)

스웨덴	프랑스	독일	영국	미국	한국
51.9	49.8	47.5	37.5	25.0	12.9

자료: 입법조사처, 2012년 '내가 만드는 복지국가'.

이에 향후 정부가 정책적으로 사회복지 정책을 더 확대해야 할 것으로 보인다. 또한 사회복지가 국가의 주요 정책으로 부각되면서 사회복지 담당인력에 대한 확충이 논의되고 있다. 사회복지 전담 인력의 업무과중과 그에 따른 사회적 문제(자살, 퇴사 등) 등도 인력 충원을 통해 해결해야 할 과제로 부상하고 있다.

〈사회복지 전담 공무원 수〉 (단위: 명)

연도	정원	현원
2009	12,270	10,334
2010	11,634	10,496
2011	11,170	10,639
2012	13,290	12,907
2013	14,700	14,184
2014	16,475	16,269

자료: 보건복지부, 보건복지통계연보 2015.

사회복지 전담 공무원 수도 지속적으로 증가하고 있다. 보건복지부의 「2015 보건복지통계연보」에 따르면, 사회복지 전담공무원 수는 2009년 10,334명에서 2014년 16,269명으로 5년간 57.4% 증가하였다.

〈사회복지사 자격증 발급 수〉 (단위: 명)

연도	총계	사회복지사		
		1급	2급	3급
2009	337,651	81,255	244,383	12,013
2010	412,815	90,988	309,612	12,215
2011	482,807	94,623	375,776	12,408
2012	560,530	104,457	443,498	12,575
2013	637,617	110,518	514,344	12,755
2014	713,224	116,895	583,402	12,926

자료: 보건복지부, 보건복지통계연보 2015.

또한, 사회복지사 자격을 취득한 사람은 2009년 337,651명에서 2014년 713,224명으로 5년간 111.2% 증가하였다.

사회복지사 자격증 취득자가 모두 사회복지사로 활동하는 것은 아니지만 사회복지사에 대한 관심이 높아지고 있음을 알 수 있다.

최근 인구 고령화로 인한 고령인구 및 독거노인 증가 등에 따른 노인복지, 다문화가정의 증가로 인한 다문화가정 복지, 여성 경제활동 참가율 상승에 따른 아동 및 보육복지 등 수요계층에 따라 정부의 복지정책이 다변화되고 있다. 기존에 종합복지관에서 총괄해 온 사회복지서비스가 계층별로 세분되어 운영되는 방향으로 바뀌고 있다. 발달장애인 관련 법안의 개정에서 취약계층의 복지 서비스 확대에 정부가 노력을 기울이고 있는 것이 한 예다.

복지에 대한 관심은 비단 공공 부문만이 아니다. 기업의 사회적 책임(CSR: Corporate Social Rseponsibility)이 강조되면서 기업 내 사회공헌팀이 신설 또는 강화되고 있으며, 기업 내에서 사회복지를 전담하는 인력에 대한 수요 또한 증가하고 있다.

사회복지사의 업무 영역 또한 확대되었는데 과거 아동보육시설과 공공부문에서 주로 활동하였으나 최근에는 기업, 학교, 군대, 병원 등으로 활동영역을 넓히고 있다. 이처럼 다양한 분야에서 사회복지에 대한 수요가 증가하고 있는 만큼 향후 사회 전반에서 사회복지사에 대한 수요가 증가할 것이다.

▣ 관련 직업

시민단체활동가, 청소년지도사, 상담전문가, 직업상담사

▣ 분류 코드

한국고용직업분류(KECO) 0711, 한국표준직업분류(KSCO) 2471

▣ 관련 정보처

| 보건복지부 129 www.mohw.go.kr

| 한국사회복지사협회 (02)786-0845 www.welfare.net

| 한국산업인력공단 국가자격시험 (02)1644-8000 www.q-net.or.kr

| 한국정신보건사회복지사협회 (02)701-5638 www.kamhsw.or.kr

7. VDARE 직업분류표

VDARE 직업분류표(Classification of Jobs)는 직업 진단 및 잔여 고용 가능성 평가 서비스국(Vocational Diagnosis and Assessment of Residual Employability(VDARE) Service Bureau)에서 DOT 4판의 부록으로 출판한 것으로 1984년 개정되었다(VDARE Service Bureau, 1978). VDARE는 내담자의 과거 직업력과 현재의 직업 잠재력을 비교함으로써 직업기능을 전이시키기 위한 목적으로 제작된 평가도구다.

VDARE는 DOT, GOE, AEL 진로의사결정 프로그램(AEL Career Decision-Making Program)에 기초하여 직무분석과 직업 잠재력을 평가한다. VDARE는 내담자의 이전 직업 경력과 장애에 적응된 현재의 기능을 비교하여 내담자가 잠재력을 갖고 있는 직업에 잔존기능을 체계적으로 전이시키는 과정이다. VDARE 작성은 내담자의 직업기능평가의 기초가 되는 내담자의 직업력에서 시작되는데, 내담자의 이전 직업 특성과 현재 잔존 직업기능수준을 비교하는 것이다.

VDARE가 효율적으로 사용되기 위해서 평가사는 직무분석에 대한 지식이 있어야 하며, VDARE의 타당성은 직무분석의 기초가 된 자료의 타당도와 비례한다. 직무분석은 지역사회 노동시장의 직업을 분석하는 것이 이상적이며, 지역사회 노동시장 분석이 어려울 경우 DOT의 직업항목을 이용할 수 있다.

VDARE는 상담사와 평가사가 직업상담, 지도, 직업배치를 하고, 진단계획을 수립하며, 적합한 직업목표를 수립하고, 직업목표 획득에 필요한 서비스 계획수립에 유용한 도구다. VDARE는 DOT, GOE, AEL 진로의사결정 프로그램과 같은 다른 평가도구와 함께 사용될 때 보다 효율적이다.

1) VDARE 단계

VDARE 과정은 5단계를 거친다.

① 직업과 관련된 배경 정보를 최초로 수집하는 단계
② DOT와 VDARE 직업분류 매뉴얼에 기초한 내담자의 직업력 조사와 이전 직업의 특

성-요인 프로파일을 하나의 조정되지 않은 직업 프로파일(Unadjusted Vocational Profile: UVP)로 구성하는 단계

③ UVP의 변형된 형태로 내담자의 직업 관련 자료를 반영하기 위한 임시적인 잔존 고용 가능성 프로파일(Residual Employability Profile: REP)을 구성하는 단계

④ REP를 명확히 하고 결정하는 데 필요한 의료 · 심리 · 사회 · 교육 · 직업 정보를 수집하기 위한 평가계획 수립 단계

⑤ 직업목표를 수립하고 직업목표에 적합한 기능수준(REP)으로 향상시키기 위한 평가계획 수립 단계

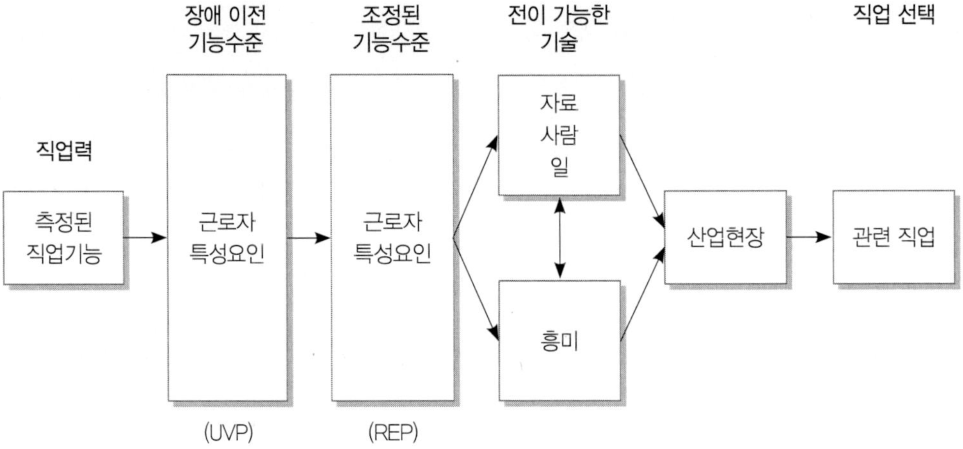

UVP(조정되지 않은 직업 프로파일: unadjusted vocational profile)
REP(잔여 취업가능성 프로파일: residual employability profile)

[그림 9-11] VDARE 과정

2) VDARE의 실행 단계

VDARE는 10개의 실행 단계를 포함한다.

① 초기 자료 수집

② 서술적 정보 기록

③ VDARE 도표의 '직업 프로파일(UVP)' 작성

④ UVP 도출

⑤ REP 도출

⑥ 평가계획 수립

⑦ 적합한 직업목표 탐색

⑧ 직업목표 수립과 서비스 계획 수립

⑨ VDARE 결과 보고

⑩ 결과 기록과 사후지도 계획 수립

3) VDARE의 하위 영역

VDARE는 산업활동, 사용되는 기계와 장비, 재료, 생산품, 학문 영역, 서비스 등 348개의 하위 영역으로 구성되어 있다. 348개의 각 하위 영역은 6개 숫자코드와 항목으로 이루어져 있으며 DOT 항목과 일치한다.

(1) 칼럼 1(DOT 코드)

칼럼 2에 나타나 있는 직업항목에 대한 9개의 DOT 숫자코드다.

(2) 칼럼 2(DOT 직업항목과 산업 유형)

DOT에 정의된 각 직업을 나타내는 직업항목과 산업형태를 의미한다.

(3) 신체적 특성(Physical Demands: P)

특정 작업환경에서의 작업수행에 요구되는 신체적 활동을 의미한다. 신체적 특성에는 여섯 가지 요소가 있다.

① 신체능력(들기, 옮기기, 밀기, 당기기 능력)

S(Sedentary)	들기－최대 10파운드(4.54kg)
L(Light)	들기－20파운드(9.07kg), 옮기기－10파운드(4.54kg)
M(Medium)	들기－50파운드(22.68kg), 옮기기－25파운드(11.34kg)
H(Heavy)	들기－100파운드(45.36kg), 옮기기－50파운드(22.68kg)
V(Very Heavy)	들기－100파운드(45.36kg) 이상, 옮기기－50파운드(22.68kg) 이상

② 오르기/균형 잡기

③ 굽히기, 무릎 굽히기, 웅크리기, 기어가기

④ 뻗기, 수작업, 손가락 사용, 느끼기

⑤ 말하기/듣기

⑥ 보기

(4) 작업환경(Working Conditions: W)

DOT에 나타난 직무 내용과 같은 특정 직무에 대한 물리적 작업환경을 의미한다. 작업환경에는 일곱 가지 요소가 있다.

① 내근직/외근직, 복합적

② 극도로 추운 환경과 온도변화

③ 극도로 더운 환경과 온도변화

④ 습한 환경

⑤ 소음과 진동

⑥ 위험요소

⑦ 가스, 냄새, 독극물, 분진, 환기불량

(5) 일반적인 교육적 발달수준(General Educatioal Development: GED)

특정 직업에서 요구하는 이해, 수리, 언어 수준에 대한 정보를 제공한다. 각 영역에는 여섯 가지 기능수준이 있다(수준 1: 가장 낮은 성취도~수준 6: 가장 높은 성취도).

(6) 특정 직업에 대한 준비도(Specific Vocational Preparation: SVP)

SVP는 특정 직업환경에서 평균적인 수행능력에 필요한 기술을 학습하고 정보를 획득하고 기관을 개발하는 정도를 의미한다. 특정 직업훈련은 직업교육, 실습훈련, 작업장 내 훈련, 현직 훈련, 기타 직업에 필수적인 경력과 같은 분야를 포함한다.

다음은 기간에 따라 분류한 다양한 SVP 수준에 대한 설명이다.

수준	기간
1	단기간의 시범
2	30일 이하의 시범 이상의 훈련
3	30일 초과 3개월 이하의 훈련
4	3개월 초과 6개월 이하의 훈련
5	6개월 초과 1년 이하의 훈련
6	1년 초과 2년 이하의 훈련
7	2년 초과 4년 이하의 훈련
8	4년 초과 10년 이하의 훈련
9	10년을 초과하는 훈련

(7) 적성(Aptitudes: A)

특정 직업에서 요구되는 과업과 임무를 학습하고 적절히 수행하는 데 필요한 능력이다. VDARE 표는 11가지 적성을 포함한다(지능, 언어, 수, 공간, 형태인식, 사무능력, 운동기능 협응력, 손 기민성, 수작업 기민성, 눈과 손의 협응력, 색 변별력).

적성은 다음과 같은 5단계의 척도로 나타낸다.

단계	퍼센트
1	전체 인구의 상위 10퍼센트
2	상위 10퍼센트를 제외한 나머지 인구 중 상위 30퍼센트
3	중위 30퍼센트
4	하위 10퍼센트를 제외한 나머지 인구 중 하위 30퍼센트
5	전체 인구의 하위 10퍼센트

GATB 점수는 VDARE 적성수준로 환산될 수 있다.

GATB 점수	VDARE 적성수준
126 이상	1
109 ~ 125	2
92 ~ 108	3
74 ~ 91	4
73 이하	5

(8) 흥미/직업활동(Interests/Work Activities: I)

VDARE 흥미/직업활동은 다섯 쌍의 서로 상반된 특성 영역으로 구성된다.

1a	일과 물건을 다루는 활동에 대한 흥미	대	1b	자료에 대한 의사소통과 관련된 활동에 대한 흥미
2a	사람들과의 사업적인 만남과 같은 활동에 대한 흥미	대	2b	과학과 기술활동에 대한 흥미
3a	정규적이고, 구체적이고 조직화된 활동에 대한 흥미	대	3b	추상적이고 창조적인 활동에 대한 흥미
4a	사람들을 위한 활동에 대한 흥미	대	4b	가공, 기계, 기술과 관련된 활동에 대한 흥미
5a	타인의 존엄성 및 명성과 관련된 흥미	대	5b	무형의 생산적인 만족을 위한 활동에 대한 흥미

(9) 기질/작업환경(Temperaments/Work Situations: T)

기질은 특정 작업환경이 요구하는 근로자의 개인적 특성을 의미한다. 기질은 열 가지 요소로 구성된다.

V	다양한 임무를 수행하며, 하나의 과업에서 다른 과업으로의 전이가 빈번할 때 효율성을 유지하면서 수행할 수 있는 적응력
R	반복적인 과업이나 정해진 과정, 순서, 속도에 따라 같은 작업을 연속적으로 수행할 수 있는 적응력
D	지시, 통제의 책임을 수용하거나 활동 계획에 대한 적응력
P	지시를 내리고 지시를 받는 것 이상의 사람을 다루는 것에 대한 적응력
I	사상과 일에 대한 자신의 의견, 태도, 결정을 다른 사람에게 영향을 주는 것에 대한 적응력
S	비상사태 혹은 비일상적이거나 위험한 상황 혹은 수행 속도와 주의집중력이 작업수행의 성패를 결정하는 상황에 직면했을 때 스트레스하에서 수행하는 것에 대한 적응력
J	감각을 통한 규준이나 판단적 규준에 기초한 일반화, 평가, 의사결정에 대한 적응력
M	측정 규준이나 검증 규준에 기초한 일반화, 평가, 의사결정에 대한 적응력
F	개인적 관점에 따른 감성, 사상에 대한 해석과 관련된 상황에의 적응력
T	정해진 기준, 인내력, 기준을 정확히 따를 것을 요구하는 상황에의 적응력

VDARE 직업분류표는 〈부록 B〉에 제시되어 있다.

제 10 장 ≫ 직업평가 결과 해석

1. 직업평가 결과 해석 유형
2. 통계적 해석
3. 진로이론
4. 직업평가 결과 해석 원칙

1. 직업평가 결과 해석 유형

직업평가사는 직업평가 결과를 해석하며, 임상적 결과 해석과 통계적 결과 해석방법을 사용한다. 임상적 결과 해석방법은 인간행동을 다루는 심리이론에 기초하여 관찰을 통해 의미를 추론하는 것이다. 통계적 결과 해석방법은 준거집단과 확률수준에 기초하여 의미를 도출하는 것으로 주로 작업표본이나 심리검사도구 해석에 사용된다. 그러나 결과 해석방법에 관계없이 직업평가 결과는 내담자 직업 욕구에 적합한 직업과 관련된 용어로 해석되어야 한다.

직업평가 결과의 해석은 이 두 가지 이외에도 서술적 해석, 원인 해석, 예측적 해석, 평가적 해석으로 분류된다.

(1) 서술적 해석

서술적 해석은 내담자의 현재 기능수준에 대하여 추론을 하거나 가설을 세우는 것을 의미한다. 예를 들어, 재활상담사가 직업평가를 통해 내담자가 관리자의 지시에 어떤 반응을 보이는지 알고자 할 때 관찰을 통해 서술적 해석을 제공할 수 있다.

(2) 원인 해석

원인 해석은 내담자의 현재 기능수준 혹은 행동의 원인을 밝히는 것이다. 만일 내담자가 동료 근로자와의 인간관계에 문제를 가지고 있다면 면접을 통해 가족관계 혹은 교우관계에서 원인을 규명한다.

(3) 예측적 해석

예측적 해석은 내담자의 잠재적 수행능력과 적응능력을 예측하기 위해 실시한다.

(4) 평가적 해석

평가적 해석은 충고, 제안과 같은 가치관에 대한 판단을 의미한다. 예를 들어, 내담자에게 가장 적합한 훈련 유형을 결정하고자 할 때 이전의 학업성취능력에 비추어 결정한다. 학교 성적이 좋지 않았을 경우 직업학교에서 이론적인 과목을 배우기보다는 현장훈련에 배치하여 훈련시키는 것이 더 효율적이다.

결과 자체의 의미보다는 경력이 많은 평가사가 경험에 비추어 질적인 평가를 하게 된다. 직업평가 결과 해석 유형은 내담자의 어떤 측면을 알고자 하는가에 따라 달라진다. 그러나 관찰과 작업표본평가를 함께 사용하는 것처럼 직업평가 결과들은 통계적 혹은 임상적 해석이 동시에 이루어질 수 있다. Pruitt(1986)는 서술적 해석에서 평가적 해석으로 갈수록 평가의 수치적 직업평가사는 모든 해석방법을 알아야 하지만 직업평가의 목적이 미래지향적이므로 예측적이거나 평가적인 해석에 중점을 두어야 한다.

2. 통계적 해석

1) 규준과 기준

작업표본을 직업평가도구로 사용한 경우 검사 결과는 원점수로 나타나며, 이 점수는 어떠한 정해진 기준과 비교되었을 때 의미를 가진다. 예를 들어, 내담자가 작은 자동차 엔진을 1시간 10분 내에 조립할 수 있고, 실수가 전혀 없었으며, 흥미를 보였어도, 이 검사 결과는 아무런 의미가 없다. 만일 이 결과를 규준집단과 비교하여 환산한 점수가 85번째 백분위에 해당했다면 1시간 10분이라는 수행 속도가 매우 높은 수행 범위에 속한다는 것을 알 수 있다.

직업평가사가 비교 규준으로 사용할 수 있는 기준은 다양하다(내담자 규준, 산업현장 근로자 규준, 직업 훈련생 규준, 비숙련직 응시자 규준 등). 또는 시간과 작업수행 동작을 기준으로 삼기도 한다.

이러한 규준들은 각각 장점과 단점을 가지고 있다.

① 내담자 규준

결과 수집이 용이하지만 산업현장 근로자 규준보다 수행능력이 낮아 경쟁고용 직업 배치가 목표라면 적합하지 않을 수 있다.

② 산업현장 근로자 규준

결과 수집이 어렵지만 검사 결과는 적성 이외에 경력수준도 반영하기 때문에 경쟁고용 직업배치가 가능할 수 있다.

③ 직업 훈련생 규준

내담자를 직업훈련에 배치하고자 할 때의 예측 기준으로는 매우 유용하나 훈련 이후의 직업배치에 대한 예측 기준으로는 부적합하다.

④ 시간과 수행 동작 기준

직접적인 과업수행 동작을 평가하는 작업표본평가에서는 유용하지만 수행 동작 이외의 특성을 평가하는 작업표본평가에는 부적합하다.

규준집단은 집단 특성에 따라 동질적일 수도 있고 이질적일 수도 있다. 지적장애인만을 대상으로 하는 동질적인 규준집단이 있는 반면, 다양한 장애 유형을 포함하는 이질적인 규준집단도 있다.

직업평가에서 사용될 규준의 유형은 의뢰 시의 질문에 대한 답변 혹은 예측하고자 하는 특성에 따라 결정된다. 내담자의 직업목표가 정규적인 직업훈련이라면 직업훈련생 규준이 적합하며, 직업재활시설의 하청작업 수행기능을 예측하고자 한다면 현재 하청작업에 종사하고 있는 근로자를 기초로 한 규준이 적합하다.

통계적 해석에 있어 평가 규준은 원점수, 표준점수, 백분위 점수, 9분 점수 등을 제시한다. 원점수는 생산량, 소요시간, 실수 횟수 등을 의미한다. 여러 종류의 작업표본을 함께 사용하였을 때에는 원점수를 표준점수로 변환시켜야만 결과에 대한 정확한 해석이 가능하다.

산업현장 근로자 규준

작업표본의 목적이 만약 산업현장의 실제 직무수행을 예측하고자 하는 것이라면 산업현장 근로자의 실제 수행수준이 산업현장 근로자 규준을 대신할 수 있다. 산업현장 근로자의 실제 수행수준은 산업현장 근로자가 작업수행에 소요한 시간과 동작에 관한 연구에 기초하여 획득된 기준이다. 산업현장 근로자 규준은 실제 그 직무에 종사하는 근로자에게 직업표본(job sample)을 실행하고 그 결과를 평가 규준으로 만든 것으로, 이러한 과정을 통해 다양한 산업현장 근로자 규준이 확립되었다. 예를 들어, 자동차 정비 분야는 타이어 갈아 끼우기, 엔진 튠업, 팬 벨트 교체와 같은 특정 과업에 대한 수행 속도를 규준으로 한다. 수작업이 수행되는 산업 분야에서의 수행수준은 대부분 소요시간과 수행 동작에 관한 연구를 통해 이루어진다. 소요시간과 수행 동작에 관한 연구는 불규칙한 작업 일정을 고려하여 작업장비의 고장으로 인해 작업수행이 이루어지지 못하는 비생산적 시간과 같은 요인을 규준에 포함시키고 있다.

산업현장 근로자 규준은 특정 직업 혹은 유사한 직업에서의 수행 정도를 예측하는 중요한 정보를 제공한다. 작업수행은 훈련과 경험에 의해 향상될 수 있기 때문에 직업평가사는 작업표본평가의 결과가 산업현장의 기준에 미달할 경우에도 내담자의 직업 잠재력이 낮다고 평가해서는 안 된다. 이 경우 평가사는 내담자의 흥미와 동기 등의 요인을 함께 고려하여 해석해야 한다.

산업현장 근로자 규준의 단점은 회사마다 기준의 차이가 있다는 것이다. 예를 들어, A사는 비서직 채용에 있어 워드프로세싱 능력이 1분에 55단어인 응시자를 원하지만, B사는 1분에 85단어를 요구하기도 한다. 이러한 차이는 그 회사에서 그 직무에 사용하고 있는 도구 혹은 작업방식에 원인이 있다.

2) 특성과 요인

전통적인 진로이론의 기초는 개인 특성에 대한 평가 결과와 직업요인을 연결하여 잠재적 직업목표를 확립하는 데 있다. 직무특성 요인은 평가사의 직무분석, 현장 관리자의 직무분석과 DOT를 이용한 통계적인 해석방법을 통해 결정된다. 내담자 특성은 작업표본평가와 심리평가 결과에서 획득된다. 그 이외의 내담자 특성은 연령, 의료적 자료, 학력, 훈련경력과 직업력 등이다.

통계적 해석의 장점은 상위수준의 전문성이 요구되지 않는다는 것이다. 해당직종의 경험이 풍부한 근로자라면 내담자의 평가 결과 나타난 특성이 그 직종에서 일할 수 있는 잠재력을 의미하는지 어느 정도 예측할 수 있다.

직업평가에서는 객관적 평가와 주관적 평가 모두가 요구되는데 직무수행과 관련된 사회성 기술을 측정하기 위해서는 작업표본이나 심리검사 이외에 상황평가가 유용한 도구다.

3) 임상적 해석

임상적 해석방법은 귀납적-연역적 과정으로 불린다. 평가사는 내담자를 관찰하고, 관찰 결과의 의미를 추론하며, 추가적인 자료를 통해 타당성을 검증한다. 예를 들어, 평가사는 내담자가 반복적인 작업표본 과업수행에 흥미를 보이며 성취도가 높다고 관찰하였다면 내담자가 반복적인 과업에 재능이 있다고 추론할 것이다. 다음 단계로 평가사는 자신의 추론을 DOT의 직무 내용과 비교하여 검증한다.

임상적 해석방법은 통계적 해석방법과 유사한 부분을 가지고 있다. 직무 관리자가 내담자의 작업수행 수준을 관찰한 후 산업현장 기준에 적합하지 않다는 결론을 얻었다면 통계적 방법인 실험적인 규준을 사용한 것이다. 이러한 주관적 규준은 감독자의 직무 경험 혹은 내담자의 수준에 대한 지식에 기초하여 확립된다.

4) 타당도

(1) 타당도의 정의

타당도(validity)는 특정 검사가 측정하고자 한 것을 측정했는지의 정도라고 할 수 있다. 이에 대한 일반적인 오해는 특정 검사가 "타당성이 있다 또는 없다."라고 말하는 것이다. 초점은 타당도가 있다 없다가 아니라 '무엇에 대해서' 그리고 '누구에 대해서' 타당도가 있는가 하는 것이다. 예를 들면 학업성취도에 대한 타당도 검사는 인성 측정에는 타당하지 않다. 또한 누구에 대한 타당성 검증인가라는 측면에서 볼 때 고등학생 수준의 어휘에 대하여 타당성 있는 검사는 초등학교 수준의 학생들에게는 타당성이 있는 검사가 아닐 것이다.

'무엇에 대해서' 그리고 '누구에 대해서' 타당도가 있는가 하는 것을 좀 더 명확히 하기 위해서 교육 분야의 예를 들어 보자. 일반적으로 '타당성이 있는 교사'란 "가르치기로 한 것을 가르치는 교사"일 것이다. 그러나 교사가 교수수준이 아무리 뛰어나더라도 처음부터 타당성이 있는 교사는 아니었을 것이다. 교사는 특정한 목적(예를 들면, 특정 교수 분야나 학생들의 연령 또는 학년수준)에 대해서만 타당성이 있다고 해야 할 것이다. 유치원 교육에 타당한 교사를 고등학교 교육에 타당한 교사라고 할 수 없으며 비슷한 예로 고등학교에서 삼각함수를 가르치는 수학 교사는 영어 교과를 가르치는 데는 타당성이 없는 것이다.

검사방법은 여러 가지 목적에 의해 고안되고 타당도는 단지 검사의 목적에 따라서 평가되기 때문에 여러 형태의 타당도가 존재한다. 일반적으로 내용 타당도(content validity), 구성 타당도(construct validity), 동시 타당도(concurrent validity), 예측 타당도(predictive validity) 등이 사용되고 있다. 이러한 타당도는 다양한 방법에 의해 결정되므로 이들을 논리적 또는 준거 관련(criterion-related) 타당도로 분류하게 되는데, 내용 타당도는 주로 평가사의 판단에 의하여 결정되므로 논리적 타당도에 속하며, 동시 타당도와 예측 타당도는 특정 기준의 달성 여부에 따라 결정되므로 준거 관련 또는 실증적(empirical) 타당도에 속한다. 일반적으로 준거 관련 타당도는 내용 타당도보다 객관적인 방법에 의해 결정된다. 구성 타당도는 평가사 판단과 외부적인 기준을 모두 포함하는 형태다.

(2) 내용 타당도

내용 타당도(content validity)는 특정 검사가 평가하고자 하는 내용을 측정하는 정도다. 내용 타당도는 항목 타당도와 표집 타당도를 요구하는데, 항목 타당도는 검사항목이 의도한 내용을 측정하는가에 대한 것이며, 표집 타당도는 검사가 전반적인 내용을 잘 표본화하였는가에 대한 것이다. 일반적으로 측정하고자 하는 모든 내용을 측정하기는 불가능하므로 적합한 내용을 적합하게 표본화하는 것이 내용 타당도를 높이는 방법이다. 또한 검사항목에 대한 평가에 근거하여 전반적인 내용을 추론할 수 있을 것이다.

내용 타당도는 검사방법에 커다란 비중을 두고 있으며 전문적인 판단에 의하여 결정되므로, 계산하거나 수량화하여 표현할 수 있는 방법은 없다. 일반적으로 검사방법에 포함된 영역에 대해 전문가가 내용 타당도를 평가하게 된다. 전문가는 검사방법뿐 아니라 개발과정을 검토하고 항목이 의도한 내용을 얼마나 대표하고 있는지를 평가한다. 판단은 모든 하위 영역이 포함되었는지 그리고 올바른 비율로 포함되었는지에 기준을 두고, 포함되어야 할 것과 실제로 포함된 것을 비교하게 된다.

(3) 구성 타당도

구성 타당도(construct validity)는 특정 검사방법이 의도한 가설을 측정하는 정도를 의미한다. 구성이란 행동을 설명하기 위한 관찰 불가능한 특성(예를 들면, 지적 능력)이다. 구성은 볼 수 없지만 그 효과는 관찰할 수 있다. 사실상 구성은 행동을 설명하기 위해서 발명된 것으로 그 존재 여부는 증명할 수 없다. 예를 들어, 어떤 사람의 두뇌를 수술하여 그의 지적 능력을 볼 수는 없다. 그러나 구성은 개인차를 설명하는 데 유용하게 사용된다. 어떤 학생들은 다른 학생들에 비하여 보다 신속하게 배우고, 더 많이 배우며, 오랫동안 기억하는 것을 볼 수 있는데, 이러한 차이를 설명하기 위해서 지능에 대한 이론이 개발되었고, 사람들마다 그 보유 정도가 다른, 학습과 관련된 지능이란 것이 존재한다는 가설이 제시되었으며, 사람들이 어느 정도의 지능을 보유하고 있는가를 측정하기 위한 검사방법이 개발되었다.

구성을 포함하고 있는 연구는 구성의 측정치가 타당한 범위 내에서만 타당도가 있다고 볼 수 있다. 그러나 구성에 대한 검사 결과를 타당화시키는 과정은 그리 쉬운 작업이 아니다. 기본적으로 이는 구성과 관련된 이론으로부터 도출된 가설을 검증하는 과정을 포함한다. 예를 들어, 근심에 대한 이론이 근심이 많은 사람들이 적은 사람들보다 특정 작업을 더 오랫동안 수행한다고 가설을 세웠고, 검증과정에서 근심 수준을 측정하는 검사를 실시하여 더 높은 점수를 받은 사람들이 그 작업을 더 오랫동안 수행하였다면, 이 결과는 검정의 구성 타당도를 입증하는 증거가 될 것이다.

(4) 동시 타당도

동시 타당도(concurrent validity)는 검사점수가 같은 시간에 실행된 기존 검사점수나 기타 타당한 기준에 관련된 정도를 의미한다. 종종 다른 검사와 같은 기능을 보다 쉽고 빠르게 실행할 수 있다고 주장되는 검사방법이 개발되는데, 만일 이것이 사실이라면 새로운 검사에 대한 동시 타당도가 성립되고 기타 검사방법 대신에 새로운 검사방법이 이용된다. 수행능력검사와 같은 기능을 수행하는 지필검사, 장시간을 요구하는 시험보다 같은 행동을 측정하는 단시간 시험이 더 선호될 것이 확실하다.

동시 타당도는 연관화나 차별화에 따라 결정된다. 연관화 방법은 한 검사의 점수와 기존의 다른 검사의 점수 사이의 관계 설정을 의미하는데, 이 경우 동시 타당도를 결정하는 단계는 새로운 검사의 실행, 이미 타당도가 입증된 검사의 실행, 새로운 검사와 기존 검사점수의 비교, 그리고 결과 평가의 단계를 거치게 된다. 결과치 또는 타당도 계수가 새로운 검사의 동시 타당도를 의미하는데, 계수가 높을수록 더 좋은 동시 타당도를 가지고 있다고 볼 수 있다. 동시 타당도를 입증하는 방법은 검사점수가 일정한 특성을 소유한 사람과 그렇지 않은 사람들을 차별화하는 데 사용할 수 있는지를 입증하는 것이다.

(5) 예측 타당도

예측 타당도(predictive validity)는 검사가 특정 개인의 미래 행동을 예측할 수 있는 정도를 의미한다. 높은 예측 타당도를 가지고 있는 수학적성검사는 어떤 학생들이 장래에 수학을 얼마나 잘할 것인지를 정확하게 예측할 수 있을 것이다. 사람들을 분류하거나 선발하는 검사에서 예측 타당도는 매우 중요하다. 미국 대학원 선발기준으로 활용되고 있는 대학원 입학능력시험 GRE(Graduate Record Examination)이 대표적인 예다. 일반적으로 검사도구의 예측 타당도는 많은 요인에 따라 다양하게 나타날 수 있다. 특정 검사도구의 예측 타당도는 교육과정, 교재, 지리적 위치 등의 요인에 의존하게 된다.

어떠한 검사도 완벽한 예측력을 가질 수는 없다. 따라서 한 가지 특정 검사점수에 근거한 예측은 불완전할 것이다. 여러 가지 검사의 점수들을 종합한 결과에 따른 예측은 어떤 특정 검사점수에 근거한 것보다는 더 정확할 것이다. 따라서 분류나 선택에 관한 중요한 결정을 내릴 때에는 보다 많은 자료에 근거해야 한다. 예를 들어, 대학교 1학년 말의 평점을 예측하기 위해 고등학교 성적을 사용할 수도 있고 수학능력시험 점수도 활용할 수 있을 것이다. 이러한 모든 변수에 근거한 예측이 어떤 한가지 기준에 근거한 예측보다 더욱 더 정확할 것이다.

특정 검사의 예측 타당도는 검사점수와 관심사항에 대한 성공도 측정치와의 관계에서 결정할 수 있다. 성공도를 예측하는 데 사용되는 검사는 예측도구(predictor)로, 예측된 행동은 기준(criterion)이라고 불린다. 검사의 예측 타당도를 결정하는 첫 단계는 기준을 정하고 주의 깊게 정의하는 것이다. 선택된 기준은 예측되어야 할 행동에 대한 타당성 있는 값이어야 한다. 예를 들어, 수학적성검사의 예측 타당도를 결정할 때 수학교과 수강 후 최종 시험점수를 타당성 있는 기준으로 생각할 수 있지만 출석하지 않은 날짜의 수를 기준으로 하지는 않을 것이다.

기준이 정해지고 정의된 이후 예측 타당도를 결정하는 과정은 검사 실시, 예측되어야 하는 행동이 발생할 때까지 대기, 동일 집단의 기준값 획득, 기준값과 검사점수의 상호비교, 그리고 결과 평가의 과정을 거치게 된다. 결과치 또는 타당도 계수가 새로운 검사의 예측 타당도를 의미하게 되는데 계수가 높을수록 그 결과는 더 좋은 예측 타당도를 가지고 있다고 볼 수 있다.

5) 신뢰도

일상생활에서 신뢰도(reliability)는 의존도 또는 믿음을 의미한다. 이 용어는 동일한 내용의 측정을 의미하는데, 특정 검사가 측정하고자 하는 것을 일관성 있게 측정하는 정도를 나타낸다. 어떤 검사의 신뢰도가 높을수록 그 검사를 다시 실시하더라도 처음과 같은 점수를 얻을 것이라는 확신을 가질 수 있다. 신뢰할 수 없는 검사는 기본적으로 쓸모가 없다. 왜냐하면 어떤 검사의 신뢰도가 낮다면 주어진 표본에서 얻은 점수가 매번 검사를 할 때마다 다르게 나타날 것이기 때문이다. 예를 들어, 어떤 지능검사가 신뢰할 수 없는 것이라면 오늘 지능지수 120을 얻은 학생이 내일은 140이 될 수도 있고, 다음 검사에서는 80이 될 수도 있다.

일반적으로 신뢰도는 숫자, 주로 계수로 나타낸다. 높은 계수는 높은 신뢰도를 의미한다. 어떤 검사의 신뢰도가 완벽하다면 그 검사의 신뢰도 계수는 1이 될 것이다. 이것은 학생의 점수가 측정되는 변수에 관한 한 그 학생의 본래 상태를 100퍼센트 완벽하게 반영하고 있음을 의미한다. 그러나 완벽한 신뢰도를 가지고 있는 검사는 존재하지 않는다. 점수는 여러 가지 원인에 의하여 측정오차에 영향을 받는다. 높은 신뢰도를 갖기 위해서는 측정오차가 최소화되어야 한다. 측정오차는 학생들이 해석하기 어려운 모호한 검사항목과 같은 검사 자체의 특성, 검사 절차가 준수되지 않는 등의 검사 실행 상태, 검사 받는 사람의 정신상태 등에 의하여 발생한다. 신뢰도를 높이기 위해서는 이러한 오차의 원인을 가능한 한 줄여야 한다.

신뢰도에 영향을 주는 측정오차는 불규칙한 오차들이다. 반면 규칙적이며 일정한 오차들은 타당도에 영향을 줄 것이다. 예를 들어, 성취도검사가 어떤 학생집단에게 매우 어려웠다면 모든 점수가 규칙적으로 낮을 것이다. 원래의 달성도 점수는 80점이지만, 처음 검사에서 60점을 얻은 학생은 검사를 할 때마다 60점을 얻는 것이다. 이 검사는 이 학생집단에 대해서는 낮은 타당도가 있는 반면 일관성 있는 점수를 나타내므로 신뢰도는 있다고 볼 수 있다. 즉, 타당도가 낮은 검사의 경우 점수들이 모든 경우에 규칙적으로 낮게 나타나는 것이다. 이러한 예는 신뢰도가 있는 검사는 항상 타당도가 있는 반면 타당도가 있는 검사가 항상 신뢰도가 있다고 할 수 없는 타당도와 신뢰도 사이의 흥미로운 관계를 보여 주고 있다.

신뢰도는 타당도에 비하여 상대적으로 단순하다. 다양한 형태의 신뢰도가 존재하는데, 각각의 신뢰도는 각기 다른 형태로 결정되며 또한 각기 다른 종류의 일관성을 표현한다. 검사-재검사(test-retest) 신뢰도, 동형검사(equivalent-forms) 신뢰도, 반분(split-half) 신뢰도 등은 상관성에 의하여 결정되며, 내적일관성(rationale equivalence) 신뢰도는 한 검사 내에서 각 항목 간의 관계와 특정항목과 전체 검사와의 관계에 의해 결정된다. 반분 신뢰도와 내적일관성 신뢰도는 내부적 일치성(Internal Consistency) 신뢰도 형태다. 검사–재검사 신뢰도와 동형검사 신뢰도는 동일 집단으로 하여금 두 종류의 시험을 치르게 하거나, 동일한 시험을 2회 치르게 하거나, 또는 동일 시험의 두 가지 형태를 치르게 하는 반면, 내부적 일치성 타당도 형태에서는 특정 집단에게 1회의 검사를 하게 된다.

(1) 검사–재검사 신뢰도

검사–재검사 신뢰도(test-retest reliability)는 점수가 검사시간에 관계없이 일관되게 나타나는 정도인데, 시험 수행 시점에 따라 측정오차에 의해 발생하는 점수의 편차를 의미한다. 이 경우 어떤 사람을 특정 시점에서 검사하였을 경우 얻은 점수가 다른 시점에서 검사하였을 경우 얻은 점수와 동일한지에 대한 증거, 즉 어떤 검사가 측정하고자 하는 것을 일관성 있게 측정하는 정도가 주요 관심사항이 된다. 이러한 형태의 신뢰도는 만일 검사 시점마다 각기 다른 점수를 얻는다면 이후 수행능력에 대한 예측에 큰 도움이 되지 않을 것이므로 검사 결과가 예측값으로 사용되는 검사에 있어서는 매우 중요하다.

검사–재검사 신뢰도 검사과정은 기본적으로 단순한데, 적정 집단에게 검사를 실행하고 일정 기간이 지난 후 동일 집단에게 동일 검사를 실행해서 두 시점에서의 점수를 상호 비교하고 결과를 평가하는 단계를 거친다.

두 시험점수를 비교한 결과로 나타나는 계수를 안정성 계수(stability coefficient)라고 하는데 이 계수가 높을수록 양호한 검사–재검사 신뢰도를 갖게 된다. 이러한 형태의 신뢰도가 가지는 큰 문제는 검사를 실행한 후 재시험이 실행되기까지 어느 정도의 시간이 지나야 하는 것이다. 만일 기간이 매우 짧으면 첫 시험에서 응답한 내용을 기억할 확률이 높기 때문에 신뢰도 측정치가 인위적으로 높게 나타나는 경향이 있다. 기간이 매우 긴 경우에는 학습이나 성장 등의 원인으로 시험점수가 높게 나타나므로 신뢰도 측정치가 인위적으로 낮게 나타날 수 있다.

따라서 특정 검사에 관하여 검사–재검사 결과를 표현할 때는 실제 계수뿐 아니라 검사 기간 또한 나타내야 한다. 이상적인 검사 기간이 어느 정도라고 정확하게 말하기는 어려우나 일반적으로 1일은 매우 짧고 1개월은 매우 긴 것으로 알려져 있다. 이러한 검사–재검사 신뢰도에서 나타나는 문제는 동형검사 신뢰도에서는 나타나지 않는다.

(2) 동형검사 신뢰도

동형검사 신뢰도(equivalent form reliability)란 동일한 구인을 측정하는 두 개의 검사를 개발하고 각각의 검사결과 점수들 간에 상관관계를 구하여 추정하는 신뢰도다. 두 개 검사의 문항들은 동일한 구인을 측정하는 문항들에서 무선으로 표집한다(한국교육평가학회, 2004).

동일 형태의 두 검사란 실제 항목을 제외하고 모든 면에서 동일한 두 종류의 검사를 의미한다. 두 종류의 검사는 동일한 변수를 측정하고, 동일한 수의 항목, 동일 구성, 동일 난이도, 동일한 검사 실행 및 점수 계산, 동일한 해석이 이루어지는 것을 말한다. 만일 같은 집단이 두 종류의 검사를 치르게 되면 점수의 편차 정도뿐 아니라 평균 점수도 같아야 한다. 기본적으로 동일한 행동 영역 내에서 다른 항목을 선택하므로 같은 특성이나 목표를 측정하지만 구체적인 항목은 같지 않다. 이 경우 검사 점수가 선택된 특정 항목에 의존하고 있는지의 여부 또는 특정 항목으로 구성된 검사에 대한 성과를 다른 항목으로 구성된 검사로 일반화할 수 있는지의 여부가 주요 관심 대상이 된다. 만일 항목이 잘 선택되고 각각의 검사가 관심 영역을 잘 대표하고 있다면 일반화가 가능하다.

동형검사 신뢰도는 검사의 구성 형식에 따라 나타나는 점수의 편차를 의미하며, 검사받는 사람이 1차 검사에서 응답한 것을 잘 기억할 수 있고 다양한 구성형식의 검사가 이용 가능한 경우 적합하다. 여러 구성 형식의 검사를 이용할 수 있는 경우 동형검사 신뢰도의 개념을 아는 것이 중요한데, 특정인의 점수가 검사의 구성형식에 크게 영향을 받지 않는다는 것을 기억해야 한다.

동형검사 신뢰도의 결정과정은 검사-재검사 신뢰도 결정과정과 유사한데, 특정 형식으로 구성된 검사를 적합한 집단에게 실행하고 같은 시점 혹은 짧은 기간 내에 두 번째 구성형식의 검사를 동일 집단에게 실행하여 두 검사 점수를 상호비교하고 결과를 평가하는 과정을 거친다.

이때 결과로 나타나는 계수를 동일성 계수(coefficient of equivalence)라고 하는데 이 계수가 높을수록 양호한 동형검사 신뢰도를 갖게 된다.

구성 형식이 다른 두 가지 시험을 각기 다른 시점에 실행하는 경우 결과로 나타나는 계수는 안정성 및 동일성 계수(coefficient of stability and equivalence)를 의미한다. 기본적으로 이러한 접근은 검사-재검사 및 동형검사 신뢰도의 결합을 의미하며 시험점수의 안정성 및 항목 구성 형식의 일반성을 평가하게 되는데, 검사 방법에 비하여 측정오차의 원인이 더 많게 되므로 결과로 나타나는 계수는 조금 낮은 경향이 있다.

동형검사 신뢰도는 대부분의 검사에서 사용되는 신뢰도 중 가장 공통적으로 사용되고 있는 신뢰도 측정치다. 그러나 동형검사 신뢰도 측정방법상의 문제는 본질적으로 동일한 두 형식의 검사를 구성하는 데 있어서의 어려움이다. 동일성이 희박해질수록 측정오차가 더욱 커진다. 따라서 동형검사 신뢰도가 가장 좋은 신뢰도 측정치로 여겨지고 있음에도 불구하고 구성상의 어려움으로 측정하기 가장 어려운 신뢰도다.

(3) 반분검사 신뢰도

반분검사 신뢰도(split-half reliability)는 내부적 일치성에 대한 신뢰도를 의미한다. 반분검사 신뢰도를 측정하는 절차는 한 가지 시험을 1회 실행하는 것이므로 검사-재검사 신뢰도에서 발생할 수 있는 검사 상황에서 나타나는 오차와 같은 특정 측정오차의 원인들이 제거된다. 반분검사 신뢰도는 하나의 시험을 반으로 나누기 때문에 검사가 매우 긴 경우 특히 적합하다.

반분검사 신뢰도를 측정하기 위해서는 특정 집단에게 전체 항목의 시험을 치르게 하고 시험을 동등한 두 부분(가장 흔한 방법은 홀수번호 항목과 짝수번호 항목으로 양분)으로 나누어 두 부분에 대한 점수를 계산하여 상호 비교하고 결과를 평가하는 과정을 거친다.

신뢰도 계수가 높을수록 반분 검사 신뢰도가 더 양호한 검사로 볼 수 있다. 시험을 두 부분으로 분리하기 위해서는 다양한 논리적이며 통계적인 방법이 사용될 수 있는데, 항목의 1/2을 임의적으로 선택하는 것도 한 가지 방법일 수 있다. 그러나 현실적으로는 홀수-짝수 분리방법이 가장 흔히 사용되고 있다. 이러한 접근법은 시험의 구성형식에 관계없이 용이하게 실행될 수 있다. 이 방법은 사실상 두 가지 동일한 형태의 시험지를 의도적으로 만들어 동형검사 신뢰도를 측정하는 것과 동일하다.

항목이 많은 검사일수록 신뢰도가 높고 반분검사 신뢰도는 전체 검사항목 중 1/2에 대한 신뢰도를 의미하므로 결과로 나타난 계수에 교정공식이 적용되어야 한다. 교정공식으로는 스피어먼-브라운예측공식(Spearman-Brown prophecy formula)이 사용된다. 예를 들어, 50개 항목의 검사에 대한 반분검사 신뢰도 계수가 .8이라고 한다면 .8은 25개의 짝수번호 항목과 25개의 홀수번호 항목 사이의 상관관계를 의미하며, 따라서 총 50개 항목 검사에 대한 신뢰도 측정치가 아니라 단지 25개 항목에 대한 신뢰도 측정치를 표현한 것이다. 전체 50개 항목 검사에 대한 신뢰도(r)를 측정하기 위해서는 스피어먼-브라운예측

공식이 적용되어야 하고, 공식은 다음과 같다.

$$r_{전체검사} = \frac{2r_{반분검사}}{1+r_{반분검사}}$$

이 공식을 앞의 예에 적용하면

$$r_{전체검사} = \frac{2(.80)}{1+.80} = \frac{1.60}{1.80} = .89$$

즉, .80이라는 반분 측정치가 0.89로 교정된다. 이러한 교정공식과 관련된 문제는 다른 과정을 통해 얻은 측정치보다 높은 신뢰도 측정치를 보이는 경향이 있다는 것이다. 내부적 일치성을 결정하는 데 사용되는 다른 접근법은 내적일관성 방법을 이용하는 것이다.

(4) 내적일관성 신뢰도

내적일관성 신뢰도(internal consistency reliability)는 상관관계를 통해 정해지는 것이 아니라 검사의 모든 문항이 상호 간 그리고 검사 전체와 어떻게 연관되어 있는가를 결정함으로써 내부적 일치성을 측정하는 것이다. 내적일관성 신뢰도는 공식 20 또는 21(KR-20, KR-21)으로 불리는 쿠더-리처드슨공식(Kuder-Richardson Formulas) 중 하나를 적용함으로써 결정된다. 이 공식을 적용하면 반분화의 모든 가능한 경우로부터 계산되는 반분검사 신뢰도의 평균과 기본적으로 동일한 신뢰도 측정치를 얻게 된다. 공식 21을 사용하면 다른 신뢰도 측정방법보다 시간을 절약하여 신뢰도를 구할 수 있다. 일반적으로 공식 21을 적용하면(특히 한 가지 이상의 특성을 측정하는 경우) 보수적인 신뢰도 측정치를 얻게 된다.

측정공식은 다음과 같다.

$$r_{전체검사} = \frac{(K)(SD^2)-\overline{X}(K-\overline{X})}{(SD^2)(K-1)}$$

여기서 K는 검사의 항목 수, SD는 점수의 표준편차, 그리고 $\overline{X}$는 점수의 평균이다. 예를 들어, 실행된 검사의 총 항목이 50개이고 점수의 평균이 40이며 표준편차가 4라고 한다면 검사의 내적일관성 신뢰도는

$$r_{전체검사} = \frac{(50)(4^2)-40(50-40)}{(4^2)(50-1)} = \frac{400}{784} = 0.51이다.$$

〈표 10-1〉은 검사 신뢰도를 측정하는 방법을 요약한 것인데 검사 실행 횟수와 검사 형태 수에 따라 네 가지로 나눌 수 있다.

〈표 10-1〉 **검사 신뢰도 측정방법**

		검사 형태의 수	
		1	2
검사 실행 횟수	1	반분검사 KR-21	동형검사
	2	시험-재시험	안정성 및 동일성

(5) 평가자 신뢰도

신뢰도가 검증되어야 하는 다른 경우가 있는데 논술문항이나 단답식 문항과 같이 주로 검사를 점수화하는 과정에 주관성이 개입되는 경우가 대표적인 예다. 이러한 경우에는 평가자 간 신뢰도(interjudge reliability) 또는 평가자 내 신뢰도(intrajudge reliability) 등이 중요한데, 평가자 간 신뢰도란 2명 이상의 평가자의 평가점수에 대한 신뢰도를 의미하며 평가자 내 신뢰도는 개별 평가자의 평가점수 간의 신뢰도를 의미한다. 점수나 등급을 부여하는 과정이 측정오차의 원인이 되므로 평가자의 평가 일관성을 측정하는 것이 중요하다. 평가자 간 또는 평가자 내 신뢰도에 대한 측정치는 일반적으로 상관법을 사용하여 얻게 된다.

평가자 간 신뢰도를 추정하는 방법은 평가기준에 따라 달라진다. 평가점수가 연속변수인 점수로 부여될 때와 점수가 아닌 항목이나 범주로 분류될 때 사용되는 방법으로 나뉜다.

첫 번째, 평가점수가 연속변수일 경우에는 평가자의 점수들 간 상관계수로 일관성을 설명한다. 또한 일반화가능도이론을 통해 일반화가능도 계수(generalizability coefficient)를 산출하여 평정의 일관성을 추정할 수 있는데, 그 공식은 다음과 같다.

$$E_p^2 = \frac{\boldsymbol{\sigma}_p^2}{\boldsymbol{\sigma}_p^2 + \boldsymbol{\sigma}_{rp}^2}$$

이 공식에서 σ_p^2는 피험자 분산, σ_{rp}^2는 평가자와 피험자 간 상호작용효과를 의미하며, 일반화가능도 계수 E_p^2가 높게 추정될 경우 평가자와 피험자 간 상호작용효과가 작다고 볼 수 있다.

두 번째, 평정이 항목이나 범주로 분류될 때 일치도 통계치와 코헨(Cohen)의 카파 계수(coefficient of kappa)를 활용하여 일관성을 추정할 수 있다. 일치도 통계치는 두 평정자가 각 대상에 대하여 같은 범주로 구분한 빈도를 합산하여 총 평정 사례수로 나눈 값이며, 0에서 1까지의 값을 가진다. 일반적으로 .85 이상이면 평정자 간 일치도가 높다고 한다. 평정자 간의 일치도가 과대추정되는 일치도 통계의 문제점을 해결하기 위하여 Cohen(1960)은 우연에 의해 일치된 부분을 통제하고 순수하게 평정이 일치한 두 평정자 간의 일치도를 계산하기 위한 카파계수를 제안하였다. 카파 계수는 0에서 1까지 값을 가지며, 우연에 의한 평정자의 일치확률을 제거하였으므로 다른 일치도 계수보다 항상 작은 값을 갖게 된다. 카파 계수의 산출공식은 다음과 같다(한국교육평가학회, 2004).

$$K = \frac{P_A - P_C}{1 - P_C}$$

P_A: 관찰자 간 일치도

P_C: 우연히 두 평정자에 의해 일치된 평정을 받은 피험자 비율

일반적으로 신뢰도와 다르게, 평가자 간 일치도는 기준이 더 엄격해서, 카파 계수는 .80 이상일 때 수용된다.

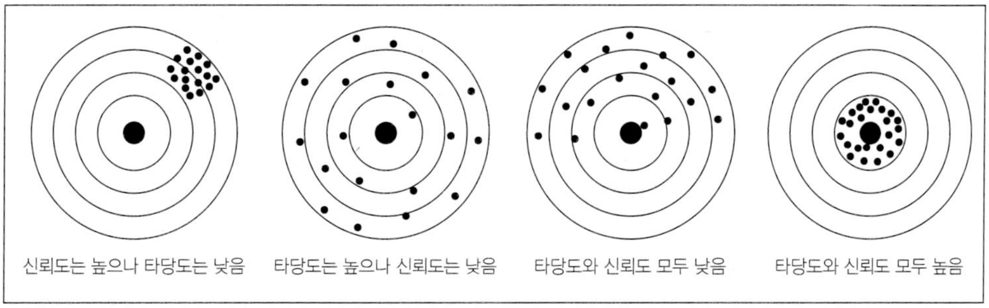

[그림 10-1] 신뢰도와 타당도

출처: Babbie, E. (1986). *The practice of social research* (4th ed.). Belmont, CA: Wadsworth Publishing.

6) 상대적 위치에 대한 측정치

상대적 위치에 대한 측정치(measures of relative position)란 어떤 점수가 다른 점수에 비하여 점수분포에서 어디에 위치하고 있는가를 의미한다. 상대적 위치에 대한 측정치는 다른 사람들과 비교한 개인의 상대적 수행정도를 보여 준다. 이러한 측정치의 장점은 2개 이상의 시험에서 한 개인의 성과를 비교할 수 있게 한다는 것이다. A의 읽기시험 점수가 50이고 수학점수가 40인 경우 A가 수학보다 읽기를 더 잘한다고 할 수 없다. 상대적 위치에 대한 측정치는 동일한 기준으로 다른 점수들을 표현하여 서로 비교할 수 있게 한다. 가장 흔히 사용되는 두 가지 측정치는 백분위 점수(percentile rank)와 표준점수(standard scores)다.

(1) 백분위 점수

백분위 점수(percentile rank)는 특정 점수에 미달되는 점수들이 몇 퍼센트를 나타낸다. 예를 들어, 65점이 비율 순위 95이라면 이는 전체 점수 중 95%가 65점 미만이라는 것을 의미한다. 즉, A의 점수가 백분위로 95번째라고 한다면 A는 동일한 시험을 치른 사람들의 95%보다 더 우수하며 상위 5% 안에 속하는 것이다. 백분위 점수는 서술적 자료를 표현하는 데 적합한 개념이다. 점수들의 중위값은 백분위 점수로는 50에 속하는데, 그 이유는 중위값이 분포의 중간값을 의미하고 그 아래 점수가 전체의 50%를 차지하기 때문이다.

(2) 표준점수

표준점수(standard scores)는 어떤 점수가 일정한 기준점에서 얼마나 떨어져 있는가를 표현하는 가공된 점수다. 표준점수는 검사자료가 구간이나 비율로 측정되어 있는 경우에도 적합한 상대적 위치에 대한 측정치다. 가장 자주 사용되는 표준점수로는 z점수, T점수, 그리고 9분 점수(stanine scores)가 있다. 표준점수의 장점은 여러 검사의 결과를 동일한 기준에서 비교할 수 있는 것이며 백분위 점수와는 다르게 여러 형태의 수학적 표현을 할 수 있다. [그림 10-2]의 정규분포곡선은 점수의 분포가 정규분포일 경우에만 적용된다. 또한 표준점수는 모든 점수가 동일 집단의 원점수에 기초하였을 경우에만 적용된다.

① z점수

z점수는 가장 기초적인 표준점수로 어떤 점수가 표준편차를 단위로 평균에서 얼마나 떨어져 있는지를 나타내는 것이다. 평균점수의 z점수는 0이며 평균에서 1표준편차만큼 많은 점수의 z점수는 1이다. 또한 평균에서 2표준편차 만큼 적은 점수의 z점수는 −2가 된다. [그림 10−2]에서 볼 수 있는 바와 같이 일련의 점수가 z점수로 변환되면 평균이 0이고 표준편차가 1인 분포로 변환된다.

z점수의 장점은 여러 검사에서 얻은 점수들을 서로 비교할 수 있다는 것이다. A의 읽기와 수학에 관한 예로 돌아가서 A가 속해 있는 집단의 읽기시험 평균 점수가 60, 수학시험의 평균 점수는 30이라고 하고 두 시험점수의 표준편차가 10이라고 하자. A의 읽기점수는 50점이기 때문에 평균에서 1단위의 표준편차만큼 적은 점수(z점수는 −1.00)이며 수학점수는 40점이므로 평균에서 1단위의 표준편차만큼 많은 점수(z점수는 1.00)이므로 A는 읽기보다 수학을 더 잘한다고 평가할 수 있다.

특정 점수(X)를 z점수로 환산하는 공식은 다음과 같다.

$$z = \frac{X - \overline{X}}{SD}$$

여기서 X는 원점수, $\overline{X}$는 평균점수, SD는 표준편차를 나타낸다.

② T점수

T점수는 z점수를 다른 형태로 표현한 것이다. 예를 들어, 어떤 점수의 z점수와 평균 및 표준편차를 알고 있다면 위의 공식을 응용하여 T점수를 계산할 수 있다.

$$T = z \times SD + \overline{X}$$

A의 읽기검사 z점수가 −1.00이고 평균은 60이며 표준편차가 10이라고 한다면 A의 읽기검사 대한 T점수는 50(=−1.00×10+60)임을 알 수 있다. 원래의 점수가 정규분포를 가지고 있으면 z점수도 정규분포를 가지고 있으며 그 변형인 T점수도 정규분포를 가진다.

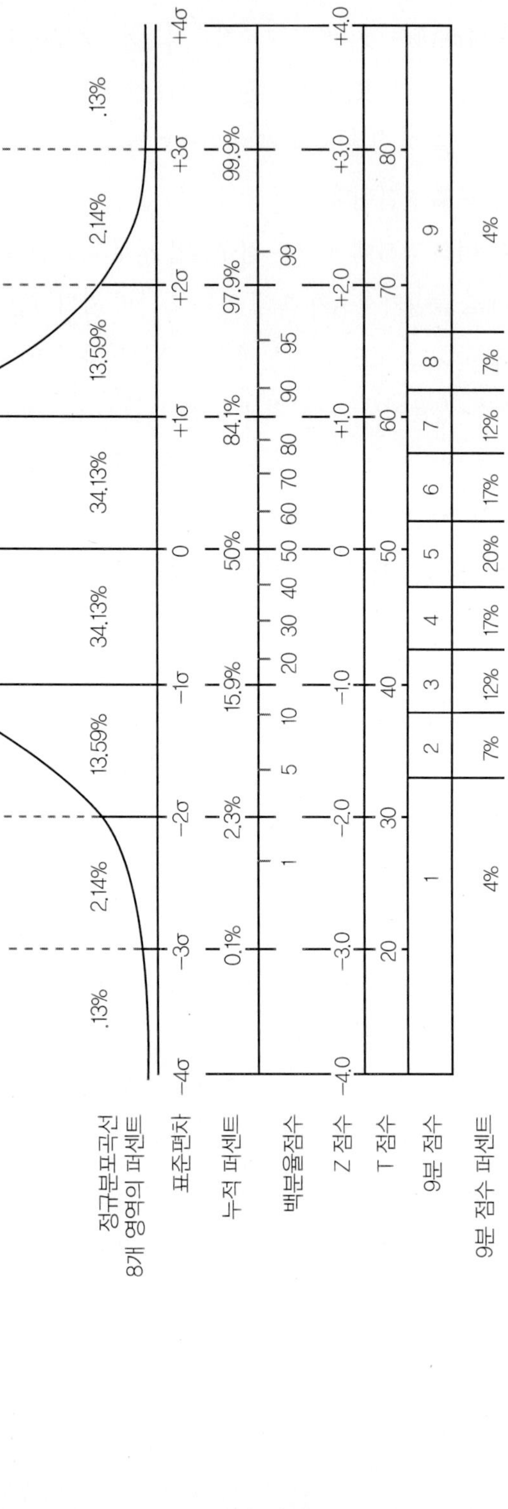

[그림 10-2] 정규분포곡선

출처: Test Service Bulletin(No. 48, 1995년 1월), The Psychological Corporation

③ 9분 점수

9분(stanine, 'Standard Nine'의 합성어) 점수는 정규분포를 9개 구간으로 나눈 표준점수로 원점수 분포를 평균 5, 표준편차 2인 점수분포로 전환한 점수다. 즉, $2z+5$의 공식을 이용하고 결과로 나타나는 소수점은 반올림하여 정수로 계산하고, 최고점수는 9, 최저점수는 1, 평균에 해당하는 중간점수는 5가 된다. 백분위 점수와 같이 9분 점수도 분석 결과에 자주 언급되고 있으며 이해와 설명이 쉽기 때문에 교육 분야에서 자주 사용되고 있다. 비록 기타 표준점수와 같이 정확하지는 않으나 다양한 목적에 사용될 수 있는데, 집단화의 기준 등을 설정할 때 주로 사용된다.

3. 진로이론

직업평가 결과 해석에 있어 직업심리학의 적용은 많은 공헌을 하였다. 직업심리학자들은 '일'에 대한 정의를 내림과 동시에 '일'이 단순히 배고픔의 욕구를 충족시키는 '음식'을 살 수 있는 수단이 아닌 다양한 경제적 · 사회적 요인이 포함된 심리적 만족을 제공하는 수단임을 인식하게 되었다. 직업심리학을 기반으로 하는 진로이론가들은 개인이 자신의 진로에 대한 의사결정의 과정에 개입되는 사회적 · 경제적 · 심리적 요인에 대한 분석을 통해 특성요인이론, 사회이론, 자아개념 발달이론, 인성이론, 행동주의이론 등을 제시하였다. 즉, 직업평가 결과에 나타난 한 개인의 직업 성향은 개인의 진로 발달 과정과 직업 의사결정에 큰 영향을 준다.

1) 직업인성이론

(1) 로(Roe)의 욕구이론(Need Theory)

① 개념

임상심리학자였던 Roe는 예술가들의 인성 특성에 대한 연구를 통해 진로 발달에 대한 인성이론을 제시하였다. Roe는 연구의 결과로 물리 · 생리학자와 사회학자 사이에는 대인관계와 사물을 대하는 태도에서 주된 인성적 차이점이 있으며, 여러 학자 간의 인성적 차이점은 아동기 양육방식의 결과라고 결론지었다. 즉, 모든 사람은 특정 방법을 통해 자신의 심리적 에너지를 확장시키려는 경향을 타고나며, 이러한 선천적 경향은 아동기의 다양한 경험과 결합되어 독특한 욕구만족 방법을 형성하며 이는 진로선택행동으로 나타나게 된다.

Roe의 인성이론은 매슬로(Maslow)의 욕구이론과 머피(Murphy)의 심리적 에너지 이론에 기초하여 두 가지 이론적 제안점을 제시하고 있다. 하나는 개인은 유전적 요인과 아동기에 경험한 좌절과 만족에 기초하여 욕구의 위계를 세운다는 것이다. 개인은 이러한 두 가지 요인에 의해 형성된 특정한 욕구의 강도와 순서에 따라 특정 직업에 대한 동기를 가지며 직업을 선택하게 된다. Maslow는 욕구의 위계 단계 중 보다 기본적인 하위의 욕구를 만족했을 때만이 그보다 상위의 욕구를 표현할 수 있다고 하였다. 예를 들어, 배가 고픈 사람의 욕구는 음식을 먹는 것이지 사랑을 하는 것이 아니다.

[그림 10-3] Maslow의 인간욕구위계

다른 하나는 욕구의 강도, 욕구만족의 지연 정도, 개인과 밀접한 환경에서의 욕구만족에서 얻게되는 가치가 진로결정에 영향을 준다는 것이다. 과보호, 아동의 정서적 · 신체적 요구의 무시 혹은 가족의 분위기와 같은 아동기 부모의 자녀양육 방식은 개인이 자신의 욕구를 만족시키는 방법을 형성한다. Roe는 아동기의 경험에 영향 받는 기본적인 욕구의 강도와 형태에 대하여 세 가지 전제를 제시하였다.

- 일반적으로 만족되었던 욕구는 무의식적인 동기부여 요인이 되지 않는다.
- Maslow의 욕구 단계에서의 상위 단계의 욕구는 만족의 횟수가 적으면 소거된다.
- 불규칙하게 지연되어 만족되었던 욕구는 어떠한 상황하에서는 무의식적인 동기부여 요인으로 작용한다.

② 아동양육 형태

- 과보호 혹은 과잉요구적인 부모의 양육태도

자녀에게 매우 직접적인 관심을 표현하는 부모의 태도다. 과보호적인 부모는 아동의 모든 생리적인 욕구를 신속하게 만족시켜 주지만 사랑과 존경과 같은 욕구에는 바람직한 반응태도를 보이거나 신속히 대응하지 못한다. 또한 부모는 아동이 자신의 욕구를 신속히 처리할 것을 강조한다. 그 결과 아동은 하위 단계의 욕구는 충분하고도 신속하게 만족하지만, 사랑, 존경, 귀속감과 같은 상위 단계의 욕구는 타인에게 의존하여 만족하거나 타인의 방식을 따르게 된다. 한편 자녀에게 많은 것을 요구하는 부모는 아동의 욕구를 신속히 만족시켜주는 면에서 과보호적인 부모와 유사한 특성을 가지고 있지만, 사랑 · 이해 등의 욕구는 아동이 부모에게 순종하거나 성취에 대한 보상으로 제공된다.

- 무시하고 회피하는 양육태도

모든 상황에서 아동의 신체적 요구사항을 무시하거나 정서적 욕구를 거부하는 거부형의 부모는 아동의 욕구에 보다 현저한 영향을 준다. 이러한 아동은 성장발육이 지연된다.

- 수용적인 양육태도

자녀를 사랑하며 편안한 형태의 수용적인 양육태도를 가진 부모는 아동의 대부분의 상위와 하위 단계 욕구를 만족시켜 준다. 이러한 아동은 모든 단계의 욕구를 만족할 수 있는 방법을 탐색하는 능력을 갖게 된다.

③ 아동기의 경험, 욕구와 성인기의 행동

아동기의 경험과 그 결과로 형성된 욕구 단계 그리고 성인기의 행동형태와 직업 선택 간에는 밀접한 관계가 있다(Osipow, 1983). 직업 선택은 사람과 관계된 것인지 아닌지로 구분된다. 서비스직에 종사하는 사람은 사람을 대하는 것을 좋아하는 경향을 가지며 수용적/과보호적 가정에서 양육되었을 가능성이 높다. 반면 과학자들은 사람을 대하는 것과는 거리가 있으며 거부와 회피가 이루어지는 가정환경에서 성장했을 가능성이 높다. 아동기에 영향을 받는 욕구의 강도는 많은 동기를 부여하여 직업수준을 향상시키기도 하지만 지능과 같은 유전적 요인과 사회경제적 배경에 제한받기도 한다.

Roe의 이론은 직업평가에 있어 개인의 아동기에 대한 신중한 평가와 부모의 양육태도, 정확한 적성평가 모두를 기초로 하여 직업목표를 세우며 미래의 성공 가능성을 예측해 볼 수 있게 한다. 또한 사람들이 직업을 선택하는 이유도 아동기의 양육환경에 따라 설명할 수 있다.

④ 인성이론과 직업 영역

Roe(1957)는 심리적 에너지가 흥미를 결정하는 중요한 요소라고 보았으며, 흥미에 기초하여 직업을 여덟 가지 영역으로 구분하는 실린더를 만들었다. 각 영역은 사회서비스 영역에서부터 예술과 예능 영역에 이르기까지 서로 심리적으로 유사한 환경을 공유하며 연속선상에 존재한다. 8개 직업 영역은 인간관계 특성과 강도에 기초한다. Roe는 1969년 Klos와 함께 실린더를 원추 모양의 직업분류체계로 수정하여 각 직업에서의 곤란도와 책무성을 고려하고 6단계 수준을 설정하여 8×6의 분류체계를 만들었다. 각 개인은 어느 직업 영역을 선택하는가도 중요하지만, 어느 수준까지 상승해야 만족하는가는 아동기의 경험에 따라 좌우된다는 것이다. 즉, 각 직업 영역 내에서의 수준은 개인 욕구의 강도에 따라 결정되고, 욕구의 강도는 가정 및 사회경제적 배경과 밀접하게 관련된다. 직업 영역에 관계없이 하위 수준의 직업이 상위 수준의 직업보다 심리적으로 보다 밀접하게 연관된다(Roe & Hutchinson, 1969). 예를 들어, 연구실의 청소원은 예술가의 작업실 청소원과 유사한 심리적 경험을 하지만 과학자와 예술가는 매우 상이한 심리적 경험을 한다는 것이다.

〈표 10-2〉 **Roe의 직업분류체계**

인간관계 고빈도 그룹	서비스	사회사업이나 가이던스 등 타인의 욕구와 복지에 관심(다른 사람을 위해 무엇을 하고자 함)
	사업	보험, 판매, 부동산업 등(타인이 어떤 행동을 취하도록 설득)
	조직	사업, 제조업, 행정 등 기업의 조직과 효율적 기능에 관한 직업(형식적인 인간관계)
인간관계 중간빈도 그룹	일반문화	문화유산 보존과 전수, 개인보다 인류 활동에 흥미(교육, 언론, 법률, 성직, 인문학 등)
	예술 및 예능	예술 및 연예 관련 산업(대중을 상대로 함, 오히려 인간관계적 측면은 약함)
인간관계 저빈도 그룹	기술	상품 생산, 유지, 운송/공학, 기능, 기계, 무역 관련(사물을 다루는 데 관심)
	옥외활동	농수산업, 임업, 축산업, 지하자원 개발 등
	과학	과학이론 및 이론을 특정 환경에 적용

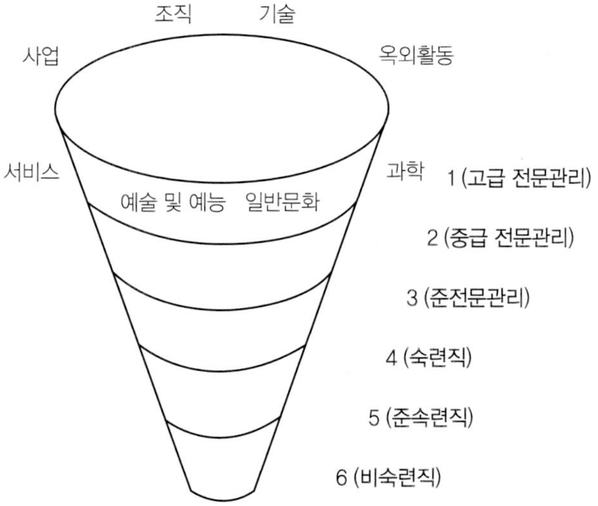

[그림 10-4] Roe의 원추(직업분류체계)

〈표 10-3〉 Roe의 8×6 분류체계의 예

직업 영역 \ 수준	고급 전문 관리	중급 전문 관리	준전문관리	숙련직	준숙련직	비숙련직
서비스	조사연구자 과학자	행정가 매니저 보호관찰자 사회복지사	고용상담사 간호사	군인(상위직급) 미용사 웨이터 경찰	요리사 엘리베이터 관리인 소방관 군인	청소원 경비원 가사도우미

2) 특성이론

직업평가사는 특성이론(trait-factor theory)에 기초할 때 내담자의 측정 가능한 특성에 관심을 갖는다. 측정 가능한 특성은 흥미, 동기, 적성, 능력, 인성 특성, 성취도 등이며, 특정 직업에서 요구하는 조건과 연결하여 직업에서의 성공도를 예측한다.

(1) 홀랜드(Holland)의 진로형태이론(Career Typology Theory)

① 개념

Holland(1959)는 진로선택은 아동기의 경험을 기초로 하는 인성을 나타내며 사람들은 자신의 관점에 따라 직업세계를 인식한다는 것이다. 개인의 행동은 인성과 적절한 직업환경 특성 간의 상호작용에 의해 결정되며 가장 명확하게 성립된 성향에 알맞은 직업환경을 탐색한다. 또한 개인의 직업 만족, 안정, 성취와 적응은 인성과 직업환경 간의 적절한 상호작용에 기초한다. 예를 들어, 현실적이고 빈틈없는 성향의 사람은 공학자가 되며, 공격적이고 언어적이며, 성취욕이 강한 사람은 법학을 선택한다. 하나 이상의 성향이 같은 강도로 나타나게 되면 진로 선택을 망설이게 된다. 만약 가장 강한 성향이 환경에 의해 방해받게 되면 두 번째 성향에 알맞은 직업 선택을 하게 된다. 즉, 탐구적 성향을 가진 학생이 경제적 문제 때문에 해양학을 선택하지 못하게 되면 두 번째 성향인 현실적 직업 영역인 기계공학을 선택하는 것이다.

② 직업환경

Holland(1959)는 실재형, 탐구형, 예술형, 사회형, 기업형, 관습형의 여섯 가지 직업환경을 나타내는 Holland의 육각형(Typology)을 제시하였다. Holland의 자기탐색검사(Self-Directed Search)는 직업홍미도에 대한 인성검사척도로 육각형을 기초로 인성 형태를 측정하는 도구다.

• 실재형(realistic: R)

공격적 행동, 운동성과 협응력, 신체적 강인함을 요구하는 활동에 대한 홍미, 남성스러움으로 특징지어진다. 이러한 성향을 가진 사람들은 활발한 활동을 필요로 하는 직업을 선호하며 대인관계나 언어적 능력을 필요로 하는 과업을 기피한다. 추상적 사고보다는 구체적인 문제 해결방법을 선호하며 기계, 도구를 다루는 것을 좋아한다. 실재형에 속하는 직종은 기술직, 숙련직종으로 엔지니어, 농부, 트럭기사 등이다.

• 탐구형(investigative: I)

활동하는 것보다는 사고하는 것을 선호하며, 설득하거나 지배적이기보다 조직하고, 이해하며, 비사교적이다. 이러한 성향의 사람들은 밀접한 대인접촉을 기피하며 연구, 조사, 관찰, 분석, 문제 해결을 좋아한다. 탐구형에 속하는 직종은 과학과 관련된 직종, 기술직종으로 화학자, 생리학자 등이다.

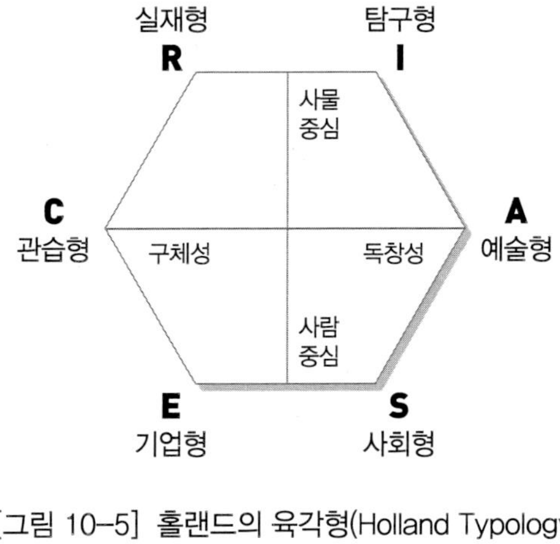

[그림 10-5] 홀랜드의 육각형(Holland Typology)

• 예술형(artistic: A)

심미적 성향을 가진 예술형의 사람들은 자기표현과 예술적 표현을 통한 간접적 대인관계를 선호한다. 정형화 · 구조화된 환경을 싫어하며 신체적 기능 혹은 대인관계를 강조하는 과업을 선호한다. 이들은 탐구형과 마찬가지로 내향적이고 비사회적이지만 여성적이며 자기통제가 비교적 적고 감정표현이 보다 즉각적이다. 상상력이 풍부하고, 창조적이며, 직관적 사고를 선호한다. 미술, 음악, 기타 예술직종이 예술형에 속한다.

• 사회형(social: S)

이러한 유형의 사람들은 교육이나 치료를 통해 자신의 욕구를 만족시키는 지원적 성향을 가진다. 탐구형과 실재형과는 정반대로 밀접한 대인관계를 좋아하며 사교성에 있어 뛰어난 능력을 보인다. 그러나 지적인 문제 해결이나 강한 신체능력을 요구하는 과업은 회피한다. 타인을 훈련시키고, 정보를 제공하는 것을 좋아한다. 사교형에 속하는 직종은 상담사, 사회복지사, 교사 등이다.

• 기업형(enterpring: E)

타인을 설득하는 것을 좋아하기 때문에 언변이 뛰어나다. 사회형과는 달리 언어적 능력을 남을 돕는 것이 아닌 지배하고 통제하며 영향을 주는 데 사용한다. 관습형과 마찬가지로 힘과 지위에 대한 관심이 크지만 관습형이 타인을 존중하는 것과는 달리 타인에 대한 배려가 적다. 경영이나 운영에 능력을 보인다. 기업형에 속하는 직종은 영업사원과 같은 판매직종과 정치가, 법률가 등이다.

• 관습형(conventional: C)

법칙과 법률에 순종하는 성향으로서 자아통제력이 강하고 개인적 욕구, 힘과 지위를 중요하게 생각한다. 관습형의 사람들은 구조화된 환경과 규칙을 좋아하며 이러한 환경에서의 대인관계와 작업환경을 선호한다. 또한 자료를 처리하고 사무적인 일을 좋아하며 섬세하고 타인의 지시에 따라 일하는 것을 좋아한다. 회계사, 은행원, 경리직종, 사무직 등이 관습형에 속한다.

③ 직업수준위계

직업수준위계란 개인이 하나의 직업환경 내에서 선택하는 직업수준을 의미하고, 이는 개인의 지능과 자기평가에 기초한다. 지능수준은 지능검사 등을 통해 획득되며 자기평가는 스트롱 직업흥미검사(Strong Vocational Interest Blank)의 직업수준척도를 통해 획득될 수 있다. 지능은 개인의 유전적 요인에 대한 정보를 획득하기 위한 것이며 자기평가는 사회 · 경제적 배경, 교육수준, 건강수준 등에 관한 정보를 얻기 위한 것으로 지능검사 결과의 사용에는 신중을 기해야 한다.

④ 직업수준과 발달적 위계 단계

개인이 직업을 선택하는 과정은 적합한 시기에 자신의 성향에 알맞은 특정 직업환경을 선택하기 위한 의사결정을 하는 것이다. 개인은 과정이 진행됨에 따라 자신의 능력과 성취도에 알맞은 수준의 진로를 향해 발달되어 간다. 특히 진로선택은 자기평가를 통해 자신에 대한 지식과 직업세계에 대한 지식을 기초로 선택할 때 명확한 선택을 할 수 있다. 진로 의사결정은 직업 야망, 직업력, 경제적 배경, 사회의 경제 상황, 교육적 기회 등의 요인에 영향받는다. 이러한 요인들에 기초해 진로선택을 할 때 가장 선호하며 실현가능한 진로부터 가장 덜 선호하며 실현이 어려운 진로까지 위계를 세우게 된다. 같은 성향을 지닌 2명의 학생이 유사한 직업 영역을 선택하였을 경우, 직업위계가 명확히 성립된 사람은 직업 선택에 있어 의문을 갖지 않지만 직업위계가 일관적이지 못하다면 직업 선택은 불완전하다. 예를 들어, 현실형, 기업형, 보수형, 사교형, 예술형, 탐구형의 위계를 가진 공학도는 현실형, 탐구형, 예술형, 사교형, 기업형, 보수형의 전형적인 공학도의 위계를 가진 다른 공학도보다 안정적이지 못하다.

(2) 다위스(Dawis)와 로프퀴스트(Lofquist)의 직업적응이론(Work Adjustment Theory)

① 기본 가정

- 직업은 개인과 환경과의 상호작용이다.
- 직업(고용주) 환경은 개인이 그 직업에서 요구하는 직무를 수행할 것을 요구한다.
- 개인은 자신의 직무수행에 대한 보상과 안전하고 편안한 직무환경과 같은 조건을 요구한다.

- 개인의 욕구는 직업을 통해 만족된다.
- 이 두 가지 요인 간의 일치도를 유지시키려는 노력이 '직업적응'이다.
- 사람들은 직업의 요구사항을 만족시키기 위해 동기화된다.
- 직업적응은 직업보유, 만족, 효율성과 연관되어 있다.

② 직업적응이론

직업적응이론(work adjustment theory)은 직업인성이론, 특성이론, 학습이론 등에 기초한다(Pruitt, 1986). 미네소타 대학교의 Lofquist와 Dawis(1969)는 고용주의 근로자 작업수행에 대한 만족도(satisfactoriness)는 과업의 질과 양, 기타 작업의 결과에 의해 결정되며, 근로자의 직업에 대한 만족도(satisfaction)는 작업환경과 근로자의 직업욕구를 충족시켜 줄 수 있는 강화제에 의해 결정된다고 하였다. 즉, 고용주의 만족도는 근로자의 능력과 직업의 요구사항 간의 일치도를, 근로자의 만족도는 근로자의 욕구와 작업환경 강화제 강도 간의 일치도를 의미한다. 근로자의 직업적응이란 고용주의 만족도와 근로자의 만족도 간의 일치도를 나타낸다. 이 이론은 개인과 직업 간의 균형, 조화, 일치라는 측면을 중요하게 여긴다. 직업 강화제란 자기-강화, 환경과 조직에서의 강화, 이타주의를 통한 강화제를 말한다. 이러한 강화제는 안전, 안락함, 승진, 능력활동도, 활동, 권위, 회사의 인지도, 책무성, 사회적 활동, 사회적 지위, 관리능력, 다양성, 작업환경, 이타주의, 성취도, 자율성 등이다.

Lofquist와 Dawis(1969)는 개인의 직업인성과 직업환경이 직업적응을 결정한다고 하였다. 개인의 직업인성은 출생 후부터 형성되기 시작하여 유전적 요인과 가정과 환경으로부터의 강화제에 따라 발달된다. 그 결과 직업인성은 직업환경에 반응하는 독특한 반응양식으로 나타나는데 긍정적 강화제는 개인의 능력을 향상시킨다.

직업인성 요인은 융통성, 적극성, 반응성, 신속성으로 융통성은 개인이 직업과 개인의 일치도가 낮을 경우 인내하는 정도를 의미한다. 융통성 있는 사람은 다양한 직업과 친구, 환경을 경험한 사람을 말한다. 적극성은 자신의 인성 형태에 알맞도록 작업환경을 적극적으로 변화시켜 일치도를 높이려는 노력이며, 이와 반대로 반응성은 자신의 인성을 변화시켜 작업환경에 맞추려는 노력이다. 적극적인 사람은 리더십, 조직적 기술, 높은 성취욕구, 개혁적인 사고를 가진 사람이며, 반응적인 사람은 규칙에 순응하고 구조적인 환경을 선호하며, 집단의 구성원으로서 충성을 다하는 사람이다. 신속성은 직업과 인성 간의 일치도를 높이기 위한 노력의 속도를 의미한다. 신속한 사람은 과업을 빨리 끝내며, 정확도보다는 속도를 중요시한다. 신속성이 결여된 사람은 반응 속도가 느리며, 일 처리를 미루며, 숙고하는 특징을 보인다.

③ **평가도구**

이 이론을 기초로 다음과 같은 다양한 평가도구가 개발되었다.

- 미네소타 중요도 검사(Minnesota Importance Questionnaire: MIQ)
  - MIQ는 직업인성의 중요한 요소인 개인의 직업욕구와 가치를 측정하는 검사로, 개인이 직업에 만족하는 데 여섯 가지 직업가치와 가치에서 도출된 20가지 직업욕구(직업 강화제)가 얼마나 중요한지 질문함으로써 측정한다.
  - 직업가치: 성취도, 이타심, 편안함, 안전, 지위, 자율성
  - 직업 강화제: 능력 활용 가능성, 성취도, 활동정도, 승진가능성, 권한 부여, 자율성 부여, 회사 정책, 보상제도, 동료, 창의성 발휘 가능성, 독립성, 도덕적 가치, 인식, 책임감, 보호, 사회서비스, 사회적 지위, 슈퍼비전-대인관계, 슈퍼비전-기술적 측면, 다양성
  - MIQ 결과는 개인의 직업욕구와 직업세계를 대표하는 주된 185개 직업들이 가지고 있는 강화제 수준과 비교할 수 있다. 개인의 욕구와 직업이 주는 강화제와의 적합도는 직업에서의 성공 여부를 예측하는 척도가 된다.

- 미네소타 직무기술 질문지(Minnesota Job Description Questionnaire: MJDQ)
  - 직업 환경이 MIQ에서 정의한 20개의 욕구를 만족시켜 주는 정도를 측정하는 도구로, 21가지 직업 강화제 영역과 직업 강화제 특성을 측정한다.
  - 직업 강화제: 능력 활용 가능성, 성취도, 활동정도, 승진가능성, 권한 부여, 자율성 부여, 회사 정책, 보상제도, 동료, 창의성 발휘 가능성, 독립성, 도덕적 가치, 인식, 책임감, 보호, 사회서비스, 사회적 지위, 슈퍼비전-대인관계, 슈퍼비전-기술적 측면, 다양성, 직업 환경

- 미네소타 고용주 만족도 검사(Minnesota Satisfactoriness Scales: MSS)
  - MSS는 근로자의 직업 만족도를 측정하는 도구로, 근로자의 관리자가 근로자의 직

업행동을 나타내는 28개 항목에 대해 평가한다.
- 검사 결과는 다섯 가지 하위검사 점수로 채점한다: 수행능력, 순응정도, 의존도, 적응능력, 관리자의 근로자 만족도
- 검사 결과는 직업배치의 효과성이나 특정 훈련 프로그램의 성공 여부를 평가하거나, 근로자 자신의 수행능력에 대한 자아인식수준과 관리자의 수준을 비교하는 목적으로 사용한다.

• 미네소타 근로자 만족도 검사(Minnesota Satisfaction Questionnaire: MSQ)
- 직무만족의 원인이 되는 일의 강화요인을 측정하는 도구로, 능력의 사용, 성취, 승진, 활동, 다양성, 작업조건, 회사의 명성, 인간자원의 관리체계 등의 척도로 구성되어 있다.
- 근로자의 직업 만족도를 측정하며, 일반적인 직업 만족도보다 특정 영역에 대한 만족도를 측정한다. 또한 구직 중인 내담자의 직업욕구를 탐색하거나 직업 강화제에 대한 정보를 얻는 데 도움이 된다.
- 20가지 영역에 대한 직업 만족도를 5점 척도로 측정한다: 능력 활용 가능성, 성취도, 활동정도, 승진 가능성, 권한 부여, 회사 정책, 보상제도, 동료, 창의성 발휘 가

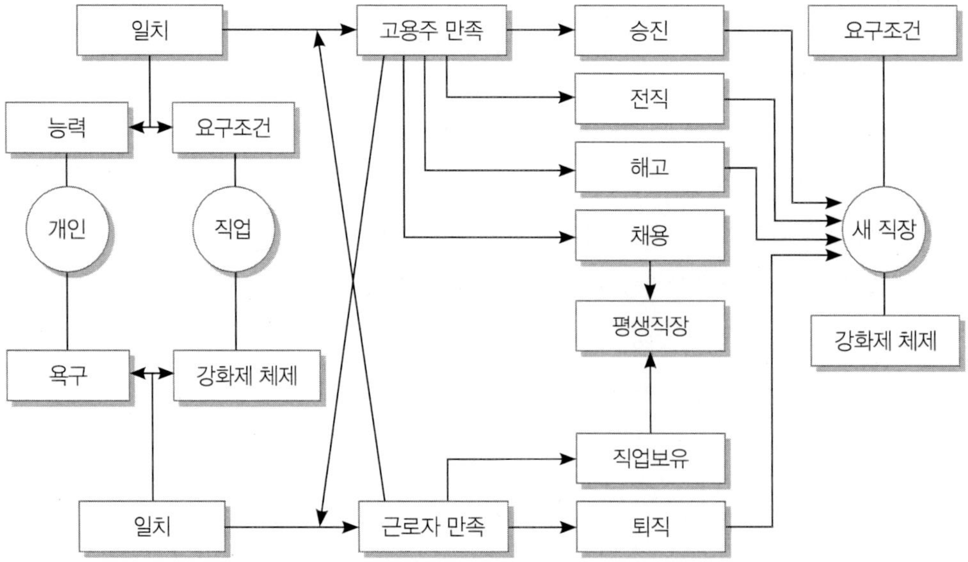

[그림 10-6] 직업적응이론

능성, 독립성, 도덕적 가치, 인식, 책임감, 보호, 사회서비스, 사회적 지위, 슈퍼비전–대인관계, 슈퍼비전–기술적 측면, 다양성, 직업 환경

근로자의 능력평가는 일반적성검사(General Aptitude Test Battery)가 유용하며 미네소타 중요도 검사(Minnesota Importance Questionnaire) 결과와의 일치도를 살펴보아 직업적응도를 예측할 수 있다. 그러나 직업평가사는 직업 의사결정과 제안점을 제시함에 있어 이러한 특정 요인 사이의 일치도 이외에 근로자 능력과 욕구, 직업 특성과 강화제 모두를 고려하여야 한다.

3) 학습이론

(1) 밴듀라(Bandura)의 사회학습이론(Social Learning Theory)

1970년대 진로발달이론 분야의 가장 중요한 성취는 Bandura의 사회학습이론이다. 진로발달에 사회학습이론이 최초로 도입된 것은 Mitchell, Jones와 Krumboltz(1975)가 저술한 『Social Learning Theory of Career Decision Making』을 통해서다. 이러한 선행연구를 기초로 Bandura(1977)는 개인의 진로의사결정에 영향을 주는 개인적 · 환경적 사건들을 판별하고 설명하고자 하였다.

① 기본 가정

- 행동은 학습된다.
- 행동은 강화를 통해 학습되고 유지된다.
- 개인의 유전, 환경, 학습 경험은 과업수행능력을 결정한다.
- 개인은 성공적인 과업 수행을 통해 긍정적 강화를 받고 그 과업을 선호하게 된다.

② 사회학습이론

사회학습이론은 유전, 환경, 과거의 학습 경험, 과업수행능력을 진로 발달에 있어 중요한 변인으로 본다. 다른 진로이론에서와 마찬가지로 성별, 인종, 외모, 지능, 인지능력과 같은 유전적 요인, 사회적 분위기, 가정 분위기, 직장에서의 성취, 롤 모델, 개인적 경험과 같은 환경적 요인을 강조하지만, 사회학습이론은 과거의 학습 경험과 과업수행능력이라

는 변인을 제시한다. 학습 경험은 연합학습 경험과 도구적 학습 경험으로 나뉜다. 연합학습 경험은 개인이 주위 환경에서 일어나는 사건들 간의 관계를 관찰하여 앞으로 일어날 우연한 사건의 가능성을 예측하는 것이다. 도구적 학습 경험은 개인이 관찰한 결과로 직접적으로 환경을 조작하는 것이다. 과업수행능력은 유전, 환경, 학습 경험 간의 상호작용의 산물이다. 이러한 여러 가지 변인들을 통해 개인은 다양한 기술과 작업기준, 일의 가치, 작업습관, 새로운 과업을 선택하고 수행하는 태도를 발달시키고 학습한다. 이러한 행동들은 자신의 수행 결과와 피드백을 통해 수정된다.

유전, 환경, 학습 경험, 과업수행능력의 네 가지 변인은 매우 중요한 세 가지 결과를 도출한다. 첫째, 개인은 일상 경험에서 자기관찰을 통해 학습하며, 자기관찰을 통해 획득된 흥미(자아-일반화)에 기초하여 진로를 결정한다. 둘째, 과업수행 기술은 개인이 환경과 상호작용하고, 해석하고, 예측하는 인지적·정서적 능력이다. 셋째, 행동의 결과는 자기관찰 일반화, 과업수행능력을 통해 획득된 특정한 의사결정행동이다. 예를 들어, 특정 직업에 지원하는 것, 특정 직무기술을 배우는 것, 특정 직업훈련 프로그램에 참가하는 것 등의 활동을 의미한다.

이러한 자기관찰 일반화는 자기관찰 결과에 대한 강화를 통해서 이루어진다. 개인이 성공적으로 과업을 수행했을 때 긍정적으로 강화를 받으면 그 이후에 그러한 유형의 과업을 선호하게 된다. 긍정적 강화물은 직접적인 보상물을 제공하는 적극적인 강화물에서부터 롤 모델을 통한 간접적인 강화물이 있다. 반대로 과업수행의 결과로 처벌을 받거나 처벌받는 롤 모델을 관찰한 경험을 하게 되면 같은 종류의 과업을 거부하는 경향을 보인다.

진로 선택에 있어 긍정적·부정적 경험 또한 중요하다. 진로를 계획하고, 자신을 관찰하며, 목표를 수립하고 그에 필요한 정보를 탐색하는 과정에서 긍정적인 강화를 받은 개인은 그에 필요한 인지적·정서적 기능을 더 많이 하게 된다. 진로 선택과정에서 나타나는 부정적 경험의 예는 적합한 진로 결정을 내렸지만 그에 대한 처벌이 가해진 경우, 이러한 경우를 관찰한 경우, 적합한 진로 결정을 위한 자원을 사용하려 할 때 처벌을 받은 경우 등이다.

진로 선택에 있어 긍정적 경험을 한 개인은 그 진로에 대해 선호하게 되며, 정보를 얻고, 교육과 훈련을 통해 취업을 준비하고, 자신의 과업수행능력에 맞추어 직업을 찾을 확률이 높다. 반면 부정적 경험을 한 개인은 교육과 훈련에 드는 비용이 원하는 직업 분야에서 얻을 수 있는 것을 초과할 경우 적극적으로 준비하지 않는다. 즉, 사회학습이론은 행동의 내적인 동기보다는 개인의 직업과 관련된 행동은 자연적이거나 계획된 긍정적 강화와 처벌에 의해 형성되고 수정된다는 것이다. 예를 들어, 개인의 행동이 작업수행을 저해한다면 직업평가사는 그러한 행동을 소거하기 위해 행동의 빈도를 측정하고, 강화물을 제공하는 행동수정기법을 고려해야 한다.

4) 발달이론

(1) 슈퍼(Super)의 자아개념 발달이론(Developmental Self-Concept Theory)

① 개념

Super(1957)는 진로형태연구(career pattern study)를 통해 직업 발달 단계를 연구하였다. Super는 중학교 2학년과 3학년 남자 청소년의 진로발달 과정을 25세까지 추적 조사하여 생애 단계와 관련된 다섯 가지 진로발달 단계와 진로발달과업을 제시하였다.

자아개념 발달이론은 개인의 가장 중요한 생애과업을 자아개념의 발달로 보는 것이다. 개인은 자신의 특성과 직업 특성을 연결지어 직업을 선택함으로써 자아개념을 실현하는 것이다. 즉, 개인은 자아개념을 실현하기 위해 직업을 선택하며 이러한 행동은 각 생애발달 단계에서 요구되는 과업과 관계된다. 자아개념은 개인이 성숙됨에 따라 안정되지만 직업 자아개념은 각 발달 단계의 환경에 따라 계속해서 변화하며 성숙된다. 진로발달 단계는 개인이 자신의 특성을 이해하고, 선호하는 직업을 갖게 되고, 진로 선택을 하고, 필요한 교육과 훈련을 받고 알맞은 직업을 찾는 과정이다.

〈표 10-4〉 **진로발달 단계**

단계	하위 단계 및 내용
성장 단계(growth stage) 출생~14세	• 환상 단계(fantasy substage): 4~10세 • 흥미 단계(interest substage): 11~12세 • 역량 단계(capacity substage): 13~14세 -직업세계에 대한 관심 형성 -가족, 학교의 중요 인물들과 동일시를 통한 자아개념 발달

탐구 단계(exploration stage) 15~24세	• 임시 단계(tentative substage): 15~17세 • 전환 단계(transition substage): 18~21세 • 책임감 없는 시험 단계(uncommitted trial substage): 22~24세 –학교, 여가, 시간제 근로를 통해 자신에 대한 점검, 직업에 대한 탐색
확립 단계(establishment stage) 25~44세	• 책임감 있는 시도 단계(committed trial substage): 25~30세 • 승진 단계(advancement substage): 31~44세 –시도의 결과로 인한 진로 수정 –선택한 직업 내에서 영구적인 지위 획득을 위해 노력 –승진
유지 단계(maintenance stage) 45~64세	–성취한 지위를 유지하려는 노력 –비교적 안정된 환경에서 만족스러운 삶을 살아감
쇠퇴 단계(decline stage) 65세 이후	–은퇴 –새로운 역할 탐구

〈표 10-5〉 **진로발달 과업**

과업	연령
명료화(crystalization)	14~18세
구체화(specification)	18~21세
실행(implementation)	21~24세
안정(stabilization)	25~30세
강화(consolidation)	30대 후반~40대 중반

② 진로발달 단계

• 성장 단계(growth stage): 출생~14세

진로발달 단계 중 첫 번째 단계로 이 단계에서 성취되어야 할 가장 중요한 과업은 자아상 형성과 직업세계에 대한 관심 형성이다. 자아상 형성은 역할놀이, 학교, 가정, 여가활동을 통해 형성된다(Phillips & Pazienza, 1988; Osipow, 1983). 개인은 이러한 활동에서 자신의 능력, 장점과 제한점, 타인과의 차이점과 유사점을 발견하고, 자신에 대한 이미지를 형성한다. 아동은 자신이 보다 나은 능력을 가지고 있고 다른 사람이 보다 많은 기대를 한다는 것을 알게 될 때 동기화된다.

이 단계에서 아동은 또한 직업세계에 대한 관심을 가져야 한다. 직업세계에 대한 관심은 직업의 의미를 이해하고 미래의 직업을 예측할 수 있게 한다.

• 탐구 단계(exploration stage): 15~24세

탐구 단계는 직업 전환과 같이 일생의 어느 시간에도 일어날 수 있지만 15~24세의 청소년과 성인 초기에 주로 발생한다. 탐구 단계에서 개인은 자신을 관찰하고 자신과 환경과의 관계를 관찰한다(Osipow, 1983). 개인은 성인으로서의 행동이 무엇인지를 알게 되며 다양한 형태의 성인행동을 시도해 보고 이러한 행동이 자신과 주위 사람들에게 수용 가능한지를 확인한다.

탐구 단계 동안의 주된 과업은 자신의 특성을 이해함으로써 직업 자아개념을 발달시키는 것이다. 이 단계의 하위 단계는 임시 · 전환 · 시험 단계이며 직업 선택의 명료화, 구체화, 실행의 과업이 요구된다.

–임시 단계(tentative substage, 약 15~17세)

청소년 초기, 중기의 임시 단계는 직업 선호도 명료화 과업을 포함한다. 개인은 자신에게 적합한 직업에 대해 생각하기 시작하고 그에 따른 직업 개념과 자아개념을 발달시키는 것이다. 직업 개념과 자아개념의 발달은 직업 분야, 그 분야에서의 위치, 이러한 직업을 선택할 수 있는 수단을 의미하는 임시적인 직업 선택에 영향을 준다.

–전환 단계(transition substage, 약 18~21세)

청소년 말기의 전환 단계에서 개인은 학교에서 직업세계로 혹은 상급학교 진학 · 훈련 등으로 전환한다. 이 단계의 과업은 개인이 광범위한 진로 방향을 보다 구체화시키고 선택한 진로로 나아가기 위해 교육과 훈련 등 필요한 방법을 시행하는 것이다.

–책임감 없는 시험 단계(uncommitted trial substage, 약 21~30세)

이 단계는 성인 초기에 시작된다. 개인은 최초의 직업이나 훈련을 받음으로써 자신이 선택한 직업을 가지고자 노력하게 된다. 이러한 노력의 정도는 개인이 다음의 발달 단계로 진행할 수 있는 능력에 영향을 준다. 이 노력은 처음에는 임시적이지만 개인의 경험에 따라 강화 혹은 약화된다. 만약 노력이 이 하위 단계 동안 약화된다면 개인은 그의 목표를 재평가할 것이고, 명료화, 구체화, 실행의 과업을 새로운 혹은 수정된 직업선호도에 따라 반복하게 될 것이다.

• 확립 단계(establishment stage): 25~44세

탐구 단계 동안 증가된 노력의 정도는 개인이 진로 발달의 확립 단계에 이르도록 해 준다. 탐구 단계와 확립 단계의 경계는 분명치 않다. 대부분의 사람들은 25세까지 직업을 갖는데 어떤 이들은 30대까지 탐구를 계속한다. 이 단계에서의 개인이 성취해야 하는 과업은 직업안정이며 이는 선택한 직업 내에서 영구적인 지위를 얻고자 노력하는 것과 승진을 위해 노력하는 것이다.

이 단계는 책임감 있는 시도와 승진 하위 단계로 이루어진다. 안정은 개인이 선택한 직업에 대한 노력과 그 직업의 특성과의 일치 정도를 의미한다. 노력이 부족하거나 자격이 미달되면 개인은 직종, 고용주, 혹은 직업을 바꾸게 된다. 이러한 변화는 개인이 자신의 직업목표를 성취하거나 자신의 위치를 향상시키지 못하게 한다. 반대로 자격을 갖추고 노력하는 개인은 직업 내에서 확고한 자리를 획득하는 데 큰 어려움이 없다.

한 직업에서 안정되면 개인은 승진 하위 단계에 들어선다. 이것은 일반적으로 30대 초반에서 40대 중반에 일어난다. 이 시기에 직업 변화는 일어날 수 있지만 직종 변화는 거의 없다. 이 하위 단계에서의 과업은 선택한 직업 내에서 위치를 확고히 하고 승진하는 것이다. 개인은 선임자 특권이나 지위를 얻고, 상위의 기술을 개발하게 된다.

• 유지 단계(maintenance stage): 45~64세

대개 45세부터 정년퇴직까지의 이 단계는 승진보다는 개인이 현재의 직위를 유지하는 것에 관심을 두는 것에 초점을 맞춘다. 이 시기의 개인은 과거에 이룬 업적을 즐기며 자신의 명예에 안주하는 것이 아니라 승진 하위 단계에서 동기화된 젊은이들과 경쟁하면서 많은 노력을 해야 한다.

• 쇠퇴 단계(decline stage): 65세 이후)

쇠퇴 단계는 정년퇴직 준비나 실제적인 정년퇴직을 포함한다. 이 단계에서 개인은 퇴직과 지위상실로 인한 문제를 다른 만족 수단을 찾음으로써 힘을 갖는 과업을 수행해야 한다. 또한 감소된 신체·정신적 능력과 같은 노화와 관련된 문제도 해결해야 한다.

③ 직업재활에의 적용

Super의 자아개념 발달이론은 직업적으로 성숙되지 못한 내담자의 진로지도에 유용하

다. 직업평가 결과와 내담자의 직업목표가 다를 때 내담자의 현재 진로성숙도와 진로 발달 단계를 살펴보아야 한다. 내담자가 진로상담을 통해 직업에 대한 이해도를 높이고 의사결정을 내리며 직업을 선택하여 현실검증을 한다면 비합리적인 직업목표를 수정하는 것은 어렵지 않다. 자아개념 발달이론에 기초하여 평가 결과를 해석하는 것은 내담자의 직업기능상 문제점을 발견하고 이러한 문제점에 대한 치료 계획을 수립할 수 있도록 도와준다.

Super의 진로개발검사(Career Development Inventory)는 직업재활 분야에서 널리 쓰이는 진로성숙도와 직업에 관한 자아개념 측정도구다.

4. 직업평가 결과 해석 원칙

원칙 1 재활전문가는 내담자가 이해할 수 있는 범위 내에서 평가 결과를 설명해야 한다.

- 재활전문가는 내담자의 인지능력이나 지적장애와 같은 인지장애의 유무를 파악하고 있어야 한다.
- 불안증을 가진 내담자 혹은 생의 변화를 두려워하는 내담자가 직업목표를 바꾸어야 할 때 그 이유와 새로운 목표를 설정해야 하는 이유를 직업평가 결과에서 나타난 장점 · 제한점에 근거하여 설명하고 이해시켜야 한다.

원칙 2 직업목표 수립에 대한 제안점은 내담자가 선택할 수 있는 여러 가지 대안을 포함해야 한다.

- 재활전문가는 직업사전과 같은 직업평가 자원을 이용하여 다양한 직업에 대한 정보를 획득한다.
- 재활전문가는 내담자에게 알맞은 여러 가지 직업을 제시할 수 있도록 풍부한 정보를 수집해야 한다.

원칙 3 내담자는 평가 결과 해석 단계에 가능한 많이 참석해야 한다.

- 내담자는 결과 해석에 적극적으로 참여함으로써 직업평가 결과를 정확히 이해하고, 직업평가 이외의 다른 자원을 통해 자신에 대한 정보를 얻으며, 새로운 자아통찰을 할 수 있다.

원칙 4 직업평가 결과 이외에 재활전문가와 내담자가 평가 결과의 중요성에 대해 인식하는 것이 필요하다.

- 내담자는 자신의 자아상에 비추어 직업평가 결과를 이해한다.
- 재활전문가는 내담자의 자아상, 재활 과정에 대한 관점, 평가 결과에 대한 기대, 직업에서의 성공 가능성을 인지해야 한다.

원칙 5 재활전문가는 결과 해석에 있어 냉정하거나 공격적인 태도로 설득해서는 안 된다.

- 평가사는 내담자에게 결과를 해석할 때 내담자가 받아들이도록 강요하지 말고 내담자가 자신의 경험과 미래에 대한 예측에 비추어 평가 결과를 받아들이고 결정내리도록 동기를 부여하여야 한다.
- 평가 결과는 최대한 객관화시켜야 한다.

원칙 6 재활전문가는 다양한 검사도구와 내담자 평가에서 사용되는 접근법에 대해 충분한 지식을 가지고 있어야 한다.

- 재활전문가는 검사 결과를 해석하기 전 검사도구의 신뢰도와 타당도, 검사 결과의 의미에 대한 정보를 가지고 있어야 한다.
- 이러한 정보는 검사 매뉴얼 혹은 심리학자와 같은 다른 검사자의 검사 실행 시 얻을 수 있다.

원칙 7 재활전문가는 검증되지 않았거나 부정적인 정보로 인해 내담자가 자신에 대해 부정적인 견해를 갖지 않도록 해야 한다.

- 재활전문가는 내담자에게 평가 결과를 제시할 때 부정적인 평가 결과는 긍정적인 결과와 균형을 맞추어 제시하여야 한다. 예를 들어, 결과 해석 단계에서 직업평가사는 내담자에게 다음과 같이 결과를 제시할 수 있다. "기계 분야에 대한 적성은 그리 높지 않게 나타났지만, 사무직에 대한 적성은 매우 높게 나타났고, 미래의 직업 분야로 고려한다면 성공 가능성이 매우 높습니다."
- 결과 해석 단계는 재활전문가에게는 교육과 상담의 기회이며, 내담자에게는 학습의 기회가 된다. 내담자는 객관적인 평가 결과를 통해 자신에 대해 정확히 관찰할 수 있기 때문이다. 재활전문가 또한 내담자와의 의사소통 함으로써 내담자에 대해 새롭

게 인식하게 된다.

1) 평가 결과 해석 단계

직업평가사는 평가 결과 해석 단계에서 획득되어야 하는 목표를 명확히 인식하기 위해 평가 결과 해석 단계를 구조화해야 한다. 예를 들어, 내담자의 재활계획 수립이 해석 단계의 목표라면 직업평가사는 다음의 요인을 중심으로 단계를 구성해야 한다.

① 앞으로 배치될 직업에서 요구되는 능력
② 평가자료 제시 순서
③ 직업평가사가 내담자에게 부정적인 평가 결과를 설명하는 능력
④ 재활계획 수립에 필요한 특정 자료

〈표 10-6〉 **평가 결과 해석 단계**

단계	과업
1단계 (도입)	• 직업평가사는 내담자에게 사용된 평가도구를 평가 결과 해석에서 설명할 수 있는 충분한 지식을 갖추어야 한다. • 내담자와 라포를 형성한다. • 내담자와 함께 평가 목표를 다시 고찰한다.
2단계	• 내담자가 평가 과정에서 경험한 것을 이야기할 기회를 제공한다. • 긍정적인 검사 결과를 강조하면서 전체 평가 결과를 요약해서 설명한다. • 내담자로부터 피드백을 듣는다.
3단계	• 사용된 평가도구들을 분석하고, 규준 등의 지침을 참고한다. • 특정 흥미 분야, 원하는 직업 분야, 신체적 · 정서적 · 지적 능력을 설명한다. • 평가 결과에 대한 내담자의 느낌을 듣는다. • 각 평가도구에 따라 상반되는 결과, 평가 결과에 대한 내담자의 부정적, 비현실적인 직업목표와 같은 문제를 다룬다.
4단계	• 내담자에게 평가 결과를 요약해서 설명하고 재활계획 수립과의 관련성을 논의한다. • 내담자에게 추가적인 피드백을 요청한다. • 재활계획을 수립한다.

2) 평가 결과 해석의 문제점

(1) 평가도구에 따라 상반되는 검사 결과가 나타날 경우

내담자의 같은 특성을 측정한 두 가지 평가도구 사이에 상반되는 평가 결과가 나타날 때가 있다. Goldman(1961)은 이에 대해 ① 검사도구 간의 차이점, ② 개인 내 차이점, ③ 검사 실행과 채점의 차이점이 원인이라고 하였다.

① 검사도구 간의 차이점

- 지필검사의 경우 검사 문형에 차이점이 있을 수 있다(주관식과 객관식). 객관식은 내담자는 이미 정해진 예제 중 하나의 답을 선택해야 하기 때문에 주관식보다 더 많은 차이가 나타날 수 있다.
- 같은 하위 영역을 포함하는 검사라도 연령과 지능 수준 등의 규준에 차이가 있을 수 있다.

② 개인 내 차이점

- 신체적 혹은 심리적 상태에 따라 내담자의 반응이 다를 수 있다(피곤함, 주의산만함, 검사에 대한 불안감, 스트레스, 낮은 동기 등).
- 이러한 요인이 검사 결과 차이의 원인이라면 내담자와 그 이유에 대해 논의한다.

③ 검사 실행과 채점의 차이점

- 평가 장소나 주위 환경, 검사 실행자 등이 내담자를 산만하게 하거나 불편함을 주거나 불안감을 증가시킬 수 있다.
- 이러한 요인이 검사 결과 차이의 원인이라면 내담자와 그 이유에 대해 논의한다.

(2) 내담자가 검사 결과를 신뢰하지 않거나 평가사의 제안점을 거부할 경우

내담자가 검사 결과를 신뢰하지 않거나 수용하지 않는 경우 적합한 재활 목표 수립이 어려워진다. 이 문제를 해결하기 위해 다음과 같은 방법을 사용할 수 있다.

① 불신과 거부의 원인을 규명한다.

예를 들어, 내담자가 평가사와 같은 권위적인 대상에 대해 적대감을 가지고 있거나, 자신의 자아개념과 반대되는 평가 결과를 듣거나, 평가 결과와는 상관없이 자신이 이미 설정한 방향을 고집하는 것, 혹은 과거에 경험한 실패감 때문에 새로운 것을 시도하기를 두려워하는 것 등이다.

② 평가사는 내담자의 감정을 이해해야 한다.

내담자는 평가사가 자신의 이야기를 경청하고, 진실성과 관심을 보이면 자신의 문제를 이야기하게 된다.

③ 원인이 규명되면, 평가사는 내담자가 보다 적극적으로 제안점을 수용하도록 다양한 방법을 사용한다.

예를 들어, 훈련과 직업 대안점의 장점을 설명하여 내담자의 관심을 유발하거나, 평가 결과가 자신에게 도움이 된다고 내담자가 느낄 수 있도록 전략을 세우거나, 내담자의 장점을 강조하여 심리적으로 지원하는 것이다. 또한 평가사가 신뢰감을 주거나 내담자가 자신감을 갖고 스스로 문제를 해결하도록 한다.

(3) 내담자가 비현실적인 직업목표를 가지고 있는 경우

① 내담자가 자신의 능력에 대해 정확하게 알지 못하거나, 직업 경험이 적거나, 훈련받는 것에 대해 두려움을 가지는 경우, 실제 검사 결과와 내담자의 직업목표 간에 차이점이 있을 수 있다.

② 평가사는 평가에서 제시된 내담자의 교육 수준, 직업력, 훈련 경력, 기능 수준과 훈련 혹은 배치 가능성을 참고로 급여와 승진 가능성을 포함하는 다양한 직업 분야의 정보를 제시한다.

③ 내담자가 대안적 직업 분야에 흥미를 갖고 현실적인 결정을 하도록 그 분야의 종사자를 만나거나 견학의 기회를 제공한다.

제 11 장 ≫ 직업평가보고서

1. 직업평가보고서
2. 직업평가보고서의 내용
3. 직업평가보고서의 의의
4. 직업평가보고서 작성 시 고려점
5. 직업평가보고서 예시

1. 직업평가보고서

직업평가보고서는 내담자의 평가 결과와 관련 자료를 기초로 의뢰기관 혹은 재활상담사와 같은 다른 재활전문가들과 함께 직업 선택의 대안들을 발견하는 체계적인 의사소통 방법이다. 보고서는 명확하고 간결하여 읽기 쉬워야 한다.

보고서 작성 시 내담자의 현재 상황과 실제 직업 세계를 고려하고, 직업적응과 기타 재활서비스를 추천할 때에는 관찰된 행동들을 추가적으로 상세히 서술하고 해석해야 한다.

직업평가보고서를 작성하는 과정은 다음과 같다.

- 재활상담 결과 분석: 재활상담을 통해 수집된 장애인의 직업흥미와 적성, 교육이나 직업 경험 등에 관한 정보를 직업평가 결과와 비교하여 분석한다. 또한 재활상담 과정 중에서 파악된 장애인의 주된 욕구, 직업재활서비스 지원 가능성 등을 고려한다.

- 직업평가 결과 도출 및 해석: 각 영역별 직업평가를 실시하고, 직업평가도구 실시요강에서 제시하는 규준에 따라 직업평가 결과를 도출한다. 결과 도출 시 정확한 계산, 분석, 규준적용이 이루어져야 한다. 도출된 직업평가 결과를 해석하여 장애인의 직업적 강점과 제한점, 직업흥미, 잠재능력 등을 분석한다.

2. 직업평가보고서의 내용

직업평가를 실시한 후 각 평가도구의 평가 결과에 대한 채점 및 해석을 실시하고 직업평가보고서를 작성한다. 직업평가보고서의 핵심 내용은 평가 결과를 토대로 내담자의 직업적 강점과 제한점을 파악하고, 내담자의 능력을 고려하여 구체적인 지원 프로그램을 마련하며, 직업재활 방향을 설정하는 것이다. 직업평가보고서는 정해진 양식은 없지만 일반적인 직업평가보고서의 구성 내용과 작성 방법은 〈표 11-1〉과 같다(한국장애인개발원, 2015).

〈표 11-1〉 **직업평가보고서 구성 내용 및 작성 방법**

구성 내용		작성 방법
• 인적사항 (평가일, 의뢰기관, 평가 유형 등)		–평가를 실시한 일자를 작성한다. –직업평가를 의뢰받은 경우 의뢰 기관 명을 작성한다. –해당되는 평가 유형(내관, 이동)에 체크한다. –평가를 받는 장애인의 기본 정보를 작성한다.
• 평가 목적		–작업평가 의뢰 사유와 평가 결과를 어떻게 활용할 것인지를 중심으로 작성한다.
• 평가 방법		–평가에 사용된 평가도구 등을 작성한다.
• 종합소견 및 직업재활 방향	직업적 강점 · 제한점	–직업평가 각 하위 검사에서 분석된 평가 결과에 근거하여 강점과 제한점을 작성한다.
	직업수준 및 목표	–직업수준: 현재의 직업능력을 반영하여 취업 가능성을 작성한다. –작업목표: 장애인의 잠재적 능력과 욕구를 고려하여 최종 도달해야 하는 목표에 대해 기술한다(경쟁고용, 지원고용, 보호고용, 작업활동, 일상생활/주간보호). –추천직무: 향후 취업이 가능할 것으로 예측되는 직종이나 직무 등을 작성한다.
	직업지원 권고	–장기적 권고: 취업 목표 및 유형을 작성한다. –단기적 권고: 장기적 권고사항을 이루기 위한 단계적 서비스를 작성한다. –권고 프로그램: 장기적 권고사항을 달성하기 위한 세부 직업재활 프로그램을 기록하여, 일반적으로 직업적 제한점을 강화할 수 있는 직업재활 프로그램을 권고한다. 개인/사회생활적응훈련, 직업준비/직업수행 적응훈련, 직무능력 향상/직업유지 적응훈련 등에서 하위 내용을 참고하여 작성한다.
• 평가사 서명		–작성자인 직업평가사가 직업평가보고서에 서명을 함으로써 직업평가 결과에 대한 책임을 제시한다.
• 배경 정보		–장애, 가정환경, 교육 및 훈련, 직업력, 기초학습능력, 생활적응능력 등 직업상담(초기면접) 결과를 작성한다.
• 직업평가 내용 및 결과		–각 평가도구의 구체적인 평가 결과를 작성한다.

[그림 11-1]은 『중증장애인의 직업재활계획을 위한 직업상담과 직업능력평가 매뉴얼』(한국장애인개발원, 2015)의 직업평가보고서 양식을 토대로 수정한 양식이며, 직업평가보고서의 예는 [그림 11-2]에 제시하였다.

NO.		직업평가보고서		의뢰기관	
평가일				평가 유형	□ 내관 □ 이동
성명		생년월일		성별	
장애 유형 및 등급		주소		연락처	
평가 목적					
평가방법					

종합소견 및 직업재활 방향
■ 직업적 강점 · 제한점   ■ 직업수준 및 목표   ■ 직업지원 권고   ■ 종합소견

년 월 일 직업평가사 (인/서명)

배경 정보
■ 행동관찰 ■ 장애 관련 ■ 가정환경 관련 ■ 교육 및 훈련 관련 ■ 기초학습능력 관련 ■ 직업경력 관련 ■ 생활적응능력 관련
직업평가 내용 및 결과
신체능력평가 심리평가 작업표본평가 상황평가 현장평가

[그림 11-1] 직업평가보고서 양식

3. 직업평가보고서의 의의

직업평가보고서는 직업평가 결과에서 도출된 장애인의 직업적 능력과 지역사회 노동 시장을 고려한 직종 및 외부 환경 요인 등을 반영한 직업 선택과 적합한 직업재활 방향 설정에 필요한 기초 자료를 제공한다(한국장애인개발원, 2010).

① 직업평가의 방향을 제시한다.
② 객관적이고 정확한 직업평가가 가능하다.
③ 의뢰 시 문제에 대한 해결방법을 제시한다.
④ 사후연구의 기초가 된다.
⑥ 내담자와 평가사 간의 계약이 이루어질 경우 책임 영역을 명확히 하며 직업평가 문제 해결이 용이하다.

4. 직업평가보고서 작성 시 고려점

직업평가보고서 작성 시 고려해야 할 사항은 다음과 같다(강위영, 이상진, 1999; Pruitt, 1986).

① 평가 결과에 관한 정보는 논리적으로 제시되어야 한다.
② 평가보고서는 보고서 사용자가 이해하기 쉽도록 구체적이고 명확해야 한다.
③ 평가보고서의 문장은 가능한 한 짧아야 한다.
④ 평가보고서는 전문용어가 아닌 일상적이고 친숙한 용어를 사용하여 표현하여야 한다.
⑤ 불필요한 표현을 피하고 가능한 한 능동태를 사용한다.
⑥ 보고서는 내담자의 제한점보다는 장점을 강조하는 긍정적 용어로 작성하여야 한다.
⑦ 평가보고서는 내담자의 일반적 기능과 직업기능의 문제점에 대한 해답을 제공해야 한다.
⑧ 평가보고서는 영구적인 기록이므로 정확히 작성하여야 한다. 오자 등의 실수가 실제와는 다른 평가 결과를 전달할 수 있다.

⑨ 평가보고서는 평가사의 가치관이나 편견이 반영되어서는 안 되며 객관적이어야 한다.

⑩ 평가 결과에 대해 의뢰기관의 담당자들과 회의를 하여 피드백을 얻어야 한다.

⑪ 가능하면 동료 평가사로부터 검토와 피드백을 제공받는 것이 좋다. 평가사는 평가 후 내담자가 배치될 의뢰기관과 프로그램을 방문하고 사후조사를 하는 것이 보고서의 유용성과 정확도를 높일 수 있다.

5. 직업평가보고서 예시

다음의 직업평가보고서 예시는 『중증장애인의 직업재활계획을 위한 직업상담과 직업능력평가 매뉴얼』(한국장애인개발원, 2015)에 제시된 직업평가보고서 예시를 일부 수정한 것이다.

<table>
<tr><td>NO.</td><td>2018-001</td><td colspan="2" rowspan="2">직업평가보고서</td><td>의뢰 기관</td><td>한국고등학교 특수학급</td></tr>
<tr><td>평가일</td><td>2018. 2. 11.</td><td>평가 유형</td><td>☑ 내관 □ 이동</td></tr>
<tr><td>성명</td><td>김○○</td><td>생년월일</td><td>2001. 2. 21.</td><td>성별</td><td>남</td></tr>
<tr><td>장애 유형 및 등급</td><td>지적장애 3급</td><td>주소</td><td>서울특별시 ○○구
○○대로 ○○</td><td>연락처</td><td>자택) 02-123-1234
HP) 010-123-1234</td></tr>
<tr><td>평가 목적</td><td colspan="5">한국고등학교 홍길동 선생님의 안내로 고등학교 졸업 후 복지관 직업적응훈련 서비스 이용 신청과 진로계획 수립을 위해 전반적인 직업능력과 적합 직종을 파악하고자 보호자(父)께서 의뢰하여 내관평가 실시함.</td></tr>
<tr><td>평가 방법</td><td colspan="5"><table>
<tr><th>평가 영역</th><th>평가도구</th></tr>
<tr><td>사회적응력</td><td>사회성숙도검사(SMS), 지역사회적응검사(CISA-2)</td></tr>
<tr><td>직업 흥미</td><td>PVIT 그림직업흥미검사(지적장애인용)</td></tr>
<tr><td>직업잠재력</td><td>MDS(REVT, BVMGT, HVDT, MAND, OEI−R, BRS, SFAB)</td></tr>
<tr><td>작업수행능력</td><td>Work Activities #206
TAP 하위검사 3번(도구 사용 기민성−소형)</td></tr>
<tr><td>상지 기민성</td><td>퍼듀 손가락 기민성 검사(Purdue Pegboard)
미네소타 손 기민성 검사(Minesota Manual Dexterity test)</td></tr>
<tr><td>신체기능</td><td>VALPAR #17 발달수준검사(신체근력)</td></tr>
</table></td></tr>
</table>

종합소견 및 직업재활 방향

□ 직업적 강점 · 제한점

직업적 강점	직업적 제한점
• 일상적인 대화가 원활하며, 자발적 표현 가능함 • 예의 바르며 순응적인 태도 • 주의집중력 높음 • 3~4공정의 과제 이해 가능 • 취업 욕구가 높고, 뚜렷한 취업 목적이 있음 • 기초학습능력 좋음 • 1~2번 연습을 통해 대중교통 이용 가능 • 손 기민성이 지적장애인 근로자 평균 수준임 • 양손협응이 원활함 • 작업공정 및 규칙 준수 잘함 • 정적 균형감 비장애인 평균수준	• 지역사회 이용 경험 부족으로 독립이용에 부족함을 보임 • 중학교 시절 괴롭힘으로 교우관계에 소극적임 • 가정환경(생계, 어머님 증상, 여동생들 학업 등)상 원활한 가족지원에 어려움을 보임 • 상지 근력과 체력이 약한 편임 • 손가락 기민성 및 미세 조작 능력이 보호고용 목표 직업적응훈련생 평균 수준으로 타 기능에 비해 상대적으로 부족함을 보임 • 다양한 작업 경험 필요 • 지속적인 약물관리 필요

□ 직업수준 및 목표

직업 수준	일반고용 고려
직업목표	일반고용
추천 직무	2121 제빵원 및 제과원 1319 기타주방장 및 조리사(차조리사) 1321 패스트푸드원 1322 웨이터(음식점접객원, 제과점종업원, 찻집서비스원) 1323 주방 보조원(조리사보조원) 1329 기타 음식서비스 종사원(병원배선배식원) 1970 전기 · 전자 부품 및 제품 조립원

□ 직업지원 권고

지원 과정 권고	직업적응훈련 후 일반고용에 배치
세부 프로그램 권고	■ 사회생활 적응훈련 1. 지역사회 이용: 지역사회 내 다양한 시설 이용하기 2. 대인관계 기술: 적극적 대인관계 형성. 상황별 대처 요령 3. 여가활동: 여가시설 이용, 동아리 활동 ■ 직업준비 적응훈련 1. 직업탐색: 흥미직종 및 적합직무 탐색 2. 현장체험 및 현장실습 ■ 직무능력 향상 · 직업유지 적응훈련 1. 신체능력 향상: 상지근력 및 체력 강화, 상지 기민성 강화 2. 직무능력 향상: 다양한 작업활동 참여를 통한 작업기능 강화

□ 종합소견

김○○ 님의 직업평가 결과에 기초한 종합적인 소견은 다음과 같다.

• 사회적응적 측면

김○○ 님의 사회적응력은 약 10~11세 수준으로, 생활연령 17세에 비해 약간의 지체를 보이는 것으로 나타났다. 신변처리 및 개인위생 관리가 가능하고, 일상적인 대화가 원활하여 본인의 의사 및 감정표현에 큰 어려움이 없는 편이다. 1~2회의 연습을 통해 지정된 노선의 대중교통(버스, 지하철) 이용이 가능하며, 길눈이 밝아 지역사회 지리이해에 강점을 보인다. 다만, 지역사회를 독립적으로 이용해 본 경험이 적어 직업적응훈련 참여를 통해 사회생활적응력 향상을 위해 노력하는 것이 필요하다.

----------- 중략 -----------

이상을 종합하여 보면, 김○○ 님은 일반고용을 목표로 한 직업적응훈련 참여가 필요한 수준으로, 직업적응훈련 참여 후 직업개발을 통한 일반고용에 배치가 가능할 것으로 기대된다.

2018년 2월 13일 직업평가사 이상진 (인/서명)

배경 정보

□ 행동관찰

• 깔끔한 복장에 계절에 적절한 의복을 착용하였으며, 이미지가 좋은 편임. 일상적인 상황에 대한 질문에 적절하게 대답하였으며, 상황보고, 감정 표현이 적절하게 표현되지만 초기 관계에서 적극적이지 않음. 예의 바르고 순응적인 태도로 평가에 임하였으며, 평가가 진행되는 동안 지속적인 주의 집중이 가능하였음. 3~4공정의 조립 과제 이해가 가능하였으며, 언어를 통한 지시 이해 및 모방 등이 원활하였음.

□ 장애 관련

• 지적장애 3급 등록(2005. 3. 2.)
• 병력: 2013년부터 집중력 향상 및 충동성 억제를 위해, 1일 1회 3알의 페니드정(5mg)을 복용함. 약복용 후 특별한 증상 보이지 않음.
• 기타: 중학교 시절 비장애학생들에게 괴롭힘을 당한 경험으로, 과격한 신체적 접촉과 비속어가 섞인 장난에 거부 반응을 보임.

□ 가정환경 관련

• 가족은 부, 모, 여동생으로(1남 1녀 중 첫째) 가족 모두 함께 거주하고 있음. 어머님께서는 40대 초반 조현병(망상, 환청) 발병으로 정기적인 병원진료와 약물치료를 받고 있음. 간단한 가사활동에 참여하시나 대부분의 집안일은 아버님께서 담당하고 있음.
• 여동생은 비장애인이며, 고등학교 1학년 재학 중임. 내담자를 챙기고 잘 어울려 지내는 등 지지적이며, 관계가 원만한 편임.
• 주 수입원은 아버님(아파트 경비) 월급이며, 월 160만 원 정도의 수입으로 생활을 유지하고 있음. 20년 된 15평 자가(빌라) 보유로 사회보장 및 지원 없음.
• 대한사회복지관에서 주 1회 밑반찬 지원서비스가 지원 중이며, 한국정신보건센터에서 어머니에 대한 정기적 상담서비스를 제공받고 있음.

□ 교육 및 훈련 관련

• 초등학교 일반학급 졸업, 중학교 일반학급에서 교육 참여하였으나 수업 참여 제한 및 이해의 어려움으로 중학교 2학년부터 특수학급에서 특수교육에 참여함. 현재, 한국고등학교 특수학급 3학년 재학 중.

□ 기초학습능력 관련

- 읽기/쓰기/이해: 일상적인 대화를 간단한 문장으로 쓰고, 읽고, 이해할 수 있음. 학습적 능력을 요하는 전문용어나 외래어 이해에는 약간의 부족함을 보임.
- 시간개념: 달력으로 날짜, 요일을 알 수 있고, 계절 인지가 가능함. 아날로그시계 읽기에는 어려움을 보이나, 디지털시계 읽기가 가능함.
- 수개념: 수를 읽고 셀 수 있으며 물건의 개수를 파악할 수 있음. 두자리 덧셈과 뺄셈 가능함.
- 색개념: 기본적인 일곱 가지 색 인지가 가능함.
- 크기·형태 변별/분리: 크기, 길이, 양 비교 가능하며, 단순한 도형의 형태 변별, 분리, 유형화 가능함.

□ 직업경력 관련

- 취업에 대한 욕구가 높으며, 일반사업체에 취업하여 월급을 많이 받아 가정에 도움이 되고 싶다는 의지를 보임.
- 고등학교 3학년 학생으로 취업 경험은 없으나, 고등학교 2학년~현재까지 제일보호작업장 쇼핑백 제조, 교내 제빵, 사서보조원, 바리스타 실습 참여함. 실습 시 무난하였고, 수행에 큰 어려움이 없었다고 함.
- 희망 직업으로는 재학기간 동안 경험해 본 조립, 제빵, 사서, 바리스타 등으로 취업하기를 희망함.

□ 생활적응능력 관련

- 기본적인 신변처리는 스스로 하며 외모, 옷차림, 청결상태가 양호함.
- 일상적인 대화가 원활하고, 상황보고, 감정표현이 적절하며, 필요한 질문을 자발적으로 표현함. 대화 시 판단을 요하는 질문 시 망설이고 결정에 어려워하는 모습을 보임.
- 지정된 노선의 대중교통(버스, 지하철)은 1~2번의 연습을 통해 이용이 가능하며, 길눈이 밝은 편으로 쉽게 지역사회의 중심 건물, 공공기관, 편의시설 등을 파악함. 다만, 지역사회 이용 경험이 부족하여 해당 시설을 독립적으로 이용하는 것에는 어려움을 보임.

직업평가 내용 및 결과

심리평가

□ 사회성숙도검사(SMS)

• 사회연령(SA) 10세 5개월, 사회지수(SQ) 75

–자조 영역(일상생활/식사/용의): 약 10세 수준으로 몸치장을 단정히 함.

–이동 영역: 약 11세 수준으로 좀 먼 이웃 동네라도 혼자서 다녀올 수 있음.

–작업 영역: 약 7세 수준으로 일상적인 간단한 집안일을 할 수 있음.

–의사소통 영역: 언어를 매개로 의사표현이 가능하며 간단한 문장 작성이 가능함.

–사회화 영역: 약 7세 수준으로 산타, 귀신, 도깨비가 존재하지 않음을 인식할 수 있음.

–자기관리 영역: 약 9세 수준으로 한 시간 이상 혼자서 집을 볼 수 있음.

□ 지역사회적응검사(CISA-2)

영역별 적응지수	적응행동지체	경계선	평균 하	평균	평균 상	우수
	4점 이하	5~6점	7~8점	9~11점	12~13점	14점 이상
지역사회 적응지수	적응행동지체	경계선	평균 하	평균	평균 상	우수
	69점 이하	70~79점	80~89점	90~109점	110~119점	120점 이상

기초 개념	기능적 기호와 상징	가정 관리	건강과 안전	공공 서비스	시간과 측정	금전 관리	직업 기능	대인 관계 및 여가	기본 생활 영역	사회 자립 영역	직업 생활 영역	지역 사회 적응
17	16	14	12	17	16	15	20	17	125	120	120	125
지역사회 적응수준: 우수												

• 검사 결과를 일반집단(초등학교 3학년) 규준을 적용하면 지역사회적응지수가 125점으로 '우수'함.

–모든 영역에서 전체적으로 우수한 수준이며, 방향변별(왼쪽, 오른쪽, 위쪽, 아래쪽), 색변별, 모양변별 등이 가능함. 시간과 측정 영역에서는 디지털시계 보기 및 간단한 시간 계산이 가능함. 금전관리 영역의 경우 동전 및 지폐의 판별 및 같은 금액 알기가 가능하나 복잡한 돈 계산은 어려워함. 이 부분에 있어서 약간의 훈련이나 지원이 제공된다면 독립적인 지역사회적응이 가능할 것으로 보임.

□ PVIT 그림직업흥미검사(지적장애인용)

직업 영역							
영역	서비스	제조	음식	세탁	청소	임농	일관성
원점수	6	4	7	5	5	3	60%
T점수	54	46	59	53	48	41	
%ile	64	36	79	60	61	19	
흥미 순위	2	5	1	3	3	6	
활동 영역							
영역	운반	정리	조작	개인	집단	실내	실외
순위	3	1	2	0	5	5	0

'음식' 직업군의 '운반' 활동을 가장 좋아하며, '집단' 활동과 '실내' 활동을 선호하는 편임.

작업표본평가

□ 매캐런-다이얼시스템(MDS)

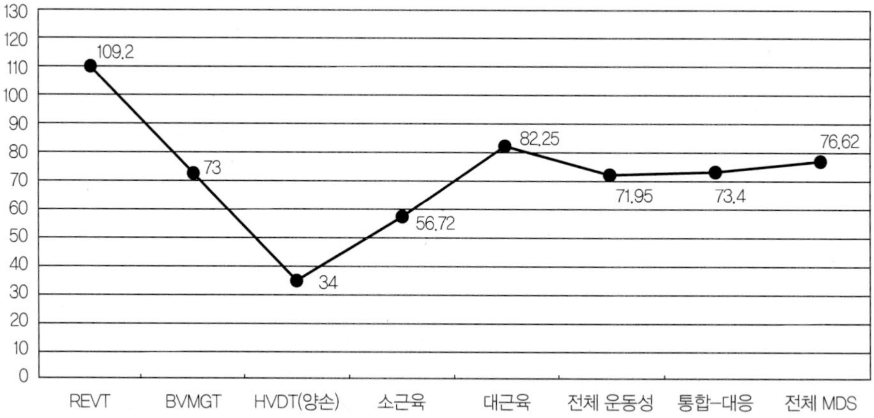

▶ 직업수준

전체 직업수준 점수는 76.62점으로 전환훈련 수준에 해당함. 전환훈련 수준은 지역사회 고용을 위한 직업 전 훈련으로서 지역사회 고용에 필요한 직업행동 및 직업준비 기능이 강조되며 직업탐색, 직업훈련 활동, 지원고용 등이 선호되는 수준임

▶ 요인별 우선 발달순위: 감각 ☞ 통합-대응 ☞ 운동 ☞ 언어-공간-인지요인

▶ <u>언어-공간-인지(REVT)</u>

학습을 통해 습득되는 전문용어, 외래어 등에 대한 이해가 다소 부족한 편이나, 평가에서 제시되는 기본적인 단어에 대한 이해력이 좋은 편으로 일상생활 및 직업생활 시 원활한 의사소통이 가능할 것으로 예상됨.

▶ <u>감각(HVDT, BVMGT)</u>

- 촉각-시·지각 변별검사(HVDT): 촉각-시각 변별능력이 장애인 평균 하위 수준으로 매우 낮게 산출됨. 하위 요인으로 보면 상대적으로 모양 변별력은 가능한 수준이나 촉감, 크기, 형태 변별력은 취약한 수준임. 오른손에 비해 왼손 수행력이 더 낮게 산출됨. 작은 공구의 적절한 사용, 작은 부속들에 대한 변별과 맞추기 작업과 같은 기본적인 직업 전 기술에 부족함이 있을 것으로 예상됨.
- 벤더시각운동형태검사(BVMGT): 불통합, 왜곡 등의 오류를 보여, 시각-운동협응력이 비장애인 대비 지체를 보이는 것으로 나타났음. 작업활동 참여 시 언어적 설명과 시범, 연습을 통한 과제 이해가 보다 적합할 것으로 예상됨.

▶ <u>운동(MAND)</u>

- 전체운동지수: 전체운동성이 비장애인에 비해 지체를 보이나, 장애인 대비 평균 상위 수준으로 산출됨. 대근육운동성(82점)이 소근육운동성(57점)에 비해 뚜렷한 차이의 발달을 보이고 있음.
- 하위 운동요인지수: 지속적인 조절능력은 장애인 평균 상위수준으로 높게 산출되어 눈-손협응, 주의집중, 시각적 추적에 강점을 가짐. 균형과 평형감각이 장애인 평균 상위수준으로 높게 산출됨. 특히, 한 발로 서서 유지하기 검사 시 일반인 평균 수준으로 매우 높게 산출됨. 운동감각 연합의 높은 점수는 높은 곳의 물건 내리기, 기기, 높은 곳으로 올라가기와 같은 작업에 어려움이 없을 것으로 예상됨. 하지 근력은 장애인 평균 이상의 수준인 데 반해, 상지근력이 장애인 평균 하위수준으로 발달이 지체된 상태로, 무거운 물건 들기, 옮기기 등의 상지근력을 이용한 움직임에 어려움이 예상됨. 양손 민첩성이 장애인 평균 상위수준으로 높게 산출되어 작업 수행에 어려움이 없을 것으로 보임.

▶통합-대응(BRS)

직업적응과 관련된 개인적·사회적·직업적 적응 정도에 약간의 지체를 보이고 있어 적응을 위한 훈련이 필요한 수준으로 나타남.

□ 작업활동검사(Work Activities)

#206 조립	정확도	95	
	수행성	70	
비장애인근로자(%)			10 20 30 40 50 60 70 80 90 100

단순 2~3공정의 과제이해가 원활하였으며 1~2회의 연습을 통해 과제를 습득함. 작업수행성은 비장애인근로자 대비 약 70% 수준으로 훈련을 통해 외부 일반사업체 취업이 가능한 수준임.

□ 작업재능검사(TAP) 하위검사 3번

검사 결과			평가도구	소요시간(TAP 시계)
규준	표준점수	%ile	도구사용 기민성(소형)	19.1
대학생	–	–		
일반고용	81	11		
작업활동	88	22		
			20 40 60 80 100	

핀셋과 같이 미세 조작능력을 요하는 외부 일반사업체로의 취업에는 고려가 필요한 수준임. 3~4회의 설명과 연습을 통해 4~5공정의 과제 이해와 소도구(핀셋) 사용이 가능하나, 미세 조작 능력, 기민성 부족으로 생산성 있는 작업활동 참여에는 부족함이 있음.

□ 퍼듀 손가락 기민성 검사(Purdue Pegboard)

항목	〈보호고용 목표 직업적응훈련생 규준〉
삽입 86.6	
조립 65	
(%ile)	10 20 30 40 50 60 70 80 90 100

손가락 기민성은 보호고용 목표 직업적응훈련생 평균 수준으로 나타남. 손가락의 미세한 집기, 조작 기능에서 부족함을 보여, 반복적인 연습과 훈련을 통한 기능 향상이 필요할 것으로 예상됨.

□ 미네소타 손 기민성 검사(Minnesota Manual Dextreity Test)

항목		〈지적장애인 근로자/지원고용 목표 직업적응훈련생 규준〉
옮겨 놓기 [5등급]	47	
뒤집기 [4등급]	30	
(%ile)		10 20 30 40 50 60 70 80 90 100

손 기민성은 지적장애인 근로자 평균수준으로, 중간 크기(500원 동전) 정도의 부품을 활용한 제조업 생산직 참여에 큰 어려움이 없을 것으로 예상됨. 3~4공정의 과제 이해가 가능하며, 양손을 활용한 규칙적인 협응에 강점을 보이고 있음.

□ VALPAR17 발달수준검사(신체근력)

단위	드는 힘(%)	쥐는 힘(%)	누르는 힘(%)	수평 미는 힘(%)	수직 미는 힘(%)
파운드	47.3(29)	40(27)	15(32)	40(53)	55(17)

전반적인 신체근력이 보호작업장 근로자 수준으로 하역과 관련된 직무 수행성이 낮아 외부사업체로의 취업이 어려운 수준임. 신체근력이 낮은 편으로 장시간 직무수행이나 다소 무거운 물건을 다루는 직무는 제한이 될 수 있어 기초체력 강화, 신체근력 강화를 위한 훈련 참여가 필요함.

☞ 종합소견은 지금까지의 평가 결과와 직업재활 방향 등을 간략히 다시 한번 정리하여 제시하며, 평가를 받은 장애인과 가족 등이 쉽게 이해할 수 있도록 작성함.

[그림 11-2] 직업평가보고서 예

제 12 장 》 직업평가와 컴퓨터 공학

1. 컴퓨터와 직업평가
2. 컴퓨터를 적용한 평가 시스템
3. 직업적합성 분석 프로그램

1. 컴퓨터와 직업평가

직업재활에 있어 컴퓨터를 적용한 직업평가는 비교적 새로운 평가방법이다. 1950년대 말에 컴퓨터가 최초로 등장한 이래 1970년대 개인용 컴퓨터(personal computer)가 개발되었고, 1980년대 초반에는 편리성과 경제성의 측면에서 사무실과 가정으로의 개인용 컴퓨터의 보급이 빠른 속도로 진행되었다. 재활기관에서의 컴퓨터 사용도 예외는 아니어서 1980년대의 재활기관들은 Apple과 IBM 컴퓨터를 이용하여 회계와 정보의 저장과 인출과 같은 행정적인 사무를 처리하는 목적으로 사용하였고, 이후 내담자의 직업평가를 위한 목적으로 사용하기 시작하였다.

현재 컴퓨터는 직업재활 분야에서 각 재활기관의 필요성에 따라 다양하게 사용되고 있다. 자료의 분석, 통계와 회계의 처리, 인사관리, 훈련 프로그램 개발, 프로그램에 대한 계획 수립, 프로그램 평가, 직업평가와 적격성 판정, 직업 적합성 분석과 같은 여러 분야에서 컴퓨터가 이용되고 있다.

직업평가와 사정의 과정은 개인용 컴퓨터가 사용되면서 많은 발전을 하였다(Power, 1991). 컴퓨터는 전통적으로 시험 결과 채점과 해석에 사용되어 왔으나 처리 속도와 계산의 정확도라는 장점이 심리평가 결과 채점, 면접, 컴퓨터용 진로지도 프로그램, 직업평가, 직업 적합성 분석 등에 널리 사용되기 시작하였다.

컴퓨터 기술이 직업을 재구조화해 나감으로써 직업재활과 직업평가 분야는 많은 영향을 받았다(Chan, Lam, Leahy, Parker, & Wong, 1989). 상업적인 직업평가도구 개발자들은 DOT와 직무분석안내서(Handbook for Analyzing Jobs)와 같은 자료에 기초하여 직업평가와 직업탐색 과정을 강화시켜 주는 소프트웨어를 개발하였다. 그 결과 내담자들은 평가사의 능력에만 의존하지 않고 자신이 직접 자료를 입력시키고 그에 대한 즉각적인 피드백을 받음으로써 평가 과정을 자신이 통제하는 느낌을 갖고 보다 적극적으로 참여할 수 있게 되었다(Wesolek & McFarlane, 1992).

미래 사회에서는 과학과 기술의 급속한 발전에 따라 정보의 처리나 산업현장 네트워크에 있어 많은 컴퓨터 소프트웨어 시스템이 사용될 것이다. 예를 들어, 미래의 근로자는 직무를 수행하기 위해 첨단기술을 이해하고 능숙하게 사용할 수 있는 기술을 보유해야 할 것이다. 또한 작업현장에서의 의사소통 방법은 보다 고도화되어 기구의 간단한 조작을 통해 즉각적인 의사소통이 가능해질 것이다(Vander Kolk, 1995).

직업평가의 미래는 보다 정확하고 강력한 평가를 제공할 것이다. 평가사는 내담자의 초기면접에서부터 재활과정 전체의 자료를 컴퓨터에 입력하여 데이터베이스화하고, 추가 정보를 즉각적으로 전자우편을 통해 주고받으며, 의료, 직업, 심리평가에의 의뢰도 초기면접 당일에 이루어질 수 있다. 직업평가사는 평가에 필요한 대부분의 정보를 즉각 얻을 수 있으며 컴퓨터를 응용한 평가는 대부분의 경우 하루에 완료될 수 있다. 내담자는 직업평가계획 수립, 직업탐색과 의사결정, 직업배치 등의 평가 과정에 적극적이고 즉각적으로 참여하여 자신의 욕구를 반영한다.

Mason(1983)은 컴퓨터를 적용한 직업평가방법이 새로운 직업목표를 수립하고 새로운 직업배치가 요구되는 내담자의 직업재활계획 수립에 보다 유용하다고 하였다. Spence(1984)는 컴퓨터를 사용함으로써 내담자와 보다 많은 시간을 보내며 서류 작성과 같은 일을 컴퓨터가 처리해 줌으로써 재활전문가들이 스트레스를 이전보다 덜 느낀다고 하였다. 컴퓨터를 이용한 직업평가도구 사용은 결과가 자동으로 채점, 처리되어 신속하며 정확하게 검사 결과를 알아볼 수 있으며 전문가의 도움 없이 누구나 쉽게 실시할 수 있는 장점이 있다(김삼섭, 1995).

컴퓨터의 발전은 취업에 제한점을 가진 장애인의 기능을 보상해 주는 역할을 하였다. 컴퓨터는 직업평가를 용이하게 해 주는 유용한 도구이며 사람에 의해 검사가 시행될 때와는 달리 같은 과업을 반복적으로 정해진 과정에 따라 불만 없이 수행하고, 단어와 숫자를 신속하게 처리하며, 특히 중증 언어 · 청각장애인, 학습장애인, 뇌성마비인과 같은 내담자의 능력을 증대시켜 주는 효과가 있다. Tango(1984)는 직업평가에 있어 컴퓨터의 적용은 평가 결과를 기록하고, 분석하고, 인쇄하는 데 소요되는 시간의 양을 감소시킴으로써 평가 과정을 단축시키는 장점이 있다고 하였다. '예/아니요'의 응답으로 구성된 작업표본을 통한 직업평가에서 평가사가 컴퓨터를 사용할 경우 신속히 응답이 입력되고, GATB와 같은 다른 검사 결과와의 연계성을 나타내는 프로파일을 컴퓨터를 이용하지 않았을 경우보다 매우 빠른 시간 내에 획득할 수 있다.

2. 컴퓨터를 적용한 평가 시스템

1) 컴퓨터 적용 분야

Maze(1984)는 직업평가에 컴퓨터를 적용할 수 있는 세 가지 분야를 제시하였다.

(1) 자기-평가 분야

컴퓨터는 평가도구의 실행과 채점에 효과적인 수단이다. 평가도구는 종료 이후 즉시 채점될 수 있으며 결과 또한 즉시 내담자에게 제시될 수 있다. 지시문에 대한 이해가 부족한 내담자의 경우에도 촉구와 지원을 통해 개별적인 연습 프로그램에 참여할 수 있다. 검사 결과는 인쇄되어 내담자가 자신에 대한 이해를 향상시킬 수 있는 강화제의 역할을 한다.

(2) 직업 선택 영역

컴퓨터는 직업 타이틀을 분류하고 적합한 직업군을 내담자에게 제시한다. Maze(1984)는 컴퓨터가 많은 직업항목을 보유하고 있고 각 직업에 대한 정확한 정보를 가지고 있으므로 오히려 평가사보다 더 유용하다고 하였다. 컴퓨터는 또한 성별, 인종, 사회경제적 지위와 관계없이 객관적으로 직업을 분류하고 하나의 직업군 중에서도 다양한 직업 선택권을 제시한다.

(3) 정보 영역

컴퓨터는 정보를 검색하는 뛰어난 도구다. 자료를 채점하고, 정보의 일부분 혹은 전체를 검색하며, 프린터를 사용하여 저장된 정보를 인쇄하고 인쇄물을 통해 내담자에게 정보를 제공하게 한다. 교육 프로그램, 산업현장, 직업, 재정적 지원, 구인 정보, 참고자료 등에 관한 정보를 컴퓨터를 통해 획득할 수 있다.

컴퓨터 적용 평가 프로그램의 특성이 파악되면 각 프로그램의 질적인 면에 대한 평가가 이루어져야 한다. Maze(1984)는 재활전문가가 진로지도에 있어 컴퓨터 사용의 기준사항을 개발하였으며, 직업평가 과정에서 컴퓨터가 적용된 평가 시스템을 사용하기로 결정했다면 다음과 같은 질문을 해야 한다고 하였다.

① 직업평가 과정에서 가장 중요한 요소는 무엇이라고 생각하는가? 직업평가 과정에서 컴퓨터 적용 프로그램은 어떤 역할을 한다고 생각하는가?
② 어떤 컴퓨터 적용 평가도구가 제시되는가? 이 평가도구는 컴퓨터를 통해 온라인 혹은 서면으로 얻을 수 있는가?
③ 컴퓨터 적용 평가도구 실시의 목적은 무엇이며 대상은 누구인가?
④ 평가자료는 흥미 있고 생생하게 제시되었는가? 개정은 얼마나 자주 해야 하는가?
⑤ 평가자료는 내담자와 관련 있는가? 평가자료는 적절한 읽기수준을 요구하는가? 규준 정보는 제공되었는가?
⑥ 평가와 직업 적합성 분석 시스템은 직업과 교육 프로그램 선정에 효과적인가?
⑦ 내담자가 자기평가에 있어 여러 가지 질문에 정확하게 답할 수 있도록 지원하는가?
⑧ 평가도구는 컴퓨터의 상호작용적인 요소를 충분히 사용하는가?
⑨ 해석은 정확하고, 유용하며, 이해하기 쉬운가?
⑩ 지역사회와 연관된 직업적/교육적 정보가 제공되었는가?
⑪ 자료해석의 방법은 무엇인가?
⑫ 평가도구 사용의 목적은 무엇인가? 프로그램 사용은 용이한가? 프로그램은 얼마나 상호작용적인가? 내담자는 자신의 응답을 바꿀 수 있는가? 평균 소요시간은 얼마인가?
⑬ 프로그램은 내담자의 다양한 욕구에 부응하는가?
⑭ 매뉴얼에 각 평가도구의 목적과 구성에 대한 설명이 있는가?
⑮ 여러 사용자에 의해 검증되었는가?
⑯ 특정 내담자들을 위한 연습과정이 있는가?
⑰ 최신판인가?
⑱ 매뉴얼에 공인 타당도와 예측 타당도가 제시되어 있는가?
⑲ 매뉴얼에 직업군의 기능과 가치수준을 결정하기 위한 준거집단이 제시되어 있는가?
⑳ 기능, 흥미, 가치, 신뢰도에 대한 컴퓨터화된 측정치가 제시되어 있는가?
㉑ 응답에 있어 내담자의 거짓말 여부를 알아낼 수 있는 방법이 제시되어 있는가?
㉒ 컴퓨터 적용 평가도구 개발자의 자격수준은 어떤가?
㉓ 컴퓨터 적용 평가도구 구입은 용이한가?
㉔ 권위 있는 기관에서 개발하였는가?

㉕ 가격은 적당한가?

2) 컴퓨터용 작업표본

컴퓨터를 사용하여 평가를 수행하는 작업표본은 실제 직무수행에 대한 직접적인 경험을 제공한다. 각 과업은 단계별로 세분화되어 각 단계에서 제시되는 과업을 수행하도록 요구되며 활자형태의 지시문과 함께 그래픽 영상이 제시된다. 컴퓨터 이외에 물리적인 작업표본은 실제 산업현장에서 사용되는 도구와 장비, 확대 사용될 수 있는 자료와 검사자의 매뉴얼이 포함된다. 내담자가 글을 읽을 수 없을 경우에는 인쇄된 지시문 대신 녹음된 지시문이 제공된다.

컴퓨터를 적용한 작업표본은 일반 작업표본과 비교하여 여러 가지 장점이 있다. 첫 번째, 평가사는 검사의 실행, 채점, 결과 획득에 있어 많은 시간을 단축할 수 있다. 두 번째, 컴퓨터 그래픽을 이용한 시청각 자극은 내담자에게 좋은 강화물이 될 수 있다. 세 번째, 실제 작업환경과 유사한 모의환경을 제시하여 직접적인 경험을 제공한다. 내담자는 실제 현장에 존재하는 위험한 도구나 과정을 경험함으로써 잠재적인 위험에 대비하는 능력을 기를 수 있으며 비싼 작업도구를 실제로 구입하지 않고도 간접적으로 사용해 볼 수 있다.

작업표본평가에 컴퓨터를 적용하려는 시도는 미래에 보다 더 활발히 이루어질 것이며 내담자의 욕구와 평가사의 욕구 모두에 부응하는 개별화된 가정용 작업표본의 개발도 기대된다(Pruitt, 1986).

컴퓨터 적용 평가도구로는 양방향 비디오(interactive video)를 들 수 있는데, 이 도구는 컴퓨터 자판이나 조이스틱을 사용하여 시각적으로 프로그램을 제어하는 장치다. 상호작용 비디오 개발은 직무수행 과정을 비디오테이프에 녹화하여 직무분석을 통해 하나의 직무를 주요 과업으로 세분화하고, 각 과업수행에 대한 세부적인 지시를 제공하며, 과업수행에 요구되는 도구, 장비, 기계, 자료 사용법에 대한 정보를 포함하는 컴퓨터 프로그램을 개발하는 과정으로 이루어진다. 과업수행에 대해 시각적으로 제시한 후에 개발된 컴퓨터 프로그램은 제어장치를 사용하여 모의 과업을 내담자에게 제공하고 내담자는 컴퓨터 상의 도구와 장치를 사용하여 모의 과업을 수행한다. 내담자가 과업을 성공적으로 수행했을 경우 수행 정도와 소요시간이 컴퓨터에 기록되며 내담자는 다음 과업으로 진행한다. 내담자가 이 프로그램에서 과업수행 방법을 충분히 이해하고 스스로 과업을 시작할 수 있을 때까지 과업이 반복 제시된다. 만일 실수를 범할 경우 내담자가 정확히 과업을 수행 때까지 모의 과업이 반복해서 제시된다. 과업수행에 대한 평가는 소요된 시간 혹은 과업을 숙달하는 데 소요된 횟수에 기초하여 이루어진다. 이러한 컴퓨터를 적용한 직업평가 프로그램의 개발은 매우 복잡하고, 전문가 수준의 프로그래밍 실력을 요구하며, 가격이 비싸다는 단점이 있지만 평가에 소요되는 시간을 단축시켜 주기 때문에 적절한 프로그램을 선택한다면 비용효율 측면에서 이익을 얻을 수 있다.

3) 컴퓨터용 직업평가도구(Computer Assisted Vocational Evaluation)

(1) MESA(Microcomputer Evaluation and Screening Assessment)

1982년 발파(Valpar)에서 Apple II 컴퓨터와 Atari 컴퓨터를 이용하여 제작한 컴퓨터 직업평가 · 선별검사도구다. 목적은 직업 준비가 되었거나 훈련 준비가 된 내담자를 판별하고 교정 혹은 보다 종합적인 평가가 요구되는 내담자를 판별하는 것이다. 컴퓨터화한 하위 검사, 개별적인 작업표본(블럭 조립, 전선 박스), 물리적인 능력 측정, 개별 시행, 개별 채점이 특징이며 평가사로부터의 최소한의 지시만으로 30~50분 정도 소요하여 자판이 아닌 조이스틱을 사용하여 응답하거나 모니터상의 이미지를 이동시킴으로써 수행한다. MESA의 결과는 근로자 특성 프로파일(Worker Qualifications Profile), 직업분석사전(Handbook for Analyzing Jobs)과 그 이외의 미 노동부 출판물과 직접적으로 연관된다. 하위 검사 영역은 다음과 같다.

① 기초 학문 기능: 읽기, 수, 철자법
② 시각적 정확도, 크기, 형태, 색의 변별력
③ 인지와 인지 내용의 보유
④ 시각과 운동기능의 통제력
⑤ 청각적 인지능력과 회상능력
⑥ 사고력

(2) Pro3000

Pro3000은 Valpar의 가장 최근 컴퓨터 소프트웨어 버전이다. Pro3000은 윈도우 인터

페이스와 모듈 디자인을 통합한 형태다. 이 모듈은 사용자의 욕구에 따라 개별 구매가 가능하고, 새로운 모듈은 언제든지 추가할 수 있다. Pro3000은 유용한 정보를 제공해 주는 독립적인 형태의 모듈로 구성되어 있으며, 각 모듈은 다른 모듈의 데이터에 접근이 가능하다.

① 모듈 구성

- 임금 및 고용 데이터베이스(Wage and Employment Database): 이 데이터베이스는 미 노동부의 임금과 고용에 관련된 자료를 제공한다. 이 모듈에서 산출된 데이터는 미국의 50개 주와 350개 이상의 도심서비스 지역에 제공된다. 또한 OES 코드에 따른 700개 이상의 직업군을 포함한다. 입력하는 자료들은 근로자 자격 프로파일(Worker Qualifications Profile)과 관련 있고, Pro3000 assessment modules에서 생성된 내담자 프로파일 데이터를 이용하여 검색할 수 있다.
- 미 노동부 O*NET 데이터베이스(O*NET Database): 이 데이터베이스는 내담자 기술 프로파일(Client skills-profile)을 이용하여 검색할 수 있고, 다른 모듈을 이용할 때 O*NET 정보를 제공한다.
- 자격에 관한 데이터베이스(Competencies Database): 이 데이터베이스는 최신의 사업체와 훈련기관 목록을 제공한다. 목록은 15,000개의 개인의 자격요건을 활용하여 140개의 DOT 직업 목록을 구성하였다. 개인 스스로 자신만의 목록도 도출할 수 있으며, 다양한 구인정보와 훈련 프로그램을 검색할 수 있다.
- 작업표본 채점도구(Work Sample Scorer): 이 도구는 각 Valpar 작업표본의 점수를 자동으로 계산해 주는 도구이며, 여러 Valpar 작업표본의 종합점수도 계산할 수 있다. 채점된 점수를 내담자 개인에게 적합한 개별 작업표본이나 규준을 제작하는 기초로 활용하기도 한다.
- 지역사회 직업 데이터베이스(Local Job Database): Handbook for Analyzing Jobs 개정판(RHAJ)의 컴퓨터 버전이다. 사용방법은 미 노동부의 DOT와 O*NET 자료 사용법과 동일하다. 이 모듈은 전체 DOT 프로파일과 직무 내용을 포함하고 있어 직무분석을 쉽게 할 수 있으며, 어떤 요인들로도 검색이 가능한 데이터베이스를 구축하게 해 준다.
- 시스템 관리자(System Manager): 이 모듈은 허브 시스템이다. 데이터베이스 검색, 백

업과 시스템 진단 등의 기능을 개인 사용자에게 맞춤형으로 사용할 수 있도록 구성되어 있다.

- 진로 플래너(Career Planner): 이 모듈은 500개 이상의 SOC 코드에 기초한 직업군 탐색에 사용한다. 첫째, 내담자가 현재 지원 가능한 자격이 있는 직업탐색, 둘째, 약간의 향상이 있으면 지원 가능한 자격이 있는 직업탐색, 셋째, 교육과 훈련을 받으면 지원 가능한 자격이 있는 직업탐색 등 세 가지의 검색방법이 동시에 사용될 수 있다.
- COMPASS(Computerized Assessment) Lite: Valpar's Computerized Assessment module의 단축형이다. COMPASS Lite는 COMPASS와 동일한 학업 및 인지기능검사를 실시하지만, 신체기능을 평가하는 많은 시간이 드는 작업표본은 제외하였다. 이 모듈은 짧은 시간 내에 검사를 마쳐야 할 때 추천하는 방법이다.
- DOT 데이터베이스(DOT Database): 이 데이터베이스는 가장 최신의 DOT 컴퓨터 버전이며, 12,500개 이상의 직업항목과 DOT 요인수준을 담고 있다. 이 모듈은 데이터베이스를 가장 빨리 검색할 수 있게 해 주며, 결과 보고서도 신속하게 작성할 수 있게 해 준다. 또한 DOT 정보를 다른 모듈에서 사용할 수 있게 되어 있다.
- DOT 직업내용 기술(DOT Job Descriptions): 이 모듈은 DOT 데이터베이스와 함께 사용되는 모듈이며, DOT 데이터베이스의 각 직업에 대한 설명을 담고 있다.
- OOH 데이터베이스(OOH Database): Occupational Outlook Handbook의 가장 최근 버전으로, 수백 개의 진로에 대한 정보를 담고 있다. 진로에 대한 정보는 훈련기관에서 요구하는 자격조건, 고용전망, 임금정보 등이다.
- PET 모듈(PET module): 신체적 요구조건, 환경조건, 직업기질을 평가하는 자기보고식 질문지다. 다양한 조건 하에서 일할 때 내담자의 직업욕구도 파악한다.
- 공간/비언어적 모듈(Spatial/Nonverbal module): 공간 적성과 비언어적 추론능력을 평가하는 도구다. 각각 20분이 소요되는 두 개의 평가지로 구성되어 있으며, 컴퓨터 채점방식이고, 평가 결과는 다른 Pro3000 모듈에도 사용할 수 있다.
- TECO 모듈(TECO (Test Conversion) module): ABLE, CAAT, CAPS, COPS, DAT, GATB, Gates-McGinitie, TABE, Woodcock-Johnson, WRAT과 같은 여러 심리평가 결과를 DOT 프로파일로 변환하는 도구다. 또한 여러 검사에서 도출된 결과를 종합적인 하나의 프로파일로 계산해 준다.
- 직업력:(Work History): 직업력은 개인의 이전 직업력에 기초해서 DOT 프로파일

을 작성할 수 있게 하는 모듈이다. 직업정보는 DOT 모듈에서 자동으로 추출되며, COMPASS 모듈이나 지역사회 직업 데이터베이스 모듈(Local Job Database module)에서 추출한다. 의학적 상태나 평가 결과에 따라 제한 받을 수 있는 전이기술에 대한 종합적인 프로파일도 제공한다.

- 그림흥미검사 모듈(Pictorial Interest Survey module): 이 모듈은 객관식 문항과 순위 매기기 형태의 문항으로 구성되어 있으며, Guide for Occupational Exploration의 12개 항목으로 직업흥미를 측정한다. 각 검사는 짧은 설명이 포함된 직업에 관한 그림으로 이루어져 있고, 내담자는 각 그림 문항을 보고 흥미 있는 그림을 선택하며, 각 흥미 영역에서의 강점을 보여 주는 컴퓨터 채점법이 사용된다. 이 모듈은 오디오 옵션이 제공된다.
- SUS(Software Update Service): 이 모듈을 이용하여 저렴하게 Pro3000을 업데이트할 수 있다. 적어도 1년에 한 번씩 모든 소프트웨어 업데이트, 버그 픽스, 매뉴얼 개정을 포함한 업데이트를 할 수 있다. DOT, SOC, OOH, 센서스 데이터베이스가 개정되어도 업데이트는 보장된다.

(3) APTICOM 적성검사도구(APTICOM Aptitude Test Battery)

APTICOM 적성검사도구는 직업 지도와 상담, 직업배치와 훈련을 위해 직업에서의 성공과 관련된 적성 분야를 측정하기 위해 직업연구소(Vocational Research Institute)에 의해 1989년 개발되었다. APTICOM은 DOT, 직업분석사전(Handbook for Analyzing Jobs), GOE에 기초하여 직업적성을 구성하였으며 11개의 하위 검사로 이루어져 있다.

① 사물 변별력(Object Identification): 형태 인지능력 측정
② 추상적 형태 짝짓기(Abstract Shape Matching): 형태 인지능력 측정
③ 사무적 매칭(Clerical Matching): 사무적 인지능력 측정
④ 눈-손-발의 협응력(Eye-Hand-Foot Coordination): 눈-손-발의 협응능력 측정
⑤ 형태의 시각화(Pattern Visualization): 공간지각력 측정, 일반 학습능력 측정
⑥ 계산(Computation): 수리 능력 측정, 일반 학습능력 측정
⑦ 손가락 기민성(Finger Dexterity): 손가락 기민성 측정
⑧ 수 이해력(Numerical Reasoning): 수리 능력 측정, 일반 학습능력 측정

⑨ 손 기민성(Manual Dexterity): 손의 기민성 측정
⑩ 단어 의미 이해력(Word Meanings): 단어 이해력 측정, 일반 학습능력 측정
⑪ 눈-손의 협응력(Eye-Hand Coordination): 눈과 손의 협응력 측정

4) 컴퓨터 적용 평가도구의 단점

① 대부분의 직업평가도구와 직업매칭 시스템을 실시하기 위해서는 컴퓨터 적용 평가도구 사용에 능숙한 전문가가 요구된다.
② 내담자의 제한된 능력으로 인해 정확한 자료를 제시할 수 없을 경우 평가사는 부정확하고 제한된 정보를 얻게 된다.
③ 컴퓨터 적용 평가도구 개발자의 주관적 판단에 의해 장애 유형에 따라 직업 선택의 범위를 제한할 수 있다.
④ 내담자가 독립적으로 컴퓨터를 이용하도록 지원하는 도구들이 많이 있지만 그에 대한 정보를 얻기가 어렵다.

3. 직업적합성 분석 프로그램

내담자의 특성과 직업의 요구조건을 연결시켜 주는 직업연결과정에의 컴퓨터의 적용은 직업적합성 분석(Job Matching System) 프로그램을 발전시켰다. 대부분의 직업적합성 분석 프로그램은 DOT에 나타나 있는 12,000개 이상의 직업을 활용한다. 평가사는 다음과 같은 내담자 특성을 컴퓨터에 입력함으로써 적합한 직업을 발견하게 된다.

① 추론, 산수, 언어 분야의 발달 정도
② GATB 결과
③ 내담자의 신체능력
④ 내담자가 작업을 수행할 수 있는 작업환경
⑤ 직업흥미
⑥ 기질

⑦ 직업훈련 혹은 직업과 관련된 교육 정도

⑧ 내담자 특성–자료(data), 사람(people), 사물(things)

이러한 내담자 특성을 입력하면 적합한 직업이 컴퓨터 모니터에 나타나고 평가사는 인쇄하여 자료를 사용한다.

직업적합성 분석 시스템은 심리검사도구, 작업표본 등의 전통적인 직업평가도구에 부가적으로 사용될 때 효과적인 직업평가도구가 된다. 컴퓨터를 사용하지 않은 직업적합성 분석과정은 많은 시간이 소요되기 때문이다. 그러나 직업적합성 분석 시스템만을 유일한 직업평가도구로 사용한다면 많은 오류로 인해 그 결과는 신뢰하기 어렵다. 어느 정도 주관적이며 매우 제한된 내담자 특성에 대한 자료가 입력되고, DOT에 나타나 있는 직업들이 특정한 하나의 직업이 요구하는 특성을 반영하지 못하기 때문이다. 그러므로 직무분석을 통해 지역사회 내의 직업 특성과 DOT에 나타나 있는 직업 특성을 비교해야 한다. 직업적합성 분석 시스템은 평가 과정 초기에 직업탐색을 위해 다양한 직업군 중에서 선택의 범위를 좁혀 나가는 데에 매우 유용한 도구다(Pruitt, 1986).

부록 A

직업평가사, 직업적응전문가, 진로사정준전문가 윤리강령

(Code of Professional Ethics for Vocational Evaluation Specialists, Work Adjustment Specialists, and Career Assessment Associates)

Commission on Rehabilitation Counselor Certification

2008년 1월 1일부터 시행

A조: 전문가 · 내담자 관계(Professional-Client Relationships)

A 1. 서비스 범위

A 2. 내담자의 의사결정권

A 3. 내담자 복지

A 4. 차별금지

A 5. 전문적/개인적 관계

A 6. 직업평가에서의 전문가/내담자 관계

A 7. 제3자와의 관계

A 8. 내담자 이익 보호

A 9. 내담자 사생활 존중

A 10. 문화적 다양성

A 11. 성적 관계

A 12. 의사소통

A 13. 유니버설 디자인

B조: 비밀유지(Confidentiality)

B 1. 비밀유지

B 2. 정보(지식)에 기초한 동의

B 3. 사생활 보호

C조: 전문가로서의 책임과 능력(Professional Responsibility and Competence)

C 1. 지식 기준

C 2. 전문가로서의 능력

C 3. 계속교육

D조: 평가, 사정, 해석(Evaluation, Assessment, and Interpretation)

D 1. 타당도와 신뢰도

D 2. 정보(지식)에 기초한 동의

D 3. 자격 있는 전문가에게 정보공개 하기

D 4. 연구와 훈련

D 5. 사정도구 사용과 해석 능력

D 6. 사정 기술과 도구 선택

D 7. 사정 실행 조건

D 8. 다문화 이슈/사정에 있어 다양성 문제

D 9. 사정 결과 채점 및 해석

D 10. 보안

D 11. 오래된 검사와 오래된 검사 결과

D 12. 사정의 구성

E조: 전문가 관계(Professional Relationships)

E 1. 전문적 지원

E 2. 시기적절한 서비스

E 3. 전문적 협조

E 4. 관련 전문가에 대한 지식

E 5. 서비스 제한 범위
E 6. 내담자 의뢰/전이
E 7. 전문가에 대한 존중
E 8. 괴롭힘
E 9. 윤리규준 위반 보고
E 10. 슈퍼비전

F조: 연구 및 출판(Research and Publication)
F 1. 연구 방법
F 2. 타인에 대한 이해
F 3. 연구결과 보고서에 대한 책임
F 4. 학생 연구
F 5. 자료 유효성
F 6. 문서 제출
F 7. 동료 평가
F 8. 인간에 대한 연구 주제의 사용

G조: 윤리적 딜레마 해결(Resolution of Ethical Dilemmas)
G 1. 윤리 규준에 대한 지식
G 2. 윤리와 법 사이의 갈등
G 3. 의심되는 위반 사례
G 4. 윤리위원회에 협조하기

H조: 사업(Business Practices)
H 1. 사례 수용, 거절, 종결, 철회하기
H 2. 비용 미지불
H 3. 재정적 조정/청구서 발부/커미션/비용
H 4. 물물교환
H 5. 선물 제공과 수수

H 6. 기록 보관, 보급, 폐기

H 7. 홍보, 사업 확대, 기타 공공에 대한 홍보

I조: 법적(재판) 문제(Forensic Application)

I 1. 비밀유지

I 2. 객관성

I 3. 자격

I 4. 평가, 사정, 해석

I 5. 정보공개 · 정보 징수

I 6. 연구 일관성

I 7. 지역사회와 법-전문성 사이의 갈등

I 8. 동료, 전문가들과의 관계에 대한 충실성

I 9. 사업

I 10. 해롭거나 착취 관계

I 11. 이메일을 통한 의사소통

※ 직업평가사, 직업적응전문가, 진로사정준전문가 윤리강령 전문은 https://www.crccertification.com/filebin/pdf/VE/VECodeofEthics.pdf에서 확인할 수 있음.

부록 B

VDARE 직업분류표

이름 ______________________ 전화번호 ___________________________

주소 ____

주민등록번호 ____

신장 ______________________ 체중 ______________________________

평가사 ____________________ 평가일 ____________________________

교육 및 훈련경력

직업력 (가장 최근 직장부터 직업항목을 간략한 설명과 함께 기록할 것) | 기간 | 임금수준 | 만족/불만족 | 퇴직사유

성명 ____________________

DOT 자료 1965년___ 1997년___ 지역사회 자료___

	신체적 특성 (P)						작업환경 (W)							일반적 교육수준 (GED)			특정 직업에 대한 준비도 (SVP)		적성 (A) 낮음 5 4 3 2 1 높음											흥미/직업활동 (I)										기질/작업환경 (T)													
DOT 코드 GOT 코드 산업 유형 DOT 직업항목	신체능력(SLMHV)	오르기/균형 잡기	굽히기	뻗기/수작업	말하기/듣기	보기	실내/실외/복합	추움	더움	습함	소음/진동	위험성	가스/먼지/냄새	이해력(1…6)	수리력(1…6)	언어능력(1…6)	기간(1…9)	(NFT, V.T.C. or G)	지능	언어	수	공간지각	형태인식	사무능력	운동기능 협응력	손가락 기민성	손 기민성	눈/손/발 협응력	색 변별력	일	사람/아이디어	대인업무	과학/기술	일상적/조직적	추상적/창의적	사회적/봉사적	비사회적/기계적	명성/존중감	유형적 생산물	다양한 임무/변화	단기적 순환/반복	지시제시	과업관리	대인업무	단독수행	타인에게 영향 줌	스트레스/위기관리	주관적 정보평가	객관적 정보평가	감정 해석	정밀한 기준 획득	자격증	
직업력	1	2	3	4	5	6	1	2	3	4	5	6	7	R	M	L	D	T	G	V	N	S	P	Q	K	F	M	E	C	1a	1b	2a	2b	3a	3b	4a	4b	5a	5b	V	R		D	P		I	S	J	M	F	T	CL	
1																																																					1
2																																																					2
3																																																					3
4																																																					4
5																																																					5
6																																																					6
조정되지 않은 직업 프로파일(UVP)																																																					
(해결되어야 할 특성)																																																					
잔여 취업가능성 프로파일(REP)																																																					
(참고 문서)																																																						
취업 가능한 직업																																																					
1																																																					1
2																																																					2
3																																																					3
4																																																					4
5																																																					5
6																																																					6
7																																																					7
직업배치 결과																																																					
1																																																					1

직업과 관련된 정보(의료, 사회, 심리, 교육, 직업)

평가계획과 서비스 계획

평가계획	
의문점	평가방법

서비스 계획	
목적	방법

부록 C

비언어성직업흥미검사(2판)

(Reading-Free Vocational Interest Inventory: 2)

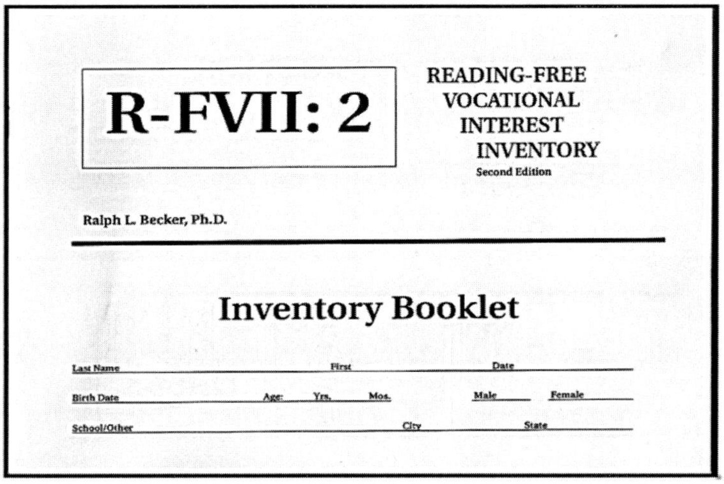
R-FVII: 2

READING-FREE VOCATIONAL INTEREST INVENTORY
Second Edition

Ralph L. Becker, Ph.D.

Inventory Booklet

Last Name ____ First ____ Date ____
Birth Date ____ Age: ____ Yrs. ____ Mos. ____ Male ____ Female ____
School/Other ____ City ____ State ____

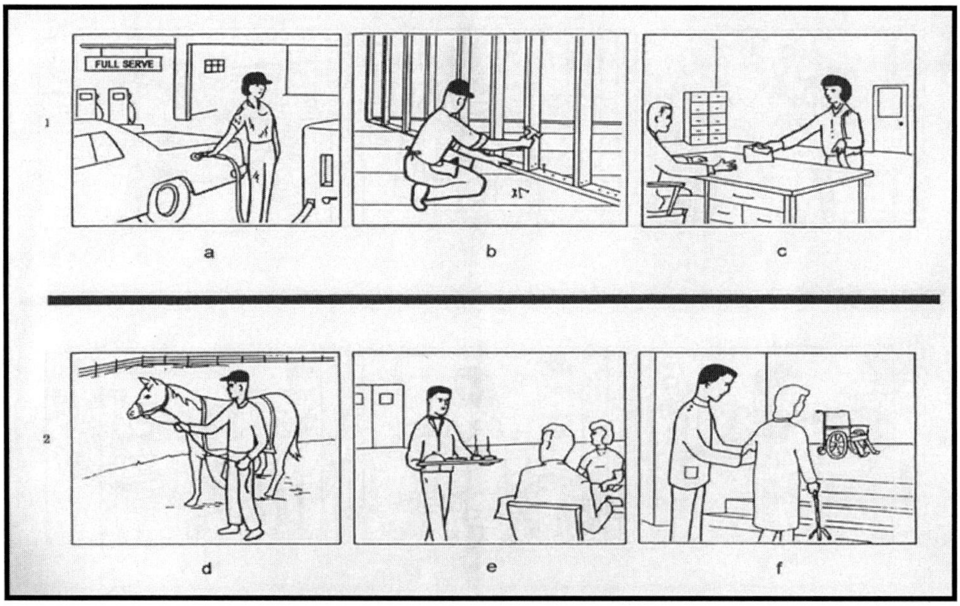

출처: Becker, R. L. (2000). *Reading-Free Vocational Interest Inventory* (2nd ed.) (RFVII-2). Austin, TX: Pro Ed, Inc.

부록 D

PVIT 그림직업흥미검사

두 그림 중 어떤 일을 더 하고 싶은지 선택해 주세요.

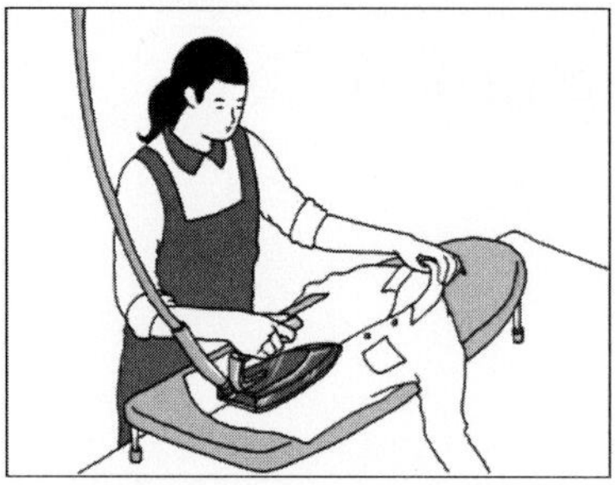

두 그림 중 어떤 일을 더 하고 싶은지 선택해 주세요.

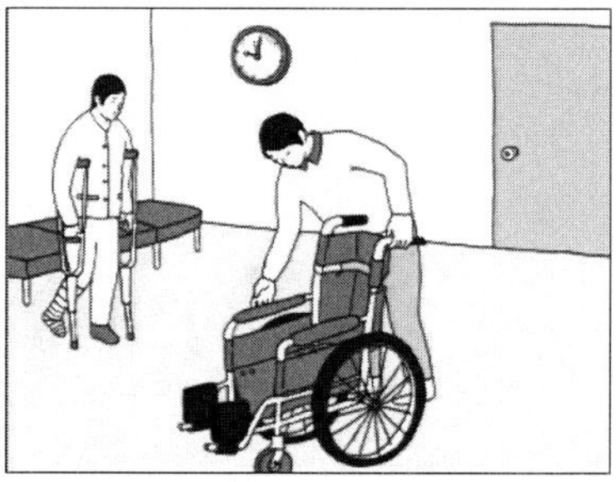

두 그림을 보았을 때 어디에서 일하고 싶습니까?

참고문헌

강위영, 이상진(1999). **직업 및 직능평가**. 서울: 학지사.

강위영, 조인수, 구대회 역(1993). **재활과학론**. 서울: 성원사.

고용노동부(2017). **한국고용직업분류(KECO) 2018**.

교육부(2015). **2015 특수교육 교육과정 기본 교육과정**.

김백수, 이근민, 육주혜, 장문영, 오현정, 박경옥, 이진현, 유성문, 김소영, 손병창, 송병섭, 이석민, 권대규, 김성남, 전영환, 김경명, 김유환, 성기창(2016). **보조공학총론(2판)**. 서울: 학지사.

남용현, 김혜화, 최재호(2012). **신체능력향상 프로그램 매뉴얼**. 한국장애인고용공단 고용개발원.

대한작업치료사협회(2018). https://www.kaot.org/start.asp

박지혁, 김협, 박민수, 우희순, 이종훈(2017). **작업치료 실행체계: 구성범주와 과정**. 서울: 청담미디어.

American Occupational Therapy Association (2014). *Occupational therapy practice framework: Domain & process* (3rd ed.). American Occupational Therapy Association.

박희찬, 이상진, 이은정, 박은영(2010). 직업평가사 자격 구분과 교부 및 양성 교육과정. **장애와 고용, 제20권** 제4호, 47-68.

배소영(1999). 컴퓨터를 이용한 언어분석: KCLA와 언어발달 기술. **언어치료연구, 8**(1), 219-243.

법제처(2016). 「장애인복지법」.

법제처(2017). 「장애인복지법 시행규칙」.

법제처(2018a). 「국가공무원법」.

법제처(2018b). 「장애인 고용촉진 및 직업재활법」.

법제처(2018c). 「장애인 · 노인 등을 위한 보조기기 지원 및 활용촉진에 관한 법률」.

법제처(2018d). 「장애인 등에 대한 특수교육법」.

법제처(2018e). 「장애인 등에 대한 특수교육법 시행령」.

법제처(2018f). 「장애인 등에 대한 특수교육법 시행규칙」.

법제처(2018g). 「장애인 등에 대한 특수교육법 시행규칙 별표」.

서울장애인종합복지관(2010). 직업평가센터 직업평가보고서.

이상진(1997). 재활상담의 의의. 장애인고용, 24. 서울: 한국장애인고용촉진공단.

전영환, 남용현, 류정진 (2010). 장애인근로자의 건강실태 분석. 한국장애인고용공단 고용개발원.

통계청(2018). 한국표준직업분류.

한국고용정보원(2012). 2012 한국직업사전.

한국고용정보원(2016). 2016 직종별 직업사전.

한국고용정보원(2017). 2017 한국직업전망.

한국고용정보원(2018). 장애인재활상담사. http://www.work.go.kr/consltJobCarpa/srch/jobDic/jobDicDtlInfo.do?pageType=jobDicSrchByJobCl&jobCode=2471&jobSeq=5.

한국교육심리학회(2000). 교육심리학용어사전. 서울: 학지사.

한국교육평가학회(2004). 교육평가용어사전. 서울: 학지사.

한국장애인개발원(2010). 중증장애인직업재활지원사업 운영매뉴얼.

한국장애인개발원(2015). 중증장애인의 직업재활계획을 위한 직업상담과 직업능력평가 매뉴얼.

한국장애인고용공단(2009). 장애인 직업능력평가 매뉴얼.

한국장애인고용공단(2018). https://www.kead.or.kr/view/service/service01_03_02.jsp

한국장애인고용공단(2018). https://www.kead.or.kr/view/service/service01_04.jsp?sub2=4

한국장애인고용공단(2018a). 중증장애인지원고용제도.

한국장애인고용공단(2018b). 2018년 장애인보조공학기기 지원안내서.

한국장애인고용공단 고용개발원(2016). 2016년 장애인고용패널조사(2차 웨이브 1차 조사).

Abrams, M. (1979). A new work sample battery for vocational assessment of the disadvantaged: VITAS. *The Vocational Guidance Quaterly, 28*(1), 35-43.

Adelman, E. J., Spitznagel, R. J., & Saxon, J. P. (1997). The effects of vocational evaluation on the vocational rehabilitation of clients with disabilities. *Vocational Evaluation and Work Adjustment Bulletin, 30*, 74-79.

Ahlers, M., Annis, J., Ashley, J., Cusick, G., Derwart, B., Fried, J., Glisson, C., Iannucci-Waller, J. T., Johnson, L., Langton, A., Leconte, P., O'Brien, M., Power, P. W., Sligar, S. R., Smith, E., & Thomas, S. (2003). *30th Institute on Rehabilitation Issues: A New Paradigm for Vocational*

Evaluation: Empowering the VR Consumer through Vocational Information.

Albright, L., & Cobb, R. B. (1988). Curriculum-based vocational assessment. *Journal for Vocational Special Needs Education, 10*(2), 13-16.

Anderson, R., & Freebody, P. (1985). Vocabulary knowledge. In H. Singer & R. Ruddell (Eds.), *Theoretical models and processes of reading* (3rd ed.) (pp. 343-371). Newark, DE: International Reading Association.

Babbie, E. (1986). *The practice of social research* (4th ed.). Belmont, CA: Wadsworth Publishing.

Bandura, A. (1977). *Social Learning Theory*. New York, NY: General Learning Press.

Becker, R. L. (2000). *Reading-Free Vocational Interest Inventory (RFVII-2).* (2nd ed.) Austin, TX: Pro Ed.

Billecki, R., & Growick, B. (1984). Validation of the Valpar independent problem solving work sample as a screening tool for brain damage. *Vocational Evaluation and Work Adjustment Bulletin, 17*(2), 59-61.

Botterbusch, K. F. (1982). Commercial vocational evaluation systems. In B. Bolton (Ed.), *Vocational adjustment of disabled persons* (pp. 93-126). Austin, TX: Pro-ed.

Brown, C. D., McDaniel, R. S., & King, W. M. (1995). The role of vocational evaluation in rehabilitarion process. *Vocational Evaluation and Work Adjustment Bulletin, 28*, 91-98.

Chan, F., Lam, C. S., Leahy, M. J., & Wong, P. W. (1989). Computer applications in vocational evaluation: Current developments and future direction. *Vocational Evaluation and Work Adjustment Bulletin, 22*(3), 109-115.

Cobb, H. (1972). *The forecast of fulfillment*. New York, NY: Teachers College Press.

Cobb, R. B. (1986). *Implementing vocational assessment in the classroom*. Workshop presentation sponsored by the Alaska Department of Education and the University of Alaska. Juneau, AK: Author.

Commission on Accredition of Rehabilitation Facilities. (1987). *Standards for organizations serving people with disabilities*. Tucson, AZ: Author.

Commission on Certification of Work Adjustment and Vocational Evaluation Specialists (1980). *Standards manual*. Arlington Heights, IL: Author.

Commission on Rehabilitation Counselor Certification (2018). CRCC Homepage. https://www.crccertification.com/cve-cwa-ccaa-designations.

Corthell, D. W., & Griswold, P. P. (1987). *The use of vocational evaluation in VR*. Fourteenth Institute on Rehabilitation Issues. Menomonie, WI: Research and Training Center, University of Wisconsin-Stout.

Crewe, N. M. (1990). Vocational assessment instruments. In S. Scheer (Ed.), *Multidisciplinary perspectives in vocational assessment of impaired workers* (pp. 61-72). Rockville, MA: Aspen.

Cronbach, L. J. (1990). *Essentials of psychological testing*. New York, NY: Harper and Row.

Ditty, J., & Reynolds, K. (1980). Traditional Vocational Evaluation: Help or Hindrance. *Journal of Rehabilitation, 46*(4), 22-25.

Early, J. K. (1987). The need to define ethical behavior in vocational evaluation and adjustment. *Vocational Evaluation and Work Adjustment Bulletin, 20*(4), 149-153.

Early, J. K., Thomas, S., & Azzam, B. H. (1989). Ethics check: Are your ethics up to date? In R. Fry (Ed.), *Fourth national forum on issues in vocational assessment: The issues papers*. Menomonie, WI: Materials Development Center, University of Wisconsin-Stout.

Edgcomb, J. (1986). Vocational evaluation: Common criticisms and their effect on future opportunities. In R. Fry (Ed.), *Second national forum on issues in vocational assessment: The issues papers*. Menomonie, WI: Materials Development Center, University of Wisconsin-Stout.

Egerman, K., & Gilbert, J. (1969). The work evaluator. *Journal of Rehabilitation, 35*(3), 12-14.

Farley, R. C., Bolton, B., & Little, N. D. (1990). Employability assessment and planning in rehabilitation and educational settings. *Vocational Evaluation and Work Adjustment Bulletin, 23*(4), 117-123.

Flershman, E. A. (1984). *Taxonomies of human performance: The description of human tasks*. Orlando, FL: Academic Press.

Frey, W. D. (1984). Functional assessment in the '80s. In A. S. Halpern & M. J. Fuhrer (Eds.), *Functional assessment in rehabilitation* (pp. 11-43). Baltimore, MD: Paul H. Brookes.

Fuchs, D., Featherstone, N. L., Grawich, D. R., & Fuchs, L. S. (1984). Effects of examiner familiarity and test characteristics on speech-and language-impaired children's test performance. *Measurement and Evaluation in Guidance, 16*(4), 198-204.

Gannaway, T. W., & Sink, J. M. (1979). An analysis of competencies for counselors and evaluators. *Vocational Evaluation and Work Adjustment Bulletin, 12*(3), 3-15.

Gellman, W. (1968). The principle of vocational evaluation. *Rehabilitation Literature, 29*, 98-102.

Genskow, J. K. (1973). Evaluation: A multi-purpose proposition. *Journal of Rehabilitation, 39*(3), 22-25.

Gice, J. (1985). In search of ... The perfect vocational evaluation. *Vocational Evaluation and Work Adjustment Bulletin, 18*(1), 4-7.

Goldman, L. (1961). *Using tests in counseling*. New York, NY: Appleton-Century-Crofts.

Gwilliam, R. (1970). *A taxonomy of goals and expectations*. Manuscript. Utah State Office of Rehabilitation Services.

Hallenbeck, P. N., & Campbell, J. L. (1975). Evaluator recommendations and subsequent performance: A follow-up of work evaluation clients. *Vocational Evaluation and Work Adjustment Bulletin, 8*, 21-27.

Hamilton, R. (2003). *The expert witness marketing book: How to promote your forensic practice in a professional and cost-effective manner*. Clearwater, FL: Expert Communications.

Holland, J. L. (1959). A theory of vocational choice. *Journal of Counseling Psychology, 6*(1), 35-45.

Hupp, S. C., & Donofrio, M. N. (1983). Assessment of multiple and severely handicapped learners for the development of cross-referenced objectives. *Journal of the Association for People with Severe Handicaps, 8*(3), 17-28.

Jenkins, W. M., Patterson, J. B., & Szymanski, E. M. (1992). Philosophical, historical and legislative aspects of the rehabilitation counseling profession. In R. M. Parker, E. M. Szymanski (Eds.), *Rehabilitation counseling: Basics and beyond* (pp. 1-41). Austin, TX: Pro-ed.

Johnson, III, J. J. (1993). Pre-vocational training: An adjustment services model for special education students. In R. Fry (Ed.), *Sixth national forum on issues in vocational assessment: The issues papers*. Menomonie, WI: Materials Development Center, University of Wisconsin-Stout.

Kimmel, C. M. (1988). *Concurrent validation of the abbreviated McCarron-Dial System for students with mental retardation and learning disabilities*. Unpublished Doctoral dissertation. Texas A&M University College Station, TX.

Klein, M. A., Wheaton, J. E., & Wilson, K. B. (1997). The career assessment of persons with disabilities: A review. *Journal of Career Assessment, 5*(2), 203-211.

Leahy, M. J., Shapson, P. R., & Wright, N. (1987). Rehabilitation practitioners competencies by role and setting. *Rehabilitation Counseling Bulletin, 31*, 119-130.

Lee, D. Y., Taylor, D. W., & Rubin, S. E. (1994). Rehabilitation counselors' perceived value of vocational evaluation information. *Vocational Evaluation and Work Adjustment Bulletin, 27*, 33-37.

Lee, D. Y., Taylor, D. W., & Rubin, S. E. (1995). An investigation of the importance of vocational evaluation information for rehabilitation plan development. *Vocational Evaluation and Work Adjustment Bulletin, 28*(2), 33-37.

Lofquist, L. H., & Dawis, R. V. (1969). *Adjustment to work*. New York, NY: Appleton-Century-Crofts.

Marini, I. (1991). A summary and analysis of issues from the national forum on issues in vocational assessment 1984-1989. *Vocational Evaluation and Work Adjustment Bulletin, 24*(3), 95-99.

Mason, J. D. (1983). Work evaluation and work adjustment: An industrial perspective. *Vocational Evaluation and Work Adjustment Bulletin, 16*(3), 85-91.

Mauser, A. J. (1981). *Assessing the learning disabled: Selected instruments* (2nd ed.). San Rafael, CA: Academic Therapy Publications.

Maze, M. (1984). How to select a computerized guidance system. *Journal of Counseling and Development, 63*, 58-161.

McClannahan, M. C. (1984). Ethical dilemmas-Differences in the public and private for profit practitioners' point of view. In C. Smith & R. Fry (Eds.), *National forum on issues in vocational assessment: The issues papers*. Menomonie, WI: Materials Development Center, University of Wisconsin-Stout.

McCray, P. M. (1979). *Learning assessment in vocational evaluation*. Menomonie, WI: Materials Development Center, University of Wisconsin-Stout.

McDaniel, R. S. (1986). Vocational evaluation: What direction. In R. Fry (Ed.), *Second national forum on issues in vocational assessment: The issues papers*. Menomonie, WI: Materials Development Center, University of Wisconsin-Stout.

McDaniel, R. S. (1987). Deprofessionalizing vocational evaluation. In R. Fry (Ed.), *National forum on issues in vocational assessment: The issues papers*. Menomonie, WI: Materials Development Center, University of Wisconsin-Stout.

McDaniel, R. S., & McClannahan, M. C. (1993). Selecting vocational evaluation tools. In R. Fry (Ed.), *Sixth national forum on issues in vocational assessment: The issues papers* (pp. 39-44). Materials Development Center, University of Wisconsin-Stout.

Mehrens, W. A., & Lehmann, I. J. (1987). *Using standardized tests in education* (2nd ed.). White Plains, NY: Longman.

Mitchell, A. M., Jones, G. B., & Krumboltz, J. D. (1975). *A Social Learning Theory of Career*

Decision Making. Final Report, Contract No. NIE-C-74-0134. Palo Alto, CA.: American Institutes for Research.

Murray, W., & Millett, A. R. (2009). *A war to be won: Fighting the Second World War*. Cambridge, MA: Harvard University Press.

Nadolsky, J. (1971). *Development of a model for vocational evaluation of the disadvantage: Interim Report*. Auburn, Alabama: Auburn University, Department of Vocational and Adult Education.

Nadolsky, J. M. (1984). Vocational evaluation: An experimental trend in vocational assessment. In C. Smith & R. Fry (Eds.), *National forum on issues in vocational assessment: The issues papers* (pp. 1-9). Menomonie, WI: Materials Development Center, University of Wisconsin-Stout.

Nation, I. S. P., & Coady, J. (1988). Vocabulary and reading. In R. Carter & M. McCarthy (Eds.), *Vocabulary and language teaching* (pp. 97–110). London: Longman.

Neff, W. S. (1970). Vocational assessment-theory and models. *Journal of Rehabilitation, 36*(1), 27-29.

Neff, W. S. (1985). *Work and human behavior.* New York, NY: Aldine.

Noble, J., & McCarthy, C. (1988). Organizational accommodation and rehabilitation values. In S. Rubin & N. Rubin (Eds.), *Contemporary challenges to the rehabilitation counseling profession* (pp. 15-29). Baltimore: Brookes.

Office of Personnel Management (2018). https://www.opm.gov/policy-data-oversight/assessment-and-selection/other-assessment-methods/assessment-method-considerations/

Olson, L. (1992). Use of vocational evaluation in the workers' compensation system. In J. M. Siefker (Ed.), *Vocational evaluation in private sector rehabilitation* (pp. 99-134). Menomonie, WI: Materials Development Center, University of Wisconsin-Stout.

Osipow, S. H. (1983). *Theories of career development* (3rd ed.). Englewood Cliffs, NJ: Prentice-Hall.

Owings, S., & Siefker, J. M. (1991). Criterion-referenced scoring vs. norming: A critical discussion. *Vocational Evaluation and Work Adjustment Bulletin, 24*(3), 109-111.

Parker, R. M., & Szymanski, E. M. (1992). *Rehabilitation counseling: Basics and beyond* (2nd ed.). Austin, TX: PRO-ED.

Peters, R. H., Scalia, V. A., & Fried, J. H. (1993). The effectiveness of vocational evaluation program recommendations and successful outcome by disability type. *Vocational Evaluation and Work Adjustment Bulletin, 26*(2), 47-52.

Phillips, S. D., & Pazienza, N. J. (1988). History and theory of the assessment of career development and decision making. In W. B. Walsh & S. H. Osipow (Eds.), *Career decision making* (pp. 1-26). Hillsdale, NJ: Lawrence Erlbaum Associates.

Pierson, N., & Crimando, W. (1988). The effects of vocational evaluation on client's attitudes toward work. *Vocational Evaluation and Work Adjustment Bulletin, 21*(4), 133-137.

Potiron, T. (1967). The necessity of special test norms for the deaf. *Information Psychologique, 26*, 17-22.

Power, P. W. (1984). *A guide to vocational assessment*. Baltimore, MD: University Park Press.

Power, P. W. (1991). *A guide to vocational assessment* (2nd ed.). Austin, TX: Pro-ed.

Power, P. W. (2013). *A guide to vocational assessment* (5th ed.). Austin, TX: Pro-ed.

Presnall, D. M. (1979). The relationship of manual dexterity and skill acquisition factors to workshop productivity. *Education and Training of the Mentally Retarded, 14*(1), 11-17.

Pruitt, W. A. (1986). *Vocational evauation* (2nd ed.). Menomonie, WI.: Walter Pruitt Associates.

Pyle, D. W. (1979). *Intelligence: An introduction*. London: Routledge & Kegan Paul.

Roe, A. (1957). Early development of vocational choice. *Journal of Counseling Psychology, 4*, 212-217.

Roe, A., & Hutchinson, T. (1969). Studies of occupational history: III. The stability of occupational groups of the Roe system. *Journal of Counseling Psychology, 16*(5, Pt.1), 390-395.

Roessler, R. T., Bolton, B., & Hinman, S. (1985). A comprehensive employability assessment strategy for disabled persons. In C. Smith & R. Fry (Eds.), *National forum on issues in vocational assessment: The issues papers* (pp. 287-292). Menomonie, WI: Materials Development Center, University of Wisconsin-Stout.

Roessler, R. T., & Greenwood, R. (1987). Vocational evaluation. In B. Bolton (Ed.), *Handbook of measurement and evaluation in rehabiltaition* (2nd ed., pp. 151-168). Baltimore, MD: Paul Brookes.

Roessler, R. T., & Rubin, S. E. (2006). *Case management and rehabilitation counseling: Procedures and techniques* (4th ed.). Austin, TX: Pro-ed.

Rosenberg, B. (1973). The work sample approach to vocational evaluation. In R. E. Hardy & J. G. Cull (Eds.), *Vocational evaluation for rehabilitation services* (pp. 139-161). Springfield, IL: Charles C. Thomas.

Rosenberg, B., & Usdane, W. (1963). The TOWER system: Vocational evaluation of the severely handicapped for training and placement. *Personnel and Guidance Journal, 42,* 149-152.

Rubin, S. E., & Roessler, R. T., & Rumrill, P. D., Jr. (2016). *Foundations of the vocational rehabilitation process* (7th ed.). Austin, TX: Pro-ed.

Sarkees, M. S., & Scott, J. L. (1985). *Vocational special needs* (2nd ed.). Alsip, IL: American Technical.

Siefker, J. M. (1996). *Tests and test use in vocational evaluation and assessment: Rehabilitation Resource.* Menomonie, WI: University of Wisconsin-Stout.

Sigmon, G. L., Couch, R. H., & Halpin, G. (1987). A comparison of competency studies in vocational evaluation. *Vocational Evaluation and Work Adjustment Bulletin, 20*(1), 19-21.

Sink, J. M., & Porter, T. L. (1978). Convergence and divergence in rehabilitation counseling and vocational evaluation. *The Journal of Applied Rehabilitation Counseling, 9*(1), 9-10.

Sink, J. M., Porter, T. L., Rubin, S. E., & Painter, L. C. (1979). *Competencies related to the work of the rehabilitation counselor and vocational evaluator, Vol. 1.* Athens, GA: University of Georgia.

Spence, J. (1984). Sheltered workshops and computers: A reality, not a dream. *Vocational Evaluation and Work Adjustment Bulletin, 17*(4), 149-150.

Stodden, R., & Ianacone, R. (1986). Curriculum-Based Vocational Assessment. *Manual for Department of Defense Schools.*

Stodden, R. A., Meehan, K. A., Bisconer, S. W., & Hodell, S. L. (1990). The impact of vocational assessment information on the individualized education planning process. *Journal for Vocational Special Needs Education, 12*(1), 31-36.

Strain, P. S., Sainto, D. M., & Mahan, L. (1984). Toward a functional assessment of severely handicapped learners. *Educational Psychologist, 19*(3), 180-187.

Super, D. E. (1957). *The psychology of careers.* New York: Harper & Row.

Tango, R. (1984). The use of computers in vocational assessment. In C. Smith & R. Fry (Eds.), *National forum on issues in vocational assessment: The issues papers* (pp. 162-165). Menomonie, WI: Materials Development Center, University of Wisconsin-Stout.

Taylor, D., & Bordieri, J. (1993). Preliminary findings of a national study of vocational evaluation practitioners job tasks and functions. In R. Fry (Ed.), *Sixth national forum on issues in vocational assessment.* Menomonie, WI: University of Wisconsin-Stout (pp. 345-348).

Taylor, D., Bordieri, J., Crimando, W., & Janikowski, T. (1993). Job tasks and functions of vocational evaluators in three sectors of practice. *Vocational Evaluation and Work*

Adjustment Bulletin, 26, 39-46.

Taylor, D., & Lee, D. (1995). Ethical considerations and vocational evaluation practice. *Vocational Evaluation and Work Adjustment Bulletin, 28*(1), 3-7.

Tenth Institute on Rehabilitation Services. (1972). *Vocational evaluation and work adjustment services in vocational rehabilitation*. Washington, DC: U.S. Department of Health, Education and Welfare, Social and Rehabilitation Services Administration.

Thomas, S. W. (1996). Position paper supporting the continued funding of vocational evaluation training by the Rehabilitation Services Administration. *Vocational Evaluation and Work Adjustment Bulletin, 29*(1), 4-8.

US Congress (1998). *Assistive Technology Act*. US 105th Congress.

Uthe, E. F. (1980). *Assessment of vocational aptitudes for the handicapped*. Louisvile, KY: Department of Vocational Education, University of Kenturky.

US Department of Labor (2018a). *Dictionary of Occupational Titles*. Washington, DC: Author.

US Department of Labor (2018b). *Guide for Occupational Exploration*. Washington, DC: Author.

US Department of Labor (2018c). *Occupational Outlook Handbook*. Washington, DC: Author.

Vander Kolk, C. J. (1995). Future methods and practice in vocational assessment. *Journal of Applied Rehabilitation Counseling, 26*(2), 45-50.

VDARE Service Bureau. (1978). *Classification of jobs: An addendum to the 4th edition of the Dictionary of Occupational Titles*. Athens, GA: Author.

Vocational Evaluation and Work Adjustment Association. (1976). *Vocational Evaluation Project Final Report*. Menomonie, WI: University of Wisconsin-Stout.

Vocational evaluation project final report. (1976). pp. 123-124. Menomonie, WI: University of Wisconsin-Stout, Stout Vocational Rehabilitation Institute, Materials Development Center.

Vocational Evaluation and Work Adjustment Association. (1983). *VEWAA Glossary*. Menomonie, WI: University of Wisconsin-Stout.

Vocational Research Institute. (1986). *Vocational Interest Temperament Aptitude System: Administration Manual*. Philadelphia, PA: Jewish Employment and Vocational Service.

Walk, T. E. (1985). A review of commercial vocational evaluation systems and disability groups. *Vocational Evaluation and Work Adjustment Bulletin, 18*(1), 29-34.

Wehman, P. (1992). Transition for young people with disabilities: Challenges for the 1990's. *Education and Training in Mental Retardation, 27*(2), 112-118.

Wesolek, J. S., & McFarlane, F. R. (1991). Perceived needs for vocational assessment information as determined by those who utilize assessment results. *Vocational Evaluation and Work Adjustment Bulletin, 24*, 55-60.

Wesolek, J. S., & McFarlane, F. R. (1992). Vocational assessment and evaluation: Some observations from the past and anticipation for the future. *Vocational Evaluation and Work Adjustment Bulletin, 25*(2), 51-54.

Yell, M. L., Shriner, J. G., & Katsiyannis, A. (2006). Individuals with disabilities education improvement act of 2004 and IDEA regulations of 2006: Implications for educators, administrators, and teacher trainers. *Focus on Exceptional Children, 39*(1), 1-24.

Ysseldyke, J. E., & Thurlow, M. L. (1984). Assessment practices in special education adequacy and appropriateness. *Educational Psychologist, 19*(3), 123-136.

Zunker, V. G. (1994). *Using assessment results for career development* (4th ed.). Pacific Grove, CA: Brooks/Cole.

http://lafayetteevaluation.com/products/minnesota-manual-dexterity

http://lafayetteevaluation.com/products/purdue-pegboard

http://www.basesofva.com/work_samples/ws17.php

http://www.basesofva.com/work_samples/ws19.php

http://www.jackdial.com/clinic/cves/indexcvesdescrpt3.htm

http://www.talentassessment.com/tap.html

https://www.attainmentcompany.com/transition/pre-voc-activities/pre-voc-one

찾아보기

인명

내용

저자 소개

이상진(Lee, Sang Jin)

Ohio State University, Rehabilitation Services(M.A.)
대구대학교 대학원 정서행동장애아교육전공(문학박사)
미국 공인직업재활상담사(Certified Rehabilitation Counselor)
Ohio Bureau of Workers' Compensation Rehabilitation Counselor & Case Manager 역임
한국직업재활학회 부회장 역임
현 평택대학교 재활상담학과 교수
한국정서행동장애아교육학회 이사
한국청소년환경시설학회 이사
한국장애인개발원 중증장애인직업재활지원사업 평가위원
보건복지부 장애인직업재활시설평가 평가위원

재활평가

Assessment and Planning in Rehabilitation Counseling

2018년 6월 15일 1판 1쇄 발행
2022년 4월 20일 1판 3쇄 발행

지은이 • 이 상 진
펴낸이 • 김 진 환
펴낸곳 • (주) 학지사
04031 서울특별시 마포구 양화로 15길 20 마인드월드빌딩 5층
대표전화 • 02) 330-5114 팩스 • 02) 324-2345
등록번호 • 제313-2006-000265호
홈페이지 • http://www.hakjisa.co.kr
페이스북 • https://www.facebook.com/hakjisabook

ISBN 978-89-997-1196-1 93370

정가 22,000원

이 도서의 국립중앙도서관 출판시도서목록(CIP)은 서지정보유통지원시스템 홈페이지(http://seoji.nl.go.kr)와 국가자료공동목록시스템(http://www.nl.go.kr/kolisnet)에서 이용하실 수 있습니다.
(CIP제어번호: CIP2018016583)